KB203056

# 지구와 말씀

## 창조세계를 향한 하나님의 긴급한 메시지

**Earth and Word: Classic Sermons on Saving the Planet**

Copyright © David Rhoads, 2007

All rights reserved.

Korean translation copyright © 2015 by Dong-Yeon Publishing

Korean translation rights arranged with Bloomsbury Publishing Inc

through EYA(Eric Yang Agency).

## 지구와 말씀 – 창조세계를 향한 하나님의 긴급한 메시지

2015년 9월 18일 초판 1쇄 인쇄
2015년 9월 23일 초판 1쇄 발행

엮은이 | 데이비드 로즈
옮긴이 | 전현식 · 손승우
기　획 | 한국교회환경연구소
펴낸이 | 김영호
펴낸곳 | 도서출판 동연
편　집 | 조영균　디자인 | 이선희　관 리 | 이영주
등　록 | 제1-1383호(1992. 6. 12.)
주　소 | 서울시 마포구 월드컵로 163-3
전　화 | (02) 335-2630
팩　스 | (02) 335-2640
이메일 | yh4321@gmail.com

Copyright © 동연, 2015

ISBN 978-89-6447-258-3　　03200

이 도서의 국립중앙도서관 출판예정도서목록(CIP)은 서지정보유통지원시스템 홈페이지
(http://seoji.nl.go.kr)와 국가자료공동목록시스템(http://www.nl.go.kr/kolisnet)에서
이용하실 수 있습니다.(CIP제어번호: CIP2015019394)

생태 설교집

Earth and Word: Classic Sermons on Saving the Planet

# 지구와 말씀

## 창조세계를 향한 하나님의 긴급한 메시지

데이비드 로즈 엮음

전현식 · 손승우 옮김

한국교회환경연구소 기획

도이연

# 발간사

# '지구와 말씀'을 통한 생태적 회심으로 초대

전현식(연세대학교 신과대학 교수, 한국교회환경연구소 소장)

최근 창조세계에 대한 슬픈 소식들은 인간의 생태적 회개 및 책임을 불러일으키기에 충분합니다. 올해 2014년 UN 산하 "기후변화에 관한 정부간 협의체"(IPCC, Intergovernmental Panel on Climate Change)가 발표한 5차 평가보고서는 창조세계의 더욱 암울한 소식을 전하고 있습니다. 그 보고서의 요지는 온실가스의 증가율이 현재와 같이 지속될 경우 금세기 내에 지구 평균온도가 3.7도 오르고 해수면은 63cm 상승하여 세계 주요도시들(뉴욕, 런던, 상하이 및 시드니 등)이 물에 잠기고, 한국의 부산 등 해안도시들이 위험에 직면하게 될 것이라고 예측하고 있습니다. 지금까지 발표된 4개 평가보고서들과 비교해볼 때, 우리를 더욱 주목하게 하는 것은 올해 IPCC 5차 평가보고서는 인간이 기후변화의 주범이라는 사실을 95%의 확실성(2001년 3차 보고서 66%, 2007년 4차 보고서 90%에 비하여)을 가지고 과학적으로 더욱 확고하게 입증하고 있다는 것입니다. 과학계 안에서도 과학적 지식의 임시성과 객관적 지식의 한계를 인정하기 시작한 오늘날, '인간이 기후변화의 주범이다'라는 95% 확실성을 지닌 과학적 주장은 붕괴되는 생태계 안에서 인간의 본성, 위치 및 책임에 대한 철저한 반성을 요청하고 있습니다.

지금까지 우리는 기후변화의 현상을 부정, 축소하거나 혹은 자연현상으로 돌려온 것도 사실입니다. 이번 한국교회환경연구소의 기획으로 출간되는 이 설교집은 IPCC가 과학적·객관적으로 입증한 인간의 생태적 책임에 대한 신학적·윤리적 응답입니다. 이것은 생태계 위기의 성격, 책임 및 해결책에 대한 참된 접근방식은 과학기술적 혁신, 정치제도적 변혁의 차원을 넘어 본질적으로 신앙적·영적 결단의 차원이 필요함을 말해주고 있습니다. 지금까지 대학, 교회 및 사회 공동체를 하나의 생태공동체로 연결시켜 생태이론 및 실천의 선구자적 역할을 해온 본 설교집의 편집자인 데이비드 로즈는 생태계 위기의 본질을 영적 위기로 진단하면서, 자연세계에 대한 지배와 착취의 인간중심적 패러다임을 창조세계에 대한 공감과 돌봄의 생명중심적 패러다임으로 변화시키는 생태적 묵상과 증언의 필요성을 강조하고 있습니다.

《지구와 말씀》이라는 설교집은 교파, 신앙전통, 인종, 민족, 젠더, 직업 등에 있어서 다양한 기고자들로 구성되어 그들의 독특한 관점에서 증언된 생태설교의 다양하고 풍성한 메시지를 발견할 수 있을 것입니다. 또한 결혼식, 학위수여식, 대학채플예배, 추수감사절, 어린이예배, 동물축복의식 등 다양한 설교 상황들을 반영하고 있어, 우리의 교회 및 사회공동체에 필요한 생태적 회심, 통찰 및 프락시스를 충분히 제공해줄 것이라고 확신합니다.

이제 우리에게 잘 알려진 위대한 신학자 및 사상가들의 묵상들을 간단히 소개하면서 번역과정에서 역자에게 큰 감명을 주었던 생태적 통찰들을 함께 나누고자 합니다. 우선 《위대한 과업》의 저자로 잘 알려진 토마스 베리는 "은총의 순간들"이란 글에서 현재 생태계 위기를 파괴적 순간에서 창조적 순간으로 변화시키는 '비판적 은총의 순간'으로 부르며, 창조세계의 신비와 경이의 부활을 통하여 인간과 자연의 유기적인 삶을 회복시키는 '새로운 생태대'를 시작하는 꿈, 즉 우리시대의 가장 '위대한 과업'에 동참할 것을 강력히 호소합니다. 웬델 베리는 성서의 비판적 해석을 통해 성서의 생태적 가르침(하나님과 성령의 야생성, 창조세계의 선성 및 거룩함, 생명의 내재적 가치 및 존엄성)으로 돌아갈 것을 요청합니다. 생명파괴는 곧 신성모독이며, 창조세계의 거룩함을 인식하는 능력이 인간성의 기준임을 강조하고, 인간 및 교회의 청지기적 위치와 책임의 회복을 성서의 생태적 진리의 핵심으로 지적합니다.

존 캅은 "사울의 눈에서 벗겨진 비늘"이라는 자서전적 성찰의 설교문에서, 다메섹 사건의 이전과 이후, 즉 사울(예수의 박해자)에서 바울(예수의 증언자)로의 인식론적 존재론적 변화의 모델을 소개하고, 캅 자신의 정체성 및 삶의 극적 변화의 대표적 경험을 기독교의 반유대주의에서 기독교 탈중심주의, 가부장적 남성주의에서 성평등주의, 인간중심주의에서 생명중심주의로의 패러다임의 변화를 생생하게 전달합니다. 그리고 그 변화의 근거를 세상의 희망인 예수의 삶과 메시지에서 찾으면서, 현재 생태계 위기에 직면한 인류가 그들의 이기적인 집단적 눈에서 육체적 영적 비늘이 벗겨지는 생태적 회심의 경험을 하도록 초대합니다.

제임스 콘은 "지구는 나의 것이 아니라 주님의 것"이라는 신앙적 고백에 기초해 지배착취의 체제 및 논리(인종, 성, 자연차별)의 상호연관성을 직시하고 인종차별이라는 흑인경험의 관점에서 주류환경운동의 백인중심주의 및 '환경인종차별주의'를 신랄하게 비판합니다. 또한 억압의 현실 안에서 '중립은 억압자의 편에 서는 것'이라고 주장하며 자연과 약자의 편에 서는 생태정의에 헌신할 것을 호소하고 있습니다. 샐리 맥페이그는 자연의 죽음의 소식에 대한 기독교적 응답을 세례, 십자가, 에스겔의 마른 뼈들의 골짜기가 가리키는 공통적 진리, 즉 "삶과 죽음의 육체적 연결" 안에서 발견합니다. 마른 뼈들의 죽음의 골짜기 안에서 새 생명의 풍성한 삶의 부활은 창조와 재창조, 십자가와 부활의 하나님을 믿는 자에게 일어나는 하나님의 선물임을 강조하며, 우리를 인간의 소비중심적 이기적 삶에서 하나님의 나눔과 희생의 십자가의 삶으로 돌아서도록 촉구합니다. 로즈마리 류터는 "생태정의의 성서적 비전"이란 묵상에서 인간과 자연의 성서적 모델이 청지기 모델임을 인정하는 동시에 그 모델의 인간중심적 한계를 언급하며 생태계 위기의 극복은 전략의 차원이 아니라 성서에 호소하는 진리의 차원에서 접근되어야 함을 역설합니다. 또한 성서의 성례전 전통 안에서 창조세계 안에 하나님의 영의 현존의 영성적 회복과 계약전통 안에서 인간과 자연과 하나님의 상호관계성을 회복하는 생태정의의 윤리적 실천을 통해 하나님의 새 하늘과 새 땅을 건설하는 생태영성과 윤리로 우리를 강력히 부르고 있습니다. 끝으로 조셉 시틀러는 향유와 사용의 변증법적 긴장 안에서 "향유가 올바른 사용의 근거"임을 주장하며 그 긴장이 사라진 인간의 자기이익의 극대화를 위한 무제한적 남용으로 인한 생태계 붕괴의 현실 앞에서 인간 삶과 의식의 종교적·신앙적 본성의 회복을 강조합니다. 향유의 대상인 거룩한 하나님을 이용의 대상으로, 하나님의 창조세계를 향유 없이 남용할 때 신성모독의 죄가 됨을 날카롭게 지적하며 인간의 목적인 "하나님께 영광을 돌리고 향유하는 것"의 윤리적, 심리적, 정치적, 생태적 차원들을 명쾌히 드러내주고 있습니다.

지면상, 다른 설교들의 생태적 통찰들을 여기에 담지 못한 것을 아쉽게 생각하며, 여러분이 이 설교집을 깊이 경청하고 성찰할 때 각자의 내면에서 생태적 회심 및 통찰을 일으키는 하나님의 말씀 사건이 일어나게 되기를 바랍니다. 그리하여 우리의 설교강단 및 교회와 삶의 현장 안에서 만물을 창조하시고 유지하시고 치유하시는 하나님의 사랑의 생명력이 더욱 충만하게 되리라 믿습니다. 아울러 이 번역본이 나오기까지 수고를 아끼지 않은 분들께 감사의 마음을 전합니다. 우선 이 번역본은 몇 해 전 기독교사상에 연재되었던 글로, 번역과정에서 손승우 목사의 노고에 고마움을 전합니다. 공군 군목의 바쁜 일정 속에서도 많은 부분을 훌륭하게 초역해 내고 제가 다시 원문과 대조하며 수정보완하는 과정을 거쳐 오늘의 출판에 이르게 되었습니다. 또한 연재 이후 잠자고 있던 낱개의 번역본들을 함께 묶어 출판할 수 있도록 해주신 한국교회환경연구소 유미호 실장님, 전진호 연구원, 최병현 연구원 그리고 동연출판사 김영호 사장님께 감사를 드립니다. 아울러 바쁜 시간을 내어 본 번역본을 분에 넘친 관심과 사랑으로 추천해주신 이정배 교수님과 손인웅 목사님을 비롯한 김경호 목사님, 김기석 목사님, 박경조 주교님, 송준인 목사님, 안홍철 사무총장님, 최만자 선생님, 한기채 목사님 그리고 미국에서 한국어판의 발간을 축하하며 '새로운 창조로의 회개'의 글을 기꺼이 써주신 본 설교집의 편저자인 데이비드 로즈 박사님께 고마움과 깊은 감사의 말씀을 올립니다. 또한 본 설교집의 출판비를 후원해주신 명성교회 김삼환 목사님과 도림교회 정명철 목사님께도 깊은 감사를 드립니다. 끝으로《지구와 말씀》이라는 설교집이 읽혀지는 곳에서 지구와 말씀이 서로 만나 삼위일체 하나님의 생명력 안에서 우리와 교회와 지구의 상호변화 및 치유가 일어나는 녹색은총이 여러분과 함께하시기를 기원합니다.

# 새로운 창조로의 회개

데이비드 로즈 (시카고 루터교 신학대학 신약학 명예교수)

우리에게 영감을 주는 이 설교들을 한국어로 함께 나눌 수 있게 된 것을 매우 기쁘게 생각합니다. 이 설교집에서 지구행성을 위해 말씀을 증언하는 훌륭한 저자들은 우리 시대에 매우 필요한 보편적 메시지를 전달하고 있습니다. 이 책의 출판 이래로 세계의 환경상태는 심각하게 악화되었고, 그 예측은 더욱 암울합니다. 지구공동체 안에서 우리는 개인적, 체계적인 변화가 긴급하게 필요합니다. 그러나 우리가 이런 변화의 의지가 있는지는 분명하지 않습니다.

인간 의지의 문제를 언급하기 위해서, 우리는 생태적 위기의 뿌리는 영적 문제임을 인정해야만 합니다. 우리는 자연으로부터 소외되어 있습니다. 그리고 자연 안에 임재하시는 하나님으로부터 소외되어 있습니다. 우리는 자연으로의 회개, 즉 인간중심적, 자기지향적 방식으로부터 자신을 더 큰 창조세계의 필수적인 부분으로 바라보는 방향전환이 필요합니다. 우리가 부분으로 속해 있는 자연세계를 보존하지 못한다면, 인간은 생존할 수 없습니다.

바울은 깨달음으로써 그런 회심에 대해 썼습니다. "누구든지 그리스도 안에 있으면, 그는 새로운 피조물입니다. 옛 것은 지나갔습니다. 보십시오, 새 것이 되었습니다"(고후 5:17). "보십시오"는 작용적인 단어입니다. 지구적 생태위기의 핵심은 종교적 문제입니다. 왜냐하면 우리가 하나님의 창조세계를 "보는" 방식이 그것을 대하는 방식을 결정하기 때문입니다. 개인과 사회가 우리 시대의 지구적 위기에 대해 말할 때, 깨달음만이 우리에게 필요한 변화를 가져올 것입니다.

우리가 새로운 창조세계를 바라볼 때, 우리와 모든 생명의 친족관계와 연대를 깨닫습니다. 우리는 지구 안의 부분보다는 지구 위에서 살아간다고 생각합니다. 그러나 창세기에서 하나님은 인간을 지구(땅)의 흙으로 만드셨습니다. 아담은 문자적으로 "흙으로 된 인간"(soil man)을 의미합니다. 우리는 창조의 근원에 있었던 먼지와 동일한 요소로 만들어졌습니다. 우리는 다른 동식물들과 DNA를 함께 공유하며, 이것은 그들을 우리의 친족, 사촌 및 가족으로 만듭니다. 우리는 지구 인간이며, 지구는 우리의 집입니다. 모든 생명과의 연대 안에서 우리는 지구를 위해 행동합니다.

우리가 새로운 창조를 바라볼 때, 우리는 모든 자연 안에서 하나님의 임재를 깨닫습니다. 우리의 죄 안에서, 우리는 주변의 세계를 인간을 위한 유용한 상품으로 봅니다. 그러나 성서의 사람들에게, 하나님은 스스로 내재적 가치를 갖는 선한 지구를 창조하셨습니다. 이 지구는 하나님의 영광으로 충만합니다. 그리고 모든 창조는 하나님을 찬양하도록 부름을 받습니다.

우리는 예수 그리스도 안에서 모든 곳에 임재하는 하나님의 형상을 봅니다. 그분은 만물 안에서 선을 위해 일하시고, 무조건적 사랑과 은총을 베푸시며, 고통당하는 사람과 지구와 함께하시며, 생명을 회복시킵니다. 매일 개인적, 집단적으로 우리는 경외감을 가지고 지구 앞에 서서 하나님의 선성을 바라보며 우리가 취할 행동을 숙고합니다.

우리가 새로운 창조를 바라볼 때, 우리의 행위들이 지구와 사람들에게 가하는 파괴적 영향을 깨닫습니다. 특히 가난과 가난한 나라들 안에 있는 그들이 생태적 훼손의 영향을 가장 많이 받습니다. 우리는 개인적, 집단적으로 취하는 모든 행위가 지구공동체의 복지에 영향을 준다는 사실을 깨닫습니다. 창세기 이야기에서, 하나님은 인간을 창조세계를 "돌보고" "보호하도록" 부르십니다. 이것이 인간으로서 우리의 소명입니다.

우리가 새 창조를 바라볼 때, 우리 시대에 인간이란 무엇인지를 깨닫습니다. 우리는 지구 위에서 가진 것으로 살아갈 수 없습니다. 아인슈타인이 말했듯이, "문제를 일으킨 동일한 의식으로 그 문제를 풀 수 없습니다." 그래서 질문은 다음과 같습니다. "만물이 생존하고 번성하도록 생태계 위기에 직면하고 행동하기 위해 우리는 어떤 종류의 인간들이 되어야 하겠습니까?"

우리의 삶은 너무 종종 성공과 부, 명예를 지향합니다. 하나님의 새로운 창조로의 회개 안에서, 우리는 우리의 목적을 성공적인 것에서 선한 것으로 변화시키도록 도전을 받습니다. 즉 우리는 지구를 사랑하고, 공동의 선을 위해 희생하고, 가장 취약한 것에 긍휼을 느끼며, 정의와 평화를 지지하는 지구의 시민들이 되도록 도전을 받습니다.

이것이 우리의 신앙입니다. 바울은 갈라디아 교인들에게 "사랑, 기쁨, 화평, 인내, 친절, 선함, 신실, 온유와 절제"로 살아가라고 말합니다. 그는 빌립보 교인들에게 "경쟁심이나 허영으로 하지 말라"고 말합니다. 그는 데살로니가 교인들에게 "약한 사람을 도와주라"고 권고합니다. 그는 로마인들에게 "비천한 사람들과 함께 사귀고 아무에게도 악을 악으로 갚지 말라"고 말합니다.

성령은 그리스도 안에서 화해된 새로운 창조에 대한 우리의 경험 안에 현존합니다. 우리가 주변의 새로운 창조물을 품을 때, 성령은 또한 인간을 새로운 피조물로 만듭니다. 우리가 성령의 선물을 오늘날 지구공동체의 모두에게 표현할 때, 우리는 정말로 지구를 회복하게 될 것입니다.

이 모음집 안의 설교들은 그런 '새로운 창조로의 회개'를 불러일으킵니다. 이 설교들은 다양한 접근과 의도 안에서, 하나님의 동일한 열정과 돌봄으로 모든 생명을 사랑하기 위하여 우리가 품을 필요가 있는 우리와 창조세계의 친족관계, 창조세계 안에 있는 하나님의 은총에 대한 우리의 인식, 자연에 대한 우리의 죄 그리고 우리의 소명을 일깨워줍니다. 읽고 변화의 은총이 함께하시길 기원합니다.

## 추천의 글 1

# 생명을 이해하는 시각의 전회(前悔)를 바라며

이정배 교수(감리교신학대학교)

연세대 교수로서 (사)한국교회환경연구소 소장직을 맡아 봉사하고 있는 전현식 박사께서 오래 전 〈기독교사상〉에 연재했던 글들을 모아 책을 출판했습니다. 이 책《지구와 말씀》은 우리 별 '지구'를 구하기 위해 성서의 말씀을 고르고 그 말씀에 생태적 의미를 더한 것입니다. 국내 가장 권위 있는 생태신학자로서 전 박사께서 자신의 생태설교집을 낼 수도 있었습니다. 하지만 먼저 생태적 각성을 했던 미국 국적의 생태신학자들과 목회자들의 무게감 넘치는 설교문들을 모은 책을 우리말로 옮겨주었습니다. 바쁜 교수 일정 가운데 번역 일을 수행한다는 것은 교회와 세상에 대한 봉사의 마음 없이는 감당하기 어려운 지난한 작업입니다. 긴 세월 동안 매달 한 편씩 설교문을 번역하여 소개했고, 이후 남은 것들을 마저 번역해 출간하기에 이른 것입니다.

기독교환경운동연대 산하에 있는 한국교회환경연구소는 그간 교회에 생태적 의식 혹은 생태적 회심을 불러일으키고자 많은 노력을 해왔습니다. 특히 '지구의 날', '세계환경주일'에 즈음하여 생태 설교를 완성하여 각 교회에 배포해왔습니다. 교회 강단에서 지구적 차원의 생태 위기에 대한 성서적 이해가 선포되면 생명을 지키려는 신앙적 일상이 펼쳐질 것이라는 확신과 기대로 그리 한 것입니다. 하지만 의외로 반응이 크지 않았습니다.

현실 목회에서 교회 성장에 관심을 빼앗긴 나머지 불편한 진실을 알리는 생태 주제에 대해 목회자들 스스로 마음을 열지 않은 탓입니다. 그러나 이 책에 실린 다수의 설교문은 신학자들뿐 아니라 목회자들이 심혈을 기울여 절박한 마음으로 성서를 읽고 그를 생태적으로 의미화한 것으로서 지구와 말씀 그 둘의 절묘한 조합에 놀람과 깨침이 생겨날 것입니다. 더구나 역자가 애써 번역을 한 덕분에 읽고 이해하는 데 전혀 어려움이 없습니다. 이 책을 통해 얻어진 신학적 감수성을 갖고 생명과 환경을 주제로 강단에서 설교할 경우 많은 교우들이 변화될 것이라 믿습니다.

이 책《지구와 말씀 - 창조세계를 향한 하나님의 긴급한 메시지》에 수록된 서른 개 남짓한 설교문을 쓴 저자들의 삶의 자리가 참으로 다양합니다. 성공회 사제가 있는가 하면 평신도도 다수며, 유대교 랍비도 있고 흑인 여성도 함께 했으며, 중산층 백인 장로교 목사의 설교도 있습니다. 물론 신학대학에서 가르친 전·현직 교수들의 생태 설교문 역시 책의 무게감을 더해주었습니다. 감리교적 설교도 상당수 눈에 띄고《지구의 꿈》의 저자 토마스 베리를 비롯한 가톨릭교회의 설교문도 다수 포함되어 있습니다. 이렇듯 다양한 계층, 다양한 교파의 시각에서 선포된 생태적 성서해석을 통해 우리는 분명 지구를 보고, 생명을 이해하는 시각의 전회를 맛볼 수 있을 것입니다. 신음하는 자연을 '새로운 가난한 자'의 눈으로 바라볼 것을 요구하며, 인류가 지구를 십자가에 매달고 있음을 지적했고, 사울의 눈에서 비늘이 벗겨져 현실을 달리 봤듯 생태적 회심만이 세상을 구할 수 있을 것이라 했으며, 지구의 절규와 탄식의 소리를 듣는 것이 성령을 체험하는 일과 다르지 않을 수 있다는 놀라운 말씀을 전해줍니다. 또한 인간을 영적인 존재일 뿐 아니라 흙을 떠나 살 수 없는 존재인 것을 흑인 영성의 시각에서 선포했고, 자신의 삶의 자리를 지성소로 만드는 것을 생태적 책무라 가르쳤으며, 사순절과 부활절을 자연의 고통과 피조물의 해방의 시각에서 읽어냈고, 욥기를 통해 탈(脫)인간중심주의적 자연관을 밝혀냈으며, 하느님 나라의 도래를 신생대를 마감하고 생태대로의 진입으로 상상할 것을 권유했고, 생태계를 파괴시키는 일이 하느님의 신성모독과 다르지 않으며, 성서가 말하는 '다스리라'는 뜻이 우주 자연에 대한 연민, 책임감이란 사실도 옳게 적시해주었습니다. 이외에도 우리의 관점을 달리 만드는 주옥같은 설교문들로 인해 독자들은 순간순간 긴 호흡을 내쉬어야 할 만큼 그 감격에 벅차 할 것입니다. 짧은 지면에 더 많은 좋은 말을 담지 못해 아쉽기 그지없습니다만 현명한 독자들께서는 지금까지의 언급만으로 이 책의 가치를 충분히 가늠했을 것이라 확신합니다.

추천의 글을 마감하는 시점에서 문득 전현식 박사와의 오랜 인연이 떠오릅니다. 저 역시 오래전 한국교회환경연구소 소장직을 역임한 바 있었고, 전 박사와 함께 생태신학을 공부하며 장차 생태신학을 연구하여 이 땅에 공헌해줄 것을 제안했던 시절이 있었습니다. 그 희망을 온전히 실현해 아주 귀하게 쓰임을 받고 있는 것이 고맙고 감사합니다. 남성으로서, 유명한 여성 생태신학자인 로즈마리 류터 교수의 한국인 첫 제자가 되었고, 서구의 생태여성주의 사조와 동학(東學) 속 생태 사유들인 시천주(侍天主), 불연기연(不然其然) 등의 개념을 비교하여 동서양을 회통시키는 생태신학을 창조했으며, 작금에는 그를 더욱 발전시켜 자타가 공인하는 한국 생태신학 분야의 대학자가 된 것입니다. 가족들을 먼 이국땅에 둔 채 긴 세월 고생하며 오직 연구에만 몰두했던 결과물이 이제 쏟아져 나올 터인데 그의 저술들과 이 땅의 교회들이 함께 만나 하나밖에 없는 지구가 거룩하게 지켜질 수 있기를 기대해봅니다. 이 책을 만들려고 수고한 유미호 실장을 비롯한 많은 분들에게도 고마움을 전하며 생명 가치를 위해 한 길만을 걷고 있는 기독교환경운동연대의 무궁한 발전도 기원하고 싶습니다.

## 추천의 글 2

# 공생공존(共生共存)의 아름다운 세계를 위하여

손인웅(덕수교회 원로목사)

태초에 하나님께서 우주만물을 창조하신 후 "보시기에 심히 좋았다"(창 1:31)고 힘차게 긍정하셨습니다. 그리고 아름다운 창조세계를 지극히 사랑하신다고 선언하시고(요 3:16), 창조주의 형상대로 지으신 인간에게 청지기직을 맡기셨습니다. 나실인으로 태어난 삼손은 하나님에게 받은 힘을 선용하지 못하고, 이방 여인 데릴라의 유혹에 빠져 힘을 남용하다가 머리가 깎이고 두 눈이 빠진 채 거대한 문명의 맷돌을 돌리는 비참한 노예로 전락했습니다. "아는 것이 힘이다"라고 선언한 베이컨은 계몽주의의 아버지로 추앙받았지만, '믿음의 힘'을 약화시킴으로 인간의 지식이 창조주의 비밀스런 영역까지 침범하며 창조세계의 근본을 흔들어 창조질서의 혼란과 파멸의 단초를 제공했습니다.

다윈은 '양육강식', '적자생존'이라는 진화론을 발표함으로 인간의 본능적 욕망을 추동하여, 자연과학 분야뿐만 아니라 사회과학 분야에 이르기까지 강자의 힘의 논리가 세계를 지배하는 데 이론적 근거를 제공했습니다. 이로 인한 지구생명 공동체는 브레이크가 고장 난 욕망의 열차를 타고 파멸의 내리막길을 질주하고 있습니다. 그러나 다윈의 진화론에는 양육강식, 적자생존의 이론뿐 아니라, 공생공존(共生共存)의 법칙도 있다는 것을 잊어서는 안 될 것입니다.

지구상 가장 성공한 생명체는 곤충들과 꽃피는 식물들입니다. 이들은 서로 주고받으며 공생공존하고 있습니다. 나비와 벌은 꽃으로부터 꿀을 제공받아 먹는 대신 꽃가루를 옮겨주면서 열매를 맺도록 하여 생육하고 번성하는 복을 누리게 합니다. 창조세계를 부수지 않고 살아갈 수 있는 비결은 공생공영의 길을 따라가는 것입니다. 그런 점에서 《지구와 말씀 - 창조세계를 향한 하나님의 긴급한 메시지》라는 책이 출판되는 것을 뜻 깊게 생각하면서 확신에 찬 추천을 하는 바입니다.

이 설교집의 집필자들은 하나님의 세미한 음성에 귀를 기울이고 정확한 계시의 말씀을 파악하여 생애를 바쳐 선포하는 이 세대의 탁월한 영성가들이며 예언자들입니다. 이 설교집에 나오는 "땅을 사랑할 권리"(렘 29:1-7), "흙과 영으로 살기 위하여"(창 2:7, 마 25:40), "연민의 원을 넓혀라"(시 148편), "예수, 동물원에 가다"(눅 14:11), "생태정의로의 회심"(요 12:4-5, 행 9:1-4)과 같은 설교는 흙과 땅에 대해서, 지구와 피조물의 절규와 탄식소리를 들으며, 우리의 이웃인 자연이 강도를 만나서 죽어가고 있는 현장을 목격하면서도 외면하는 현대인들과 종교계를 향하여 선한 사마리아인의 사명을 일깨워주고 있습니다. 그리고 그리스도의 연민을 가지고 생태정의로의 회심을 촉구하고 있습니다.

서구교회는 지구생명공동체를 파멸로 몰고 가게 하는 "땅을 정복하라"는 창세기 1장 말씀을 잘못 해석한 과실을 범했습니다. 그래서 하나님께서는 서구교회에서 비서구교회로 촛대를 옮기는 작업을 시작하셨습니다. 인간이 하나님의 자리를 탈취하며 주인 노릇 하는 동안에 창조세계와 모든 생명체가 파멸의 위기를 겪고 있습니다. 타락한 나실인 삼손이 회심하고 하나님의 명예를 회복한 것처럼 이 책을 통하여 현대인들이 생태적 회심을 함으로 지구생명공동체를 살려내야 할 것입니다.

# 차례

# 머리말

데이비드 로즈(David Rhoads)

우리는 매일같이 자연세계가 훼손되어간다는 소식을 듣습니다. 지구 온난화, 급변하는 기후체계, 가뭄, 오존층 파괴, 삼림 파괴, 걷잡을 수 없는 화재, 경작지 침식, 각종 폐기물 문제, 멸종, 대기오염과 수질오염, 인구의 폭발적인 증가, 그 외에도 셀 수 없이 많은 문제들…. 때때로 이런 문제들에 관심을 갖는 새로운 노력에 대한 좋은 소식도 들려오지만, 대부분 전해지는 소식들에 우리는 압도당하며 깊은 좌절에 빠지고 맙니다.

이러한 현상들에 우리는 어떻게 대처해야 할까요? (지구를) 지켜내기 위한 방법은 무엇일까요? 문제를 부정하는 것은 선택이 될 수 없습니다. 그런다고 문제가 사라지지 않기 때문입니다. 이 문제를 대수롭지 않게 축소하는 것도 안 될 일입니다. 문제의 규모를 직시하지 않고서는 충분한 해결책을 찾을 수 없기 때문이지요. 오히려 우리는 행동해야 합니다. 우리가 변화를 만들어낼 수 있기 때문입니다. 고향 땅, 일터, 교회와 같은 공동체에서 우리는 행동을 취할 수 있습니다. 환경훼손에 대한 광범위한 해결책을 제시하는 입법과 정책 변화를 지지할 수도 있습니다. 이러한 행동과 지지를 전심으로 아우를 수 있어야 합니다. 우리는 세상의 태도와 구조를 고치기 위해 우리의 생활양식과 사회를 지속적으로 변화시켜야 합니다.

이런 생태문제들에 본격적으로 착수하는 것은 길고도 험난한 여정입니다. 죽어가는 자연의 문제는 단기적으로 해결할 수 있는 것이 아닙니다. 많은 시간과 노력이 필요한 이 일을 위해 우리는 준비해야 합니다. 인간의 활동이 생태적으로 지속 가능한 수준에 이르려면 영적인 힘과 자양분이 필요합니다. 우리는 끈질기게 우리와 사회를 변혁하는 과정에 동참해야 합니다. 우리를 지탱하며 도전하는 말들에 귀를 기울여야 합니다. 자연세계를 위해 헌신할 수 있는 견고한 중심을 가질 수 있도록 가치관을 분명히 해야 합니다. 매일의 일상적 활동이 복잡하게 얽힌 생명의 망에 긍정적인 영향을 끼칠 수 있는 방식을 터득해야 합니다. 우리가 창조세계를 파괴적으로 대함으로써 가장 깊이 영향을 받는 연약한 사람들을 향한 연민이 필요합니다. 모든 식물과 동물이 살아가는 지구 전체를 존중해야 합니다. 한마디로 우리는 매일같이 지구를 돌보는 영적 수양에 주의를 기울여야 합니다.

가장 심오한 수준에서 생태계 위기는 영적 위기입니다. 우리가 자연에서 소외될 때 인간과 모든 존재에게 생명을 주는 근원에서 멀어지게 됩니다. 우리 문명은 자연과의 애착을 가로막는 너무 많은 장벽을 만들어왔습니다. 그 장벽은 흙, 믿을 수 없을 만큼 다양한 동식물들, 바위, 바다 그리고 우리가 바라보는 풍경들을 이루는 지형으로부터 우리를 단절시킵니다. 우리 대부분은 우리가 지구에 속해 있다는 느낌을 갖지 않으며, 우리와 함께 번창해야 할 동식물들과의 결속을 경험하지도 않습니다.

오히려 우리로 인해 자연은 대상으로 전락해버렸습니다. 우리는 자연을 상품으로 대합니다. 주로 '우리의' 더 나은 삶에 이용하려고 자연에 관심을 갖습니다. 그래서 우리는 자연세계에 어떤 영향을 끼칠지는 상관하지 않고 지구를 착취해도 된다고 믿는 것 같습니다. 우리는 생명의 신성함과, 모든 현실 안에 존재하는 하나님의 영광을 보지 못하고 있습니다. 우리는 만물의 살아 있음과 모든 생명의 존엄성에 대한 경험을 잃어버렸습니다.

모든 피조물을 사랑과 존중으로 대하고, 그렇게 함으로써 이 지구 위에서 가벼운 걸음을 걸을 수 있도록, 생명을 향한 외경심을 회복해야 합니다.

게다가 우리는 자연의 존재와 하나님과의 관계 안에서 인간의 적절한 한계의식을 상실했습니다. 우리는 스스로가 가능성의 제약이 없는 존재라고 믿는 듯합니다. 우리가 살고 있는 세상에 한계가 없다고 믿는 것 같습니다. 우리는 지구의 풍성함에 끝이 없다고 생각합니다. 우리의 경제 구조는 자원은 무한하며 무한 성장이 가능하다는 가정 위에 서 있습니다. 쓰고 버리는 사회에서, 쓰레기를 한없이 버리는 것이 당연한 듯 삽니다. 공기와 물 속에 끝없이 많은 오염물질을 흘려보내도 된다고 착각합니다. 모든 사회가 교만과 오만으로 가득 차 한계에 대해서는 조금도 생각하지 않기에, 우리는 죄인입니다. 우리는 무언가를 '할 수 있다면' 우리에게 그렇게 할 '권리'도 생긴다고 생각합니다. 우리의 생활양식이 가난하고 힘없는 사람들 그리고 자연에 미칠 결과에 대해서는 조금도 생각하지 않은 채 권리만 주장합니다. 우리의 행동을 제한할 줄 아는 겸손을 회복해야 합니다. 그래야만 모든 생명이 존중되고 함께 번창할 여유를 얻게 될 것입니다.

우리의 교만을 드러내는 표지 중 하나는 우리의 어떠한 희생도 없이 기술적으로 지구의 문제들을 해결하려 한다는 것입니다. 우리는 환경 위기에 대해 경제활동이나 생활양식에 부정적인 영향이 없는 과학적인 해결책을 제시할 수 있다고 믿고 싶어 합니다. 미국이 가진 능력으로 우리 삶의 수준을 유지하거나 심지어 확장할 수 있는 해답을 찾을 수 있다고 확신합니다. 그렇게 되면 에너지 사용을 줄이거나, 친환경 제품을 사용하려고 더 많은 지출을 하거나, 소형차를 몰거나 여행을 자제할 필요도 없을 것입니다. 정말로 우리는 덜 소유하고 느리게 살며 이 땅을 가볍게 걷는 단순한 삶에 적응하려고 하지 않습니다. 손쉬운 해결만을 바라는 것이지요.

더 단순하고 절제된 생활양식을 택하려 한다 해도, 우리는 현대 사회의 믿을 수 없을 만큼 빠른 변화와 그로 인한 귀결, 이른바 '효율성'에 직면하게 됩니다. 우리는 모든 것을 좀 더 효율적으로, 더 쉽고 빠르게 바꿀 방법이 있다고 기대해왔습니다. 효율성으로 치닫는 과정과 결과가 지구를 완전히 파괴해왔음을 간과했습니다. 어떻게 하면 느리게 살 수 있을까요? 어떻게 우리는 목이 뒤로 꺾일 정도로 빠른 삶을 멈출 수 있을까요? 어떻게 하면 새로운 관심과 심사숙고로 우리가 속한 세계와 함께 하는 사람들을 돌볼 수 있는 중심을 찾을 수 있을까요? 결코 쉽지 않은 일입니다.

그 일을 어렵게 만드는 것 중 하나는 자본주의 사회에서 우리가 늘 접하는 메시지, 곧 의미와 만족에 대한 갈망이 물건의 '소유'로 충족될 것이라는 믿음입니다. 이 차나 저 옷을, 이 핸드폰이나 저 기기를 사면, 이 편의성과 저 호화로움을 가지면 모든 게 괜찮아질 텐데. 우리의 가치관과 우선순위를 다시 생각하고 대안적인 삶의 방식을 새로 시작해야 합니다. 자연과의 결속을 회복하고 새로운 생명을 가져다주는 관계 속에서, 생명의 원천으로부터 의미와 만족을 찾아야 합니다.

창조세계에 근거를 둔 영성은 앞으로 나아가는 길이 될 것입니다. 하나님의 창조세계를 존중하는 새로운 가치관, 대안적인 삶의 양식, 온 생명을 향한 친절과 사려 깊음이 중심이 되는 삶이야말로 하나님과 맺는 관계이기 때문입니다. 우리가 자연 안에서 누리는 기쁨은 자연을 사용하는 올바른 근거가 될 것입니다. 우리가 기뻐할 때에 착취를 그만두게 될 것입니다. 달리 말하면 우리는 사랑하지 않는 것을 구원하지 않습니다. 자연과의 관계를 아우르는 영성을 통해 우리는 우리에게 요구되는 변화를 감당할 수 있습니다.

저는 20년 전부터 지금까지 제 스스로의 방향을 전환해 전심으로 지구를 돌보고자 애써왔습니다. 제가 처음으로 환경에 관심을 갖게 되었을 때에는 교회가 제대로 된 역할을 전혀 감당하지 못하고 있었습니다. 1989년

학교에서 강의를 준비하면서 저는 세계의 생태계가 처한 상황에 대한 스무 권 정도의 책을 읽었습니다. 그 책들에는 미래에 대한 너무도 절망적인 예견들이 담겨 있었습니다! 그리고 그 책의 저자들은 그들이 말하고 있는 바를 잘 알고 있는 과학자들과 사회과학자들이었습니다. 저는 깊은 절망감에 빠졌습니다. 창조세계를 돌보기 위해 헌신할 수 있도록 제 자신을 지탱해주는 것이 무엇인지를 판단해야만 했습니다. 우리 앞에 놓인 현실에 대한 두려움일까요? 창조세계의 훼손에 제 자신이 일조했다는 죄의식일까요? 우리 사회가 취하고 있는 방향에 대한 부끄러움이 저를 움직였을까요? 아니면 지구에서 사라져간 생명들에 대한 슬픔이 저를 행동하게 만들었을까요? 기업들의 악의적인 탐욕과 문제에 대한 정부의 고의적인 묵인에 대한 분노가 저를 이끌었을까요? 이 일을 하기 위한 힘의 원천이 어디에서 오겠습니까? 어떤 의미에서는 이 모든 감정이 행동을 취하는 데에 도움이 되었을지도 모릅니다. 그러나 결국에는 이 모든 감정 중 어느 하나도 지속적이며 풍성하게 하는 것은 아니었습니다. 어떻게 하면 이 일이 생명을 갉아먹는 것이 아니라 생명을 주는 일이 될 수 있을까요?

분투하는 가운데 저는 하나님과의 관계를 통해 도움을 얻었습니다. 제 안에서는 그 힘을 발견할 수 없었습니다. 오히려 하나님의 은혜의 드넓은 호수, 제라드 맨리 홉킨스(Gerard Manley Hopkins)의 말을 빌리자면 "만물 속 깊이 있는 가장 고귀한 신선함"으로 저를 지탱해왔음을 발견합니다. 오직 하나님의 은혜, 만물 '안에' 있는 하나님의 사랑 그리고 만물을 '위한' 하나님의 기쁨을 공급받을 때에만, 우리는 평정심을 가지고 우리를 압도하는 위협에 맞설 수 있을 것입니다. 오직 이 길에서만, 우리는 그 과업을 위한 기쁨과 힘을 얻을 수 있을 것입니다.

그래서 저는 다른 길을 찾기 위해 제 직장, 집, 그리고 내면에서 새로운 여정을 시작했습니다. 저와 함께 한 몇몇 사람은 제가 가르치고 있는 신학교에서의 친환경적인 예배, 교육 프로그램, 소유물 관리, 우리 신학 공동체 구성원들의 개인적인 헌신, 그리고 대중들에게 이러한 관심을 불러일으켜야 한다는 우리의 책임감 등이 우리 공동체와 공간을 위하여 어떠한 의미를 지니는지를 이해하고자 했습니다. 학교는 점점 '녹색 지대'가 되었습니다. 이런 것들을 통해 저는 많은 것을 배웠습니다. 그럼에도 불구하고 지금까지 저는 지구를 향한 관심과 사랑을 표현하는 데에 필요한 변혁의 여행이 이제 막 시작되었음을 느낍니다. 이 책은 바로 여기에서 시작된 것입니다.

지난 10년간 저는 창조세계의 망(http://www.webofcreation.org)이라는 웹사이트를 운영해왔습니다. 이 웹사이트는 신앙공동체들에게 생태와 신앙에 대한 자원들을 제공합니다. 이 프로젝트를 통해 '녹색교회 프로그램'이 시작되었는데, 이 프로그램은 신자들의 삶과 선교의 모든 양상에서 창조세계를 향한 관심을 갖도록 하는 것입니다. 그 자원들을 제공하기 위해 노력하던 중, 저는 이 프로그램에 커다란 빈 자리가 있음을 발견했습니다. 그 빈 자리란 지구로 인한 기쁨과 창조세계를 향한 돌봄을 이야기하며 우리를 가슴 뛰게 하는 묵상들과 설교들이었습니다. 그래서 '창조세계의 망'의 동료 조지 자카리아(George Zachariah)의 도움으로, 지난 몇 년 동안 저는 사람들이 읽고 생각할 수 있는 설교들, 즉 지구를 돌보도록 가르치고 전하는 데에 필요한 것들을 제공하는 설교집을 제공하기 위한 작업에 착수했습니다. 이미 복음주의자들의 좋은 설교집이 있습니다만(스탠 르콰이어(Stan Lequire) 편집,《지구에 대한 최고의 설교: 창조세계를 돌보는 설교들》, Judson Press, 1996) 이 새로운 설교집은 그 목소리들의 범위와 다양성을 확장하기 위한 노력의 결과입니다. 컨티눔(Continum) 출판사의 전 편집자 헨리 캐리건(Henry Carrigan)의 아낌없는 후원으로 이 프로젝트를 진행할 수 있었습니다.

조지(George)와 저는 이미 출간된 환경에 관한 설교들과 에세이들을 수집하면서 프로젝트를 시작했습니다. 우리는 환경에 대한 글을 출간했거나 설교했던 분들께 설교나 묵상을 기고해주실 것을 요청했습니다. 너무 학술적인 에세이나 강의가 아니라, 그들의 신앙을 드러내며 다른 사람들의 신앙에 호소하는 글을 요청했습니다. 우리는 그들이 이 프로젝트에 동참하고자 하는 열정에 전율했습니다. 몇몇 글은 이미 출판된 것들이었고 대다수는 설교자들이 특정한 상황에서 설교한 것이었으며 또 일부는 이 설교집을 위해 새로 쓰였습니다. 각각의 글 처음에는 설교의 상황에 대한 짤막한 설명과 설교자의 약력이 있습니다.

이 책은 특별한 다양함으로 가득 차 있습니다. 여러 교파와 신앙 전통, 민족 공동체의 출신자들이 참여했습니다. 모든 설교자는 출발점으로써 성서 구절 하나씩을 선택했고, 이 선택들은 전체에 엄청난 풍성함을 가져다주었습니다. 대부분의 설교들은 창조세계를 돌보는 문제에 철저히 집중하고 있습니다. 우리를 불러 참여하게 하고, 우리의 태도에 도전을 주며, 설교자 자신의 창조세계를 향한 회심을 증언하고 은혜를 선포합니다. 어떤 설교는 지구의 문제가 중심이 아니지만, 주제를 발전시키는 데에 큰 도움을 줍니다. 이러한 설교들은 생태적 설교를 위한 다양한 모범이 됩니다. 또한 설교들은 결혼식, 학위수여 예배, 대학 채플 예배, 동물들을 축복하는 의식, 추수감사절, 어린이 설교 등 다양한 경우와 상황을 반영합니다.

저는 이 설교와 묵상 모음집이 다양한 목적에 유익하기를 바랍니다. 이 책은 매일의 묵상의 부분으로 읽는 종교 문학일 수 있습니다. 여러분의 생각을 바꾸고 확신을 주며 행동하도록 촉구할 것입니다. 또한 이 설교들을 통해 우리의 신앙을 세계의 구체적인 현실과, 인간과 모든 다른 생명을 향한 정의감과 연결할 수 있다면, 이 책은 우리의 신학적 성찰을 도울 수도 있을 것입니다. 요즈음 저는 어딜 가나 이야기합니다. 사람들이 환경에 대한 관심과 신앙을 연결시키려고 노력합니다. 이 책은 그 여정에 풍성함을 더할 것입니다.

목회자들이 설교를 준비하는 데에 도움이 될 수도 있습니다. 설교에 사용할 소재를 제공하거나, 지구를 돌보는 설교를 발전시키는 모델이 될 것입니다. 두 인터넷 사이트를 기억해두는 것이 설교자들에게는 도움이 될 것입니다. 이 사이트들은 3년 주기의 성서일과를 바탕으로 매 주일마다 '녹색' 묵상들을 제공합니다. 첫 번째로 '기독교생태연대'(Christian Ecology Link)는 환경에 관심을 갖는 사람들을 위한 영국의 초교파 단체에서 운영하고 있습니다. 여기에서는 '성서일과에 대한 생태적 주석'을 제공합니다 (http://www.christian-ecology.org.uk/econotes-index.htm#index). 두 번째로 미국 미네소타 성공회 교구 환경청지기위원회(MEESC)는 성서일과와 연관된 환경과 지구에 관한 묵상, 설교, 주석들을 수집해왔습니다(http://www.env-steward. com/lectnry.htm). 또한 '창조세계의 망' 웹사이트에서는 '지구 성서' 페이지를 통해 지구의 관점에서 성서를 읽을 수 있도록 다양한 참고문헌 목록을 제공하고 있습니다.

예배를 통하여 더 발전적인 변화를 모색하는 것 역시 도움이 될 것입니다. 예전에 필요한 자원을 찾고자 하는 교회공동체를 위해 유익한 사이트들이 있습니다. 이제는 교회력에 대안적인 절기를 더하고자 하는 국제적 노력들이 시작되었습니다. 바로 성령강림절기 중 한 달(9월을 권장합니다)을 정하여 4주간 지키는 창조절기입니다. 이 절기 동안 창조주 하나님, 창조된 세계의 신비, 또한 창조세계와 인간의 관계를 기념합니다. 3년 주기의 전체 예전에 이를 적용하기 위한 대체 성구와, 지구 목회를 위한 제안들이 제공됩니다(http://www.seasonofcreation.com). '창조세계의 망' 사이트의 예배 부문에서는 3년 주기의 성서일과를 따라 창조세계와 연관된 탄원의 기도가 수록되어 있습니다. 또한 매년 미국기독교교회협의회(the National

Council of Churches)는 지구주일(4월 22일 지구의 날과 가장 가까운 주일)을 위한 다양한 자원들을 제공합니다(http://www.nccecojustice.org). '지구목회'(Earth Ministry) 웹사이트(http://www.earthministry.org)에서도 예배를 위한 다양한 자료들을 제공합니다.

창조세계를 향한 관심을 삶과 교회의 선교에서 이어가기를 원하는 사람들을 위한 대안도 있습니다. '지구목회'에서는 훌륭한 가이드북과 교회 공동체를 '녹색'으로 변화시키기 위한 다양한 자원들을 제공합니다. 우리 '창조세계의 망' 사이트는 녹색교회 프로그램을 통해 훈련 매뉴얼, 건물과 대지를 위한 광범위한 안내 등 교회생활의 전반에 대한 자료들을 제공합니다. 또한 '창조세계의 망'에서는 다른 신앙적인 사이트들에 대한 종합 링크 목록들을 제공합니다.

환경적인 사건과 관심이 주된 문제가 되는 시대가 도래했습니다. 토마스 베리(Thomas Berry) 신부의 말을 빌리자면, 지구에서 생태적 위기에 맞서 지속 가능한 삶을 사는 것이야말로 우리 시대의 '위대한 과업'입니다. 모두가 각자의 자리에서 역할을 맡는 것은 '위대한 과업'입니다. 그것은 사람과 구조를 변혁시키는 데에 동참하는 과업입니다. 비전과 희생이 요구되는 과업입니다. 또한 기쁨과 은혜로 완성되는 과업입니다. 모쪼록 이 책에 수록된 설교자들의 묵상이 우리를 북돋아 우리 시대의 이 위대한 과업에 기꺼이 동참할 수 있는 힘이 되기를 바랍니다.

■ 일러두기

이 책에 사용한 성경 본문은 새번역 성경을 사용했습니다. 단 역자의 사역 부분은 따로 표시했습니다.

# 땅을 사랑할 권리

## THE RIGHT TO LOVE THE LAND

네디 아스투디요●

이 메시지는 일리노이 주 마렝고(Marengo)라는 시골 마을에서 남아메리카 미국인들에게 문을 열기 시작한 백인(영국계 미국인) 장로교인들을 대상으로 한 설교입니다. 이 설교의 목표는 사람들이 그들의 공통점을 발견하도록 하며, 이주자가 되는 경험과 이주자와 함께 일하는 경험 속에 그들에게 나타나는 하나님의 뜻을 보여주는 것입니다.

● 네디 아스투디요(Neddy Astudillo)는 맥코믹 신학대학(McCormick Theological Seminary)에서 목회학 석사(M. Div) 학위를 받았다. 그녀는 미국 장로교회의 목사이며, 일리노이 주 북부에서 15년 동안 환경 문제를 세상 안에서 교회의 역할과 연결하는 생태정의 목회에 헌신해왔다.

이것은 예언자 예레미야가 예루살렘에서 보낸 편지로서, 포로로 잡혀
간 노인들 가운데서 살아 남은 사람들을 비롯하여 느부갓네살이 예루
살렘에서 바빌로니아로 잡아간 제사장들과 예언자들과 온 백성에게 보
낸 것이다. 이 때는 여고냐 왕과 여왕인 그의 어머니, 신하들과 유다와
예루살렘의 고관들, 그리고 기술자들과 대장장이들이 예루살렘에서 떠
난 뒤이다. 이 편지는 유다 왕 시드기야가 바빌로니아 왕 느부갓네살에
게 보낸 사반의 아들 엘리사와 힐기야의 아들 그마랴를 시켜 바빌로니
아로 전달하였다. 다음은 편지의 내용이다. "나 만군의 주, 이스라엘의
하나님이 말한다. 내가 예루살렘에서 바빌로니아로 잡혀 가게 한 모든
포로에게 말한다. 너희는 그 곳에 집을 짓고 정착하여라. 과수원도 만들
고 그 열매도 따 먹어라. 너희는 장가를 들어서 아들딸을 낳고, 너희 아
들들도 장가를 보내고 너희 딸들도 시집을 보내어, 그들도 아들딸을 낳
도록 하여라. 너희가 그 곳에서 번성하여, 줄어들지 않게 하여라. 또 너
희는, 내가 사로잡혀 가게 한 그 성읍이 평안을 누리도록 노력하고, 그
성읍이 번영하도록 나 주에게 기도하여라. 그 성읍이 평안해야, 너희도
평안할 것이기 때문이다(예레미야 29:1-7).

신학교에서의 첫 한 해 동안 저는 《이 장소에 토착민 되기》(*Becoming Native to This Place*)라는 책을 읽었습니다. 제 자신이 이주자가 되고 새로운 땅에서 제 정체성을 찾으려 발버둥치기 전까지는, 누군가가 한 장소(a place)에서 살지만 여전히 그 장소로부터 단절된 상태일 수도 있다는 것을 깨닫지 못했습니다. 누군가를 먹여 살리고 그에게 정체성을 제공하는 새로운 '장소'와 의도적으로 관계 맺으면서 살고자 노력하는 것이 지역의 문제일 뿐만 아니라 보편적 문제라는 것을 깨닫게 된 것은 그 책을 읽고 난 뒤였습니다.

신학교 첫해에 저는 신학자 제이 맥다니엘(Jay McDaniel)의 이야기를 듣기도 했습니다. 그는 정의(우리와 같은 소수자들에게 매우 열정적인 문제)란 "관계에 대한 신실함"을 의미한다고 이야기했습니다. 저는 생태정의의 개념에 대해 이해하고자 신학교에 갔습니다. 이 개념을 남아메리카 미국인(Latinos), 그중에서도 교회 구성원들 가운데에 적용하게 되면서 저는 환경에 대한 우리의 책임, 그리고 그 환경으로부터 우리를 분리시키는 사회적 구조 사이의 긴장을 받아들여야만 한다는 걸 깨달았습니다.

새로운 땅에서 생태정의를 위해 일하면서(저는 베네수엘라 토착민입니다) 저는 그 장소의 생태계와 그 장소에 속한 영혼들에게 가슴을 열어야 한다는 사실을 깨달았습니다. 이 새로운 환경과 정의로운 관계를 맺어야 할 필요성을 돌이켜 보면서, 제 마음이 여전히 고향 땅의 자연 경관에 얽매여 있음을, 그래서 새로운 땅에 온전히 정착하지 못하고 있으며 그 안에서의 책임도 다하지 못하고 있음을 알아챘습니다. 새로운 장소에서 토착민이 되어가는 이 여정에서, 외국인으로 살아가는 내내 저는 많은 이주자들을 만났습니다. 그들은 미국에 정착해 살고 있는데도 여전히 자신들이 땅과 단절되어 있다는 사실에 슬퍼하고 있었습니다. 그들은 망명 생활의 피할 수 없는 부산물로써 이 간극을 경험하고 있습니다. 특히 법적인 문제가 그들의 동질감과 소속감을 흐리게 할 때 그렇습니다.

교회가 이주자들의 경험에 도움이 되고자 할 때, 또한 교회가 자연환경과 정의로운 관계를 맺고자 할 때에는 소속감의 문제, 그리고 땅을 사랑할 권리를 충분히 고려해야만 합니다. 최근 저는 라틴아메리카 신학자 구스타보 구티에레즈(Gustavo Gutierrez)의 말을 들었습니다. "신학을 한다는 것은 어떠한 인간 상황에서도 기쁜 소식, 즉 복음을 발견해내는 것이다."

포로로 끌려온 이스라엘 민족과 같은 삶, 곧 오늘날의 이주의 경험 안에서 발견할 수 있는 복음이란 무엇일까요? 해마다 수천 명의 이주자 농부들이 미국의 변경으로 유입되고 있고 다시는 흙에 손대지 않습니다. 우리에게 남아 있는 것은 학대 받아 슬퍼하는 땅, 늘어만 가는 인구 때문에 멸종 위기에 처해 있는 동식물들, 그리고 지구의 미래를 위협하는 소비지상주의적인 생활방식뿐입니다. 그렇다면 복음이란 무엇입니까? 우리의 소명은 무엇일까요?

당면한 현실을 반성하기 위해 예레미야와 이스라엘 민족의 포로기 생활을 들여다봅시다. 예레미야서의 이 본문은 한 장소에 토착민으로 정착하기를 원하는 공동체의 삶으로부터 출발합니다. 그리고 포로로 사로잡혀 온 사람들의 삶을 회복시키시고자 하는 사랑의 하나님을 나타냅니다.

> 너희는 그 곳에 집을 짓고 정착하여라. 과수원도 만들고 그 열매도 따
> 먹어라. 너희는 장가를 들어서 아들딸을 낳고, 너희 아들들도 장가를 보
> 내고 너희 딸들도 시집을 보내어, 그들도 아들딸을 낳도록 하여라. 너희
> 가 그 곳에서 번성하여, 줄어들지 않게 하여라. 또 너희는, 내가 사로잡
> 혀 가게 한 그 성읍이 평안을 누리도록 노력하고, 그 성읍이 번영하도록
> 나 주에게 기도하여라. 그 성읍이 평안해야, 너희도 평안할 것이기 때문
> 이다(예레미야 29:5-7).

예레미야는 바빌론에 살고 있는 이스라엘 민족을 향해 말합니다. 하나님께서는 그들을 포로로 보내셨고, 그들은 바빌론 왕 느부갓네살에 의해 끌려왔습니다. 본문이 묘사하고 있듯이 이 사로잡혀온 무리는 이스라엘의 중산층과 상류층을 나타냅니다. 그 땅의 가난한 자들과 농부들, 저는 자들과 병든 자들은 거기에 남았으며 아마도 지금 땅의 새로운 주인을 위해 일하고 있을 것입니다. 그러므로 집을 짓고 과수원을 만들라는 명령은 지금 바빌론에 있는 엘리트 집단의 사람들에게 주어진 메시지로 보입니다. 그들은 아마 이전에 결코 집을 짓거나 과수원을 만들 필요가 없던 사람들이며 다른 누군가에게 그들을 위한 일들을 시켰던 사람들일 것입니다. 예레미야는 땅을 잃어버린 오늘날의 이스라엘 민족, 타국 땅의 이주자들에게 목회적 메시지를 보냅니다.

저는 예레미야의 지시 속에 자신의 백성들로 하여금 땅으로 돌아가라는 하나님의 부르심이 담겨 있음을 믿습니다. 그들 조상들이 살았던 지리적인 땅이 아니라 그들의 마음의 고향 말입니다. 그리고 땅의 보호자이며 경작자로서의 가장 근본적인 소명과 관계를 회복하라는 부르심 또한 그 지시 속에 담겨 있다고 믿습니다. 예레미야의 지시를 통해, 우리는 "생육하고 번성하며", "땅을 경작하고 지키라"(창 1:28; 2:15)는 이스라엘 민족의 신앙의 가장 근본적이고 일차적인 반향을 듣게 됩니다. 이 지시는 이스라엘 민족뿐만 아니라 태초 이래 모든 인류와 피조물에게 주어진 것입니다. 그러므로 이주와 포로 경험은 사람들이 그들의 신앙에서 보편적인 것이 무엇인지를 발견하도록 합니다. 그 경험은 우리로 하여금 땅에 대한 애착과 같은 유한하고 지역적인 것을 넘어서는 정체성을 갖도록 도전을 줍니다. 궁극적으로 그 경험은 우리가 새로운 장소와 그곳의 사람들에게 마음을 열게 합니다.

집에서 정원을 가꾸거나 나무를 심어본 사람들은 땅에 뿌려진 모든 씨

앗에서, 식물에 물을 주는 모든 노력에서, 그리고 첫 열매를 기다리는 인내에서 생겨나는 관계에 대해 알고 있습니다. 우리가 땅을 돌보고 땅을 위해 기도할 때 우리는 그 땅을 자신의 가족으로 느끼기 시작하며, 그 땅을 사랑하고 그 땅의 아픔을 함께 나누기 시작합니다. 그리고 우리는 그 땅에 거주하는 모든 것과 정의로운 관계를 맺고자 노력하게 됩니다.

예언자 예레미야를 통한 하나님의 지시 속에서 하나님께서는 이주된 사람들이 에덴 동산으로 돌아갈 기회를 주십니다. 하나님께서는 하나님의 나라에 있는 것처럼 살도록 그들을 초대하십니다. 하나님께서는 다른 민족들 가운데서 하나님의 길을 대표하도록 그들의 소명을 회복시키셔서 땅의 평화, 곧 샬롬(shalom)을 추구하도록 하십니다. 포로생활이 이스라엘을 위한 하나님의 뜻이라면, 포로된 것처럼 '느끼거나' 포로처럼 사는 게 이스라엘을 향한 하나님의 궁극적인 계획이 아니라는 것은 제게 매우 분명합니다.

오늘날의 이주자들도 이와 같은 소명에 확신을 가질 수 있을까요? 예레미야의 메시지는 이주와 땅과의 단절을 경험하는 우리에게도 새롭게 적용될 수 있을까요? 저는 그렇게 되기를 간절히 소망합니다.

예레미야의 때와 같이 우리는 이주 경험, 그리고 땅으로부터의 단절 경험의 배후에 있는 오늘날의 복음을 필요로 합니다. 오늘날 세상에 왜 그렇게 많은 이주자들이 존재하는지 설명할 수는 없습니다(국제연합에 따르면, 미국에만 3,200만 명의 이주자가 살고 있다고 합니다). 그러나 우리의 신앙 안에는 이를 위해 우리가 할 일이 무엇인지와 하나님의 관점에서 이를 어떻게 이해해야 할지를 알게 해줄 충분한 도구와 방법이 있습니다. 하나님의 관점에서 말하자면, 그것은 우리를 먹이고 품고 있는 이 땅과 사랑의 관계를 맺을 권리인 동시에 책임이 됩니다.

이주자들에게 이 소명은 회복과 치유를 가져다줍니다. "나는 이제 다시 사랑할 수 있다! 나는 이제 이 장소에서 나의 영성과 관계하며 살아갈 수 있다!"

땅 자체와 그곳의 모든 살아 있는 피조물에게 이 소명은 그들을 사랑할 새로운 이들이 도착할 것이며 그들이 보살핌을 받을 새로운 기회가 생겨날 것임을 약속합니다.

그 땅의 사람들을 위해 이 소명은 그들이 그동안 받은 것들을 되돌려줄 기회, 너그러워질 기회, 그리고 더 큰 세계와 관계할 기회를 허락합니다. 또한 이 소명은 좀 더 지속 가능하며 타 문화와 미래 세대에게 훨씬 민감한 삶의 방식(그것이 오래된 것이든 새로운 것이든)을 가꾸어갈 기회가 되기도 합니다.

예수의 삶을 이주자의 관점에서 바라볼 때 우리는 선한 것은 '이주자됨'으로부터 나온다는 것을 깨닫게 됩니다. 그리스도께서는 하늘에서 내려와 우리 가운데 살기로 하셨을 때 이주자가 되어 사는 삶을 택하셨습니다. 그분께서는 사람의 아들(인자: Son of man)로 사실 때 이주자가 되기를 선택하셨습니다. "여우도 굴이 있고, 하늘을 나는 새도 보금자리가 있으나, 인자는 머리 둘 곳이 없다"(마 8:20). 또한 예수께서는 제자들을 부르실 때 당신을 따르려면 모든 것을 내려놓으라 하셨습니다. 예수께서는 제자들을 부르셔서 하나님 나라의 것들이 작은 자루와 그들의 마음에 들어갈 수 있도록 그들의 마음을 하나님 나라의 것들에 두라고 하셨습니다.

구약 성서에서 하나님께서는 약속의 땅에 들어가기 전에 히브리인들에게 말씀하십니다. "땅을 아주 팔지는 못한다. 땅은 나의 것이다. 너희는 다만 나그네이며, 나에게 와서 사는 임시 거주자일 뿐이다"(레 25:23). 옛 이스라엘처럼 우리의 민족, 우리의 언어, 땅의 소유권, 그리고 자연환경에 대한 우리의 기억들을 지나치게 신뢰하는 것은 우리의 약점입니다.

이 본문의 배후에는 우리의 신뢰와 정체성을 다른 것이 아닌 하나님께

두라는 진정한 소명이 있습니다. 이러한 방식으로 이주자로서 우리 자신을 발견하는 것, 그리고 오래된 목적에 따라 땅 잃은 백성으로서의 우리 자신을 발견하는 것은 매우 유익한 일이 될 수 있습니다. 그리스도의 세계가 아닌 이 세계 속에서 영적인 나그네 혹은 도덕적인 이주자가 되는 것만이 예수를 따름이 무엇을 의미하는지 이해할 수 있도록 합니다.

하나님의 나라를 찾을 때 우리는 아직 우리가 고향에 다다르지 않았음을 깨닫게 됩니다. 지구가 치유를 갈망하고 우리의 몸이 고통 받을 때 우리는 아직 고향에 다다르지 않았음을 깨닫습니다. 우리가 안전감을 잃어버릴 때 아직 고향에 다다르지 않았음을 깨닫습니다. 우리가 하나님 형상과 우리의 소명을 회복하고자 몸부림칠 때 우리는 아직 고향에 다다르지 않았음을 깨닫습니다. 세상에 평화가 없을 때 우리는 하나님의 자녀로서 아직 고향에 다다르지 않았음을 깨닫게 됩니다.

하나님의 온전한 샬롬에 이르지 못한 이 세상에서 예수의 발걸음을 따를 때 우리는 이주자가 됩니다. 아브라함과 함께 다른 민족들로 가득한 알지 못하는 땅으로 나아가는 여정을 시작할 때 우리는 이주자가 됩니다. 그 도상에서 또한 예수를 발견할 수 있음을 우리가 알게 될 때 우리는 이주자 됨을 경험하며 살게 됩니다. 자식을 지키기 위해 매일 국경을 넘는 수백만의 마리아와 요셉을 초대하는 위험을 무릅쓸 때 우리는 스스로가 이주자가 됩니다.

그리스도를 따를 때 우리는 그의 제자들과 함께 여행하게 됩니다. 우리는 예배할 자유를 찾아 이 나라를 찾아온 순례자들과 함께 여행합니다. 우리는 개인 구원만을 추구하는 영성이 가로막고 있는 공동의 땅을 찾아 헤매는 북아메리카 원주민들과 함께 여행합니다. 우리는 인류의 출현과 함께 점점 줄어든 버펄로, 곰, 늑대, 독수리, 그리고 멸종 위기에 처한 동물들과 함께 여행합니다.

우리의 이웃들과 땅을 위한 헌신 가운데, 우리는 그곳에서 토착민이 될 뿐만 아니라 하나님의 나라에 도달해야만 끝날 거룩한 여행을 떠나게 됩니다. 우리를 먹이는 그 땅의 샬롬을 위해 기도하고 그 땅을 사랑할 때 우리는 온 세계 위에 부어질 하나님의 은혜를 허락 받게 됩니다. 그 은혜는 우리를 치유하며 풍족한 삶을 가져다주고, 우리를 슬픔으로부터 구원해주며, 우리의 삶을 오래된 목적에 따라 채울 것입니다.

땅과 그 안의 모든 피조물을 사랑할 권리, 그리고 수확한 열매들에 감사하고 먹고 마실 권리는 하나님께서 모든 인류를 위해, 그리고 이 땅의 모든 피조물을 위해 주신 것입니다. 우리의 '뿌리내린 이주' 위에 하나님의 축복이 함께하시길 기원합니다.

# 흙과 영의 사람으로 살기 위하여

## TO LIVE AS PEOPLE OF DUST AND SPIRIT

캐런 베이커-플레처●

이 설교는 흑인 여성주의의 지구적 표현들을 가르쳐줍니다. 이러한 표현들은 흑인들과 땅의 강력한 역사적 유대관계를 회복시킴으로써 자연 속에서 하나님을 경험할 수 있도록 합니다. 이로써 우리는 지구와 하나님께 더 가까워집니다.

● 캐런 베이커-플레처(Karen Baker-Flecher)는 남감리교대학교(Southern Methodist University) 퍼킨스 신학대학(the Perkins School of Theology)의 조직신학 교수로 재직하고 있다. 그녀의 저서로는 *Sisters of Dust, Sisters of Spirit: Womanist Wordings on God and Creation*, 그리고 *Dancing with God: The Trinity from a Womanist Perspective* 등 다수가 있다. 그녀는 수많은 컨퍼런스와 워크숍에서 연사와 진행자로 활발하게 활동하고 있다.

주 하나님이 땅의 흙으로 사람을 지으시고, 그의 코에 생명의 기운을 불어넣으시니, 사람이 생명체가 되었다(창세기 2:7).

모두 주님의 이름을 찬양하여라(시편 148:13).

… 내가 진정으로 너희에게 말한다. … 지극히 보잘 것 없는 사람 하나에게 한 것이 곧 내게 한 것이다(마태복음 25:40).

태어나는 아이 하나 하나를 위해
샛별은 떠오르고,
우주를 향해 노래하네
우리가 누구인지를…
우리는 우리 할머니들의 기도,
우리는 우리 할아버지들의 꿈,
우리는 우리 조상들의 숨,
우리는 하나님의 영.

(〈우리는〉, 사예 반웰 Ysaye M. Barnwell의 노래 가사 중)

저의 외할머니께서는 시와 문학을 사랑하셨습니다. 할머니께서는 시를 암송하셨고, 시나 짧은 이야기를 직접 쓰시기도 했습니다. 아름다운 소프라노의 목소리를 갖고 계셨고, 아름다움과 자연과 아이들에 대해 노래하셨습니다. 당신께서 다니시던 교회와 지역 YWCA에서 시를 써서 상을 받기도 하셨습니다. 증조 외할머니께서도 이야기 쓰는 것을 좋아하셨고 가족사를 글로 쓰기도 하셨습니다. 문학과 음악에 대한 사랑과 글 쓰는 습관은 외할머니의 꿈과 기도의 일부이며, 이것은 지금까지 계속해서 제 안에 남아 있습니다. 제 친할머니께서는 천 염색, 직물 짜기, 바느질, 요리, 도배, 그리고 원예를 좋아하셨습니다. 제가 부모님과 함께 살 때에는 정원을 가꾼 적이 없지만, 독립하고 나서는 할머니께서 물려주신 가풍을 따라 집에 정원을 가꾸고 거기에 딸기와 토마토, 풀들을 기릅니다. 바느질도 배워서, 비록 지금은 바느질할 시간이 거의 없지만 직물과 그 질감 및 색상에 대해 꼼꼼해졌다는 것에 대해서는 여전히 할머니께 감사하고 있습니다. 그분의 꿈과 기도의 일부는 여전히 제 안에 남아 있습니다. 종종 의식하지는 못하지만 우리는 우리 조상들의 꿈과 기도를 계속 이어가고 있습니다.

자라는 동안 저는 친할머니와 외할머니 모두를 정말 좋아했고, 할머니들과 시간을 보내며 당신들께서 생명의 신비에 대해 알고 계셨던 모든 것을 배우던 시절이 즐거웠습니다. 두 분께서 바느질을 하시든 식물을 가꾸시든 기도를 하시든 글을 쓰시든 말입니다. 사예 반웰의 〈우리는〉이라는 노래는 우주의 광대함과 하나님의 영 안에서 우리가 누구인지에 대해 기억하도록 도와줍니다. 이 노래는 우리의 역사, 곧 우리가 우리 할머니 세대의 꿈과 기도임을 기억나게 합니다. 달리 말하면 모든 아이, 모든 인간은 각자 우리 조상들의 최고의 꿈들을 성취할 수 있는 가능성을 품고 있다는 말입니다.

〈우리는〉에서 인용한 위의 몇 줄은 축복에 관한 것입니다. 이 노래는 우리의 조상과 현재 우리가 대대로 저질러온 실수들에 대한 지적이 아니라, 우리가 될 수 있는 것과 우리가 성취할 수 있는 것에 대한 기도와 약속을 강조합니다. 노래는 이어서 하나님 안에서 우리가 누구인지를 표현할 방법들을 제안합니다.

> 우리는 용기의 어머니, 시간의 아버지,
> 흙의 딸, 위대한 꿈의 아들,
> 자비의 자매, 사랑의 형제,
> 생명의 연인, 나라의 설립자.

우리 중에 이렇게 사는 사람은 매우 적지만, 하나님께서 우리를 부르신 것은 우주에 새 생명을 불어넣기 위해서입니다. 용기, 자비, 사랑, 생명, 지혜 흙의 사람이 되기 위해 우리는 만물을 새롭게 하시고 회복시키시는 하나님의 영 안에 참여합니다. 이 노래는 깊이의 차원에서 우리가 누구인지를 상기시켜줍니다. 우리는 하나님의 영이요 조상들의 숨결이며 흙의 아들과 딸입니다. 우리는 끊임없이 이 말을 떠올려 복을 누려야 합니다. 우리는 우리가 누구인지를 너무 쉽게 잊어버리기 때문입니다. 우리는 흙과 영의 사람입니다. 문제는 우리가 너무 쉽게 우리 자신을 땅과 하나님의 성령으로부터 단절시키는 데에 있습니다. 우리가 땅과 성령의 하나됨이라는 관계를 망각할 때 우리 자녀들은 틀림없이 땅과 성령과 단절되고 맙니다. 이러한 망각은 지구와 다른 것들과의 냉담하고 무관심한 관계로 이어집니다.

우리가 지구를 무시하고 나무, 과일, 풀, 채소들을 기르지 않음으로써 우리 스스로를 지구로부터 고립시킬 때, 우리는 우리의 영과 하나님의 영 깊은 곳에 있는 심오한 무언가와의 접촉을 상실하게 됩니다. 누구나 구하기 쉬운 한줌의 흙에 식물을 심는 것은 어떤 치유 효과가 있습니다. 거기서 일어나는 치유적 관계는 물질적이거나 지구적일 뿐 아니라 영적입니다. 흙과 영을 관계 짓는 전통, 식물을 심는 것, 기도하는 것을 관계 짓는 전통을 포기하게 되면 예수 그리스도께서 모든 사람에게 약속하신 생명의 풍성함을 잃게 됩니다. 화분, 옥상 정원, 뒤뜰의 텃밭, 땅에 식물을 심는 것에는 척박한 땅에서 살아남아 그곳을 회복시키는 능력을 상징하는 무언가가 있습니다. 이러한 생명력의 회복은 우리 지구를 구성하는 모든 사람과 온갖 생명이 살아가는 데 반드시 필요합니다. 그러나 이 시대는 식물을 심고 가꿀 만한 토양이 오염되어 있는 경우가 많아서, 정원 가꾸기 같은 전통적인 행위들을 낭만적으로 묘사할 수만은 없습니다. 땅과의 연결이라는 전통을 풍성하게 지속하려면 전통을 회복시킬 뿐만 아니라 환경을 회복시켜야 합니다.

힘을 주시는 영, 즉 생명의 능력이 되신 하나님을 향한 능동적이고 구체적인 헌신은 이러한 회복을 가능하게 합니다(시 27편). 그 안에 지니고 있는 힘이 창조세계의 나머지 요소들과 더불어 거룩하게 여겨질 때, 모든 살아 있는 것은 가장 잘 살 수 있습니다. 이 생명들의 능력과 인내는 하나님의 형상으로 창조되었다는 것이 무엇을 의미하는지를 우리에게 상기시켜줍니다. 흙과 영의 하나님이신 예수는 성육신하신 하나님이십니다. 몸이 되신 영인 예수는 창조세계 안의 몸들을 사랑하시고, 또한 하나님께서 모든 생명에 불어넣으신 영들을 사랑하십니다. 우리의 몸과 영을 온전히 사랑하기 위해서는 사랑의 하나님이 필요합니다. 사랑의 하나님께서는 이 땅 안에, 그리고 흙으로 된 우리의 몸 안에 자신을 계시하십니다. 우리는 서로를 사랑하고 지각을 지닌 모든 존재를 참으로 사랑함으로써 하나님을 사랑합니다. 이는 또한 사람들과 지구가 오염되는 걸 막기 위해 우리가 부름받았다는 것을 의미합니다.

우리 인간은 자연환경과 인간을 어떻게 대할 것인지를 선택할 수 있습니다. 우리는 환경파괴에 무관심할 수도 있지만, 영적 무기력으로부터 깨어나 우리가 의존하고 있는 서로와 지구를 위해 투쟁함으로써 참 신앙의한 발을 내디딜 수도 있습니다. 교회와 교육자, 지역공동체, 그리고 의료전문가들은 환경 위기에 영향을 받을 수밖에 없는 우리가 모두 잘 살도록적극적인 관심을 가질 수 있습니다. 새 하늘과 새 땅의 새로운 창조세계에서 살아가고자 한다면, 우리는 창조세계에 영적인 능력을 불어넣으시는하나님과의 조화 가운데 일하기를 선택해야 합니다. 하나님의 목적과 조화를 이루어 지구의 안녕을 위해 일하는 것은 구체적으로 우리가 하나님의 구원과 구속, 창조세계의 해방을 위해 일해야 함을 뜻합니다. 우리는 우리 자신과 우리를 살게 하는 지구를 수많은 위협에서 벗어나게 할 방안들을 강구해야만 합니다.

기독교인으로서 저는 예수 그리스도를 창조세계 안에서 몸이 되신 영으로 이해합니다. 전통적인 아프리카 우주론을 인정하는 아프리카계 미국인으로서 저는 예수를 위대한 조상으로 봅니다. 그리고 하나님께서 우리지구의 모든 곳에 언제나 현존하신다고 믿기 때문에, 저는 다른 종교에서도 하나님께서 몸이 되신 것이 가능하리라고 생각합니다. 참 인간이자 참하나님이신 그리스도는 스스로 조화롭게 일하는 창조세계 안에 나타나신영의 현현이십니다. 예수 그리스도에게 있어 참 인간이 됨은 온전히 흙이되는 것입니다. 창세기에 따르면 인간은 흙으로 창조되었기 때문입니다.흙은 우리와 지구의 육체적이며 근본적인 연결을 가리키는 은유입니다.흙 안에는 물과 태양과 공기가 있고 그로 인해 몸의 생명력은 고양되며 삶은 더욱 풍성해집니다. 따라서 '우리가 흙이라는 것'은 인간과 창조세계가연결되었음을 의미합니다. 예수는 이러한 연결을 대표합니다. 따라서 우리는 이런 연결을 잊지 않기 위해 노력해야 합니다.

예수 그리스도에게 참 하나님이 됨은 온전히 영이 되는 것입니다. 창세기에서 우리 인간이 하나님의 숨 혹은 영에 의해 생령이 된 것과 같이, 예수께서도 영에 의해 생령이 되었습니다. 니케아 신조에서 진술하기를 예수는 참 하나님이요 참 인간입니다. 하나님께서 영이시고 우리는 흙이기 때문에 우리는 이렇게 말할 수 있습니다. **예수는 참 영이요 참 흙이시다. 성육신하신 하나님이신 예수는 흙 안에 몸이 되신 영이다. 예수는 흙이신 하나님이시다. 흙이신 하나님께서는 임마누엘, 즉 우리의 기쁨, 고통, 육체성, 그리고 우리의 영적 성장과 투쟁 안에 우리와 늘 함께 하시는 하나님이시다.** 예수는 하나님의 창조세계를 향한 친밀한 사랑을 기억나게 합니다. 그 사랑이 어찌나 깊은지 영이신 하나님께서는 피조물 가운데 하나가 되기를 선택하시며, 창조세계를 초월하지만 동시에 그 안에 충만하시고, 인간이 알지 못하는 모든 것 안에 계시며 또한 움직이십니다. 영이신 하나님께서는 창조세계 안에 계신 사랑이시며, 생명에 힘을 주시고 균형과 정의를 향해 나아가는 분이십니다. 줄리 대시(Julie Dash)의 영화 〈흙의 딸들〉(Daughters of the Dust)에서 굴라(Gullah) 족의 여성 가장 나나 피전트(Nana Peazant)는 "나는 하늘에서 지켜보지 않을 것이다. 나를 위한 토양, 내가 뿌리 내리고 머무를 토양은 바로 여기에 있기 때문에"라고 주장합니다. 그녀는 하늘과 땅, 흙과 영을 구분하지 않습니다. 영적인 것은 땅과 깊고 친밀하게 연결되어 있습니다.

예수가 우리처럼 흙인 동시에 영이었다면, 우리 인간도 마찬가지로 지구와의 통전적인 관계 안에 살도록 부름을 받은 것입니다. 저는 예수 안에 나타나는 하나님의 육체성(Embodiment, 성육신)이 특별한 의미를 갖고 있음을 보게 됩니다. 성육신은 하나님께서 단지 인간 안에서 몸이 되셨다는 것뿐 아니라 **한 피조물 안에서,** 나아가 **온 창조세계 안에서 몸이 되셨음**을 의미하기 때문입니다. 예수 안에서 몸이 되신 하나님은 이 땅의 흙 가운데 함께하시며 깨어진 하나님과의 관계, 그리고 우리가 속한 창조세계와의 관계를 회복시키십니다. 예수는 그의 삶과 일과 관련한 행위들 안에서 창조세계와 영의 조화를 깨달았습니다. 로즈마리 류터(Rosemary Radford Ruether)가 명민하게 관찰했듯이 우리가 주기도문이라 알고 있는 예수의 기도에는 하늘을 땅과 그 백성의 회복과 연결시키는 유대교의 희년 전통의 유산이 담겨 있습니다. "당신의 나라가 오게 하옵소서. 당신의 뜻이 하늘에서와 같이 땅에서도 이루어지게 하옵소서." 류터의 설명에 따르면 시간이 흐르면서 우리는 성서의 온전한 의미의 기초를 이루는 그 전통들을 잃어버렸습니다. 성서의 계약 전통의 대상에는 단지 인간뿐만 아니라 그 너머의 존재들까지 포함됩니다. 우리는 다음과 같은 방법으로 기독교를 실천해야 합니다. 우리는 지구와 인류 모두를 위한 영적이며 육체적인 치유, 즉 지구와 인류의 온전한 하나됨을 회복해야 합니다.

마태복음 25장이 이야기한 것처럼 예수가 "지극히 보잘 것 없는 사람"의 편이라면 그 지극히 보잘 것 없는 자에는 육신이 된 영혼인 우리가 의존하고 있는 지구도 포함될 것입니다. 예수를 따른다는 것은 영이신 하나님을 사랑하는 것 같이 지구에 있는 토양과 공기, 물까지도 사랑하는 것입니다. 하나님을 체현하려면 건강한 지구에 의존하는 건강한 몸이 필요합니다. 예수의 아름다움과 같이 우리는 땅에 속하면서 동시에 영에 속하기에 아름답습니다. 온 땅이 인류에게 정의를 부르짖고 있습니다. 시편에는 온 땅이 하나님을 찬양하는 노래를 하고 있다는 여러 구절들이 있습니다 (예: 시 148). 예수께서는 구약성서를 근거로 "돌들이" 정의를 "부르짖을 것" 이라고 말씀하십니다(눅 19:40). 창세기에서 땅은 인류의 부패함 때문에 타락한 것으로 묘사됩니다. 따라서 땅 역시 우주 안에서 "상한 자를 온전케 하는" 구원의 능력을 필요로 합니다. 하나님과의 올바른 관계 회복을 위해서는 땅과의 올바른 관계 회복이 선행되어야 합니다. 땅과 올바른 관계를 회복하기 위해서는 계급의 경계를 넘어서 인간들 간의 정의로운 관계를 회복해야 하며, 그러므로 건강한 환경은 부유한 자의 특권이 아니라 모든 사람이 가진 권리입니다. 온 창조세계의 조화로운 상호관계를 위한 하나님의 목적을 향해 우리가 나아가고 있기에 이러한 회복은 세상을 구원하는 것입니다.

흙과 영의 하나님이신 예수는 창조세계의 물질적, 영적 지속에 유기적으로 관계하십니다. 여자와 남자는 이러한 영의 성육신에 동참하도록 부름 받았습니다. 그렇다면 예수가 흙과 영이신 하나님이라고 할 때, 이 땅의 사람들과 지구에 대한 예수의 공감에 대해 그것은 무엇을 말해줍니까? 우리가 예수와 같이 영이신 하나님을 몸으로 실천하도록 부름 받았다고 할 때, 하나님께서 우리와 함께 하시며 우리를 불쌍히 여기신다는 것에 대해 그것은 무엇을 말해줍니까? 임마누엘이신 예수는 우리와 함께 하십니다. 예수는 우리의 삶을 지탱하실 뿐 아니라 우리가 다시 생명의 상호연결을 새롭게 느끼도록 가르치십니다. 이러한 상호연결을 느낄 때 우리는 개인주의라는 감옥에서 벗어나 연민을 다시 배울 것입니다. 부정의는 그것이 어디에 있든지 간에 정의를 위협함을 알게 될 것입니다. 하나의 고통은 곧 모두의 고통이 되고, 하나의 기쁨은 곧 모두의 기쁨이 됨을 경험할 것입니다. 이러한 상호연결은 믿는 자들로 하여금 정의를 위한 행동을 하도록 감동을 줍니다.

이 상호연결로부터 우리는 새로운 창조세계의 비전, 곧 매 순간, 매일, 세대에 걸친 지구적이며 영적인 회복의 과정으로 부름을 받습니다. 새 하늘과 새 땅의 창조세계는 흙으로부터 온 형제자매가 육체적 사랑의 자아를 통해 좀 더 온전히 영을 몸으로 실천하며 살아가기를 요구합니다. 영은 보이지 않는 생명의 숨결인 동시에 우리 몸의 흙투성이 살(fleshness)입니다. 영을 사모하기 위해, 우리는 이제 더 온전히 서로를 사랑하고 우리를 지탱하는 환경을 사랑해야 합니다. 이는 자기만족을 위한 피안의 추상적 활동이 아닙니다. 오히려 이것은 식량을 산출하는 땅 위에 생명의 흙을 길러내며, 동시에 가난한 사람, 굶주린 사람, 집 없는 사람, 병든 사람, 죽어가는 사람 그리고 슬피 우는 사람들을 파묻어버리려고 위협하는 죽음의 흙을 제거하는 활동입니다. 몸과 흙과 영의 지혜로운 청지기가 되어 모든 것을 치유하는 과업에 참여할 것을, 성령은 우리에게 요청하십니다. 이로써 우리는 새 하늘과 새 땅의 종말론적 비전을 깨닫게 될 것입니다.

# 은혜의 풍경: 집, 공유지, 성소

## LANDSCAPE OF GRACE: Home, Commons, Sanctuary

피터 바켄●

위스콘신 주 케노샤(Kenosha)에 소재한 웨슬리 연합감리교회 초청으로 지구의 날에 행해진 이 설교는 스스로 환경운동가라 생각지 않는 사람들도 이에 동참할 수 있도록 "자리"(place)에 대한 좀 더 원초적, 개인적, 보편적인 경험에 호소합니다. 자리의 생물물리학적 관점을 강조하지만 자리의 의미를 하나의 관점만으로 축소하지 않고 있는 이 설교에서, 구체적인 지리적 언급은 중요한 부분이기는 하지만, 일반적인 방법과 전체적인 구조는 어느 곳에서나 적용될 수 있을 것입니다.

● 피터 바켄(Peter Bakken)은 현재 위스콘신 교회협의회의 공공정책 조정관이며, 오세블(Ausable) 환경연구소의 구제활동 조정관을 역임하였다. 그는 *Evocations of Grace: Writing on Ecology, Theology, and Ethics*와 *Ethics for a Small Planet: A Communications Handbook on the Ethical and Theological Reasons for Protecting Biodiversity* 그리고 *Finding the Center of the World*의 출간에 기여했다.

내 영혼아, 주님을 찬송하여라. 주, 나의 하나님, 주님은 더없이 위대하십니다. 권위와 위엄을 갖추셨습니다. 주님은 빛을 옷처럼 걸치시는 분, 하늘을 천막처럼 펼치신 분, 물 위에 누각의 들보를 놓으신 분, 구름으로 병거를 삼으시며, 바람 날개를 타고 다니시는 분, 바람을 심부름꾼으로 삼으신 분, 번갯불을 시종으로 삼으신 분이십니다.

주님께서는 땅의 기초를 든든히 놓으셔서, 땅이 영원히 흔들리지 않게 하셨습니다. 옷으로 몸을 감싸듯, 깊은 물로 땅을 덮으시더니, 물이 높이 솟아서 산들을 덮었습니다. 그러나 주님께서 한 번 꾸짖으시니 물이 도망치고, 주님의 천둥소리에 물이 서둘러서 물러갑니다. 물은 산을 넘고, 골짜기를 타고 내려가서, 주님께서 정하여 주신 그 자리로 흘러갑니다. 주님은 경계를 정하여 놓고 물이 거기를 넘지 못하게 하시며, 물이 되돌아와서 땅을 덮지 못하게 하십니다.

주님은, 골짜기마다 샘물이 솟아나게 하시어, 산과 산 사이로 흐르게 하시니, 들짐승이 모두 마시고, 목마른 들나귀들이 갈증을 풉니다. 하늘의 새들도 샘 곁에 깃들며, 우거진 나뭇잎 사이에서 지저귑니다(시편 104:1-12).

현재 우리가 겪는 고난은, 장차 우리에게 나타날 영광에 견주면, 아무것도 아니라고 나는 생각합니다. 피조물은 하나님의 자녀들이 나타나기를 간절히 기다리고 있습니다. 피조물이 허무에 굴복했지만, 그것은 자의로 그렇게 한 것이 아니라, 굴복하게 하신 그분이 그렇게 하신 것입니다. 그러나 소망은 남아 있습니다. 그것은 곧 피조물도 썩어짐의 종살이에서 해방되어서, 하나님의 자녀가 누릴 영광된 자유를 얻으리라는 것입니다. 모든 피조물이 이제까지 함께 신음하며, 함께 해산의 고통을 겪고 있다는 것을, 우리는 압니다. 그뿐만 아니라, 첫 열매로서 성령을 받은 우리도 자녀로 삼아 주실 것을, 곧 우리 몸을 속량하여 주실 것을 고대하면서, 속으로 신음하고 있습니다. 우리는 이 소망으로 구원을 얻었습니다. 눈에 보이는 소망은 소망이 아닙니다. 보이는 것을 누가 바라겠습니까? 그러나 우리가 보이지 않는 것을 바라면, 참으면서 기다려야 합니다(로마서 8:18-25).

태초에 '말씀'이 계셨다. 그 '말씀'은 하나님과 함께 계셨다. 그 '말씀'은 하나님이셨다. 그는 태초에 하나님과 함께 계셨다. 모든 것이 그로 말미암아 창조되었으니, 그가 없이 창조된 것은 하나도 없다. 그에게서 생명을 얻었으니, 그 생명은 사람의 빛이었다. 그 빛이 어둠 속에서 비치니, 어둠이 그 빛을 이기지 못하였다. … 그 말씀은 육신이 되어 우리 가운데 사셨다. 우리는 그의 영광을 보았다. 그것은 아버지께서 주신, 외아들의 영광이었다. 그는 은혜와 진리가 충만하였다(요한복음 1:1-5, 14).

주일 아침 예배로 지구의 날을 기념하는 것은 칭찬 받을 만한 일인 동시에 필요한 일입니다. 지구는 하나님께서 만드신 놀랍도록 복잡하고 경외로울 정도로 아름다운 생명을 양육하는 창조세계입니다. 우리의 교회에서 어찌 이날을 기념하지 않을 수 있겠습니까?

하지만 지구 전체와 여기에 속한 모든 문제들, 곧 대기와 수질 오염, 폭력, 멸종, 빈곤, 삼림 파괴, 부정의, 그 밖의 모든 것을 전부 이해하려는 것은 어쩌면 너무 무모해 보입니다. 우리는 이러한 문제들을 감당하기 어려워서 좌절하지 않을 수가 없습니다. 그도 그럴 것이 우리 중 많은 이들이 무력함을 느끼고 두 손 두 발 다 든 채 이에 대해 아무 생각도 하지 않으려고 합니다. 그러나 우리 모두가 일상에서 사용하는 생활의 지혜 한 마디가 도움이 될 것입니다. 곧 큰 일은 가능한 한 작게, 할 수 있을 만한 정도로 나눌수록 훨씬 감당하기 쉬워집니다.

아마도 우리는 이를 윤리학자 래리 라스무센(Larry Rasmussen)이 제안한 문구인 "지구와 그 고통"에도 적용할 수 있을 것입니다. 우리가 지구의 일부분에 초점을 맞춤으로써 시작한다면, 다시 말해 우리 자신의 고향이나 출신지역으로부터 시작한다면 우리는 하나님의 창조세계인 이 지구를 진정으로 사랑한다는 것이 무엇을 의미하는지를 잘 알게 될 것입니다. 우리가 속한 지역과 공동체 속에서 창조세계를 돌보는 것은 '지구를 구하는 것'처럼 거창한 기획이 아닙니다. 우리 자신의 자리들(places)에서 무슨 일이 벌어지는지, 또 무엇이 그 자리를 건강하거나 건강하지 못하게 혹은 온전하거나 파괴적으로 만드는지를 알게 될 때, 우리는 더 넓은 세계를 돌보는 방법을 이해하고 배울 수 있는 창문을 열게 될 것입니다. 그리고 각 공동체들이 각자에 맡겨진 부분을 행함으로써 조각들은 합쳐져서 더 큰 전체를 이루게 될 것입니다.

## 고향

　고향에 대해 생각해보면 어떤 이미지나 기억들이 떠오르십니까? 집이나 이웃, 살았던 도시, 여러분이 자랐고 부모님과 조부모님이 살았던 지방에 대한 이미지나 기억들입니까? 사랑했던, 그리고 기억 속에서든 실제로든 이따금 찾아가는 특별한 자리들, 곧 마당 구석이나 공원 근처, 가장 좋았던 휴양지, 걷는 것이나 야영, 사냥, 낚시, 즐겁게 수영했던 곳에 대한 이미지입니까? 도시나 시골 혹은 그 중간의 어떤 것에 대한 꿈입니까? 조용하고 고독한 곳입니까, 아니면 부산한 사람들이나 행복한 대화에 대한 기억들입니까?

　우리 모두가 함께 모여 아는 것들을 나눈다면 우리는 알고 있던 자리, 사랑했던 자리, 기억 속의 자리들로 이뤄진 놀라운 모자이크를 만들어낼 수 있을 것입니다. 그 자리들은 각기 다르지만 공통의 특징들을 지니고 있고 일련의 공통된 의미, 기억, 감정 들을 통해 연결됩니다. 어떤 자리들은 분명한 아름다움과 폭넓은 매력을 가지고 있겠지만 어떤 자리들은 사랑받기 위해 더 깊은 앎이 필요할 수도 있습니다.

　저는 이렇게 제안하고 싶습니다. 우리가 거주하고 여행하는 특정한 자리들은 하나님의 선물이요, 우리와 모든 피조물을 향한 하나님의 은혜의 표지이자 통로입니다. 그리고 이 선물의 수혜자인 우리는 특별한 방식으로 이에 응답하도록 부름을 받았습니다.

## 미시간 호수와 그 풍경

　오늘 여러분과 여기 케노샤에 함께 있으니 우리 모두가 공유하고 있는 특별한 장소, 곧 몇 마일만 동쪽으로 가면 있는 미시간 호수라는 이름의 엄

청난 크기의 담수호와 이를 싸안고 있는 대지가 생각나 견딜 수가 없습니다. 모래언덕들에서 시작해 남쪽 호안(湖岸)의 제철소들, 불규칙하게 퍼져나간 시카고(Chicago)와 밀워키(Milwaukee)의 대도시 지역, 위로는 쉬보이건(Sheboygan)과 매니토웍(Manitowoc)을 지나 도어 카운티(Door County), 그린 베이(Green Bay)의 제지공장들과 항구들까지, 호수 북쪽 끝에 있는 무리 지은 섬들을 지나 맥키노 수로(Straits of Mackinac)를 가로지르는 긴 현수교를 건너 호수 동쪽으로 다시 내려가 호안가를 따라 도심 지역에서 북쪽의 삼림 지대에 이르기까지, 중공업 지역에서부터 '휴양지'까지 이 모든 것이 다 있습니다.

호수를 중심으로 뻗어나간 모든 방향에는 호수로 흘러들며 미시간 호수 유역을 결정짓는 수많은 강들이 있습니다. 그리고 그 유역에는 조각보를 기운 듯 다양한 인간의 흔적과 자연의 풍경들 역시 존재합니다. 도시와 농장들, 작은 마을과 주립공원들, 호수와 초원들, 숲과 습지들입니다. 아름다운 자연, 비옥한 토양 및 인간의 기획으로 가득 찬 풍경입니다.

우리가 인식하든 인식하지 못하든, 미시간 호수와 이를 둘러싼 풍경을 우리가 날마다 하나님의 은혜를 만나는 자리로서 바라본다는 것은 어떤 의미일까요? 미시간 호수를, 혹은 그 밖의 자리들을 하나님의 선물로 바라보는 세 가지 방법을 제안하고자 합니다. 미시간 호수의 풍경은 집이요 공유지이며 또한 성소입니다.

## 집

우리 중 누군가에게 미시간 호수의 풍경은 태어난 집(Home)과도 같습니다. 저는 노스다코타 주의 파고(Fargo)에서 태어나 자랐습니다. 여기서는 멀리 떨어진 전혀 다른 환경이지요. 하지만 제 아내는 밀워키에서 태어나 케노샤에서 자랐고 처가가 매디슨(Madison)으로 옮기기 전까지 워키건(Waukegan)에 살았습니다. 아내의 조부모님은 쉬보이건 지역에 사셨지요. 그녀의 할머니 마르타(Martha)는 인명 구조원으로 일하셨고, 때때로 미시간 호수의 아주 차가운 물속에서 수영하고 파도를 타는 법을 배웠습니다. 그녀의 어린 시절 기억 중 가장 생생한 것은 호안을 따라 늘어선 소나무들 쪽에서 바람에 실려 오는 소리와 향기였다고 합니다.

하지만 오늘날 우리 미국인들은 유목민과도 같아서 우리 중에도 한 곳에서 오랫동안 사는 사람은 많지 않습니다. 저는 시카고 대학교 신학대학에서 대학원생으로 있을 때 몇 년 동안 시카고에 살았습니다. 잠시 머물

렀을 뿐이지만 시카고에서의 생활은 제 미래의 방향을 정하는 데에 도움을 주기도 했습니다. 거기서 생태학과 신학 간의 접점에 대한 제 관심사를 발전시킬 수 있었고 또한 제 아내를 만났기 때문이죠. 그 도시를 통해 얻은 즐거움은 셀 수 없이 많지만 특별히 인디애나 둔스 국립 호안(Indiana Dunes National Lakeshore)으로 여행을 가서 녹음에 둘러싸여 상쾌함을 느꼈던 경험을 잊지 못합니다. 지금도 저는 그때를 그리워하고 있습니다.

우리가 한 곳에서 몇 년을 살든 평생을 살든, 그곳은 우리 이야기의 일부요, 우리 정체성의 일부가 됩니다. 우리가 집이라 부르는 그 자리를 통해 하나님께서는 쉼터와 활력뿐만 아니라 자아를 선물로 주십니다. 우리 삶의 이야기의 자리들은 우리를 우리 되게 하는 것들 중 일부입니다. 어떤 사람에 대해 알고 싶을 때 '어디 출신이십니까?' 하고 묻는 것은 결코 우연이 아닙니다.

## 공유지

집으로서 자리는 이처럼 사적인 면을 가지고 있으며 개별적, 인격적인 중요성을 지닙니다. 그러나 집의 자리는 공적인 면도 가지고 있습니다. 더 큰 역사의 일부가 아닌, 혹은 다른 자리로부터 완전히 단절되어 있는 자리는 결코 존재하지 않기 때문입니다. 각 자리는 모자이크의 한 조각이요, 공동 세계라는 직물을 이루는 한 가닥 실이며, 수많은 개인의 길들이 만나는 교차로입니다. 그것은 결코 우리만을 위한 집이 아닙니다. 우리는 이를 가족이나 이웃의 다른 사람들과 함께 나눕니다. 공유된 집이라는 '자리'는 공동의 역사를 통해, 그리고 복잡한 경제적, 정치적, 생태학적인 연결고리를 통해 우리와 다른 사람들을 이어줍니다.

역사는 자리에 특별한 의미를 부여합니다. 미시간 호수 그 자체가 지질학 규모에서 역사의 산물입니다. 그것은 위스콘신 주, 미시간 주, 일리노이 주 그리고 인디애나 주의 풍경을 새롭게 만들었으며, 후에 오늘날 세계 표층 담수의 18%를 차지하는 5대호(Great Lakes)로 남게 되는 빙하들이 주고 간 선물입니다.

이곳에 정착해 사는 유럽, 아프리카, 아시아 출신의 미국인들과 마찬가지로 여기에서 가장 먼저 살아온 아메리카 원주민들도 이 지역 역사의 일부입니다. 이들이 만들어낸 역사는 인종, 문화적 다양성, 정의, 평화로운 공존의 문제와 직면하면서 도전과 약속이라는 그들만의 유산을 남겼습니다. 제 경험에 비추어볼 때, 부와 빈곤, 문화와 결핍이라는 양극단에 있어서 시카고는 제가 자랐던 미국 중서부의 중간 크기의 지역사회와는 엄청난 차이가 있었습니다. 시카고에 머무는 동안 복잡한 인종과 사회정의 문제에 대한 저의 이해 지평은 넓어졌으며 그에 대한 감수성도 깊어졌습니다.

또한 자리의 역사는 어떠한 방식으로 그 땅과 거기에 속한 물과 함께 살아왔느냐의 역사이며, 우리의 생계와 생활 방식이 우리 자신과 우리 주위의 다른 피조물들에게 어떤 영향을 주었는지에 관한 역사입니다. 아홉 살난 제 딸 마라는《초원의 집》(Little House on the Prairie) 시리즈를 사랑합니다. 로라 잉걸스 와일더(Laura Ingalls Wilder)에 대한 최초의 이야기뿐 아니라 그로부터 파생된 시리즈인 로라의 딸, 어머니, 할머니, 심지어 증조할머니의 이야기까지도 좋아합니다. 이야기 속 로라의 어머니 캐롤린은 브룩필드와 콩코드에서 자랐고 밀워키에서 학교를 다녔습니다. 이 시리즈물은 이곳에 정착한 사람들의 분투와 성공, 예를 들면 땅을 개간한 농부들의 이야기, 물자와 사람을 물 건너로 실어 나른 뱃사람들(캐롤린의 아버지는 미시간 호에서 그의 돛배가 침몰해 돌아가셨습니다)의 이야기를 연대순으로 보여줍니다. 이러한 이야기에 우리는 시카고와 다른 도시들을 건설하기 위해 북부의 숲에서 나무를 벤 벌목꾼들, 그리고 나중에 제철소와 제지공장, 자동차 공장에서

일한 사람들을 보낼 수 있습니다.

이런 기획들은 우리의 부와 안녕을 위해 이루 말할 수 없는 혜택을 가져다주었습니다. 그러나 그 혜택은 공정하게 분배되지 않았고, 이로 인해 창조세계와 심지어 우리 자신의 건강과 안녕에 대해 상당한 대가를 치렀습니다. 케노샤에 대한 제 아내의 기억 중 하나는 이웃에 DDT가 살포된 후에 병들어 기력이 쇠약한 새를 찾아 다시 날 수 있도록 도와주는 것이었습니다.

벌목된 삼림지대를 휩쓸고 페시티고(Peshtigo) 마을을 집어삼킨 참혹한 화재 사건,* 호수의 산소를 없애버리고 악취 풍기는 거대한 녹조를 야기한 하수오물, 청어류와 얼룩말 홍합**과 같이 생태계를 교란하는 외래종의 유입, PCB(PolyChloroBiphenyl)와 같은 독성 화학물질… 어느 누구도 이러한 것들이 벌어지기를 원하지 않았습니다. 어디에 책임을 물어야 하는지, 혹은 어떻게 비용과 혜택을 저울질해야 하는지, 혹은 어떤 것이 피할 수 있는 결과였고 그럴 수 없는 결과였는지를 논쟁하는 것과는 무관하게 이 사건들은 우리에게 중요한 몇 가지 진리를 알려주었습니다. 지구상의 생명은 받는 것뿐만 아니라 주는 것이며, 우리는 땅과 물로부터 살아갈 뿐만 아니라 땅과 물과 '함께' 살아간다는 사실을 배워야 한다는 걸 가르쳐주었습니다.

우리가 미시간 호수의 풍경을 공유지(commons)로, 즉 과거, 현재, 미래

---

* 1871년 10월 8일 저녁 페시티고 숲에서 시작된 이 화재는 미국 역사상 가장 참혹한 화재 중 하나다. 이 불로 1,200여 명이 숨졌고, 불에 완전히 삼켜져 사라지고 만 페시티고 마을을 비롯한 17개 마을이 황폐화되었으며, 50만 헥타르의 땅이 불탔다. [역주]

** 에일와이프(alewife)는 청어의 일종으로, 5대호를 잇는 운하 건설 이후 대서양에서 유입되어 원래 살고 있던 숭어를 멸종시켰다. 얼룩말 홍합(zebra mussel)은 러시아 남동쪽 호수에 살던 종이 유입된 것으로, 선박을 망가뜨리고 파이프와 수도관을 막으며 물 바닥의 생물들을 질식시킨다.[역주]

를 공유함으로 긴밀하게 묶여 있는 모든 생명이 공간과 자원을 함께 나누는 자리로서 이해할 때 우리는 그 안에서 다른 존재들, 즉 인간과 인간 이외의 다른 피조물들이 함께 하는 공동체를 향한 하나님의 선물을 발견하게 됩니다. 공동체를 위한 그 선물은 관계의 선물이요 돌봄과 돌봄 받음의 선물이며, 주고받음의 선물이고 우리 뒤에 올 이들을 위해 더 좋은 자리를 물려주기 위한 공동의 노력의 선물입니다.

## 성소

마지막으로 저는 우리가 사는 이 풍경이 우리를 위한 성소(Sanctuary), 곧 이 세상의 것들 가운데에서 하나님의 현존을 발견하고 이에 응답할 수 있는 거룩한 땅이 될 수 있다고 이야기하고 싶습니다.

대학원에 가기 전 저는 〈내셔널 지오그래픽〉(National Geographic)지에서 시카고를 "한쪽 편이 무한으로 둘러싸인 도시"라고 묘사한 기사를 읽었습니다. 제 귀에는 이 말이 '이곳이야말로 신학을 공부하기 좋은 자리'라는 뜻으로 들렸습니다! 그리고 실제로 캠퍼스에서 "포인트"*, 즉 호수를 향해 튀어나와 있는 작은 곶(串)으로 걸어가 보면, 광활한 수면과 호안 침식을 막기 위해 놓여 있는 거대한 돌 방파제에 부딪혀 부서지는 파도를 만나게 됩니다. 이 호수는 하나님의 능력과 위엄, 신비를 잘 보여주는 표지(sign)입니다.

시편 104편의 시인은 빛과 구름, 바람과 번갯불 가운데서 하나님의 능력과 위엄과 신비를 보았습니다. 들짐승의 목을 축이게 하는 샘을 보며, 또

---

* 포인트(The Point): 프로몬토리 포인트 공원(Promontory Point Park)을 말하는 것이다.[역주]

새들이 지저귀며 놀 수 있는 나무들에게 물을 주는 시냇가를 보며, 시인은 하나님께서 어떻게 놀랍고도 파괴적인 물의 힘을 취하셔서 그것으로 하여금 생명의 필요를 채우도록 하시는지를 발견했습니다.

하나님께서는 이 세상의 만물들 가운데서 우리를 만나십니다. 요한복음서의 저자는 그의 복음서 서두에서 만물을 창조하신 말씀이 어떻게 육신이 되셨으며 우리 가운데 살게 되셨는지를 강조합니다. 조금 더 직역하자면 '우리 가운데 그의 장막을 치신 것'입니다.

그리스도께서는 지금까지도 우리와 함께, 그리고 우리 가운데 사십니다. 그리스도께서는 우리의 교회 공동체와 찬양과 경배의 자리 안에서 기독교인으로서의 우리의 정체성을 만들어 가십니다. 그리스도께서 우리를 부르셔서 이웃을 사랑하고 정의와 평화를 위한 일을 하도록 하시며, 우리의 깨어진 관계들을 용서하시고 구속하십니다. 성육신하신 그리스도, 곧 육신이 되신 말씀은 하나님의 거룩함이 창조세계 안에서 또 창조세계를 통하여 어떻게 빛나는지를 우리에게 보여주십니다. 집과 같은 이 땅의 자리들, 곧 하나님께서 주신 자연의 모든 선물은 그리스도라는 하나님의 선물을 통해 회복되고 고양되며 새 힘과 깊이를 얻게 됩니다.

우리는 어떻게 그 자리들 안에서, 매일의 삶의 만남 속에서, 그리고 인간세계와 자연세계 안에서 하나님의 은혜의 선물에 응답할 수 있을까요? 은혜에 대한 올바른 응답은 감사입니다. 감사는 배려하고 고마워하며 돌보고 온화하게 대하는 것입니다. 감사는 자신에게 주어진 선물을 당연한 것으로 여기거나 그것이 자신에게 얼마나 유용한지를 판단하지 않습니다. 감사는 그 선물을 관심과 존중으로 대합니다.

미시간 호수라는 선물을 대하면서도 우리는 감사할 줄 모르며, 심지어 수치스럽게 대해왔습니다. 30년 전, 시카고 대학교의 교수였던 루터교 신학자 조셉 시틀러(Joseph Sittler)는 하나님의 자녀들이 나타나기를 간절히 기다리고 있는 피조물들에 관한 바울의 말씀을 다시 끄집어냈습니다.

이 말씀은 창조세계가 간절히 그리고 열린 마음으로, 사람들로 하여금 단지 세계의 자원들 속에 매몰되어 살아가는 것이 아니라 하나님의 사람 곧 하나님의 자녀로 부르시는 그분의 도전에 응답하는 믿음의 사람들로서 개입하기를 기다리고 있음을 나타내는 말씀이 아닐까요? 부르심에 응답한다는 것은 기독교인으로서 미시간 호수가 "썩어짐의 종살이에서 해방되기를 기다리며 해산의 고통을 겪고 있다"는 확신이 들었을 때 그 말씀에 대한 감상이나 시적 공상에만 빠져 있는 것이 아니라 분명한 신학적 입장을 통해 결론을 내리는 것입니다.[1]

어떻게 하면 이 웅대한 호수와 그 풍경을 통해 하나님께서 우리에게 주신 선물들을 조금 더 감사함과 자애로움으로 대하게 될까요? 다음의 네 가지 지침을 생각해보시기 바랍니다.

**첫째, 당신의 자리를 아십시오.** 그 자리에 머문 인간과 자연의 역사, 그로 인해 생겨난 축복과 문제를 알고 그것이 어떤 기능을 가지며 더 큰 세계와 어떤 관계를 맺고 있는지를 아십시오. 읽기만 하지 말고, 직접 답사하고 경험하십시오.

**둘째, 책임감을 가지십시오.** 여러분 스스로의 행동들이 어떤 결과를 가져오는지, 더 좋은 결과인지 나쁜 결과인지, 여러분 주위의 사람들과 피조물들을 위한 것인지에 관심을 기울이십시오. 여러분이 사용하는 에너지, 몰고 다니는 차, 잔디를 돌보는 방식, 구입하는 음식이나 그 밖의 물품들은 지역에 어떠한 영향을 끼칠까요?

**셋째, 참여하십시오.** 이 지역에는 이곳을 사람들과 다른 피조물들을 위한 더 나은 곳으로 만들기 위한 수많은 계획들이 세워져 있으며, 이를 실천하는 수많은 단체들이 있습니다. 굶주린 사람과 노숙인을 돌보는 것으로부터 야생 동물의 서식지를 보호하고 복원하는 것에 이르기까지 다양한 일들이 이뤄지고 있습니다. 주(州)나 연방 수준의 입법 쟁점들이 우리 지역 공동체의 삶의 질에 어떤 영향을 미치게 될지를 알아보십시오.

**마지막으로, 감사 기도를 드리십시오.** 매일 우리를 살게 하며 풍요롭게 하는 모든 것을 은혜로 느끼며 이를 은혜라 부를 때에, 그분, 곧 "온갖 선하고 온전한 선물을 주시는 분"과, 시인 제라드 맨리 홉킨스(Gerard Manley Hopkins)가 이야기한 것처럼 "만 가지 자리에서 노니시는" 그리스도와 우리는 더 깊고 강하게 연결됩니다.

웅대하지만 연약한 호수와 풍경을 통하여 우리에게 집, 공동체, 성소를 선물로 주신 하나님께 감사를 드립시다!

---

1. Joseph Sittler, "Ecological Commitment as Theological Responsibility," in *Evocations of Grace: Writings on Ecology, Theology, and Ethics* (Grand Rapids: Eerdmans, 2000), 84.

# 연민의 원을 넓혀라

## EXPANDING OUR CIRCLE OF COMPASSION

타냐 마르코브나 바넷●

수난 주간 화요일 자유감리교회(Free Methodist) 소속의 시애틀 퍼시픽 대학교(Seattle Pacific University) 채플에서 행해진 이 설교는 성서와 랍비 아브라함 이삭 쿡(Abrahan issac Kook)의 "사중의 노래"(Four-Fold Song)를 인용하며 창조세계를 아우를 수 있는 확장된 연민의 개념을 가질 것을 촉구합니다. 이 설교는 '창조세계의 존중'이라는 주제를 사순절과 부활절 예배에 접목하고자 하는 이들에게 좋은 예가 될 것입니다.

● 타냐 마르코브나 바넷(Tanya Marcovna Barnett)은 발파라이소 대학교(Valparaiso University)와 밴더빌트 신학대학(Vanderbilt Divinity School)을 졸업했다. 그녀는 이주자와 도시 농장 노동자들과 함께 일해왔으며, 니제르(Niger)에서 평화봉사단과 함께 산림농업(산림농업은 농업과 임업을 겸하면서 축산까지 도입하여 식량, 과실, 풀 사료, 땔감, 목재 등을 생산하고 토양보전을 실천하여 지속농업을 가능케 하는 복합영농의 한 형태이다[역주]) 확장을 위한 자원봉사를 돕고 있다. 지구목회(Earth Ministry) 프로그램의 소장을 역임했으며, 그곳에서 집회 기획자들을 조직하고 *Greening Congregations Handbook* 외 다수의 출판물을 간행, 집필했다. 그녀는 현재 노스웨스트 연합감리교재단의 부소장으로 일하면서 그 지역 연합감리교회들의 "전인적 삶"(Whole-Life) 청지기 프로그램을 인도하고 있다.

할렐루야.

하늘에서 주님을 찬양하여라.

높은 곳에서 주님을 찬양하여라.

주님의 모든 천사들아, 주님을 찬양하여라.

주님의 모든 군대야, 주님을 찬양하여라.

해와 달아, 주님을 찬양하여라.

빛나는 별들아, 모두 다 주님을 찬양하여라.

하늘 위의 하늘아, 주님을 찬양하여라.

하늘 위에 있는 물아, 주님을 찬양하여라.

너희가 주님의 명을 따라서 창조되었으니,

너희는 그 이름을 찬양하여라.

너희가 앉을 영원한 자리를 정하여 주시고,

지켜야 할 법칙을 주셨다.

온 땅아, 주님을 찬양하여라.

바다의 괴물들과 바다의 심연아,

불과 우박, 눈과 서리,

그분이 명하신 대로 따르는 세찬 바람아,

모든 산과 언덕들,

모든 과일나무와 백향목들아,

모든 들짐승과 가축들,

기어다니는 것과 날아다니는 새들아,

세상의 모든 임금과 백성들,

세상의 모든 고관과 재판관들아,

총각과 처녀,

노인과 아이들아,

모두 주님의 이름을 찬양하여라.

그 이름만이 홀로 높고 높다.

그 위엄이 땅과 하늘에 가득하다.

주님이 그의 백성을 강하게 하셨으니,

찬양은 주님의 모든 성도들과, 주님을 가까이 모시는 백성들과,

이스라엘 백성이, 마땅히 드려야 할 일이다.

할렐루야(시편 148편).

그들은 나가다가, 시몬이라는 구레네 사람을 만나서, 강제로 예수의 십
자가를 지고 가게 하였다(마태복음 27:32).

여러분과 마찬가지로 저도 막 봄방학에서 돌아왔습니다. 엄밀히 말하
자면 제 남편의 봄방학이었지요. 우리 가족 중에서는 남편이 학생이랍니
다. 그래서 저도 덩달아 잘 쉬었습니다. 우리 부부는 장거리 자동차 여행
을 하기로 결정하고 콜로라도 주에 계신 시아버지 댁에 방문했습니다. 반
려견인 캐니(Kani)를 데리고 충분한 물과 음식 그리고 깨끗한 양말을 챙겼
지만 손목시계와 달력, 일거리는 집에 놓고 갔습니다. 심지어 지도까지 챙

기지 않았지요. 우리는 그저 달렸습니다. 산을 넘고 사막을 건너 놀랄 만큼 멋진 붉은 돌의 첨탑들로 가득한 계곡을 지나, 야영을 하고 걷고 먹고 놀고 잠을 잤습니다. 시간은 정말 물 흐르듯 흘러갔습니다. 그 시간이 얼마나 술술 흘러갔는지 저는 이 시간을 경계적(liminal)이라 부르고 싶었습니다. **경계적**이라는 단어는 문자적으로 '문지방에 있음'을 의미합니다. 우리의 방학은 두 현실 사이의 경계에 있는 장소와 시간이었습니다. 이 경계적인 여행은 우리를 산만하게 하는 것들을 버리고 상호관계, 즉 친구와 가족, 하나님, 해와 달과 땅의 리듬과의 관계 안으로 다시 들어감을 의미했습니다. 이 시간은 다른 어떤 시간과도 다른 시간이었습니다. 이 시간은 시간들 사이의 시간이었습니다.

우리 기독교 신앙의 절기 가운데, 이번 '성'(聖, holy) 주간은 다른 어떤 기간과도 다릅니다. 이 시간 역시 시간들 사이의 시간입니다. 우리는 성 주간(Holy Week) 안에서, '수난 주간'(Passion Week) 안에서 살아 움직이고 있습니다. 이 시간은 우리를 산만하게 하는 것들을 제쳐두고 우리가 사랑하는 그리스도의 고난을 통하여 하나님과 우리가 맺는 관계의 중심으로 돌아가는 때입니다. 라틴어 *pati*에서 온, 수난(Passion)은 '고통당함'을 의미합니다. 우리가 그리스도의 수난에 참여할 때 우리는 살아 움직이며 존재하는 모든 것과 함께 그의 고통 속으로 들어갑니다. 그리고 그의 고통 속으로 들어감으로써 세상의 고통을 완전히 변화시킨다는 것이 실제로 어떤 것인지를 경험하기 시작합니다. 그리스도와 함께 하는 이 여정은 기독교 신앙의 핵심입니다. 이번 주는 결코 평범한 주가 아닙니다.

짧은 순간이나마, 구레네 사람 시몬이 그랬던 것처럼 예수와 함께 그 고통으로 들어가는 여정을 떠나봅시다. 여러분이 기억하고 있는 것처럼 시몬은 예수를 끌고 가는 자들에게 붙잡혀 십자가를 지게 됩니다. 아프리카에서 온 이 낯선 사람은 말 그대로 예수의 무거운 짐의 일부를 어깨에 지고 예수와 함께 고통의 심연으로 향하는 길을 인도하게 됩니다. 시몬은 **연민**을 몸으로 체험했습니다. '연민'(Compassion)이라는 말은 '함께 고통당함'을 의미합니다. 여러분이 십자가의 무거운 짐을 진 시몬이라면 어떠한 충동을 느끼게 될까요? 어떤 방식으로, 또 언제 연민이 우리를 붙잡는다 하더라도, 고통을 덜어주고 싶은 충동이 드는 것은 아주 당연한 일입니다. 우리가 안으로부터 깊이 깨어짐을 경험하기만 하면 연민은 우리로 하여금 그것을 변화시키게 합니다. 작가이자 목사인 프레드릭 부흐너(Frederick Buechner)는 "연민이란, 평화와 기쁨이 마침내 모두에게 있기 전까지는 어느 누구도 진정한 평화와 기쁨을 누릴 수 없다는 것을 깨달음으로써, 다른 이의 피부 안에 들어가 산다는 것이 무엇인지를 느끼게 하는 결정적인 능력이다"[1]라고 했습니다. 신학자 래리 라스무센(Larry Rasmussen)은 이야기합니다. "무관심(Apathy)은 연민과는 대조되는 것으로, 그것은 감각들에 대한 부정이며, 우리와 모든 존재의 본래적인 상호연결에 대한 부정이다."[2] 시몬은 마땅히 예수께 '당신의 고통은 제 몫이 아니라고, 나는 그 고통과는 아무 상관이 없는 사람이라고' 말할 수 있었습니다. 왜 그가 예수의 고통을 함께 나누어야 합니까? 예수도 '세상의 고통은 내 몫이 아니라고' 말할 수 있었습니다. 왜 그가 세상의 고통을 함께 나누어야 합니까? 왜 그가 가장 큰 고통의 쓴 잔을 마셔야 합니까? 바로 이러한 것들이 무관심의 전형입니다. 곧 타자의 고통이 절대로 나와 나의 행복과 관계가 없다는 감정이지요. 우리 각자에게는 타자와의 연결을 거부하고 연민의 원(circle)을 나 자신의 행복만을 지킬 만큼 작은 크기로 최대한 축소할 수 있는 자유가 있습니다.

팔레스타인의 초대 아쉬케나지 최고 랍비(Ashkenazi chief rabbi)* 아브라

---

* 유대교의 최고 권위 기관인 최고랍비회의의 수장 중 한 명. 유대교 분파인 아쉬케나지 유대인과 세파르디 유대인 중 한 명씩을 추대한다.[역주]

함 이삭 쿡은 그의 아름다운 시 〈사중의 노래〉(Four-fold Song)에서 이렇게 적고 있습니다. "모든 사람의 삶은 궁극적으로 그들이 부르는 노래이다." 그가 말하기를 최소한 네 개의 각기 다른 노래들이 존재하며, 각각의 노래는 우리의 삶과 행복이 다른 사람들과 얼마나 서로 얽혀 있는지를 노래합니다. 각각은 연민의 노래입니다.

먼저, 랍비 쿡은 '개인 자신의 노래'를 홀로 부르는 사람에 대해 적고 있습니다. 우리의 문화는 많은 사람들이 이 노래를 잘 부르도록 해주었습니다. 이 노래는 '개인주의의 노래', 곧 가장 작은 연민의 원의 노래입니다. 분명히 개인주의는 세계에 많은 공헌을 했습니다. 예를 들면 개인주의는 모든 인간의 본유적 가치를 높이는 데 일부 공헌했습니다. 이러한 깨달음은 인권을 인정하도록 했습니다. 인권은 삶을 위협하는 억압의 무게에 눌려 고통당하는 셀 수 없이 많은 사람들과 공동체들을 지지해줍니다. 개인주의는 또한 하나님께서 각 사람에게 주신 독특한 축복과 재능들을 가치 있게 여깁니다. 첫 번째 노래의 이 부분은 듣기에는 참 아름다울 지 모릅니다. 개인주의가 온전히 깨닫지 못한 것은 우리 모두가 근원적으로 관계적 존재라는 사실입니다. 사실 다른 존재와 관계를 맺지 않고 있는 사람은 존재한다 말하기가 어렵습니다. 개인주의는 또한 우리의 자아 존중감을 과장시켜서, 하나님이 창조하시고 보살피시며 구원하시는 **모든 것**이 거룩하다는 깨달음으로부터 우리를 단절시키기까지 합니다.

다음으로 랍비 쿡은 '그들 자신의 노래'를 부르는 사람에 대해 적고 있습니다. 이 노래를 하는 사람들은 그들의 연민의 원을 넓혀서 자신들과 같이 보고 생각하고 믿고 행동하는 사람들을 원 안에 포함시킵니다. 이 노래는 가족의 구성원들이 함께 모여서 그 관계의 충만함 안에서 기뻐하며 부르는 아름다운 노래입니다. 또한 이 노래는 그들의 모든 이야기들, 즉 깨짐과 변화와 축복의 장소들을 기억하고 있는 '공동체와 문화와 민족의 노래'

입니다. 그러나 이 연민의 원이 이러한 관계의 수준에서 넓어지기를 멈춘다면, 우리는 이 노래를 지나친 애국주의, 맹목적 호전주의, 계급차별주의, 성차별주의, 인종차별주의, 그리고 생명을 짓밟는 수많은 '주의들'(-isms)과 함께 듣게 될지도 모릅니다.

랍비 쿡의 세 번째 노래는 '모든 인류의 노래'입니다. 감사하게도 많은 신앙 공동체들이 이 영광의 노래를 잘 부르고 있습니다. 그들은 그들 자신의 영역을 넘어서 모든 하나님 자녀의 고통을 이해하고 변혁시킵니다. 선교활동, 종교 간의 대화, CROP 걷기 운동,* 사랑의 집짓기 운동(Habitat for Humanity Project), 노숙자들을 위한 쉼터, 그리고 그 밖의 정의와 연민의 활동과 장소들 속에서 여러분은 이 노래를 들을 수 있습니다. 남아프리카공화국의 진실과화해위원회(Truth and Reconciliation Commission)**의 활동과 국경 없는 의사회의 활동, 그리고 수많은 다른 활동들에서도 이 노래를 들을 수 있습니다. 세 번째 연민의 노래가 이렇게도 광범위한 성격을 지니고 있음에도 불구하고, 랍비 쿡은 아직 우리를 위한 노래 하나를 더 가지고 있습니다. 그것은 바로 '만물의 고통과 변혁과 아름다움에 대한 노래'입니다.

이것이 사중의 노래요, 모든 피조물의 노래입니다. 이 사중의 노래 안에서 "자기 자신의 노래, 자기 공동체의 노래, 인류의 노래, 그리고 창조세계의 노래는 언제나, 시간마다 모두 하나로 어우러집니다."[3] 네 번째 노래는

---

* CROP(Communities Responding to Overcome Poverty) Hunger Walk: 국제구호단체인 기독교세계봉사회(Church World Services)에서 진행하고 있는 모금 운동. 매일 음식과 물을 구하기 위해 먼 거리를 걸어야 하는 가난한 사람들과의 연대를 위해 함께 걸으며 모금을 진행한다.[역주]
** 남아프리카공화국의 진실과 화해위원회: 남아프리카공화국에서 과거사 청산을 위해 설치했던 기구로, 1995년 12월 데스몬드 투투를 위원장으로 한 17명의 위원으로 조직되었다. 7,112명의 조사대상자 가운데 5,392명이 처벌을 받았고, 849명이 사면을 받았으며, '범죄적 과거'에 대해 공정한 입장에서 청산했다는 평가를 받았다.[역주]

가장 넓은 연민의 원을 노래합니다. 이러한 노래는 시편 148편 같은 곳에서도 발견됩니다. 시편 148편에서 시인은 계속해서 권면합니다. "하늘아, 천사들아, 군대야, 해와 달아, 빛나는 별들아, 바다의 괴물들과 바다의 심연아, 불과 우박, 눈과 서리, 세찬 바람아, 모든 산과 언덕들, 모든 과일나무와 백향목들아, 모든 들짐승과 가축들, 기어다니는 것과 날아다니는 새들아, 모든 사람들, 총각과 처녀, 노인과 아이들아, 너희는 모두 우리의 창조주를 찬양하는 황홀한 합창에 함께 하여라!" 이 노래에서 우리는 생명을 짓밟는 또 다른 '주의' 이른바 인간중심주의를 넘어서게 됩니다. 인간중심주의라는 '주의'는 이렇게 말합니다. "다른 사람이나 피조물, 그들의 보금자리가 우리에게 아무 가치가 없다면, 우리가 그것들을 정복하고 심지어 파괴해도 우리에게 도덕적 딜레마는 발생하지 않는다." 그럼에도 불구하고 "땅에 있는 것들이나 하늘에 있는 것들이나 다 기꺼이 화해시키시는"(골 1:17-20) 그리스도의 마음을 우리가 헤아리게 되면, 우리의 마음은 이러한 '주의'를 간파할 수 있게 됩니다.

신학자 테런스 프레트하임(Terence Fretheim)은 그의 기고문 〈시편의 자연의 하나님 찬양〉에서 이렇게 이야기합니다. "자연질서나 인간들이 마땅히 하나님을 증거하는 것은 하나님의 모든 피조물이 찬양의 합창에 동참할 때만 가능합니다." 이러한 통찰은 인류가 "자연 질서와 관계를 맺어 좀 더 명쾌하게 찬양을 하도록" 이끕니다.[4] 단 세 개의 음정으로만 노래할 수 있는 소프라노들로 이뤄진 합창단을 생각해보십시오. 그 선율은 처음에는 흥미를 불러일으킬지 모르지만, 결국 심각한 한계에 이르고 말 것입니다. 유사한 방식으로, 프레트하임은 기어다니는 것, 해와 별들, 나무들, 그리고 창조세계의 다른 모든 부분이 제외된, 따라서 인간들만이 부르는 찬송은 흑백 사진과도 같은 음악을 만들어낼 것이고, 영광을 돌리기에 근본적으로 부족할 것이라고 이야기합니다. 성 바실리우스(St. Basil the Great)의 회개기도는 이러한 슬픈 장면에 애통합니다.

> 오 하나님, 우리 안의 유대감을 넓히셔서 모든 살아 있는 것을 동료로 삼게 하소서. 당신께서는 우리의 형제인 동물들, 그리고 모든 피조물에게 땅을 허락하셔서 그들의 집이 되게 하시고 우리와 함께 살아가도록 하셨습니다. 그러나 우리의 부끄러운 과거를 기억합니다. 우리는 무자비한 잔인함으로 인간의 막강한 지배권을 행사했으며, 그로 인해 당신께 올려질 노래가 되어야 할 땅의 소리는 고통으로 인한 신음으로 변해 버렸습니다. 이제 우리는 모든 피조물이 우리만을 위해 사는 것이 아니라 그들 스스로를 위해 사는 것임을, 그리고 당신을 위해 사는 것임을 깨닫습니다. 그리고 그들 역시 생의 달콤함을 사랑한다는 사실을 깨닫습니다.

바실리우스는 4세기에 이러한 기도를 했습니다. 그러나 월드워치 연구소(Worldwatch Institute)의 보고서에 따르면, 인간이 저지르는 서식지 파괴, 환경오염, 지구 온난화로 인해 세계 조류의 11%, 포유류의 25%, 그리고 어류의 34%가 멸종 위기[5]에 처해 있는 오늘날, 그 기도가 얼마나 힘이 있고 의미 있겠습니까? 세계야생생물기금(World Wildlife Fund)에 따르면 "모든 생물 종의 감소는 지구상의 생물 다양성을 약화시키고 생명의 망에 말로 다 할 수 없는 결과를 가져옵니다. 여기에 지금과 같은 멸종율이 계속된다면 앞으로 20년 후에는 세계의 식물과 동물의 3분의 1에 이르는 종들이 멸종되고 말 것입니다."[6] 그리고 이 생명의 망의 가장 취약한 부분에는 물론 가장 가난한 사람들도 포함됩니다. 이들의 행복은 바로 그리고 직접적으로 창조세계의 복지와 연관되어 있습니다. 인류가 고의건 아니건 '땅의 소리'를 죽이는 것은 애석한 소식입니다. 그 소리는 고통으로 인한 신음이 아니라 하나님께 올려질 찬양의 노래가 되어야 합니다.

우리 개인의 삶의 노래 역시 고통으로 인한 신음의 일부입니다. 이러한 신음으로 인해, 하나님이 모든 창조세계로부터 영광 받으실 기회를 잃으실 뿐 아니라 우리 역시 창조세계를 통해 일하시는 하나님의 독특한 노래를 들을 기회를 잃고 마는 것입니다. 바울은 이를 잘 표현하고 있습니다. "이 세상 창조 때로부터, 하나님의 보이지 않는 속성, 곧 그분의 영원하신 능력과 신성은, 사람이 그 지으신 만물을 보고서 깨닫게 되어 있습니다"(롬 1:20). 또한 로렌스(D. H. Lawrence)의 힘 있는 이야기를 생각해보십시오.

> 오, 사람이 일 년의 운율로부터, 해와 지구와 함께하는 조화로부터 끊어진다면, 이 어찌 재앙이 아니겠는가? 오, 한 사람이, 한 사람의 감정이 해가 뜨고 지는 것과 단절되어 있다면, 동지와 하지, 춘분과 추분의 흐름과 끊어져 있다면, 이 어찌 재앙, 곧 사랑의 불구가 아니겠는가? 바로 이것이 우리의 잘못이다. 우리는 근원에서부터 피 흘리고 있다.[7]

여러분의 삶이 부르는 노래는 어떤 노래입니까? 우리의 연민의 원을 넓혀보면 어떨까요? 우리의 마음을 할 수 있는 한 가장 넓게 열어보면 어떨까요? 그렇습니다. 프레드릭 부흐너가 말한 것처럼, 이렇게 하는 것은 매우 고통스럽고 "때때로 치명적일"지도 모릅니다. 그러나 그것은 활짝 열린 공간으로 돌진하는 변혁적이며 강력한 부활의 기쁨이기도 합니다. 요한복음 3장 16절의 기쁨을 생각해보십시오. 거기에서 하나님의 마음은 한없이 넓어져서 여러분과 저를 넘어 우리의 민족, 인류뿐만 아니라 헬라어의 문자 그대로 전체 우주에까지 이릅니다. "하나님이 세상(cosmos)을 이처럼 사랑하사…" 이것이 진정 수난 주간의 노래요, 가장 넓어진 연민의 사중의 노래입니다. 한 주간 구레네 사람 시몬처럼 되시기를 바랍니다. 그리스도

의 온전한 연민의 심오한 고통과 변혁을 일으키는 기쁨에 사로잡혀 사시
기를 기원합니다.

1. Frederick Buechner, *A Room Called Remember: Uncollected Pieces* (New York: Harper Collins, 1992), 152.
2. Larry Rasmussen, *Earth Community, Earth Ethics* (Maryknoll, NY: Orbis, 1996), 285.
3. Abraham Isaac Kook, "Four-Fold Song," in *Lights of Holiness*, vol. 2 (New York: Paulist Press, 1972), 445.
4. Terence E. Fretheim. "Nature's Praise of God in the Psalms," *Ex Auditu* 3 (1987) : 29.
5. http://www.worldwatch.org/node/1605.
6. http://www.worldwildlife.org.
7. D. H. Lawrence, *Lady Chatterley's Lover and A Propos of 'Lady Chatterley's Lover'*, ed. Michael Squires (Cambridge: Cambridge University Press, 1993).

# 창조세계 안 우리의 자리에 대한 새로운 이해

## A NEW UNDERSTANDING OF OUR PLACE IN CREATION

다이앤 버건트●

이 설교는 인간의 목적만으로 자연세계를 평가하는 인간 중심적 관점에 도전하면서, 인간이 창조세계의 중심이 아니라 부분임을 보여줍니다.

● 다이앤 버건트(Dianne Bergant)는 시카고의 가톨릭 신학교(Catholic Theological Union)의 성서학 교수이다. 그녀는 〈America〉지의 주간 칼럼 "The Word"에 기고하고 있으며, *Israel's Wisdom Literature: A Liberation-Critical Reading*과 *The Earth is the Lord's: The Bible, Ecology, and Worship*의 저자이다.

깨닫지도 못하면서, 함부로 말을 하였습니다(욥기 42:3).

우리는 대개 '욥의 인내'라는 표현에 익숙합니다. 그러나 이것이 우리가 욥에 대해 알고 있는 전부라면 우리는 그의 이름을 딴 이 책의 놀라운 메시지의 핵심을 파악하지 못한 것입니다. 우리 중 누군가는 이 이야기가 무고한 한 남자가 수많은 좌절을 용감하게 견뎌냈으며, 그의 이러한 충성 때문에 궁극적으로 하나님께 넘치도록 보상 받은 일에 대한 이야기라고 할지도 모릅니다. 이러한 관점은 이야기의 중요한 차원을 놓치고 있습니다. 우리가 욥의 말을 통해 메시지의 핵심을 알고자 한다면, 하나님에 대한 그의 마지막 응답이 매우 도발적임을 발견하게 됩니다. "깨닫지도 못하면서, 함부로 말을 하였습니다." 대체 욥이 깨닫지 못한 것은 무엇이었을까요?

욥은 의로운 사람으로 묘사됩니다. 사실 그는 보기 드물게 의로운 사람이었습니다. 하나님께서는 그를 "나의 종, 욥"이라 부르시고 말씀하십니다. "이 세상에는 그 사람만큼 흠이 없고 정직한 사람, 그렇게 하나님을 경외하며 악을 멀리하는 사람은 없다"(1:8). 이보다 더 인정받기는 어려울 것입니다! 그의 의로움에도 불구하고, 아니 사실은 그 의로움 때문에 하나님과

'사탄', 곧 하늘의 전에 찾아간 신비한 존재 사이에 거래가 이뤄집니다. 사탄이라는 이름이 아무리 익숙하다 하더라도, 그 사탄은 우리가 악한 세력으로 알고 있는 악마가 아니었습니다. 어떠한 거래였을까요? 그것은 바로 사람이 견딜 수 있는 한계까지 욥을 시험하여 그의 의로움이 진정한지를 확인하자는 것이었습니다. 하나님께서는 욥이 고통에 직면한다 할지라도 그의 충성심을 증명할 것이라고 믿으신 반면, 사탄은 욥이 의로운 것은 단지 대부분의 사람이 삶에서 직면하게 되는 어려움을 그가 겪지 않도록 하나님께서 보호하셨기 때문이라고 주장했습니다.

이야기가 말해주듯 재앙에 재앙이 뒤따르면서 욥은 모든 것을 잃습니다. 재산, 가축, 종 그리고 심지어 자녀들까지…. 이 모든 것에 직면하면서도 그는 하나님에 대한 충성심을 잃지 않습니다. "모태에서 빈손으로 태어났으니, 죽을 때에도 빈손으로 돌아갈 것입니다. 주신 분도 주님이시요, 가져가신 분도 주님이시니, 주의 이름을 찬양할 뿐입니다"(1:21).

사탄은 만족하지 못합니다. 욥 자신이 남아 있던 것입니다. 사탄은 하나님께 말합니다. "그의 뼈와 살을 치시면, 그는 당장 주님 앞에서 주님을 저주하고 말 것입니다!" 하나님은 다시 한 번, 욥에 대한 공격을 허용하셨습니다. 이번에는 바로 그의 몸입니다. 악성 종기가 그를 쳤지만 욥은 변함이 없습니다. "우리가 누리는 복도 하나님께로부터 받았는데, 어찌 재앙이라고 해서 못 받는다 하겠소?"(2:10). 이 장면은 욥이 인내하는 사람이라는 명성을 얻도록 했습니다. 그러나 우리는 이러한 인내가 마흔두 장짜리 책의 처음 두 장에서만 발견된다는 것을 알아야만 합니다.

이 책의 나머지에서 우리는 전혀 다른 사람을 발견하게 됩니다. 욥은 자신을 파괴한 고난들을 맹렬히 비난합니다. 그는 자신이 태어나던 날을 저주하고(3:3), 변덕스러운 행동을 하시는 하나님을 비난합니다(9:15-18). 욥은 이러한 고난을 받을 만한 아무런 죄가 없습니다(16:12). 그는 자신을 위로하기 위해 찾아온 사람들의 말에서 어떠한 위로나 지혜도 찾지 못합니다. "나를 위로한다고 하지만, 오히려 너희는 하나같이 나를 괴롭힐 뿐이다. 너희는 이런 헛된 소리를 끝도 없이 계속할 테냐?"(16:2-3). 친구에 대한 애정으로 욥을 찾아온 이들은 계속해서 욥에게 자신의 죄를 인정하고 하나님의 용서를 구할 것을 촉구합니다. 그리하면 그의 고난이 끝나고 잃어버렸던 소유를 되찾고 사회적 지위를 다시 확립하게 될 것이라고 말합니다. 그러나 욥은 아무 말도 듣지 않습니다. 그들이 반복해서 강력하게 간청할수록 그도 역시 반복해서 강력하게 자신의 무고함을 주장합니다. 그는 경솔하고 무모해 보일 수도 있는 어조로 그의 변호의 말을 맺습니다. "내가 한 이 변명을 들어줄 사람이 없을까? 맹세코 나는 사실대로만 말하였다. 이제는, 전능하신 분께서 말씀하시는 대답을 듣고 싶다"(31:35). 이러한 주장은 그에게 죄가 있다면 하나님의 보복을 불러올지도 모릅니다. 그런데도 욥은 자신이 무고하다고 단언합니다. 그러므로 그의 마지막 주장은 하나님에 대한 대담한 도전입니다. 하나님께서는 어떻게 응답하실까요? 하나님께서 욥의 뻔뻔함을 꾸짖으실까요? 아니면 욥을 가상히 여겨 그의 의로움을 옹호하실까요? 욥은 마치 허공에 떠 있는 것처럼 기다립니다. 이야기의 힘에 이끌린 우리도 마찬가지로 기다립니다.

이 지점에서 이 책이 특별한 것은 심오한 풍자 때문입니다. 하나님께서 응답하십니다. 그러나 답변이 아니라 질문으로 응답하십니다. 그리고 그 질문은 자연세계를 만들고 운행하는 것에 대해서만 이야기할 뿐, 욥이 당한 고난에 대해서 구체적으로 이야기하지 않습니다. 하나님의 질문들이 그려내는 창조세계의 경관에 감탄한다 하더라도, 우리는 이것들의 독특한 형태를 간과해서는 안 됩니다. 이 질문들은 정보를 찾아내라는 요구가 아닙니다. 이것들은 풍자로 가득 찬 질문들입니다. 이 질문들은 창조세계의 신비의 일부밖에 파악하지 못하는 욥의 근시안적인 지각능력을 바로잡도록 도와줍니다. 하나님께서 이렇게 질문하십니다. "내가 땅의 기초를 놓을 때에, 네가 거기에 있기라도 하였느냐?", "네가 지금까지 살아오면서 네가 아침에게 명령하여, 동이 트게 해 본 일이 있느냐? 새벽에게 명령하여, 새벽이 제자리를 지키게 한 일이 있느냐?", "너는 산에 사는 염소가 언제 새끼를 치는지 아느냐?", "말에게 강한 힘을 준 것이 너냐? 그 목에 흩날리는 갈기를 달아 준 것이 너냐?"(38:4, 12; 39:1, 19) 하나님의 응답은 호기심을 이끌어냅니다. 왜 하나님께서는 욥의 관심사에 대해서는 언급하시지 않을까요? 창조세계에 대한 질문들이 무고하게 고난당하는 자의 그 곤경과 무슨 상관이 있다는 말입니까?

하나님의 질문들은 단지 답변으로 충족될 수 있는 그 어떤 수준의 지식보다도 더 놀라운 이해의 지평으로 욥을 이끌기 위한 의도를 지니고 있습니다. 하나님의 질문들이 경이로운 것은, 질문들의 간접성에도 불구하고, 아니 어쩌면 그 간접성 때문에 욥을 진정한 지혜로 이끄는 그 질문들의 능력에 있습니다. 우리는 욥의 질문과 하나님의 응답 사이의 연관성을 보지 못할지도 모릅니다. 그러나 욥은 분명히 그 연관성을 발견합니다. 하나님에 대한 욥의 응답은 이것을 암시합니다. 가까이 들여다보면, 하나님께서는 자연의 넓은 영역에 대하여 질문하시고 욥은 인간 본성의 좁은 영역에 대한 통찰을 얻게 됨을 알게 될 것입니다. 욥과 같이 우리는 무고한 고난에 대한 대답을 원합니다. 그러나 우리가 욥처럼 하나님에 대하여 그런 질문들을 한다면, 우리는 또한 하나님의 말씀에 귀를 기울임으로써 욥처럼 대답하는 것을 배워야 합니다. 그렇다면 하나님께서는 무엇을 말씀하십니까?

욥이 보인 고난의 몸부림 때문에 우리는 자칫 이 책에서 자연의 계시적 역할이 얼마나 강력한지를 간과할지도 모릅니다. 여기서 중요한 것은 자연 자체가 아니라, 놀라우신 하나님께서 자연세계를 통해 스스로를 비추신다는 것입니다. 달리 말하면 하나님의 예술성은 우주의 장엄함 속에서 발견되며, 하나님의 지혜는 그 정교한 균형 안에서 분명하게 드러납니다. 또한 하나님의 창조성은 다양하고 변화무쌍한 자연 현상들 안에서 흘러넘칩니다. 그곳에 내재된 풍성함 안에서 우리는 하나님의 섭리를 누릴 수 있습니다. 자연세계는 하나님의 창조성으로부터 나왔을 뿐만 아니라 그 창조성의 특징들을 실제로 지니고 있습니다. 창조세계 안에 있는 모든 것은 그것을 창조하신 분의 일부를 비추어 드러냅니다. 창조세계가 하나님이 계시되는 매개라고 말하는 것으로는 충분하지 않습니다. 실로 그 매개(창조세계)는 그 자체로 계시입니다.

이러한 놀라운 경험을 하기 전 욥이 자신 앞에 펼쳐진 창조세계의 경이를 몰랐던 것은 아닙니다. 그것들은 거의 욥의 일상 세계를 형성했습니다. 그러나 하나님의 질문들은 욥이 이 세계를 정말로 이해하지 못했음을 보여줍니다. 비록 그는 평범한 세계에 살았지만 그 세계를 당연하게 여겼던 것처럼 보입니다. 창조세계에 대한 욥의 놀랍고도 신비스러운 경험은 그를 인간의 관심사에 대한 편협한 관점에서부터 광활한 창조세계의 신비로 내던집니다. 그 경험은 그로 하여금 **인간 역사는 자연세계의 더 넓은 맥락 안에서 펼쳐지지, 그 반대가 아니라는** 사실을 깨닫게 합니다. 욥은 **자연세계가 단지 인간 역사의 목적을 위해 봉사하는 것이 아니라는** 것도 알게 됩니다. 말로 표현할 수 없는 창조자 하나님과의 만남을 통해 그는 새로운 통찰을 얻게 됩니다. 그 통찰은 그를 환경의 자기연민적 희생자에서 인간의 한계에 이르는 고통을 견뎌내며 단련되어가는 신비적 인간으로 변화시킵니다.

하나님을 향한 욥의 마지막 응답에서, 비록 깨닫지는 못하지만 그는 자신이 하나님의 관점으로 변화되었음을 인정합니다. "깨닫지도 못하면서, 함부로 말을 하였습니다"(42:3). 욥이 깨닫지 못했던 것은 무엇입니까? 하나님입니까? 그렇습니다. 그가 이전에 알고 믿었던 하나님은 공의의 하나님, 욥의 진실성을 아시고 분명하게 보상해주시던 분이었습니다. 이제 욥이 아는 하나님은 마치 남자가 아비가 되고 여자가 출산을 하듯이 세계를 탄생시키는 신비로운 힘이며, 그 경이로운 세계 안에서, 그리고 그 세계를 통해 계시되는 분입니다. 이는 연약한 인간의 구체적인 필요를 외면하지 않으시면서도 눈부시게 빛나는 전 우주를 위해 공급하시는 하나님이십니다. 하나님은 이 일들을 하실 수 있습니다. 하나님의 계획은 인간의 역사보다 광대하며 그것을 포함하기 때문입니다.

욥은 인간의 삶을 이해하지 못했습니까? 그렇습니다. 하나님께서는 인간의 고통, 즉 삶의 가장 긴급한 문제를 택하시고 그것을 보다 큰 맥락 안에 두신 것 같습니다. 그 맥락이란 물질적인 창조세계 전체를 말합니다. 하나님의 질문들은, 측량할 수 없는 자연의 장대함 한가운데에서 인간은 삶의 모호성에 직면할 수 있음을 욥이 깨닫도록 합니다. 그러나 이는 정직과 겸손을 요구합니다. 자기 자신의 유한한 이해력을 인정하고 받아들이는 정직과 겸손 말입니다. 창조세계 그 자체가 욥의 시야를 넓히고, 이해를 넘어서는 신앙의 깊이로 그를 불러냅니다.

욥은 창조세계 안에 담긴 온전한 계획을 이해하지 못했습니까? 그렇습니다. 욥기는 인간중심적인 관심과 우주중심적인 현실 사이, 이론적으로 이해하자면 인간학과 우주론 사이에서 인간의 심오한 고뇌를 보여줍니다. 욥기는 인간의 영이 도취되지만 깨어지지는 않도록 하면서 이해의 추구와 우주의 광대함이 겨루도록 합니다. 평범하지만 이상하게 낯선 자연세계는 그 경이로 놀라움을 불러일으키고, 이를 바라보는 미천한 자를 전율케 합니다. 그 자신의 삶을 바로잡기 위해 하나님께 부름을 받은 욥은 창조세계의 광대함을 통해 그 자신을 넘어서도록 인도되었고, 거기에서 그는 하나님이 통치하시는 법들이 헤아릴 수조차 없다는 걸 알게 되었습니다. 결국 우주론은 인간학을 무효화하지 않습니다. 오히려 우주론은 팔을 넓게 펴서 탕자의 돌아옴을 환영합니다.

욥기를 이해하기 위한 우리의 여정은 시련의 한복판에 있는 인간의 인내에 주목하며 시작되었습니다. 우리는 곧 무고한 고난에 대한 질문으로 옮겨갔습니다. 마침내 우리는 욥의 고뇌의 해결책이 바로 자연세계 안에서 일어남을 발견했습니다. 거기에서 인내의 문제는 사라지고 인간의 고난 자체는 배후로 물러납니다. 우주가 지닌 광대함과 그 운행의 복잡함은 욥에게 우주는 너무나 크기에 그가 결코 파악할 수 없음을 알게 해줍니다. 그는 이제 모든 자연세계가 창조주 하나님의 손 안에 있듯이, 모든 인간의 삶 역시 그 동일한 손에 달려 있음을 깨닫습니다.

욥의 변화된 태도가 함축하는 바는 광범위한 만큼이나 심오합니다. 인간중심적 세계관에서 우주중심적인 세계관으로의 전향은 우주 자체에 대한 새로운 이해뿐만 아니라, 그 우주 안에서 우리가 인간을 어떻게 이해하느냐에 대한 재검토를 필요로 합니다. 우리는 자연적 피조물이고, 우리에 대한 모든 것은 자연세계의 일부이거나 자연세계를 통하여 우리에게 중재됩니다. 우리는 결코 자연세계로부터 독립해 있지 않습니다. 우리는 자연세계에 의존합니다. 기술은 우리가 우리의 환경을 벗어나 그것을 조사하고 통제할 수 있다고 믿도록 할 때가 많습니다. 그러나 마치 우리가 건물 안에 사는 것처럼 우리의 환경 안에 단지 거주하고만 있는 것이 아니라는 것을 기억하는 게 중요합니다. 우리는 자연세계 안에서 독특한 차원을 지닌 존재이기는 하지만 그것으로부터 분리되어 있지 않습니다. 우리는 자연의 일부이며 자연은 우리의 일부입니다. 인류는 자연, 즉 생명을 주고 계속해서 생명을 주는 창조적 모체(matrix)에 포함되어 있습니다.

자연 역시 인간 안에 포함되어 있습니다. 우리는 참으로 우주의 어린아이들로, 산과 비, 모래와 별들과 똑같은 것들로 만들어져 있습니다. 우리는 새와 물고기와 들판의 풀과 마찬가지로, 삶과 성장 그리고 죽음의 법칙에 의해 다스려집니다. 다른 모든 생명체가 그러하듯 우리도 태양이 주는 따스함 안에서 태양의 작용에 의해 살아가고 있습니다. 우리가 어머니에게서 왔듯 우리는 땅에서 왔습니다. 그리고 우리는 동일한 생명의 원천으로부터 풍성함을 누립니다. 모든 창조세계의 본질적인 통일성이 우리에 대한 모든 것의 기초가 된다는 것을 쉽게 알 수 있습니다.

더 넓은 창조세계 안에서 자신의 자리에 대한 욥의 새로운 깨달음은 그에게 많은 것을 요구했습니다. 그는 인간이 지닌 한계에 대한 새로운 이해를 받아들이도록 도전을 받았습니다. 그리고 자신에게 닥친 고난에도 불구하고 그의 삶이 하나님의 손에 달려 있음을 받아들이도록 도전을 받았습니다.

우리 또한 창조세계 안에서 우리의 자리에 대한 새로운 이해가 주는 심오한 의미에 직면해 있습니다. 우리의 고뇌는 욥의 고뇌와 같지 않을지도 모릅니다. 그러나 창조세계 안 우리의 자리에 대한 새로운 이해의 방식을 만들어내야 합니다. 우리는 천연자원들을 사용함에 있어서 검소와 충분과 같은 도전적인 생각들을 수용해야 할 것입니다. 인간의 생존 가능성, 그리고 이를 유지시켜줄 지구의 능력에 관한 우리의 관심은 우리의 사고에 없어서는 안 될 중요한 역할을 하게 될 것이며, 이를 위해 어려운 결정을 할 준비가 필요합니다. 우리는 인간의 자기중심성이 무책임하며 무례하다는 걸 알게 될 것입니다. 우리는 이러한 자기중심성을 하나님께서 창조하신 자연세계에 대한 존중과 책임적인 청지기 정신으로 대체해야 할 것입니다. 우리는 단순히 우리의 이기적인 기분을 만족시키기 위한 일회용 상품처럼 천연자원을 사용하는 것을 그만두어야 합니다. 그 대신 우리는 자연이 지닌 본질적인 아름다움을 묵상하도록 부름 받습니다. 이것은 욥의 명상과 다르지 않습니다. "주님이 어떤 분이시라는 것을, 지금까지는 제가 귀로만 들었습니다. 그러나 이제는 제가 제 눈으로 주님을 뵙습니다"(42:5).

# 은총의 순간들

## MOMENTS OF GRACE

토마스 베리●

이 성찰은 우리 시대를 우주의 더 커다란 이야기 속으로 이끌어갑니다. 즉 지구가 경험하고 있는 현재의 변화 가운데 인간이 결정적인 힘을 발휘할 수 있는 중요한 은총의 순간, 곧 새로운 "생태대"(the Ecozoic Era)*를 시작하는 것입니다. 이 땅 위의 모든 피조물과 상호 공존하는 새로운 인간 존재가 되는 것은 우리 시대의 위대한 과업입니다.

● 토마스 베리(Thomas Berry)는 예수수난회 사제이며 문화역사가인 동시에 생태신학자이다. 그는 포드함 대학교(Fordham University)에서 종교사 대학원 프로그램의 소장을 역임했고(1966-1979), 리버데일 종교연구센터(the Riverdale Center of Religious Research)를 설립 운영했다(1970-1995). 대표 저서로는 *The Dream of the Earth, the Universe Story, Befriending the Earth, the Great Work*(이영숙 옮김, 《위대한 과업》, 대화문화아카데미, 2009) 등이 있다.

* 베리는 인간과 지구의 상호 관계를 향상시켜야 하는 현재 지질시대를 신생대와 구분하여 '생태대'라고 부른다. 그는 이 시대를 우리가 지구를 성스러운 공동체로 이해하며, 인간이 이 공동체의 한 부분으로 살아가는 방법을 배우는 은총의 순간이라고 말한다. [역주]

모두 주님의 이름을 찬양하여라(시편 148:13).


때가 찼다. 하나님의 나라가 가까이 왔다(마가복음 1:15).


21세기에 접어들면서, 우리는 은총의 순간을 경험하고 있습니다. 이 순간들은 우리가 받은 특권입니다. 지금 우주는 엄청난 변화를 겪고 있습니다. 미래는 이러한 변화가 어떤 식으로 지속되느냐에 따라 결정됩니다.

은총의 순간은 종교적으로뿐만 아니라 우주적, 역사적으로도 나타납니다. 현재는 이러한 변화의 순간들 중 하나입니다. 태양계를 탄생시킨 별이 엄청난 열로 붕괴되어 우주의 광활한 영역으로 파편처럼 흩어졌을 때, 이런 순간이 일어났습니다. 별의 중심부에서 오랜 시간에 걸쳐 원소들이 형성되었고 마지막 폭발에 이르러서는 그 종류가 백여 가지에 이르렀습니다. 그러고 나서야 우리의 별 태양은 중력으로 이 파편들을 모았고 그 주변에 아홉 개의 구체를 타원 궤도를 따라 돌게 함으로써 형태를 갖추게 되었습니다. 이 순간 지구는 형태를 갖추었고 생명이 나타났습니다. 마침내 인간의 지성이 나타날 수 있는 발판이 마련된 것입니다.

1세대, 혹은 2세대 항성의 초신성 폭발은 우주적 은총의 순간입니다.

곧 태양계와 지구, 그리고 지구에 나타난 모든 형태의 생명을 위한 미래의 가능성을 결정한 순간이라 할 수 있습니다.

좀 더 진화된 다세포 유기체가 등장하기 위해서는 태양의 에너지, 대기 중의 탄소, 바다 속의 수소에 의한 이전에는 전혀 알려지지 않았던 신진대사를 할 수 있는 최초의 살아 있는 세포인 원핵세포(procaryotic cell)가 등장해야 했습니다. 무생물의 세계에서 생명의 세계로 이행하는 이 최초의 순간은 그 옛날의 격렬한 번개로부터 시작되었습니다. 그리고 최초 세포의 진화 중 결정적인 순간에 대기 중의 산소를 이용할 수 있는 거대한 에너지를 가진 새로운 세포가 나타났습니다. 그리고 광합성은 호흡에 의해 완성되었습니다.

이 순간에 살아 있는 세계는 우리가 아는 바와 같이 번성하여 지구를 새롭게 형성하기 시작했습니다. 목초지의 데이지 꽃, 흉내지빠귀의 노래, 바다를 가로지르는 돌고래들의 우아한 움직임 모두, 그리고 우리 자신도 이 순간을 통해 가능해졌습니다. 하늘을 맴도는 천체들이 만들어낸 노래와 시, 그림들을 배경 삼아 새로운 형태의 노래와 시, 그림들이 나타납니다.

인간의 역사에서도 이러한 은총의 순간들이 있었습니다. 약 250만 년 전 북동아프리카에서 최초의 인간이 직립하게 된 그 순간, 현재 우리의 존재 양식을 결정지은 엄청난 사건이 시작됐습니다. 인류에게 주어진 재능과 지능, 황홀한 기쁨을 누릴 수 있는 능력, 육체적인 힘이나 기술, 이 모든 것은 이 최초의 조상들을 통해 우리에게 온 것입니다. 그것은 결정적인 순간이었습니다.

한편 문화적·역사적 차원에서 어떤 순간들은 포괄적이고 유익한 방식으로 미래를 결정지었습니다. 인간이 처음으로 불을 다루게 되었을 때가 그랬습니다. 구어(口語)를 발명하고, 처음 밭을 경작하고, 도기를 빚어 구우며, 글과 문자를 발명하게 되었을 때 그 순간을 경험하게 되었습니다. 그리고 위대한 계시가 나타났을 때, 그 성스러움을 특별히 감지하여 세상 사람들에게 알려주는 위대한 선지자들이 태어났을 때가 그랬습니다. 호메로스(Homer), 힌두 시인 발미키(Valmiki)와 같이 놀라운 영웅적 이야기를 세상에 가져다준 위대한 작가들이 등장했을 때가 그랬습니다. 또 중국의 사마천(司馬遷), 그리스의 투키디데스(Thucydides), 아랍 세계의 이븐 할둔(Ibn Khaldun) 같은 위대한 역사가들이 활동하던 때도 마찬가지입니다.

21세기로 들어서는 이 변화의 시기에 우리는 또다시 은총의 순간을 경험합니다. 그러나 이 순간은 이전의 어떤 순간과도 비교할 수 없을 정도로 중대합니다. 마치 빙하 작용처럼, 거대한 우주적인 힘이 지구의 지질학적·생물학적 구조를 변화시키듯이, 처음으로 인간들이 지구의 지질 구조와 생물 기능을 방해하고 있습니다.

우리는 또한 지난 5천 년 동안 수많은 사람의 정신적·지적 발달을 지배해온 토착 부족 문화뿐만 아니라 위대한 고전 문명들을 바꿔버리고 있습니다. 우리의 신성함의 의미를 다스리고 현실과 가치에 대한 기본적인 규범을 확립하며 이 땅의 사람들의 삶의 규율을 만들어냈던 이러한 문명과 문화들은 그 역사적 사명의 중요한 단계를 끝마치고 있습니다. 이들이 전하는 가르침과 그 힘은 미래를 인도하고 고무시키는 임무를 감당할 수 없습니다. 그것들은 우리 앞에 놓여 있는 위대한 과업을 인도할 수 없습니다. 물론 이 전통들 없이 우리는 결코 제 역할을 감당할 수 없습니다. 그러나 이 오래된 전통들만으로는 이 순간의 요구를 성취할 수 없습니다. 분명 그 전통들은 현재의 상황을 막을 수 없으며 이 상황을 적절하게 비판하지도 않습니다. 새로운 무언가가 일어나고 있습니다. 새로운 비전과 새로운 에너지가 나타나고 있습니다.

약 4세기 동안 경험적 관찰과 실험의 기간을 보내고, 우리는 우주가 지닌 심오한 신비를 새로이 경험하고 있습니다. 우리가 볼 때 우주는 불가역적인 변화의 발달적 연속인 동시에, 계절적 순환의 새로운 연속입니다. 우리는 우리 자신이 '생성된 우주'(cosmos)로서, 동시에 '생성 중에 있는 우주'(cosmogenesis)로서 살아가고 있음을 발견합니다. 이런 맥락에서 우리 자신은 우주적 힘의 일부가 됩니다. 우리가 이전에 새롭게 이어지는 계절적 변화를 철저히 깨닫고 살았다면, 이제는 우리 스스로가 불가역적인 연속된 변화의 결과임을, 또 지구가 겪고 있는 현재의 변화 속의 결정적인 힘임을 발견합니다.

원시 지구에서 대기 중의 유리산소(free oxygen)의 양이 적절한 수준을 넘어 위협적으로 증가하여 모든 생명체를 파괴했던 순간*과 같이, 지금 무서운 힘이 지구에 퍼져 있습니다. 그러나 지금 시대에 그 원인이 되는 것은 산업경제체제입니다. 이 산업경제는 상상할 수 없을 정도로 지구의 지질 구조와 생명체계를 교란하고 있습니다. 지구의 생명과 장엄함, 그리고 아름다움에 대한 가장 정교한 많은 표현들이 지금 위협받고 있습니다. 이 모든 것은 인간 활동의 결과입니다.

지구의 훼손이 어찌나 심각하고 되돌릴 수 없을 만큼 악화되었는지, 우리는 '지구를 뒤덮고 있는 엄청난 파괴를 되돌릴 수 있는 시간이 너무 촉박하다'는 말에 반박할 수 없습니다. 최근에야 비로소 지구의 상황에 대한 깊은 연민(pathos)이 우리의 의식 안에 들기 시작했습니다. 비록 과학기술적 성취에 의기양양해 있지만, 그 과학기술적 과정을 산업에 이용함으로써 지구의 돌보는 능력뿐만 아니라 경이와 아름다움을 감소시키지 않도록, 우리는 어두운 미래를 예감할 수 있어야 합니다. 우리는 생존에 꼭 필요한

---

* 지구상에 산소가 없을 때에는 혐기성 생물만이 존재했는데, 이들의 물질대사 과정의 부산물로 만들어진 유리산소(산소 분자, $O_2$)로 인해 지구상 대부분의 생물들이 멸종에 이르렀으나 반대로 산소를 이용하는 새로운 생물들이 나타나는 계기가 되었다. [역주]

의식주의 원천뿐만 아니라, 모든 놀라운 생명의 형태를 통해 우리에게 다가오는 섬세한 경험들마저 잃어버릴지도 모릅니다.

매혹적인 모든 형태의 생명들, 즉 6,500만 년 동안 존재한 생명들, 지구가 발전해온 노래와도 같은 순간들이 무자비하게 위험에 처해 있습니다. 이를 목도해야만 하는 현실은 우리에게 비극입니다. 그러나 종종 과거에도 그랬듯이 파국의 순간들은 또한 창조의 순간들입니다. 우리는 지구가 우리에게 선사한 선물들에 감사하게 됩니다.

지금이 우리가 21세기로 가는 과도기를 은총의 순간으로 보아야만 하는 상황입니다. 엄청난 도전이 다가온다면 가능성 역시 넓어지기 때문에, 특별한 기회가 생겨납니다. 우리는 우리 앞에 놓여 있는 어려움도 발견하지만 동시에 기회도 발견합니다. 의식의 포괄적인 변화가 인류 공동체, 특히 산업국가들 안에서 발생하고 있습니다. 산업시대 이래 처음으로 우리는 이 시대의 파괴적 현상을 진지하게 비판하고, 지금 일어나는 일에 당황하며 물러서고, 우리 앞에 놓여 있는 가능성들에 이끌리고 있습니다.

대부분 이런 것은 낯설기만 합니다. 그러나 20세기 마지막 수십 년 동안, 여러 연구들은 우리에게 무엇을 해야 하는지에 대한 정확한 정보를 주었습니다. 사람, 프로젝트, 제도, 연구 프로그램, 그리고 출판물들의 긴 목록은 무언가 생명력 있는 중요한 일이 일어나고 있다는 것을 보여줍니다. 젊은 세대들은 지구와의 상호적인 존재방식을 향상시킬 필요성을 더 많이 자각하며 성장하고 있습니다. 우리는 환경에 대한 관심이 "문명의 중심적인 조직 원리"가 되어야 한다고 들어왔습니다.[1]

이제 과학자들은 우주의 이야기를 '진화의 서사시'라 말하고 있습니다. 우리와 함께 하나의 보편적인 공동체를 이루는 다른 모든 존재 양식과 더불어, 우리는 인간의 정체성에 대해 이해하기 시작했습니다. 하나의 이야기가 우리 모두를 포함합니다. 우리는 서로 친척 사이입니다. 한 존재는 다른 모든 존재와 친밀하게 존재하고 서로에게 즉각적으로 영향을 줍니다.

우리는 인간 이외 존재에게 일어나는 것들이 인간에게도 일어나고 있음을 분명하게 봅니다. 바깥 세계에서 일어나는 일들이 내면세계에서 일어납니다. 바깥 세계의 장엄함이 약화되면 인간의 감성적, 상상적, 지적, 정신적 삶도 약화되고 사라집니다. 날아오르는 새, 거대한 숲, 곤충들의 소리와 천연색, 자유롭게 흐르는 냇물, 꽃 피는 들판, 낮의 구름과 밤의 별, 이러한 것들이 없으면 인간을 인간답게 하는 모든 것이 빈곤해질 수밖에 없습니다.

이제 자연세계에 대한 심오한 신비감이 발달하고 있습니다. 현재 무엇이 일어나고 있는지, 또 우리가 어떻게 방향을 바꿔야 할지에 대한 기술적(技術的)인 이해를 넘어서서, 우리는 지금 우리 주위의 세상에 대한 경이를 통해 존재의 깊은 신비를 경험하고 있습니다. 이 경험은 주제에 적합한 문학적 솜씨와 해석학적 깊이를 가지고 다양한 자연현상들과의 온전한 황홀감의 경지를 보여주는 자연사 수필가들의 글을 통해 상당히 발전했습니다. 특히 로렌 아이슬리(Loren Eiseley)의 작품들이 그렇습니다. 그는 20세기에 우리 주변의 자연세계의 온전한 경이를 우리에게 회복시켜주었습니다. 그는 19세기의 랄프 월도 에머슨(Ralph Waldo Emerson), 헨리 데이비드 소로(Henry David Thoreau), 에밀리 디킨슨(Emily Dickinson), 존 뮤어(John Muir)가 표현한 우주의 비전을 지속시켰습니다.

우리는 이제 우리의 상상을 훨씬 넘어서는 중요한 순간을 경험하고 있습니다. 말할 수 있는 것은 다만 새로운 역사적 시대인 생태대의 기초가 인간사(人間事)의 모든 영역에 도래했다는 것입니다. 신화적인 비전이 모습을 드러냅니다. 산업 기술이 우리를 낙원에 이르게 하리라는 왜곡된 꿈은 언제나 새롭게 하는, 유기적인 지구공동체 안에서 인간 현존을 상호간에 향상시키는 실행 가능한 꿈으로 대체되고 있습니다. 꿈이 행동을 이끕니다.

더 큰 문화적 맥락에서 꿈은 행동을 인도하고 이끄는 신화가 됩니다.

그러나 이 새로운 세기를 향해 나아가고 있는 바로 이 순간에도, 은총의 순간이 일시적인 것임을 주목해야 합니다. 변화는 짧은 기간에 일어납니다. 이 짧은 기간에 변화를 이뤄내지 못하면 변화의 기회는 영원히 사라집니다. 우주의 광대한 이야기 안에서 이렇게 수많은 위험한 순간들이 훌륭하게 진행되어왔다는 것은 우주가 우리와 적대적이기보다는 우리를 위해 존재함을 말해줍니다. 우리가 번영할 수 있도록 도와주는 그 힘들을 불러들여만 합니다. 이 목적을 향한 인간의 도전은 결코 과소평가되어서는 안 됩니다. 그럼에도 불구하고 더 중요한 것은 우리가 우주와 지구행성이 지닌 더 큰 목적이 궁극적으로 좌절되지 않을 것임을 믿는 것입니다.

1. Al Gore, *Earth in the Balance* (Boston: Houghton Mifflin, 1992), 269.

# 기독교 그리고 창조세계의 생존

## CHRISTIANITY AND THE SURVIVAL OF CREATION

웬델 베리●

이 글은 1992년, 켄터키 주 루이빌에 있는 남침례신학대학원(Southern Baptist Theological Seminary)에서 한 설교입니다.

● 웬델 베리(Wendell Berry)는 뉴욕과 캘리포니아에서 학생들을 가르치다가 그의 고향 켄터키로 돌아왔다. 그곳은 그가 수십 년 동안 살아온 곳이며 125에이커의 농장을 일구던 곳이다. 그는 많은 특별 연구비와 상을 받았다. *What Are People For?*; *The Unsettling of America: Culture and Agriculture, Sex, Economy, Freedom, and Community*, 그리고 *A Place on Earth: A Novel*을 비롯하여 소설, 시, 사회적 논평 등 많은 저술이 있다.

요셉 지파를 두고서, 그는 이렇게 말하였다.

"주님께서 그들의 땅에 복을 내리실 것이다.

위에서는 하늘의 보물 이슬이 내리고,

아래에서는 지하의 샘물이 솟아오른다.

햇빛을 받아 익은 온갖 곡식과,

달빛을 받아 자라나는 온갖 과실이, 그들의 땅에 풍성할 것이다.

태고적부터 있는 언덕은 아주 좋은 과일로 뒤덮일 것이다.

불타는 떨기나무 가운데서 말씀하시는 주님,

선하신 주님께서 그들의 땅에 복을 베푸시니,

그 땅이 온갖 좋은 산물로 가득할 것이다"(신명기 33:13-16).


땅과 그 안에 가득 찬 것이 모두 다 주님의 것, 온 누리와 그 안에 살고 있는 모든 것도 주님의 것이다(시편 24:1).

고백하건대 설교단 앞에 있는 것이 편하지 않을 때가 있습니다. 그런데 설교단 뒤에서는 한 번도 편한 적이 없었습니다. 그 뒤에 있으면 언제나 제 의도와는 상관없이 떠오르는 것이 있습니다. 그것은 제가 평론가이자 많은 경우에 반대자라는 것입니다. 평론가는 진실을 기록하고자 애쓰는 사람입니다. 설교자들은 스스로가 옳든 그르든 둘 중 하나에 속할 수밖에 없다는 사실을 받아들여야 합니다. 그래서 자신의 그릇이 드러났을 때 저는 스스로가 평론가가 되어 "단지 연습이었다"며 둘러대기도 합니다. 평론가에게는 제도의 승인 없이도 말할 수 있는 특권이 있습니다. 물론 반대자라면, 그러한 특권 없이도 이야기해야 합니다.

저는 한 가지 문제로 이야기를 시작하고자 합니다. 곧 자연세계의 파괴에 대한 기독교적 책임, 그리고 이 문제의 해결에 대한 기독교 무용론이 이제는 자연보존 운동에서 상투적인 문구가 되어버렸다는 것입니다. 이는 두 가지 이유에서 문제입니다.

첫째로, 자연파괴에 대한 기독교의 책임을 추궁하는 반기독교적 자연보존 운동가들의 지적이 많은 점에서 정당하다는 것입니다. 예를 들면, 서구의 제1세계의 세계 전통문화에 대한 문화적 파괴 및 경제적 착취에 있어서 기독교 사제, 설교자, 선교사들이 공모했다는 사실은 악명 높은 것입니다. 콜럼버스가 바하마(Bahamas)에 첫발을 내디딘 이후 500년 내내, 전도자들은 정복자, 무역상들과 같은 길을 걸으며 너무도 빈번하게 그들이 동일한 명분을 가지고 있다고 생각했습니다. 오늘날까지도 대부분의 기독교 단체들은 여전히 세계와 그 속의 전통문화들을 짓밟고 약탈하는 행위에 대해 무관심합니다. 대부분의 산업 조직들이 그러하듯 기독교 단체들 역시 산업 경제가 생태, 문화, 종교에 끼치는 영향들에 대해 매우 무관심하다 해도 과언이 아닙니다. 기독교인이 된다는 것은 창조세계를 살해하는 군산복합체의 모의에 가담하는 사람들과 다를 바 없게 되는 것 같습니다.

둘째로, 자연보존 운동가들이 지적하는 기독교에 대한 책임 추궁이 문제인 이유는, 설령 그 지적이 옳다 해도 그 책임 추궁이 성서에 대한 충분한 이해와 성서로부터 전해 내려온 문화적 전통에서 비롯된 것이 아니기 때문입니다. 그들이 성서를 대하는 방식은 성서를 멀리하는 것입니다. 이처럼 성서를 추방함으로써 그들은 성서를 무효화하는 무지를 숨기려 합니다. 성서는 인간의 손을 통해 영감으로 기록된 책입니다. 따라서 성서는 분명 비평의 대상입니다. 제가 믿기로, 지금 우리가 당하고 있는 곤경은 창조세계가 오늘날 처해 있는 현실에 비추어 성서를 읽고 이해하는 것을 배우도록 요청합니다. 저는 이러한 문제들을 염두에 두며 성서를 읽고자 노력해왔고, 성서의 가르침과 기독교의 행동들 사이에는 비극적인 간극이 있다는 것을 발견했습니다. 평판이 좋지 않은 기독교인들의 행동에 대해 말하려는 것이 아닙니다. 제가 발견한 간극은 성서의 가르침과 소위 성서의 가르침을 받았다는 사람들, 이른바 존경 받는 기독교인들의 행동들 사이에서 나타나는 불일치입니다.

이러한 불일치 때문에 기독교가 묵살당하는 것이라면 물론 문제가 되지 않을 것입니다. 우리는 기독교에 따라붙는 20세기의 만족스럽지 못한 역사와 마찬가지로 이를 떨쳐버리고 문제를 바로잡기 시작할 수 있습니다. 우리가 질문할 때에만 문제가 드러난다면, 우리가 가르침에 따라 돌아서게 될 지점은 어디일까요? 우리가 다른 종교로 돌아선다고 가정해봅시다. 이따금 반기독교적인 자연보존 운동가들이 우리에게 제안하듯 말이지요. 예를 들어 불교는 분명 자연세계, 동료 인간들, 그리고 우리의 동료 피조물들에 대한 올바른 존중으로 인도하는 종교 중 하나입니다. 저는 불교와 불자들에게 많은 빚을 지고 있습니다. 그러나 좋든 싫든 많은 사람들은 날 때부터 종교가 기독교였고, 저 역시 그러한 사람들 중 하나입니다. 우리는 기독교인으로 태어났으며, 의식하기도 전에 기독교를 배워왔습니다. 우리가 어찌 생각하든 간에 기독교는 우리 존재를 이루는 친밀한 일부분입니다. 그것은 우리의 의식, 언어, 꿈들에 영향을 주었습니다. 떠나거나 대항할 수도 있습니다. 그러나 더 나은 가능성은 이것입니다. 즉 우리가 태어난 이 종교는 살아남아 스스로를 회복하여 우리가 필요한 만큼 충분히, 진정으로 도움이 되어야 한다는 것입니다. 기독교의 생존과 회복이라는 이 문제에 창조세계의 생존이 달려 있는지도 모릅니다.

‖

기독교와 창조세계의 바람직한 생존을 염두에 두고 성서를 읽으면, 오늘날의 기독교 단체들이 유독 침묵하거나 관심을 갖지 않는 몇 가지를 발견할 수 있습니다.

우리는 인간이 세계, 혹은 세계의 어떤 부분도 소유하지 못한다는 것, 즉 "땅과 그 안에 가득 찬 것이 모두 다 주님의 것, 온 누리와 그 안에 살고 있는 모든 것도 주님의 것이다."는 사실을 발견하게 됩니다. 우리 인간이 만든 법에는 예외 없이 땅의 소유에 대한 개념과 권리가 명시되어 있습니다. 그러나 제가 생각하기에 이것은 인간공동체의 지속 및 보존을 위하여 인간과 장소들의 상호 소속감을 보호하는 방편일 뿐입니다. 인간의 소유권은 인간의 필연적 죽음 및 인간의 관심과 책임에 대한 자연적 제약에 의해 제한됩니다. 그 권리는 막대한 '부동산' 축재를 정당화하기 위해 사용될 때 곧 남용이 됩니다. 아마도 그러한 이유로 레위기 25장은 많은 땅의 축재를 금합니다. 성서의 말을 빌리자면, '땅의 소유자'는 손님이자 하나님의 청지기입니다. "땅은 나의 것이다. 너희는 다만 나그네이며, 나에게 와서 사는 임시 거주자일 뿐이다"(레 25:23).

우리는 하나님께서 피조물의 모든 부분을 창조하셨으므로 우리가 창조 세계 전체를 이해하고 인정해야 함을 발견합니다. "모든 것이 그로 말미암 아 창조되었으니, 그가 없이 창조된 것은 하나도 없다"(요 1:3). 따라서 우리 는 하나님께서 물고 쏘는 곤충들, 독성 있는 뱀과 잡초들, 위험한 짐승들 그리고 병을 일으키는 미생물들을 창조하셨음을 인정해야 합니다. 이런 것들에 불만을 표시한다는 것은 하나님은 흠이 있다거나 창조사역의 어떤 부분을 사탄에게 맡기셨다는 것을 의미하지 않습니다. 오히려 그것은 우 리가 온전성, 조화 및 이해에 있어서 부족하다는 것, 즉 우리가 '타락했다' 는 것을 의미합니다.

우리는 성서를 통해 하나님께서 세상을 만드실 때에 보시기에 좋았다 는 것, 당신의 기쁨을 위해 세상을 창조하셨다는 것, 또한 우리가 세상을 훼손하고 더럽혔음에도 불구하고 그 세상을 끊임없이 사랑하시며 귀하게 여기신다는 것을 발견합니다. 천국에 가기 위한 단순한 공식으로 요한복 음 3장 16절을 인용하는 사람들은 이 말씀 속에 내포된 큰 난해함, 즉 그 리스도의 오심이 세상을 향한 하나님의 사랑 때문에 가능했다는 것을 이 해하지 못합니다. 그 사랑은 하늘을 향한 사랑, 혹은 있을지도 모를 세상을 향한 사랑이 아니라, 있었던 그리고 지금 있는 세상을 향한 사랑인데 말입 니다. 그러므로 그리스도를 믿는 믿음은 이 세상의 내재적 선함에 대한 믿 음, 즉 세상이 사랑할 만한 곳이라는 믿음에 의존합니다.

또한 우리는 성서를 통해 창조세계는 결코 창조주로부터 독립되어 있 지 않으며, 오히려 창조세계는 태초의 아주 오랜 기간에 걸쳐 완성된 창조 행위의 결과로, 모든 피조물은 하나님의 존재 안에 지속적으로 변함없이 참여하고 있다는 것을 발견합니다. 엘리후는 욥에게 이렇게 말합니다. "만 일 하나님이 결심하시고, 생명을 주는 영을 거두어 가시면, 육체를 가진 모든 것은 일시에 죽어, 모두 흙으로 돌아가고 맙니다"(욥 34:14-15). 또한 시편 104편은 노래합니다. "주님께서 주님의 영을 불어넣으시면, 그들이 다시 창조됩니다"(시 104:30). 그러므로 창조세계는 피조물들 안에 나타난 하나님의 현존입니다. 그리스 정교회 신학자 필립 세라드(Philip Sherrard)는 다음과 같이 썼습니다. "창조세계는 다름 아닌 하나님의 감추어진 존재의 현현이다."[1] 이는 우리와 다른 모든 피조물이 형용할 수 없을 만큼 친밀한 존엄함을 지니고 살아간다는 것을 의미합니다. 왜냐하면 모든 피조물에게 주어진 생명이라는 선물은 하나님의 숨결 그리고 하나님의 영의 일부이기 때문입니다. 조지 허버트(George Herbert)는 이를 다음과 같이 표현했습니다.

> 너희는 작은 것 중에서 크다. 모든 것 중에 작은 것이 아니다.
> 너희가 하나 안에서, 그리고 모든 것 안에서 무한하기 때문이다.[2]

그렇기 때문에 자연을 파괴하는 것은 단지 나쁜 청지기가 되는 것, 어리석은 경제활동, 부양 의무를 저버리는 행위일 뿐만 아니라 극악무도한 신성모독입니다. 자연 파괴는 하나님께서 주신 선물들을 그분의 면전에 집어던지며, 마치 그 선물들을 파괴하여 그들을 아마 가치도 없는 것처럼 여기는 것과도 같습니다. 단테에게 "자연과 자연의 선함을 경멸하는 것"은 하나님에 대한 폭력이었습니다.[3] 성서는 우리에게 땅 위, 땅 위 하늘, 땅 아래 물속에 있는 모든 것을 몰살시키거나 영원히 파괴하거나 업신여길 수 있는 어떤 자격도 부여하지 않았습니다. 우리는 자연이 주는 선물들을 사용할 권리를 부여 받았지만 그것이 파괴하거나 헛되이 쓸 수 있는 권리는 아닙니다. 필요한 것들을 사용할 권리일 뿐 그 이상의 권리는 아닙니다. 바로 이 때문에 성서는 고리대금업과 지나친 부의 축적을 금지했습니다. 단테가 말하기를 고리대금업자는 "자연을 비난합니다. 그가 그의 희망을 다른 곳에 두고 있기 때문입니다."[4]

윌리엄 블레이크(William Blake)가 "살아 있는 모든 것은 거룩하다"고 말했을 때, 그는 성서적으로 옳았습니다. 또한 훌륭한 블레이크 해설가인 캐슬린 레인(Kathleen Raine)이 "생명의 거룩함을 감지할 수 있는 능력은 인간 됨의 기준이다"라고 했을 때, 그녀 역시 성서적, 역사적으로 옳았습니다.[5]

성서는 의심할 여지없이 창조 행위, 창조된 세계, 그리고 그 세계 안의 피조물 및 육체적 생명의 거룩함에 대한 이야기를 남겨두었습니다. 우리는 거룩한 세계 안에 있는 다른 거룩한 피조물들과 함께 살고 있는 거룩한 피조물들입니다. 누군가는 이 사실을 알고 있지만, 누군가는 알지 못합니다. 물론 어느 누구도 이 사실을 항상 알고 있지는 않습니다. 하지만 이 사실이 더 잘 알려지지 못하도록 하는 것은 무엇입니까? 왜 이 사실이 자칭 성서를 공부하는 학생이라는 수백만의 사람 분명히 알려져 있지 않습니까? 그토록 많은 하나님의 작품이 파괴되었고 지금도 파괴되고 있는데, 어떻게 오늘날 기독교는 근엄하게 팔짱만 끼고 있을 수 있습니까?

III

분명, '생명의 거룩함에 대한 감각(의식, sense)'은 착취의 경제와 양립할 수 없습니다. 날마다 생명을 파괴하고 생명의 가능성을 감소시키는 경제적 실천 안에서 기꺼이 살고자 한다면, 여러분은 생명의 거룩함을 알아챌 수 없습니다. 또한 많은 기독교 단체들은 이제 군산복합체의 경제, 그리고 그것의 '과학적인' 생명 파괴와 완벽할 만큼 평화롭게 공존하는 것으로 보입니다. 물론 우리가 계속 자유로우며 우리의 종교적 유산에 충실하기를 원한다면, 우리는 종교와 국가의 분리를 유지해야만 합니다. 그러나 우리가 삶 속에서 일관성과 의미를 유지하기를 원한다면 지금과 같은 종교와 경제의 철저한 분리를 용인할 수 없습니다. 제가 '경제'(economy)라 말할 때 돈벌이를 위한 학문인 '경제학'(economics)을 의미하는 것이 아닙니다. 그보다는 인간이 집안 살림(housekeeping)을 하는 방법, 자연이라는 가정 (household) 안에서 인간의 가정을 꾸리고 유지하는 방법에 대해 이야기하는 것입니다. 경제에 대한 무관심은 종교적 실천에 대한 무관심이자 문화에 대한 무관심이며 인격에 대한 무관심이기도 합니다.

성서를 붙들고자 하는 사람들이 지금 직면한 가장 시급한 문제는 '어떤 종류의 경제가 생명의 거룩함에 대해 책임 있는 경제일까' '기독교인들이 올바르게 살 수 있는 경제, 실천, 절제 방식은 무엇일까'일 것입니다. 저는 현재 기독교라는 조직이 어떠한 대안을 갖고 있다고 믿지 않습니다. 오늘의 기독교 경제가 제시하는 대안은 산업 경제의 대안 이상도 이하도 아닙니다. 오히려 7대 죄악에 근거한, 십계명 모두를 어기는 경제 방식일 뿐입니다. 기독교가 부당한 이익에 손들어주고 편드는 것을 넘어서서 생존하기를 바란다면, 분명 기독교인들은 그들의 조직들과는 상관없이 경제에, 다시 말해, 자연과 일에 관심을 가져야 합니다. 우리와 우리의 세계를 파괴하며 경제 없이는 살 수 없다고 말하는 이들, 그리고 창조세계에 대한 살해를 삶의 유일한 방식이라고 생각하는 이들에게 기독교인들은 실행 가능한 해결책을 제시해야 합니다.

건물로서의 교회만이 거룩한 장소라는 인식 때문에 생명의 거룩함은 현대의 기독교인들에게 모호한 개념이 되었습니다. 이러한 인식은 배운 것 이상으로 당연하게 받아들이고 있는지도 모릅니다. 그도 그럴 것이 기독교인들은 어린 시절부터 교회 건물을 '하나님의 집'으로 생각하도록 부추김을 받았고, 대부분의 기독교인들에게는 그들의 집, 농장, 상점, 혹은 공장 등을 거룩한 장소로 생각하는 것이 어색하고 그러기 위해서는 많은 노력이 필요할 것입니다. 현대의 미국인들에게는 그들의 주거지와 일터를 거룩하다고 생각하기 어려운 것이 당연합니다. 대부분의 장소가 실상 창조세계의 파괴와 깊이 연루된 신성모독의 장소이기 때문입니다.

교회 건물의 배타적인 거룩의 개념은 물론 교회에서 가르치는 생각, 곧 하나님께서는 어디에든 계셔서 기도하는 사람에게 귀 기울이신다는 생각과도 양립할 수 없습니다. 또한 성서와도 양립할 수 없습니다. 솔로몬이 성전을 봉헌하며 드린 기도는 인간이 만든 인공물에 하나님을 담거나 그곳에 국한시킬 수 있다는 생각을 분명하게 거부했습니다. "저 하늘, 저 하늘 위의 하늘이라도 주님을 모시기에 부족할 터인데, 제가 지은 이 성전이야 더 말하여 무엇 하겠습니까?"(왕상 8:27). 그리고 솔로몬의 이 말들은 천 년이 지난 뒤 아테네에서 설교하는 바울에게까지 이어집니다. "우주와 그 안에 있는 모든 것을 창조하신 하나님께서는 하늘과 땅의 주님이시므로, 사람의 손으로 지은 신전에 거하지 않으십니다. … 우리는 하나님 안에서 살고, 움직이며, 존재하고 있습니다"(행 17:24, 28).

우상숭배는 언제나 '손으로 만든' 어떤 것, 즉 인간의 노력과 인간의 이해라는 조건 안에 있는 어떤 것에 대한 숭배로 환원될 수밖에 없습니다. 그래서 솔로몬과 바울 모두는 말하자면 하나님에 대한 관념들로부터 하나님을 자유롭게 함으로써 그분의 크심과 제한 없으심을 강조한 것입니다. 그분은 울타리에 가두어 인간의 통제하에 두는 가축과 같은 분이 아닙니다. 그분은 모든 존재 가운데 통제할 수 없는 가장 야생적인 존재(wildest being)입니다. 우리 안에 하나님의 영의 현존은 우리의 야생성(wildness)이며 창조세계의 광야(wilderness)와 하나됨을 의미합니다. 그렇기 때문에 인간의 목적을 위해 자연의 것들을 정복하는 것은 그토록 위험한 일이며, 그러한 행동들은 악, 분리 그리고 신성모독을 야기할 수밖에 없습니다. 그렇기 때문에 우리 전통의 시인들은 줄곧 자연에 어머니 혹은 할머니라는 역할을 부여할 뿐만 아니라 신비롭고 강력한 힘을 지닌 가장 뛰어난 땅의 스승이요 재판관의 역할을 맡긴 것입니다. 예수 자신의 교회에 대한 설명은 벽돌을 쌓는 일이나 목수 일과 아무런 관련이 없으며, 오히려 사람과 관련되어 있습니다. 그의 교회는 "두세 사람이 내 이름으로 모여 있는 자리"(마 18:20)에 있습니다.

성서는 종교의 조직에 철저하게 (때로는 진을 뺄 정도로) 관심을 가집니다. 성전의 건축과 재건축, 그 안의 집기들, 사제직의 직제와 임무 및 용품들, 의례와 의식의 절차들…. 그러나 성서는 가장 중요한 종교적 사건이 "사람의 손으로 지은 성전"에서 일어나지 않았음을 숨기지 않습니다. 이 책에서 가장 중요한 종교는 조직화되어 있지 않으며, 때로는 조직에 근본적인 지장을 가져다주기도 합니다. 아브라함의 때에서 예수의 때에 이르기까지, 가장 중요한 사람들은 사제가 아니라 목동, 군인, 지주, 노동자, 주부, 여왕과 왕, 남종과 여종, 어부, 죄수, 창녀, 심지어 관료 들입니다. 하나님과의 가장 위대한 예언적인 만남은 성전이 아니라 양 치는 초원, 사막, 광야, 산위, 강가와 바닷가, 바다 한가운데, 감옥 안에서 일어납니다. 하나님의 음성은 의례와 의식을 그토록 강력히 규정하지만, 동시에 그 음성은 그 의례와 의식들이 종교가 되고자 할 때 이를 완강히 거부합니다.

나는 정말로 너희의 초하루 행사와 정한 절기들이 싫다. 그것들은 오히려 나에게 짐이 될 뿐이다. 그것들을 짊어지기에는 내가 너무 지쳤다. 너희가 팔을 벌리고 기도한다 하더라도, 나는 거들떠보지도 않겠다. 너희가 아무리 많이 기도를 한다 하여도 나는 듣지 않겠다. 너희의 손에는 피가 가득하다. 너희는 씻어라. 스스로 정결하게 하여라. 내가 보는 앞에서 너희의 악한 행실을 버려라. 악한 일을 그치고, 옳은 일을 하는 것을 배워라. 정의를 찾아라. 억압받는 사람을 도와주어라. 고아의 송사를 변호하여 주고 과부의 송사를 변론하여 주어라(이사야 1:14-17).

　이러한 관점에 따르면 종교는 의례라기보다는 세상에서의 실천입니다. 저는 성서가 얼마나 밖을 향한 책인지 그 진가가 드러나지 않았다고 생각합니다. 헨리 데이비드 소로가 이야기한 것처럼 성서는 '지붕 없는 책', 곧 하늘을 향해 열려 있는 책입니다. 이 책은 밖에 있을 때 가장 잘 읽히고 이해되며, 밖으로 더 멀리 나갈수록 더 좋습니다. 적어도 제 경험상으로는 그렇습니다. 벽들에 둘러싸인 구절은 그렇지 않지만, 밖에서 만나는 구절은 매우 자연스럽습니다. 때문에 우리는 바깥 어디에 있든 경이로움을 만나게 됩니다. 우리는 기적이 비범한 것이 아니라 오히려 일상적인 존재의 방식임을 봅니다. 그것은 매일의 빵과 같습니다. 누구든지 진정으로 들의 백합화와 공중을 나는 새를 바라보면서 차갑고 공허한 별들 중에 이렇게 따뜻한 세상이 있는지, 또 그 속에 이 백합화와 새들이 어찌 존재할 수 있는지를 깊이 생각하는 사람이라면, 그는 물이 변하여 포도주가 되는 사건 앞에서 멈칫거릴 수 없을 것입니다. 결국 그것은 아주 작은 기적에 불과하기 때문입니다. 우리는 물이 (흙과 햇빛과 합하여) 포도로 변하는 더 위대하며 여전히 계속되는 기적을 잊어버리고 말았습니다.

　거룩함을 나머지 창조세계, 이른바 '세속적인 것'에 두기를 거부하고 오직 지어진 교회에만 부여하는 것은 분명 불가능한 일입니다. 하나님께서 보시고 좋았더라고 말씀하신 세계는 완전히 오염시키고 야금야금 파괴하기에는 넘치도록 좋은 곳임을 우리는 알지 못합니다. 그렇기에 교회는 '거룩함'의 전유물이 되었고, 이 때문에 하나님을 사랑하는 자라 증명된 사람들은 '세속적인' 지구를 폭행하고 약탈합니다.

　이는 하나님의 작품에 대한 그분의 인정을 거부하는 것일 뿐만 아니라, 창조세계의 작품들을 하나님의 자기 계시로 여기라는 분명한 가르침을 존중하는 것을 거절하는 것입니다. 그러므로 거룩함을 오로지 건물로서 교회에만 부여하는 것은 계시를 오로지 성서에서만 발견할 수 있다는 생각과 논리적 연관성을 갖고 있습니다. 그러나 시편 19편은 이렇게 운을 뗍니다. "하늘은 하나님의 영광을 드러내고, 창공은 그의 솜씨를 알려 준다"(시 19:1). 사실 하나님의 말씀은 창세기 1장 3절의 한 장면에서 드러났습니다. "하나님이 말씀하시기를 '빛이 생겨라' 하시니, 빛이 생겼다"(창 1:3). 또한 바울은 다음과 같은 법칙을 이야기합니다. "이 세상 창조 때로부터, 하나님의 보이지 않는 속성, 곧 그분의 영원하신 능력과 신성은, 사람이 그 지으신 만물을 보고서 깨닫게 되어 있습니다"(롬 1:20). 이처럼 자유롭고 너그러우며 사리에 맞는 관점을 뒤로 한 채 우리는 성서를 우상화하기에 이릅니다. 곧 기록될 수 없는(또한 기록되지 않은) 것은 진리가 아니라는 생각 말입니다. 이러한 생각은 성서의 오용과 논리적 연관성을 가집니다. 여러분이 피조물들을 존중하지 않고 파괴하려 한다면 여러분은 그것들을 '물질적 존재'로 환원시키는 것입니다. 곧 여러분은 피조물 안에 영이나 진리와 같은 것들이 있음을 거부하는 것이며, 영혼을 가진 피조물은 오직 인간뿐이라고, 심지어는 기독교인뿐이라고 생각하고 싶은 것입니다.

인간 외의 창조세계에 영과 진리가 있다는 것을 거부함으로써 근대의 종교 지지자들은 신성모독을 정당화했고, 이 신성모독의 기반 위에서 산업 경제는 자연과 문화를 파괴하는 기계들을 만들었습니다. 말하자면 그들은 나쁜 행위를 정당화한 것입니다. 인간에게 선한 행위란 하나님의 행위를 존중하는 것입니다. 선한 행위란 무언가를 사용할 때에 그것이 무엇이 되었든 그것 자체에 대한 존중, 그리고 그 근원에 대한 존중 없이 그것을 사용하지 않는 것입니다. 선한 행위란 존중과 사랑 없이 도구나 물질을 사용하지 않는 것입니다. 선한 행위란 자연을 위대한 신비와 능력으로, 없어서는 안 될 스승으로, 그리고 사람의 손으로 하는 모든 행위를 심판하는 벗어날 수 없는 재판관으로 여기며 존중하는 것입니다. 선한 행위란 삶과 일, 기쁨과 일, 사랑과 일, 유용성과 아름다움을 분리하지 않는 것입니다. 기쁨과 애정 없이 일하는 것, 또한 유용성과 아름다움을 모두 갖추지 않은 물건을 만드는 것은 하나님, 자연과 만들어진 것, 그리고 그것이 누구를 위해 만들어졌든 그 누군가를 욕보이는 것입니다. 이는 신성모독이요 하나님의 걸작을 조잡한 작품으로 만드는 행위입니다. 그러나 이러한 신성모독은 온 창조세계가 거룩한 것으로 이해될 때, 그리고 하나님의 작품들이 그분의 영을 품고 있으며 따라서 이를 드러내고 있는 것으로 이해될 때에는 불가능해집니다.

성서 속에서 우리는 기업가들의 자연에 대한 경멸이나 혐오와 같은 것들을 결코 발견할 수 없습니다. 오히려 우리는 모세의 열두 지파에 대한 고별 축복에서 자연에 대한 경외심과 경의, 그리고 이를 마음 깊이 소중히 여기는 시 한 편을 발견합니다.

요셉 지파를 두고서, 그는 이렇게 말하였다.
"주님께서 그들의 땅에 복을 내리실 것이다.
위에서는 하늘의 보물 이슬이 내리고,
아래에서는 지하의 샘물이 솟아오른다.
햇빛을 받아 익은 온갖 곡식과,
달빛을 받아 자라나는 온갖 과실이, 그들의 땅에 풍성할 것이다.
태고적부터 있는 언덕은 아주 좋은 과일로 뒤덮일 것이다.
불타는 떨기나무 가운데서 말씀하시는 주님,
선하신 주님께서 그들의 땅에 복을 베푸시니,
그 땅이 온갖 좋은 산물로 가득할 것이다."(신명기 33:13-16).

IV

저는 여러 가지 방식으로 표현되는 이원론, 즉 창조주와 피조물, 정신과 물질, 종교와 자연, 종교와 경제, 경배와 일과 같은 것들 사이의 분열, 극심한 단절에 대해 말해왔습니다. 제가 생각하기에 이러한 이원론은 우리를 괴롭히는 가장 해로운 질병입니다. 이 이원론의 가장 잘 알려지고 가장 위험하며 아마도 가장 근본적인 형태는 몸과 영혼의 이원론입니다. 이는 중요한 만큼 어려운 문제입니다.

몸과 영혼의 이원론에 대한 결정적인 시험은 아마도 창세기 2장 7절의 아담이 창조되는 과정일 것입니다. "주 하나님이 땅의 흙으로 사람을 지으시고, 그의 코에 생명의 기운을 불어넣으시니, 사람이 생령(a living soul)이 되었다." 대부분의 사람들과 마찬가지로, 제 사고방식은 이원론에 깊이 영향을 받아왔습니다. 그래서 저는 이원론적인 사고방식이 이 구절을 어떻게 다루는지를 알 수 있습니다. 이원론적인 사고방식은 사람을 만드는 공식을 '사람=몸+영혼'이라 결론짓습니다. 그러나 이원론적이지 않은 창세기 2장 7절을 무시하지 않고서는 결코 이와 같은 결론이 도출될 수 없습니다. 이 구절에서 주어진 공식은 '사람=몸+영혼'이 아닙니다. 이 구절이 밝히고 있는 공식은 '영혼(soul)=흙(dust)+숨(breath)'입니다. 이 구절에 따르면 하나님께서는 편지를 봉투에 넣듯이 몸을 만드시고 거기에다 영혼을 집어넣지 않으셨습니다. 그분께서는 흙으로 사람을 지으시고, 그의 숨을 거기에 불어넣으심으로 흙을 살아 있게 만드셨습니다. 사람으로 만들어져 생명을 얻게 된 그 흙은 영혼을 담은 것이 아닙니다. 흙이 영혼이 된 것입니다. 여기에서 '영혼'은 모든 피조물과 관련됩니다. 아담 안에서 드러난 인간은 별개의 두 부분이 일시적으로 붙어서 하나가 된 피조물이 아니라 단일한 하나의 신비입니다.

무시할 수 없는 선과 악 혹은 시간과 영원의 세속적 이원성에 대해 말할 때 우리가 얼마나 쉽게 몸과 영혼의 이원론으로 빠지게 되는지를 알 수 있습니다. 또한 예수께서 "사람이 온 세상을 얻고도 제 목숨(soul)을 잃으면, 무슨 이득이 있겠느냐?"(마 16:26) 하신 말씀을 보며, 우리가 얼마나 쉽게 예수께서 세상을 비난하고 육체로부터 분리된 영혼을 인정하신다고 가정해버리는지를 알 수 있습니다. 그러나 이 말씀 속의 '영혼'(soul)에 창세기 2장 7절이 말하고 있는 관점을 대입한다면, 예수께서 그러한 이야기를 하고 계신 것이 아님을 알 수 있습니다. 예수께서는 이른바 물질적인 소유를 추구하다가 자칫 우리 스스로가 '생령'(living souls), 곧 하나님의 피조물이요 창조세계의 거룩한 공동체의 구성원이라는 이해를 잃게 될 수 있음을 경고하시는 것입니다. 우리는 그 공동체의 화해의 가능성을 잃어버릴 수도 있습니다. 우리가 선택한다면, 우리에게는 다른 이들 그리고 다른 피조물들과의 근원적인 유대인 하나님의 숨과 의절함으로써 우리의 하나의 생령을 둘로 나눌 자유가 있기 때문입니다.

그러나 우리는 흙과 결별함으로써 동일하게 생령을 둘로 나눌 수도 있습니다. 하나님의 숨결은 우리를 생령으로 만드는 하나님의 선물 중 하나입니다. 오늘날 우리의 문제들 중 대부분은 이 흙에 대해 오해하고 과소평가하는 데에서 기인합니다. 흙 역시도 창조주의 피조물이며 그분의 영의 보내심으로 만들어졌다는 것을 잃어버림으로써, 우리는 흙을 '지위가 낮은' 것으로 간주해왔습니다. 우리는 몸과 영혼의 두 부분으로 만들어졌으며 몸은 흙으로 만들어졌기에 '지위가 낮다고', 그리고 영혼은 '지위가 높다고' 이야기해왔습니다. 이를 마땅히 그렇게 여겨져야 할 부분들로 평가함으로써, 우리는 불가피하게 이 둘을 마치 두 개의 회사처럼 서로에 대한 경쟁으로 몰아넣었습니다. 물론, '영혼의' 관점에서 몸은 예이츠(William Butler Yeats)의 시구에서처럼 "영혼을 위해 상처 입어야만 하는 것"이었습니다.

동일한 이원론의 '세속적인' 형태에서도 몸은 물질세계의 나머지 부분과 마찬가지로 인간 정신의 진보를 위해 길을 내야 하는 것으로 여겨졌습니다. 오랜 시간 동안 지배적인 종교적 관점에서 몸이란 하늘에 있는 위대한 회사 매장에서 발행한 백지수표와도 같아서, 영혼을 구원하기 위해서는 현금화될 수 있지만 그렇지 않으면 종잇장처럼 되어버리는 것으로 여겨졌습니다. 그래서 예측 가능한 결과로써 인간이라는 피조물은 오직 창조세계의 '영적인'(혹은 정신적인) 부분만을 인정하거나 용인할 수 있으며, '물질적' 혹은 '자연적' 부분에 대해서는 반의식적인 증오로 가득 차 있어서, '구원', '이익', '승리', 혹은 '재미'를 위해서라면 언제든 그것을 파괴할 수 있다고 여겨졌습니다. 그러한 광기는 현대의 인간됨과 기독교의 규범들을 구성하고 있습니다.

'영혼'을 위하여 몸을 경멸하거나 학대하는 것은 단지 보험금을 타기 위해 한 사람의 집을 불태우는 것도, 가장 심각하고 위험한 종류의 자기혐오로 그치는 것도 아닙니다. 오히려 그것은 또 다른 신성모독입니다. 그것은 그 안에서 우리가 살고 움직이고 우리의 존재를 갖게 되는 위대한 무엇을 아무것도 아닌 것으로 하찮게 여기는 것입니다. 몸과 그 안에 담긴 생명, 그리고 하늘을 위한 기쁨을 증오하고 학대한다면 우리가 무엇을 기대할 수 있겠습니까? 우리가 경멸해왔던 이 생명과 파괴해온 이 세계 없이 어떻게 영혼이 구원을 얻어 영원한 축복을 누릴 수 있을까요? 또한 은혜도 모른 채 유한한 몸으로 영혼도 없이 의미 없는 기쁨을 채우기 위한 무한한 저수지를 만들고자 한다면 무엇을 기대할 수 있을까요?

V

반대되는 저항에도 불구하고 오늘날의 기독교는 싫든 좋든 국가와 경제의 현 상태를 위한 종교가 되었습니다. 기독교가 무기력해진 영혼을 천국으로 보내기 위한 주문을 외는 데 전력해왔기 때문에, 기독교는 땅에서의 악행을 위한 도구를 만들어왔습니다. 약탈 경제가 세계를 황폐하게 만들고 자연이 지닌 아름다움과 건강함을 파괴하고 인류 공동체와 가정을 분열시키고 강탈하는 동안, 기독교는 거의 언제나 조용히 기다리고 있었습니다. 기독교는 깃발을 휘날리며 제국의 구호를 찬양했습니다. 기독교는 경제학자들과 함께 '경제적 힘'이 자동적으로 선을 위해 일할 것이라 말해왔고, 기업가들과 군국주의자들과 함께 기술이 역사를 결정할 것이라 말해왔습니다. 기독교는 거의 모든 이와 함께 '진보'는 좋은 것이며, 시대에 뒤떨어지지 않도록 근대화를 이루는 것이 좋은 것이라 말해왔습니다. 기독교는 카이사르(Caesar)를 숭상하고 그의 약탈과 채무 불이행을 미화했습니다. 그렇게 카이사르와 사실상 동맹을 맺음으로써, 기독교는 창조세계에 대한 살해를 직접적으로 묵인하고 있습니다. 오늘날의 카이사르는 더이상 단지 군대와 도시와 국가의 파괴자가 아닙니다. 그는 생명의 근원적인 기적을 부정하는 사람입니다. 그의 힘이 벌인 것들 중 일부는 세계를 파괴하고자 하는 의지입니다. 그가 기도하고 말하면, 교회들은 어디서든 고분고분하게 그와 함께 기도합니다. 그러나 그가 기도하는 하나님은 그가 언제든 파괴할 준비를 하고 있는 것들을 만드신 분입니다. 무엇이 이보다 더 사악하며 더 광란적이겠습니까?

그와는 반대로 성서의 종교는 아주 짧은 순간에만 국가와 현 상태를 위한 종교입니다. 실제로 이것은 사람들과 왕들을 동일하게 바로잡기 위한 종교입니다. 그리고 그리스도의 삶은 말구유에서부터 십자가에 이르기까지, 그 시대의 기존 권력들에 대한 모욕이었으며, 동일하게 우리 시대의 기존 권력들에 대한 모욕이기도 합니다. 복음서의 '좋은 소식'에 관해 교회들은 훨씬 많은 이야기를 합니다. 복음서의 '나쁜 소식', 즉 세상에 존재해

온 거의 모든 '기독교적인' 정부들 때문에 예수께서 충격에 빠지셨을 것이라는 이야기는 거의 하지 않습니다. 예수는 우리의 정부와 그 정부의 행위 때문에 충격에 휩싸일 것이고, 정부는 예수 때문에 충격에 휩싸일 것입니다. 당연히 제 정신이고 생각이 있는 사람이라면 우리 시대의 그 어떤 정부라도 예수의 발 앞에 편안히 앉아서 그분의 말씀 곧 "네 원수를 사랑하여라, 너를 저주하는 사람을 축복하여라, 너를 미워하는 사람에게 선을 행하여라, 악의로 너를 이용하는 사람과 너를 박해하는 사람을 위해 기도하여라"(마 5:44) 하신 말씀을 듣는 것을 상상할 수 없을 것입니다.

사실 우리는 정부들이 벌이는 일들 중 하나가, 그 정부가 '기독교적'이든 아니든, 예수를 십자가에 못 박는 행위를 재현하는 것임을 알고 있습니다. 이는 반복되고, 또 반복되어 왔습니다. 벌지의 전투(the Battle of the Bulge)에 대한 경험담인 《나팔을 불 시간》(*A Time for Trumpets*)에서 저자 찰스 B. 맥도날드(Charles B. McDonald)는 나치 친위대 대령 요아힘 파이퍼(Joachim Peiper)가 어떻게 라 글레즈(La Gleize) 마을 인근의 폭격당한 성채로부터 양군의 심각한 부상을 입은 수많은 병사들을 남겨둔 채 철수할 수밖에 없었는지에 대해 이야기합니다. 맥도날드는 다음과 같이 기록합니다. "또한 남아 있던 것은 지하층의 방들 중 하나의 회반죽 칠한 벽에 숯으로 그린 그리스도 그림이었다. 머리에는 가시관을 썼고, 뺨에는 눈물이 흐르고 있었다. 그림을 그린 사람이 독일군이었는지 미군이었는지는 어느 누구도 알 수 없었다."[6] 이 그림은 역사에 속한 그림이 아니라, 오히려 역사를 판단하는 그림입니다.

1. Philip Sherrard, *Human Image: World Image* (Ipswich, England: Golgonooza Press, 1992), 152.
2. George Herbert, Providence," in *The Poems of George Herbert*, ed. Helen Gardner (London: Oxford University Press, 1961), 54.
3. Dante Alighieri, *Inferno*, trans. Charles S. Singleton (Princeton, NJ: Princeton University Press, 1970), canto 11, lines 46-48.
4. Ibid., lines 109-11.
5. Kathleen Raine, *Golgonooza: City of Imagination* (Ipswich, Suffolk, England: Golgonooza Press, 1991), 28.
6. Charles B. MacDonald, *A Time for Trumpets* (New York: Bantam, 1984), 458.

# 예수, 동물원에 가다:
## 어린이와 어른을 향한 설교

JESUS VISITS THE ZOO: A Sermon for Children and Adults

엘리자베스 베텐하우젠●

이 설교의 목적은 어린이든 어른이든 상관없이, 우리 인간이 하나님의 모든 창조세계와 함께 얼마나 겸손하고 정의롭게 살아갈 수 있는지에 대한 놀라운 이야기를 전하기 위함입니다.

● 엘리자베스 베텐하우젠(Elizabeth Bettenhausen)은 캘리포니아에 살며 중학교에서 자원봉사자로 일하면서, 귀신고래와 혹등고래 그리고 흰물떼새를 감시하고, 또한 인류 공동체가 너무 많은 물을 소비하는 것에 반대하는 정치 활동에도 관여하고 있다. 그녀는 기독교 윤리를 가르치고, 미국의 루터교 교회에서 사역하면서 대서양에서 고래를 감시하고 있다.

누구든지 자기를 높이면 낮아질 것이요, 자기를 낮추면 높아질 것이다

(누가복음 14:11).

어느 날 아주 이른 아침, 여름 해가 막 떠오르고 있을 때 예수님께서 이 부자리를 박차고 동물원으로 걸어가셨습니다. 동물들도 막 잠에서 깨고 있었죠. 공작새들은 자신들의 파란색, 초록색, 보라색의 깃털들을 고르고 있었습니다.

"안녕, 공작새들아! 잘 지냈니?"
예수님께서 말씀하셨습니다.

"안녕하세요, 예수님! 저희는 잘 지내죠."
공작새들이 화답했습니다. 그러고 나서 자신들의 예쁜 꼬리를 활짝 펼 쳤습니다.

예수님께서 함박웃음을 지으시고 말씀하셨습니다.

"얘들아, 함께 걷자."

그래서 예수님과 공작새들은 걸으며 이야기를 나눴습니다. 그리고 이내 모두는 하얀색과 까만색의 예쁜 줄무늬가 풀밭에 누워 있는 곳에 다다랐습니다.

"누가 이렇게 멋져 보이는 거야?"
공작새들이 말했습니다.

얼룩말들은 감았던 눈을 뜨고, 미소 지었습니다.
"공작새들아, 너희들 오는 소리는 다 들었지. 안녕하세요, 예수님!"

예수님께서 말씀하셨습니다.
"안녕, 얼룩말들아! 오늘 아침 기분이 어떠니?"

"힘이 넘치는 걸요! 저희도 함께 가도 될까요?"
얼룩말들이 말했습니다.

"당연하지!"
예수님과 공작새들이 대답했습니다. 얼룩말들은 예수님과 공작새들의 바로 앞에서 부드럽고도 신나는 까만색과 하얀색 춤을 추기 시작했습니다.

"우리도 할 수 있다고."
공작새들이 말했습니다. 공작새들은 얼룩말들의 춤에 합류했습니다. 예수님도 함께 춤추기 시작했습니다.

곧 모두는 사자들이 살고 있는 커다란 바위들이 있는 곳에 다다랐습니다.

"와, 사자들아! 우리랑 같이 춤출래?"
얼룩말들이 사자들을 불렀습니다.

"끼워줘서 정말 기분 좋은걸? 안녕하세요, 예수님!"
사자들이 포효했습니다.

예수님께서 말씀하셨습니다.
"안녕, 사자들아! 오늘 아침 기분이 어때?"

"가뿐하고 최고예요!"
사자들이 대답했습니다. 사자들은 성큼성큼 걸어 얼룩말들과 공작새들과 예수님의 부드럽고 흥겨운 춤에 합류했습니다.

그 소리를 들은 보아뱀이 하품을 하더니, 모두가 함께 춤추는 모습을 보기 위해 커다란 나무의 가지로 기어 올라갔습니다.

"안녕, 커다란 보아뱀아! 우리 춤추는데 함께 하지 않을래?"
사자가 포효했습니다.

그러자 보아뱀이 말합니다.
"그거 좋은 생각인걸. 안녕하세요, 예수님!"

예수님께서 말씀하셨습니다.
"안녕, 보아뱀아! 오늘 아침 기분이 어떠니?"

"뭘 해도 기분 좋을 것 같은데요?"
보아뱀은 그렇게 말하고, 행복하게 웃으며 나무를 기어 내려와 호랑이 등 위에 올라탔습니다. 보아뱀, 사자들, 얼룩말들, 공작새들, 그리고 예수님은 부드럽고 신나는 춤을 함께 추었습니다.

이내 모두는 고릴라들이 사는 나무와 바위가 있는 곳에 도착했습니다.

"어어?"
보아뱀은 사자의 머리 위 높은 곳에서 바라보며 말했습니다. 고릴라들은 심각한 대화를 나누고 있었습니다.

예수님께서 고릴라들을 부르셨습니다.
"안녕, 고릴라들아! 오늘 아침 기분이 어떠니?"

고릴라들이 쳐다봤습니다.
"안녕하세요, 예수님. 저희는 오늘 아침 정열이 넘치는 것 같아요!"

"흠…."
예수님께서 천천히 말씀하셨습니다.
"정열이 넘치는 고릴라들도 춤을 추니?"

"물론 고릴라들은 춤을 추죠, 예수님."

고릴라들이 대답했습니다.
"하지만 오늘 아침에는 안 출래요."

"왜 안 추겠다는 거야?"
보아뱀이 물었습니다.

"춤을 추면 부드럽고 신나서 기분이 좋아진다고."
사자들이 이야기했습니다.

"너희가 신난다니 다행이다."
고릴라들이 말했습니다.
"하지만 우리는 그럴 기분이 아니야."

"지난 밤 잠을 잘 못 잔 거야?
얼룩말들이 물었습니다.

"밤새 귀뚜라미들이 울어댄거야?"
공작새들이 물었습니다.

"아니야."
고릴라들이 말했습니다.
"우리는 푹 자서 오늘 아침 힘이 넘쳐. 사실 그게 우리가 오늘 아침 이야
기하던 이유야."

"무슨 얘긴데?"

공작새들이 안달이 나서 소리쳤습니다.

"떠날 거야!"
고릴라들이 이야기했습니다. 그러곤 주먹으로 가슴을 치기 시작했습니다.

"우리(cage)를 떠난다고?"
보아뱀이 물었습니다.

"동물원에서 아주 떠날 거야!"
고릴라들이 아주아주 진지하게 이야기했습니다.
"우리가 늘 계획하고 있던 거야. 그리고 오늘이 바로 그날이야."

"제일 멀리, 제일 높은 철조망을 넘어서 날아가야겠는걸?"
공작새들이 꿈꾸듯 속삭였습니다.

얼룩말들과 호랑이들은 다리를 뻗어 몸을 풀기 시작했습니다. 예수님께서는 모든 동물과 눈을 맞추셨습니다. 그러고 나서 말씀하셨습니다.
"덤불과 나무들 너머로 좀 더 가면 철망에 커다란 구멍이 있단다."

"가자고!"
고릴라들이 소리 질렀습니다.

"그래!"
춤추던 모든 동물들이 말했지만, 공작새 한 마리만 말하지 않았습니다.

"어린이들은 어떻게 하죠?"
그 공작새가 말했습니다.
"그 아이들은 여기 놀러올 거고, 그때 우리는 여기에 없을 거예요."

모두는 할 말을 잃고 생각에 빠졌습니다.

그때 예수님께서 말씀하셨습니다.
"내가 놀이터의 부드러운 모래에 메모를 남겨놓을게."

그리고 예수님은 가서 그렇게 하셨습니다. 동물들이 그 메모를 읽고는 환히 웃으며 예수님을 따라갔습니다. 모두는 부드럽고 신나고 기분 좋은 춤을 추며 철조망의 구멍으로 동물원을 빠져나갔습니다.
그날 동물원이 문을 열었을 때, 몇몇 어린이가 제일 먼저 놀이터로 달려갔습니다. 그 아이들은 부드러운 모래 위에 예수님께서 써놓으신 메모를 보았습니다. 그 뒤에 무슨 일이 벌어졌을까요?

# 우리가 아니면, 누가?

## IF NOT US, THEN WHO?

샐리 G. 빙햄●

이것은 2003년 환경주일에 처음으로 설교한 것입니다. 이 메시지는 '가장 큰 두 계명'이 성서 안에 있는 환경 청지기직에 대한 최고의 명령이라는 사실을 깨닫게 하는 강력한 초대입니다. 많은 성서적 명령이 있지만, 이 계명은 단순하고 설명하기 쉽습니다. 사람들은 다음과 같이 생각할 것입니다. 만일 여러분이 여러분의 이웃을 사랑한다면 여러분은 이웃의 공기나 물을 더럽히지 않을 것입니다. 더 나아가, 하나님 사랑과 이웃 사랑은 분명히 신앙인들에게 속해 있습니다.

● 샐리 G. 빙햄(Sally G. Bingham)은 샌프란시스코의 Grace Episcopal Cathedral의 환경목회자이며 환경에 관한 성공회 주교위원회(Episcopal Diocesan Commission on the Environment)의 회장이다. 그녀는 샌프란시스코 환경위원회(San Francisco Commission on the Environment)를 섬기고 있으며, 지난 20년간 환경보호기금(Environmental Defense Fund)의 위원이었다. 또한 그녀는 지구 온난화 문제에 대한 비영리목회인 Regeneration Project의 설립자이자 책임자이다.

율법학자들 가운데 한 사람이 다가와서, 그들이 변론하는 것을 들었다. 그는 예수가 그들에게 대답을 잘 하시는 것을 보고서, 예수께 물었다. "모든 계명 가운데서 가장 으뜸되는 것은 어느 것입니까?" 예수께서 대답하셨다. "첫째는 이것이다. '이스라엘아, 들어라. 우리 하나님이신 주님은 오직 한 분이신 주님이시다. 네 마음을 다하고, 네 목숨을 다하고, 네 뜻을 다하고, 네 힘을 다하여, 너의 하나님이신 주님을 사랑하여라.' 둘째는 이것이다. '네 이웃을 네 몸 같이 사랑하여라.' 이 계명보다 더 큰 계명은 없다." 그러자 율법학자가 예수께 말하였다. "선생님, 옳은 말씀입니다. 하나님은 한 분이시요, 그 밖에 다른 이는 없다고 하신 그 말씀은 옳습니다. 또 마음을 다하고 지혜를 다하고 힘을 다하여 하나님을 사랑하는 것과, 이웃을 자기 몸 같이 사랑하는 것이, 모든 번제와 희생제보다 더 낫습니다." 예수께서는, 그가 슬기롭게 대답하는 것을 보시고, 그에게 말씀하셨다. "너는 하나님의 나라에서 멀리 있지 않다." 그 뒤에는 감히 예수께 더 묻는 사람이 없었다(마가복음 12:28-34).

생태학은 종교적입니다. 저는 그렇게 말해왔습니다! 모두가 편히 앉아 있습니다. 오늘은 환경주일이며 제가 환경목회에 대한 복음을 선포할 수 있도록 일 년에 한 번 주어지는 주일입니다. 생태 문제는 종교적 문제이며 환경 문제는 영적인 문제입니다. 삶은 종교적이며, 한 사람의 영적인 삶은 창조자와의 관계, 그리고 피조물들과의 관계에 의존합니다. 창조자와 피조물 없이 우리에게는 생명이 없습니다. 모든 생명은 창조자, 즉 그 안에서 우리가 살며 움직이고 우리의 존재를 갖게 되는 그분께 의존합니다. 피조물에게도 의존하기는 마찬가지입니다. 건강한 생태계 없이 건강한 삶을 살 수 없기 때문입니다. 어느 하나라도 없으면 우리는 아무것도 가질 수 없습니다.

여러분이 환경 문제를 교회와 상관이 없다고 생각한다면, 다시 생각하십시오! 여러분이 하나님에 대한 깊은 신앙을 가지고 있고 스스로를 기독교인이라 진지하게 생각한다면, 이 말을 믿으십시오. **당신은 환경운동가입니다.** 환경운동가라는 말이 부담스럽기 때문에 이 말을 싫어할 수도 있습니다. 그러나 이 말을 '다른 존재들을 돌보는 사람'이라는 의미로 볼 수 있습니다. 여러분 중에 이 말이 진보적, 민주적, 정치적인 것으로 들리기 때문에 환경운동에 참여하고 싶지 않다면, 이 말을 다른 말로 바꿔 부르면 됩니다. 이것을 '창조세계에 대한 청지기 정신'이라 불러봅시다. 이것을 '미래 세대에 대한 관심'이라고 불러봅시다. '행동에 대한 신중함'이라 불러봅시다. '주님이 우리를 사랑하신 것과 같이 다른 피조물을 사랑하기'라 불러봅시다.

그리고 다음 말씀을 기억해보십시오. "태초에 '말씀'이 계셨다. 그 '말씀'은 하나님과 함께 계셨다. … 그가 없이 창조된 것은 하나도 없다"(요 1:1-3). 예수께서는 '태초에' 거기에 계셨습니다. 그리고 저와 여러분뿐만 아니라 모든 인류를 포함해 말씀으로 창조된 모든 살아 있는 것은 예수를 통해 하나님과 화목을 이룰 것입니다. 모든 것이, 모든 살아 있는 것이 그렇게 될 것입니다. 하나님은 모든 것을 창조하시고 이를 '좋았다'고 말씀하셨습니다. 기독교인으로서 여러분과 저는 하나님의 창조세계를 돌보도록 부르심을 받았습니다. 교회 예배실 의자에 앉아 하나님을 사랑한다 말하는 우리가 하나님의 창조세계를 돌보지 않는다면 누가 그 일을 하겠습니까? 창조세계에 대한 돌봄은 기독교 신앙의 핵심입니다. 그것은 사랑, 정의, 평화와 더불어 기독교 신앙의 선두에 서 있습니다. 하나님을 사랑하고 우리의 이웃을 우리 몸과 같이 사랑하라는 명령에 복종하려면, 우리는 창조세계를 돌보아야 합니다. 창조세계는 우리가 착취하고 다 써버려도 되는 우리의 소유물이 아닙니다. 오히려 다음 세대를 위해 우리가 창조세계를 보존하고 보살피며 건강하게 유지해야 합니다.

여러분의 신앙이 창조세계를 보호하고 사랑하도록 부르지만 그러한 생각을 그저 마음에만 품고 있다면, 생각을 잠시 멈추십시오. 여기 생각해야 할 다른 것들이 있습니다. 환경 단체는 창조세계를 잘 보호하지 못하고 있습니다. 이대로 30년이 지나면 무슨 일이 일어날까요? 매우 권위 있는 환경 감시단체의 말을 들어봅시다. 워싱턴 소재의 월드워치연구소 (Worldwatch Institute)가 발표한 《2003 지구환경 보고서》에 따르면, "우리 인류에게 스스로를 구출해낼 수 있는 시간은 한 세대 혹은 두 세대밖에 남아 있지 않습니다." 이 보고서는 계속 말합니다. 자원의 남용 및 오염, 그리고 자연 지역의 파괴는 계속하여 지구상의 생명을 위협하고 있으며, 상황은 급속하게 악화되고 있습니다. 문제들에 대한 기술적인 해결책들이 등장하고, 정치적 의지에 따라 그 해결책들이 채택되는 희망적인 신호가 보이지만, 대부분의 경우에는 아무것도 해결된 것이 없습니다. 세계의 자연 생명 유지 체계의 상태는 아마도 미래에 대한 가장 걱정되는 지표라고 보고서는 말합니다. 세계의 살아 있는 숲 중 약 30%는 심각하게 파괴되거나 손상되었으며, 1년에 50,000평방마일의 속도로 베어지고 있습니다. 20세기에 비해 절반 이상의 습지가 사라졌습니다. 지구환경 보고서는 다음과 같은 말로 결론짓습니다. "문제를 개선하기 위한 행동을 취하지 않을수록, 인류가 감당해야 할 고통과 생물학적 빈곤은 더욱 심각해질 것이다."[1]

우리의 땅과 공기, 물 그리고 우리의 건강을 지키기 위한 주도적인 역할은 여러분과 저, 그리고 이 나라의 다른 모든 신앙 공동체에 달려 있습니다. 만일 신앙인들이 이 역할을 감당하지 않는다면 다른 사람들에게 어떻게 기대할 수 있겠습니까? 그것은 우리의 책임입니다. 창조세계를 파괴하는 악의 힘을 규탄하는 우리의 세례 서약을 기억해보십시오.

특히 문제들이 우리 앞에 직면해 있지 않을 때에는 우리가 중요하다는 사실을 생각 못 할지도 모릅니다. 그러나 우리가 중요하다는 사실을 깨달아야 합니다. 우리 중의 한 사람 한 사람, 우리의 행동들 하나하나가 중요합니다. 우리의 선택이 중요합니다. 우리가 입는 옷과 먹는 음식, 마시는 커피, 소비하는 전기, 그리고 운전하는 차의 선택이 중요합니다. 이러한 모든 행동이 다른 것에 영향을 미치고, 많은 경우 부정적으로 영향을 미칩니다.

우리는 하나님에 대한 사랑을 보여드리는 삶을 시작할 수 있을까요? 우리가 하나님을 만물의 원천이며 유지자라고 인정한다면 그렇게 살아봅시다. 우리 중 어떤 사람들은 우리의 자녀들이나 손자 손녀들보다는 우리 자신을 더 돌보아야 한다고 생각하며 살아갑니다. 그러나 우리는 이런 행동을 변화시켜 우리의 습관들이 주위 세계에 끼치는 방법들을 자각함으로써 하나님과 이웃에 대한 사랑을 보여줄 수 있습니다.

하나님께서는 우리를 사랑하십니다. 또한 하나님께서는 여러 방법으로 우리를 양육하도록 만들어진 창조세계를 사랑하십니다. 우리의 역할은 창조주 하나님께서 우리의 사랑을 아실 수 있도록 하나님과의 관계 안에 머무는 것입니다. 우리는 하나님을 위해 살아갑니다. 그렇지 않습니까? 요한1서의 말씀을 들어보십시오. "우리가 하나님과 사귀고 있다고 말하면서,

그대로 어둠 속에서 살아가면, 우리는 거짓말을 하는 것이요, 진리를 행하지 않는 것입니다. 그러나 하나님께서 빛 가운데 계신 것과 같이, 우리가 빛 가운데 살아가면, 우리는 서로 사귐을 가지게 되고, 하나님의 아들 예수의 피가 우리를 모든 죄에서 깨끗하게 해주십니다"(요일 1:6-7).

우리는 화목케 하시는 하나님과 관계를 맺기 위해 노력해야만 합니다. 우리가 서로 간에, 그리고 모든 살아 있는 존재와 함께 빛 가운데 살아간다면 우리는 우리의 신앙을 지키는 것입니다. 우리는 흰두루미와 숲을 사랑해야 합니다. 그들이 우리를 위해 무엇을 해줄 수 있고 또한 우리에게 무슨 유익이 있기 때문만이 아니라, 그들을 위해 사랑해야 합니다. 사용하는 것은 좋습니다. 그러나 착취하거나 약탈해서는 안 됩니다. 탐욕이나 축적이 아니라 지속 가능한 사용과 보존과 나눔이어야 합니다.

우리는 열대다우림의 가치를 알기도 전에 그것들을 파괴하고 있습니다. 열대다우림에서 얻을 수 있는 의술과 치료법들이 급속히 사라지고 있습니다. 한 컨퍼런스에서 일본의 젊은 친구가 저에게 다음과 같이 물었습니다. "왜 어른들은 되돌려놓을 수 없는 것들을 파괴합니까?" 그녀는 다시 원상태로 되돌려놓을 수 있는 방법을 알지 못한다면 어질러놓아서는 안 된다는 사실을 배워왔다고 말했습니다. 저는 동일한 질문을 합니다. 하나님께서 이 자원들을 창조하셨다면, 그것들은 그 자체로 가치가 있는 것 아닙니까? 그들은 결코 완전히 파괴되기 위하여 창조되지 않았습니다. 강이 저주받기 위해, 습지가 메워지기 위해 창조되었을까요?

우리 각자는 일하는 신학(working theology)을 가지고 있습니다. 우리 각자는 우리 자신을 하나님의 중심에 두는, 즉 하나님께서 우리를 통해 일하시는 장소를 가지고 있습니다. 우리의 일은 그 중심을 살아가는 것입니다. 일하는 신학들 중 어떤 신학들은 다른 신학들보다 발전하지 못했습니다. 그러나 우리가 하나님을 위해 우리 삶을 산다면, 우리는 하나님을 기쁘시게 하는 일을 합니다. 우리는 서로를 사랑하며, 사랑할 수 있으며, 대부분은 그 사랑을 여러 방법으로 실천합니다. 어떤 사람은 노숙자와, 어떤 사람은 노인과 환자와, 어떤 사람은 어린이와, 어떤 사람은 수감자와 함께 합니다. 우리 중의 어떤 사람들은 낯선 자들에게 친절합니다. 어떤 사람은 쓰레기를 줍고 어떤 사람은 굶주린 자를 먹입니다. 저의 일하는 신학은 창조세계에 대한 사랑을 실천하는 삶을 이끄는 것입니다. 저는 하나님에 대한 사랑을 이렇게 표현합니다. 작은 차를 타고, 뒤뜰에는 퇴비 더미가 있고, 할 수 있는 대로 걷고, 정말로 필요하지 않은 것은 구입을 자제하고, 물과 에너지 모두를 아껴 씁니다. 여러분의 일하는 신학은 무엇입니까? 일상 속 어느 장소에서 여러분의 사랑을 하나님께 표현합니까?

아직 여러분이 자신의 알맞은 역할을 찾지 못했다면, 지속 가능한 생활 방식으로 살아감으로써 사랑을 표현해보는 것은 어떨까요? 윈스턴 처칠(Winston churchill)은 이렇게 말했습니다. "우리는 얻는 것을 통해 생계를 유지하지만, 주는 것을 통해 삶을 만들어갑니다." 하나님께 드리고 하나님을 사랑하는 것은 우리를 기독교인으로 만듭니다. 어떻게든 우리가 기독교인임을 드러내며 살아가지 않는다면, 기독교인이 되는 것이 무슨 소용이겠습니까? 모범을 보이는 것은 예수께서 우리에게 바라시는 것입니다. 성서는 말합니다. "너희가 서로 사랑하면, 모든 사람이 그것으로써 너희가 내 제자인 줄을 알게 될 것이다"(요 13:35). 사람들은 우리가 하는 것들에 의해 우리를 알게 됩니다.

여러분들 중 일부는 지구 온난화, 질병의 확산, 수중의 독소, 공기 중의 미세 오염물질, 그리고 계속 상승하는 암과 천식의 높은 발병률 등의 환경 문제의 심각성에 대해 의심을 가질 수도 있습니다. 언제나 '의심 많은 도마의 무리들'이 있습니다. 그러나 제발 그들 가운데 한 사람이 되지 마십시오. 여러분이 다른 문제들에 있어서는 의심 많은 도마가 될 수 있겠지만, 환경 문제에 대해서는 아닙니다. 문 앞에 사냥개가 찾아올 때까지 기다리지 마십시오. 과학자들이 이미 알고 있는 것들을 직접 만지고 느끼면서 확인할 필요가 없습니다. 그들을 믿는 데에 겁먹을 필요도 없습니다. 문제는 현실이고, 더 많은 연구와 지연은 상황을 더 악화시킬 뿐입니다. 미국 국립과학원(National Academy of Science)에 따르면 90% 이상의 공인된 과학자들이 동의하기를 인간의 활동이 창조세계를 파괴하고 있다고 합니다. 그들은 이를 창조세계라 부르지 않습니다. 그들에게 그것은 모든 생명을 유지하는 살아 있는 유기체인 지구입니다. 하지만 신앙인들에게 지구는 하나님의 몸입니다.

신앙인들에게 있어, 우리에게 생명을 주는 살아 있는 유기체는 하나님이 '좋았다'고 하시고 우리에게 다스리도록 허락하신 창조세계입니다. 이 '다스림'은 우리에 대한 하나님의 '다스림'과 동일한 것입니다. 그것은 사랑과 연민과 책임이지 착취와 오염과 파괴가 아닙니다.

자연은 제가 자라던 때와는 달라졌습니다. 이제 미국에서 '자연 그대로'라고 부를 만한 곳은 거의 없습니다. 등산을 갈 때나 나무 아래서 쉬기 위해 공원에 갈 때면, 우리는 음료수 병이나 비닐봉지를 발견합니다. 쓰레기들이 우리의 해변을 뒤덮고 강과 개울 바닥에서 발견됩니다. 여러분이 그런 병이나 캔을 발견할 때마다 자연의 본성은 변해갑니다. 제가 자연에서 하나님의 모습을 발견하고자 할 때, 오솔길 위나 맑은 개울 바닥의 플라스틱 병 하나를 통해 자연이 여러 가지로 훼손되었음을 경험합니다. 인간의 발자국은 어디에나 있습니다. 최소한 그것은 제게도 적용되는 것 같습니다. 평화를 위해, 신성함과의 교제를 위해, 저와 하나님과의 관계를 상기하기 위해, 그리고 침묵과 홀로됨을 위해, 저는 야생으로 들어갑니다. 하지만 더 이상 그러한 것을 찾기란 어렵습니다. 국립공원을 가로질러 자동차 경주가 벌어지고, 위로는 비행기와 헬기가 날아다니고, 차 소리가 귀를 따갑게 합니다. 최악인 것은 어디에 가나 쓰레기가 있다는 것입니다. 이것이 하나님에 대한 사랑이며 이웃에 대한 사랑입니까?

이제 자연적인 것은 거의 남아 있지 않습니다. 우리 인간은 어디에나 그 영향력을 행사하며, 그중 가장 끔찍한 것은 기후에도 영향을 끼친다는 것입니다. 50년 전에는 아무도 그것이 가능하리라고 생각하지 않았습니다. 보험 회사들은 더 이상 맹렬한 폭풍과 나무가 쓰러지는 것을 하나님의 행위라고 주장할 수 없습니다! 폭풍으로 인한 피해는 인간 활동의 결과입니다. 대기 중 이산화탄소 양의 증가는 하나님께서 정하신 균형을 깨뜨렸고, 폭풍은 이제 어느 때보다 더욱 맹렬하고 그 빈도 또한 높아졌습니다. 우리는 한때 자연 혹은 자연적인 것이라 불렸던 모든 양상에 영향을 끼치고 있는 것입니다.

문제는 이것이 어떤 결과를 가져오느냐입니다. 자연을 파괴할 때 우리는 하나님과 우리의 관계에서 무슨 짓을 하고 있는 것입니까? 하나님은 더 이상 책임이 없고 우리의 책임이라고 할 때, 그것은 무엇을 의미합니까? 우리는 식물의 유전자를 조작하고 동물을 복제했으며 기후를 변화시켰고 삶의 내재적 권리를 지닌 거룩한 수많은 종(種)들을 죽였습니다. 작가이자 자연주의자인 빌 맥키벤(Bill Mckibben)은 묻습니다. "우리는 자연세계에서 일어나는 일에 관해서 하나님과 동등해졌는가, 아니면 자연세계가 더 이상 존재하는가?"[2]

저는 이 문제로 몸부림칩니다. 그런데 답은 없고 질문만이 있을 뿐입니다. 그것이 저를 두렵게 합니다. 왜냐하면 저는 질문 안에는 답이 있다고 말한 신학자 폴 틸리히(Paul Tillich)의 열렬한 팬이기 때문입니다. 우리 중 많은 사람이 이러한 질문을 한다면, 이것은 우리가 정말로 우리의 자연세계, 그리고 궁극적으로 우리 자신을 파괴하고 있다는 것을 의미합니다.

우리가 해야 할 일은 무엇입니까? 먼저 생태 문제와 지구 상태의 심각성에 대해 의심하지 마십시오. 과학자들을 신뢰하십시오. 그 다음 서로 간에 사랑과 하나님에 대한 사랑을 보여주는 삶을 살기 시작합시다. 우리 안에 있는 자기이익을 바꿈으로써 우리는 할 수 있습니다. '클수록 좋다', '많을수록 좋다'는 태도 대신에 우리는 진실, 즉 더 많고 더 큰 것이 언제나 좋은 것이 아니라 심지어 가진 자에게도 해롭고 파괴적일 수도 있다는 사실을 인정하도록 마음을 활짝 열 수 있습니다. 우리가 많은 사람이 원하는 것처럼 우리 자신을 돌보고자 한다면, 자연보호 활동가가 되는 것은 우리 자신의 이익을 위하는 일입니다.

우리를 변화시키는 것은 분명히 사랑입니다. 우리가 자연세계를 사랑하는 것을 배운다면 우리는 그것을 지켜낼 수 있습니다. 또 우리가 서로 간에 사랑한다면 우리는 미래 세대가 우리가 지금 여기에서 누렸던 풍성함을 함께 나누기를 바랄 것입니다.


지난 금요일 오후 겪었던 일을 나누고 싶습니다. 6시쯤 저는 제 사무실을 나와 만(灣) 옆의 최근에 복원된 습지 지역으로 내려갔습니다. 비가 그친 지 얼마 되지 않아서 북쪽 하늘은 여전히 궂은 날씨였지만 동쪽으로 해가 나 있었습니다. 매우 조용한 해변으로 평소와 다를 바 없는 파도가 치고 있었고 그 소리는 경이로웠습니다. 커다란 푸른가슴왜가리가 연못 안의 동상처럼 서 있었습니다. 저는 계속 걸으며 저의 주위에 펼쳐지는 놀라운 아름다움에 빠져들었습니다. 우리는 여기에 살도록, 이렇게 축복받았습니다. 프레시디오(Presidio) 공원에는 아직 여우들과 최소한 한 마리의 코요테가 있습니다. 저는 사람들이 이런 자연의 아름다움 안에서 살기는커녕 제가 느끼는 그 아름다움을 많은 사람들이 거의 볼 수 없다는 사실에 가책을 느낍니다. 우리의 집 가까이에서 우리는 네 시간 동안 스키를 타고, 서핑을 하고, 수영을 하고, 오솔길을 따라 자전거를 타고, 등산을 할 수 있으며, 이 모든 것을 멋지게 즐길 수 있습니다. 오늘 여러분에게 제가 한 말을 생각해 보니 이런 생각이 듭니다. 제가 버스 두 대를 빌려서 여러분 모두를 태우고 아름다운 자연으로 가서 여러분에게 그것을 사랑하고 감사하자고 했어야 합니다. 우리는 우리가 사랑하는 것을 해치지 않습니다. 하나님께서 우리에게 주신 것들을 사랑하도록 우리의 마음이 변화될 수 있다면, 우리는 지구를 돌보는 자가 될 수 있을 것입니다. 우리는 환경운동가가 될 수 있을 것입니다. 우리의 공기와 땅과 물을 지키고 싶어질 것입니다. 그리고 그것을 어떻게 할 수 있는지도 알게 될 것입니다.

이제 우리의 종교적인 삶과 신앙, 그리고 자연세계 모두가 일하는 신학이 되게 합시다. 생태학과 신앙을 연결시키고 창조세계의 청지기, 좋은 이웃, 그리고 다음 세대를 위해 남겨놓은 유산을 잘 돌보는 사람들이 되십시오. 그리고 **부끄러움 없이** 환경운동가가 되십시오. 그리고 가장 큰 두 계명을 실천하십시오. "하나님을 사랑하고, 네 이웃을 네 몸과 같이 사랑하라." 우리가 아니면, 누가 하겠습니까?

1. *State of the World: A Worldwatch Institute Report on Progress Toward a Sustainable World* (New York: W.W. Norton, 2003), ed. Linda Starke.
2. Bill McKibben, *The End of Nature* (New York: Random House 1989).

# 생태정의로의 회심

## CONVERSION TO ECO-JUSTICE

마가렛 불릿-조나스●

그리스도 교회(매사추세츠 주 캠브리지 소재)의 교구 사제인 로버트 W. 토빈(Robert W. Tobin)은 2004년 지구주일에 지구 돌봄에 대한 신학적 기초에 대해 설교를 요청했습니다. 그날 설교의 핵심은 기독교인이 어떻게 생태정의로 회심하게 되는가에 대한 것이었습니다. 이 설교는 제 자신의 영적인 여정을 이해하기 위한 노력에서 비롯되었습니다. 2001년 5월, 저는 워싱턴 D.C.에 있는 에너지부 청사 앞에서 부시 대통령의 에너지 정책과 북극국립야생생물보호구역(Arctic National Wildlife Refuge)에서의 채유(採油) 계획에 반대하여 종파를 초월한 철야기도회를 하던 중 체포되었습니다. 제가 비폭력 시민저항운동에 참여하기로 결정한 것은 놀라운 일이었습니다. 저는 '그런 타입'이 아니었습니다. 저는 성공회 사제입니다. 저는 피정(避靜)을 인도하고 기도하는 방법을 가르치는 사람입니다. 기질적으로 저는 조정자요 화해자입니다. 〈보스턴 글로브〉지에 수갑을 찬 채 끌려가는 제 사진이 실렸을 때, 많은 사람이 놀라서 말했습니다. "신부님이 체포될 줄은 꿈에도 몰랐어요!" 결국 우리는 하나님이 우리를 어디로 인도하실지 결코 알 수 없지만, 아마도 우리가 가야 할 생태정의 여정의 패턴은 알 수 있을 것 같습니다. 아무쪼록 제 설교가 독자들 자신의 회심 과정에 대해 생각해보는 계기가 되며, 또한 생태정의라는 길고 먼 여정을 계속할 수 있게 하는 신학적 기초가 되기를 바랍니다.*

● 마가렛 불릿-조나스(Margaret Bullitt-Jonas)는 은혜성공회교회(Grace Episcopal Church)의 사제이며 1986년부터 전국에서 피정을 이끌고 있다. 1992년부터 그녀는 미국성공회 신학교의 목회신학 강사로 출강하고 있으며, 최근에는 성공회 주교원의 사제를 역임했다. *Holy Hunger*과 *Christ's Passion, Our Passion*을 비롯하여 2003년에 뉴잉글랜드 성공회 주교회를 통해 발간한 환경에 관한 목회 서신 등을 출간했다. 그녀는 현재 종교 간 네트워크인 Religious Witness for the Earth의 지도부 의회에서 일하고 있다.

* 이 설교의 부분은 하버드 신학대학에서 개최된(2003. 2. 28-3. 1) '코스타스 세계선교대회'(the Costas Consultation in Global Mission)에서 제가 발표한 내용('기독교 선교의 한 차원으로서 지구 지키기')입니다. 제가 제시하는 세 모델은 매튜 팍스(Mattew Fox)의 '긍정의 길'(Via Affirmative), '부정의 길'(Via Negativa), '변혁의 길'(Via Transformativa)에 의해 영감을 받았습니다.

이미 동틀 무렵이 되었다. 그 때에 예수께서 바닷가에 들어서셨으나, 제
자들은 그가 예수이신 줄을 알지 못하였다. 그 때에 예수께서 제자들에
게 물으셨다. "얘들아, 무얼 좀 잡았느냐?"(요한복음 21:4-5).

사울은 여전히 주님의 제자들을 위협하면서, 살기를 띠고 있었다. 그는
대제사장에게 가서, 다마스쿠스에 있는 여러 회당으로 보내는 편지를
써 달라고 하였다. 그는 그 '도'를 믿는 사람은 남자나 여자나 가리지 않
고, 닥치는 대로 묶어서, 예루살렘으로 끌고 오려는 것이었다. 사울이
길을 가다가, 다마스쿠스 가까이에 이르렀을 때에, 갑자기 하늘에서 환
한 빛이 그를 둘러 비추었다. 그는 땅에 엎어졌다. 그리고 그는 "사울아,
사울아, 네가 왜 나를 핍박하느냐?" 하는 음성을 들었다(사도행전 9:1-4).

　매년 전국의 수많은 신자가 하나님의 창조세계에 집중하기 위해 환경
주일을 제정하여 지구 주간을 기념합니다. 사실 저는 지구의 날을 항상 열
렬히 지지하지는 않았습니다. 저는 지구의 날이 일종의 복고, 그러니까 제
가 어리고 바보 같았던 때, 홀치기 염색을 한 티셔츠와 나팔바지를 입었을
때로 돌아가는 것과 같다고 생각했습니다. 또 저는 지구의 날이 나무를 껴

앉는 급진적인 환경운동가들(Tree Hugger), 태양열 동력 장치들을 만지작거리는 사람들, 아니면 농장에서 사는 삶을 꿈꾸는 사람들을 위한 날이라고 생각했습니다. 제가 생각하기에 확실히 우리는 너무 많이 자라버렸습니다. 현대의 전자 시대 안에서 살아가는 우리 대부분은 도시 안에 살며 지나치게 바쁘고, 또한 가족을 부양하고, 부차적인 것에 시간을 낭비하느라 오랜 시간을 일하면서 스트레스에 지쳐가고 있습니다. 지구의 날은 감상적인 사람에게나 어울리는 것이었습니다. 제게는 해야 할 더 좋은 일들이 있었습니다.

제가 수준 높고 세련되었다고 생각했던 저의 관점을 되돌아보건대 그것은 완전히 순진한 것이었습니다. 환경 위기는 우리가 얼마나 깨끗한 공기와 비옥한 토양에 의존하고 있는지, 그리고 우리가 모든 살아 있는 것과 얼마나 서로 의존하고 있는지를 분명히 깨닫게 해주었습니다. 지금부터 몇 십 년 후면 지구상의 동식물의 무려 4분의 1이 멸종에 처할 것이라는 경고는 결코 감상적이지 않습니다. 도심에 사는 수많은 어린이가 대기 오염으로 인해 발생하는 천식으로 고통당하고 있다는 당황스러운 사실은 결코 감상적인 것이 아닙니다. 단지 지구평균기온의 1도 상승(앞으로 이보다 훨씬 더 높은 기온 상승이 예측됨)으로 인해 이미 깊은 바다가 더워지고 빙하가 녹으며, 치명적인 홍수와 가뭄이 발생하고 철새들의 이동 경로가 바뀌고 있다는 충격적인 사실 역시 결코 감상적인 것이 아닙니다.

요한복음에서 부활하신 그리스도께서는 바닷가에 나타나셔서 물고기를 잡으려고 애쓰지만 계속 헛수고뿐인 난처한 제자들을 보시며 통렬한 질문을 던지십니다. "얘들아, 무얼 좀 잡았느냐?" 사실 너무도 빈번히, 우리는 고기를 잡지 못하고 있습니다. 미국해양정책위원회는 오염과 남획, 부실한 관리가 북미 바다의 건강을 위태롭게 한다고 보고합니다. 우리가 잡는 물고기들은 PCP(PentaChloroPhenol, 방부제)나 수은에 오염되어 있는 경우가 너무도 많습니다. 급속하게 고갈되고 있는 것은 어류자원뿐만이 아닙니다. 연구원들은 인류가 세계의 천연자원을 너무도 빨리 써버리고 있어서, 지금과 같은 추세로 인구가 늘고 개발이 계속된다면 2050년이면 우리는 수요에 대응하기 위해 2개의 지구를 필요로 할 것이라고 경고합니다.

우리가 지구의 날을 존중하고 지구의 운명을 돌보는 것은 결코 감상에 빠진 행위가 아닙니다. 그것은 냉정한 현실주의입니다. 우리의 삶이 철저히 의존하고 있는 생태계를 오염시키고 고갈시키고 파괴한다면 우리에게 미래란 없습니다.

지난 수년간 제가 씨름해온 문제는 바로 이것입니다. "지구에 대한 돌봄이 우리의 도덕적이고 영적인 관심의 중심에 자리 잡으려면, 우리의 내면에서 무엇이 일어나야 하는가?" "지구를 치유하는 대업에 우리 스스로를 기꺼이 바치기에 앞서 우리가 경험해야 할 관점의 깊은 변화, 그리고 의미 있는 가치의 전환은 무엇인가?" 이러한 회심은 저와 같이 지구의 날을 업신여기던 사람으로 하여금 하나님께서 당신이 만드신 세상을 사랑하시며 환경정의와 치유의 과업을 위해 우리를 협력자로 부르신다는 확신을 갖게 하며, 지구의 날을 그러한 우리의 확신을 고양시키는 중요한 날로 받아들이도록 합니다. 우리의 생태정의로의 회심은 바울이 다마스쿠스로 가던 길에서 경험한 것처럼 극적일 수도 있고 아닐 수도 있습니다. 그러나 어떻든지 간에 그것은 우리의 삶의 방향을 철저히 변화시킬 만큼 심오하게 다가올 수 있습니다.

기독교인들에게, '생태적 회심'에는 대개 세 단계 혹은 시기가 있습니다. 첫 번째 단계인 **창조**는 우리가 하나님의 창조세계의 아름다움에 흠뻑 빠져들었을 때입니다. 우리는 놀라움, 감사, 경이, 경외와 같은 감정을 경험합니다. 이 여정의 첫 번째 단계에서 우리는 하나님의 형상으로 만들어진 피조물로서, 그리고 숨과 피와 뼈와 살이 하나님의 모든 창조세계와 연결지어진 피조물로서 우리가 얼마나 하나님께 사랑 받고 있는지를 깨닫게 됩니다.

저는 이 첫 번째 단계를 당연한 것으로 생각하지 않습니다. 이 단계는 창조세계를 거룩한 것으로 경험하게 하는 위대한 발견입니다. 저 자신은 한 도시에서 성장했고, 우리 도시 거주자들은 어느 정도 자연세계와 단절되어 있습니다. 우리는 밤에 별을 볼 수 없습니다. 우리는 청개구리 울음소리를 들을 수 없습니다. 여기 보스턴에서는 식수를 1백여 마일 떨어진 수원에서 끌어와야 하고, 먹거리도 6-7천 마일 떨어진 곳에서 조달해야 합니다. 제가 서둘러 차를 타고 한 건물에서 다음 건물로 갈 때에 방해가 될 수도 있고 아닐 수도 있는 날씨만큼이나, '자연'은 아무것도 아닌 추상적인 것이 되어버렸습니다.

게다가 제가 그랬던 것처럼, 우리 중 많은 사람들은 중독으로 가득 찬 가정에서 자랐습니다. 달리 말하면 우리는 스스로의 중독을 키웠습니다. 여러분이 중독자와 가까이 한 적이 있다면 중독이 신체의 요구와 변화로부터 우리를 단절시키는 작용을 한다는 것을 알 수 있습니다. 제가 중독되었던 몇 년 동안, 저는 제 몸의 신호에 전혀 관심을 기울이지 않았습니다. 저는 제 몸을 무시하는 데 그치지 않고 대놓고 몸을 거역했습니다. 피곤하든, 슬프든, 화가 나든, 외롭든, 불안하든 저는 아무런 상관도 하지 않았습니다. 기분이 어떻든지와 상관없이 저는 마구 먹기만 했습니다. 어느 날 밤 저는 꿈을 꾸었는데 꿈속에서 심지어 다람쥐조차 저를 싫어했습니다. 그 꿈은 충고의 꿈이었습니다. 그 꿈이 중독자의 자기혐오를 드러냈을 뿐만 아니라 중독으로 인한 자연세계와의 깊은 단절을 드러냈기 때문이었습니다. 우리의 몸과 자연 그리고 우리의 체현된 인간성으로부터 스스로를 철저히 단절시킬수록 우리는 스스로를 하나님과도 단절시킵니다.

저는 1982년부터 회복하기 시작했고, 그 후 여러 해에 걸쳐 조금씩 제게 주어진 자연의 첫 번째 조각을 존중하는 법을 배웠습니다. 그것은 바로 제 자신의 몸이었습니다. 제 몸에 귀 기울이고 몸의 한계 안에서 살아가는 법을 배우게 되면서 저는 자연과 연결되기 시작했습니다. 제 몸만이 아니라 창조세계의 모든 '몸'을 사랑하시는 하나님을 보기 시작했습니다. 저의 기도는 변화되기 시작했습니다. 그것은 주머니를 뒤집는 것과 같았습니다. 이전에 저는 대부분 조용한 내면의 명상을 통해서 하나님을 발견했지만, 이제 하나님은 제 주변에서, 즉 연못, 바위, 그리고 버드나무에서 모습을 드러내기 시작하셨습니다. 여러분이 한 시간 동안 버드나무를 응시한다면, 얼마 뒤에 버드나무는 자신을 드러내고 또 하나님을 드러낼 것입니다. 저는 시인 제라드 홉킨스(Gerard Manley Hopkins)의 말이 이해되기 시작했습니다. "하나님의 위엄이 온 세상에 가득 차 있네." 그리고 창세기의 말이 이해되기 시작했습니다. "하나님이 손수 만드신 모든 것을 보시니, 보시기에 참 좋았다"(창세기 1:31).

창조는 우리가 하나님과 창조세계 사이에서 이루어지는 위대한 사랑의 행위를 발견하는 단계입니다. 우리를 향한 하나님의 사랑을 경험할 때, 그러나 우리와 인류뿐만이 아니라 창조세계를 향한 하나님의 사랑을 경험할 때 우리는 이 단계로 들어서게 됩니다. 하나님의 사랑은 무한하기 때문에 우리는 이 창조의 단계를 다 품을 수도, 완전히 탐구할 수도 없습니다.

두 번째 단계는 **십자가**입니다. 아무도 이 여정을 좋아하지 않지만, 그것은 갈수록 피하기 어려워지고 있습니다. 창조세계가 드러내는 하나님의 사랑을 우리가 온전히 경험하면 할수록, 자연세계를 향한 무자비한 폭력(깔끔하게 베어져나가는 숲, 멸종하는 생물들, 사라지는 흙, 바다의 생물이 살 수 없는 지역, 점점 없어지는 습지, 산성비, 더워지고 불안정해지는 기후)을 보고 느끼지 않을 수 없습니다.

우리는 이러한 것들에 주목하려 하지 않습니다. 우리는 그것들을 대수롭지 않게 여기거나 그것들로부터 눈길을 돌리려 합니다. 그러나 십자가는 하나님께서 마침내 우리의 부인(denial)을 못 박으신 곳입니다. 이 단계에 도달하게 되면 우리는 마침내 고통을 느끼고 우리가 잃은 것들과 우리의 자녀들이 결코 보지 못할 것들에 대해 애도할 용기를 갖게 됩니다. 우리의 저항과 비통을 느끼는 것은 중요합니다. 그것은 우리의 사랑의 표현이기 때문입니다. 우리가 참으로 인간이 되고자 한다면 우리는 이 단계를 회피할 수 없습니다. 저는 교회가 참된 성소가 된다면, 곧 지구에서 일어나는 일들에 대해 진정으로 애통해하며 그것에 대한 분노와 슬픔을 자유로이 표현할 수 있는 곳이 된다면 교회는 어떤 모습이 될까를 생각해봅니다.

십자가 아래 우리는 슬픔을 표현할 뿐만 아니라 죄를 고백하기도 합니다. 스스로에 대해 정직해진다면 우리가 지구를 파괴함으로써 누렸던 것들을 고백할 수밖에 없기 때문입니다. 우리가 소비와 낭비를 반복하고 있다는 것을 시인해야 합니다. 생태정의에 관한 한, 우리 중 어느 누구도—적어도 대부분의 북아메리카 사람들은—자기 의(self-righteousness)의 자리에 설 수 없습니다. 우리는 너무 깊이 연루되어 있기 때문입니다. 저는 바울이 아무것도 보지 못하고 자신이 한 행동으로 인해 어둠 속에 있었을 3일 동안 금식하며 참회의 눈물을 흘리며 슬퍼하지 않았을까 생각해봅니다. 그는 자기 자신의 내면의 십자가, 즉 우리의 악의와 무지, 비통과 죄를 직면하게 하는 하나님의 은혜가 주어지는 자각의 장소에 도달했습니다. 그리스도의 십자가에서 우리는 하나님의 사랑으로 끊임없이 악과 고난을 만나게 되며, 따라서 생태적 위기의 시간 속에서 우리는 전에 없이 십자가를 붙잡아야만 합니다.

생태적 회심의 첫 번째 단계인 창조에서, 우리는 하나님의 세계의 아름다움에 빠져들게 됩니다. 두 번째 단계에서 우리는 그리스도의 십자가를 함께 지며 창조세계의 상처를 슬퍼하며 우리의 깊은 비통과 죄를 알게 됩니다. 그리고 세 번째 단계에서, 우리는 점차 그리스도의 **부활**에 동참하게 됩니다. 온 창조세계를 통해 퍼져나가는 하나님의 사랑으로 충만하고 피뢰침이 번개를 흡수하듯이 하나님의 사랑 안에서 모든 고난과 죄를 안고 가는 십자가를 통해 힘을 얻어, 우리는 마침내 그리스도를 증거하게 됩니다. "그분은 무덤을 깨고 나오셨으며, 죽음이 아니라 생명의 승리를 선포하셨으며, 바위를 굴려낼 힘을 주신 분이십니다." 우리가 부활로 인도될 때, 우리는 세상으로 나가 창조세계를 위한 돌봄의 과업에 참여하게 됩니다. 이 단계에 들어서는 확실한 표지는 부활하신 그리스도의 능력으로 우리가 정의를 추구하는 자들이 되고 치유의 행위자들이 될 때 나타납니다.

우리의 행동은 다양한 형태일 수 있습니다. 하나님의 창조세계는 모든 수준에서 치유를 필요로 하며, 따라서 여러분이 시작해야겠다고 느끼는 곳이라면 어디든지 그곳은 출발하기에 좋은 곳입니다. 지구를 돌보기 위한 헌신은 우리가 무엇을 사고 또 사지 말아야 할지, 우리가 차를 타고 갈지 말아야 할지, 가정에서 난방을 얼마나 할지, 얼마나 재생하고 재활용할지, 소형 형광등으로 바꾸는 것 같이 사소한 것들을 기꺼이 할지, 투표를 할지, 한다면 누구를 뽑을지, 그리고 나아가 대중적인 시위와 시민불복종 운동에 동참할지에 영향을 미칩니다.

부활한 삶은 혼자만의 일이 아닙니다. 아나니아(Ananias)는 바울에게 그 자신에게 일어난 일이 무엇인지를 설명해주었고, 마침내 바울은 지중해 주변을 떠돌며 작은 공동체들을 세우고 "이방 사람들과 임금들과 이스라엘 자손들 앞에서"(행 9:15) 그리스도의 증인이 됩니다. 부활한 삶은 희망으로 가득 차 있고 사랑이 불타오르는 공동체의 삶입니다. 환경 보존과 정의를 위해 일하는 가운데, 우리는 동맹을 찾고 네트워크를 구축하여 우리의 행동이 전략적이고 효과적인 행동이 되도록 해야 합니다. 혼자 결정하도록 내버려둔다면 무력해지고 압도되기 쉽습니다. 해야 할 일이 너무 많기 때문입니다. 반대로, 리는 모든 것을 한 번에 해버리려고 설쳐댈 수도 있습니다. 그러나 그것은 효과적이지도 못하고 우리의 임무를 완수하지도 못한 채 에너지를 소진해버릴 수도 있습니다. 제 시동생이 씁쓸하게 이야기한 것처럼 "밑 빠진 독에 물 붓기"입니다.

많은 미국인들은 지구의 날을 지킵니다. 하지만 저나 여러분이나 잘 알고 있는 것은, 우리 중 많은 사람이 환경 위기를 무시하고 그 긴급성을 부정하며 그 문제에 대해서는 다음에나 생각하기를 원한다는 것입니다. 어디선가 코미디언 조지 칼린(George Carlin)이 언급한 내용을 읽은 적이 있습니다. "나는 이 나라에서는 마음만 먹으면 아무리 심각한 문제라 하더라도 무시할 수 있다고 믿어."

우리 미국인들이 부인하는 단계를 지나 실제로 당면한 도전을 맞닥뜨리게 되면 그 다음 수순은 절망입니다. 너무 늦었다고, 너무 멀리 왔다고, 이제 돌아설 수 없다고 느끼는 끔찍한 감정이죠. 저는 절망을 해결할 수 있는 단 두 개뿐인 해독제를 알고 있습니다. 그것은 기도와 행동입니다. 기도는 우리로 하여금 세 부분으로 나누어진 여정, 즉 모든 창조세계를 통해 확장되는 하나님의 사랑 안에서 여정의 첫 번째 단계에 뿌리 내리게 합니다. 기도는 우리가 두 번째 단계, 곧 그리스도의 십자가에 동참하고 잃어버린 것들을 애도하며 비통함을 느끼는 단계로 들어갈 수 있도록 용기를 줍니다. 그리고 부활하신 그리스도의 영을 통해 우리는 세 번째 단계를 시작하게 됩니다. 우리는 행동하기 위해, 곧 세상을 변혁시키고자 우리가 할 수 있는 것들을 하기 위해 보내심을 받았습니다.

그렇게 살아가는 삶 속에서 얻게 되는 좋은 양식이 있습니다. 오늘의 복음서의 장면에서 고갈된 어장이 회복되고 기진맥진한 제자들이 생기를 되찾고, 부활하신 그리스도는 식사를 준비해서 그들을 먹이십니다. 그리스도께서 그들에게 주시는 빵과 물고기는 하나님의 풍성함의 상징입니다.

그들은 모두가 언덕에 앉아 함께 먹었던 오병이어 기적의 풍성한 빵과 물고기를 회상합니다.

여기 이 성찬대에서 우리도 먹으며, 우리와 온 창조세계를 사랑하시는 하나님의 놀라운 관대함을 맛볼 것입니다. 회심은 우리를 기도의 사람, 즉 하나님의 사랑 안에 자신을 흠뻑 적시는 사람이 되도록 초대합니다. 또한 회심은 우리를 행동의 사람, 곧 삶의 모든 양상 속에서―먹는 것에서 차를 타는 것, 선거를 하는 것에 이르기까지―생태적 온전함과 지속 가능성을 위해 나아가며 하나님이 주신 가장 우선적이고 기본적인 부르심, 즉 지구를 돌보는 사람이 되라는 부르심을 존중하고자 노력하는 사람이 되도록 초대합니다.

1. 이것은 2003년 그리스도의 현현절에 그 지역 미국성공회 교회들에 보내진 '창조세계 안에서 그리스도를 섬기며: 뉴 잉글랜드 감독회의 목회서신'에서 인용된 것입니다.

# 이사야 인자: 사람이 들을 수 있는 예언

## THE ISAIAH FACTOR : Prophetic Words That People Can Hear

다음은 지구주간에 매사추세츠 주 캠브리지에 소재한 미국 성공회신학대학에서 설교한 것입니다. 이 설교의 목적은 환경정의를 위해 헌신하는 사람들에게 상식적인 말을 전하는 것입니다. 요점은 간단합니다. 사람들이 우리의 메시지를 제대로 듣고 실천으로 나아가기를 원한다면 우리는 우리의 '이야기'를 살려 내야만 합니다.

● 스티븐 찰스턴(Steven Charleston)은 매사추세츠 주 캠브리지에 소재한 미국 성공회신학대학(Episcopal Divinity School)의 학장이자 교수이다. 그는 미국 성공회 관구(the Episcopal Church Center)의 인디안 국가위원회(the National Committee on Indian Work)의 상임이사, 다코다 리더십 프로그램(Dakota Leadership Program)의 이사, 그리고 알래스카의 주교를 역임했다. 최근의 저작으로 *The Middle Way: A Congregational Resource for Studying the Windsor Report*와 *Good News: A Congregational Resource for Reconciliation* 등이 있다.

너희가 듣기는 들어도 깨닫지 못하고, 보기는 보아도 알아보지 못할 것이다. 이 백성의 마음이 무디어지고 귀가 먹고 눈이 감기어 있다. 이는 그들로 하여금 눈으로 보지 못하게 하고 귀로 듣지 못하게 하고 마음으로 깨닫지 못하게 하고 돌아서지 못하게 하여, 내가 그들을 고쳐 주지 않으려는 것이다(마태복음 13:14-15).

신약 성서에서 가장 유명한 비유는 무엇일까요? 아마 서너 가지의 좋은 대답이 있겠지만, 마태복음 13장의 씨 뿌리는 사람과 씨앗의 비유가 분명 그중 하나일 것입니다. 대부분 기독교인들은, 설령 교회에 가끔씩 나가는 사람이라 할지라도 씨 뿌리는 사람의 이야기를 들었을 것입니다. 그의 씨 앗들 중 일부는 돌밭에, 일부는 가시덤불에, 그리고 일부는 좋은 땅에 떨어 졌습니다. 이 비유에 등장하는 이미지들은 단순하고 직접적이며 매우 익숙합니다. 청중들은 재빨리 그 이미지들과 소통하고 거의 즉각적으로 '씨 앗들'이 복음을 의미함을 알아챕니다. 우리는 설명을 듣기도 전에 그 메시지를 깨닫습니다.

하지만 이 이야기에서 우리가 종종 간과하는 부분이 있습니다. 그것은 예수께서 만드신 이미지, 즉 땅에 씨 뿌리는 사람의 이미지와 그 이미지에 대한 그의 설명 사이에 있습니다. 예수의 제자들은 왜 예수께서 가르치실 때마다 이야기로 말씀하시는지를 묻습니다. 그들은 왜 예수께서 처음에 비유들을 사용하시는지를 알고 싶어합니다. 예수께서는 이에 대답하시며 이사야서의 한 구절을 아래와 같이 인용하십니다.

"너희가 듣기는 늘 들어라. 그러나 깨닫지는 못한다. 너희가 보기는 늘 보아라. 그러나 알지는 못한다." 너는 이 백성의 마음을 둔하게 하여라. 그 귀가 막히고, 그 눈이 감기게 하여라(이사야 6:9-10).

이런 이상하고 알 수 없는 말들은 다른 종류의 메시지를 가지고 있습니다. 사실 저는 이 말이 그 자체로 일종의 비유라고, 특히 환경정의의 전도자들에게는 더더욱 그렇다고 믿습니다. 씨를 뿌리는 사람처럼 우리는 지구가 처한 위험에 대한 말들을 전해왔습니다. 우리는 생태계 파괴에 대한 진실을 가능한 한 많은 사람과 함께 나누려고 했습니다. 우리는 하나님의 창조세계의 온전함을 지키기 위해서 사람들에게 변화가 일어나기를 바라고 노력했습니다. 그런 중에 우리는 위대한 예언자 이사야 같은 사람이나 풀 수 있을 법한 미스터리에 직면하게 되었습니다. 모든 사람이 우리가 말하는 것을 듣지만 아무도 그것을 이해하지 못하거나 그것에 대해 어떤 것도 하려고 하지 않는다는 것입니다.

환경정의를 지지하는 거의 모든 사람이 공통적으로 다음과 같은 경험을 한다고 말하는 것은 결코 과장된 말이 아닙니다. 다시 말해 우리 모두는 동의는 하지만 실천하지 않는 그런 이야기를 경험합니다. 여러분은 얼마나 많이 이러한 경험을 했습니까? 사람들에게 환경을 위한 행동의 긴급성에 대해 말한 뒤에 몇 번이나 호의적인 반응을 얻으셨습니까? 정작 무언가를 해야 할 때에는 점잖게 모른 체하며 사라지지 않습니까? 환경운동의 엄청난 아이러니는 모든 사람이 그 운동에 동의를 하지만 실제적으로 거의 지지하지 않는다는 사실입니다.

사람들은 환경운동에 대해 듣지만 그것을 진정으로 이해하지 못합니다. 사람들은 주변에서 환경운동의 필요성을 발견하지만 그들 자신의 위치를 문제해결의 일부분으로 인식하지는 못합니다. 의도적으로 그들의 마음이 굳어진 것은 아니겠지만 결과는 같습니다. 환경목회는 교회의 생명을 자라게 할 비옥한 토양을 거의 찾지 못하고 있습니다.

왜 그럴까요? 우리는 현실에 안주하는 청중에게 예수처럼 다음과 같이 묻고 싶을지도 모릅니다. "너는 귀가 있어도 듣지 못하느냐?" 사실 예수께서 어떻게 그렇게 많은 씨앗들이 척박한 땅에 떨어졌는지에 대해 이야기를 하신 것은 그가 대다수 환경운동가들과 같은 경험을 하셨기 때문일 것입니다. 다급하게 호소하며 생명의 메시지를 전하지만 진지하게 응답하는 이가 많지 않을 때 우리는 절망하게 됩니다. 그 이유는 듣는 자들만큼이나 다양하겠지만, 고려할 만한 가치가 있는 공통적인 한 가지 주제가 있습니다. 예수께서 영적인 삶의 중요성에 대해 사람들에게 말씀하셨을 때 그들은 모두 동의했습니다. 그러나 그 영적인 삶을 살기 위해 감수해야 할 변화에 대해 말씀하셨을 때 많은 이들이 듣기를 중단했습니다.

변화로의 부름은 마음을 굳어지게 합니다. 심지어 선의를 가진 지지자들에게도, 변화로의 부름을 듣는 것이 불가능할 때가 있습니다. 이것이 예수와 같은 예언자들이 회개의 필요성을 주장한 이유입니다. 회개는 비유의 마지막에 있는 '핵심'입니다. 그것은 진리의 말씀을 받아들여 인간의 삶 안에서 성장이 시작되게 하는 부름입니다. 이 회개, 즉 삶의 수정이 없이는 그 어떤 성장도, 진리도 없습니다. 아무리 유창한 언어로 절박함을 말한다 해도 그것은 휴경지 위에서 천천히 죽어갈 것입니다.

환경을 위한 행동은 회개입니다. 그것은 삶의 변화입니다. 우리 대부분이 환경운동을 위해 설교하는 메시지는 바로 복음의 메시지입니다. 그것이 사람들의 삶을 다른 방식으로 살아가도록 요청하기 때문입니다. 우리의 메시지는 단순히 자연에서 온 아름다운 이미지의 몽타주나, 성경의 〈내셔널 지오그래픽〉(National Geography) 버전 같은 것이 아닙니다. 오히려 그것은 소수 권력자들이 오랫동안 누려온 안락과 특권들을 포기하고, 그것을 모든 창조세계를 위해 사용함으로써 인류 문명의 노력의 방향을 바꾸라는 강력한 선언입니다. 그 메시지는 이사야가 가르쳤던 것, 세례 요한이 설교했던 것, 그리고 예수께서 비유를 통해 말씀하신 것과 다르지 않습니다. 그것은 회개와 변화에 대한 복음의 본질적인 메시지입니다.

그렇다면 그 메시지를 받아들이기가 그렇게 어렵다는 것이 의문스럽지 않습니까? 이에 대해 예수께서는 15절에서 이사야를 인용하시며 그의 제자들에게 말씀하십니다.

> … 이는 그들로 하여금 눈으로 보지 못하게 하고 귀로 듣지 못하게 하고 마음으로 깨닫지 못하게 하고 돌아서지 못하게 하여, 내가 그들을 고쳐 주지 않으려는 것이다(마태복음 13:15).

이사야서의 마지막 말은 예수와 여러분과 저에게 모두 가장 중요합니다. 우리의 환경목회의 요점과 목적은 치유입니다. 우리는 단지 변호 업무나 정치적 행동을 하고 있는 것이 아닙니다. 우리는 치유목회에 깊이 몰두해 있습니다.

우리의 메시지를 전달하는 것만으로도 어려운 일이겠지만, 우리는 결코 멈춰 서서는 안 됩니다. 왜냐하면 우리가 하는 일은 말 그대로 병이냐 건강이냐, 생명이냐 죽음이냐의 문제이기 때문입니다. 우리의 목표는 인류를 권력과 특권에 중독된 채 머물러 있게 하는 것들로부터 치유하는 것입니다. 그것은 창조세계로부터 인류가 분리된 것을 치유하도록 돕는 것입니다. 우리의 과업은 황폐화된 지구와 그 안에서 위기에 처한 서식자들에게 치유를 가져다주는 일입니다. 우리는 치유자들입니다. 우리에게 있어 변화는 정치적으로 옳으냐의 문제가 아니라 건강하고 온전하냐의 문제입니다. 우리에게 회개는 회복입니다.

중독으로부터의 회복에 익숙하신 분들이 대부분 이해하시는 것처럼, 시작하고 지속하는 것만큼 어려운 목회는 별로 없습니다. 환경을 위한 행동은 중재입니다. 환경선교의 치유하는 일을 하면서 우리는 결코 현실을 직면하지 않으려는 사람들을 만나게 됩니다. 우리가 가장 많이 받아들이는 반응이 부정이라는 것은 전혀 놀랄 일이 아닙니다. 사람들은 마치 비유에서의 단단한 땅과 같이, 우리가 말하는 것의 표면적인 건 받아들일지도 모릅니다. 그러나 그들은 이 메시지를 깊이 받아들여 그것이 그들의 행동에 영향을 끼치도록 하지는 않을 것입니다. 이러한 사실은 우리 목회의 본성에 대한 중요한 무언가를 말해줍니다. 환경목회는 중독 목회입니다. 여러 가지 면에서, 우리는 정치적 행동가들보다는 12단계 프로그램*에 종사하는 사람들과 더 많은 공통점이 있습니다.

중독을 다룰 때에 가장 좋은 전략은 무엇일까요? 이 질문은 잘 기능하

---

* [역주] 중독, 강박 혹은 다른 행동 문제로부터 회복을 위한 일련의 안내 원칙으로 원래 알코올중독 회복을 위한 친교 단체인 '익명의 알코올중독자들'(Alcoholics Anonymous)에 의해 개발된 것이다. 미국심리학협회가 요약한 바에 따르면, 12단계 프로그램은 다음 사항을 포함한다.
- 자신이 중독이나 강박충동을 조절할 수 없음을 수용하기
- 강점을 제공할 수 있는 좀 더 거대한 힘을 인정하기
- 후원자(경험자)의 도움으로 과거 잘못을 시험하기
- 이러한 오류를 보상하기
- 새로운 코드의 행동으로 새로운 삶을 영위하는 법을 학습하기
- 동일한 중독 혹은 강박충동으로 시달리는 다른 이들에게 도움주기

는 환경목회를 세워가는 데에 가장 도움이 되는 도구 중 하나일수도 있습니다. 우리가 행위의 요구에 대한 응답을 중재의 맥락 안에 놓을 때, 우리는 왜 그렇게 많은 사람이 귀가 있으나 듣지 못하며 눈이 있으나 보지 못하는지를 이해하게 됩니다. 우리의 메시지에 대해 우리가 듣게 되는 정중한 반응은 정중한 부정의 표면적 수준에 머물러 있기 위한 것이나 마찬가지입니다. 다시 말해서 우리에게 개인적으로 문제가 되지 않는 한, 문제가 발생한다 해도 괜찮다는 것입니다. 사람들이 각자 개인적으로 책임져야 할 현실을 일깨우기 위해 부정을 극복하도록 돕는 것, 그것은 우리에게는 도전입니다.

그러면 이를 위해 우리는 어떠한 노력을 해왔습니까? 솔직히 우리는 수많은 과학적 정보를 가지고 부정을 극복하려고 노력해왔습니다. 우리는 과학적 데이터의 물결로 사람들을 압도함으로써 그들의 부정의 장벽을 허물어뜨리려 해왔습니다. 우리는 사람들에게 이야기합니다. 극지방의 만년설이 얼마나 빠르게 녹고 있는지, 얼마나 많은 종의 조류들이 사라지고 있는지, 그리고 물이 얼마나 독성을 띠게 되는지. 어떤 의미에서는 우리는 그들이 얼마나 병들어 있는지를 상기시켜서 그들을 치유시키고자 합니다. 하지만 우리는 정말로 부정의 장벽을 허물어내고 그들의 중독의 핵심부에 도달하고 있을까요? 그 중독이 개인으로 하여금 생태적 책임감을 가지고 헌신하지 못하도록 하는 진짜 원인인데 말입니다.

제 생각에 질문에 대한 대답은 "아니오"입니다. 통계들은 현실에 대한 타당한 그림을 보여줄 수는 있겠지만, 그것들이 부정에 맞설 수 있는 설득력 있고 감정을 자극하는 주장이 되지는 못합니다. 우리는 새로운 접근을 필요로 합니다. 예수께서 설교 대신에 왜 이야기를 선택하셨는지를 제자들에게 말씀하실 때 사용하셨던 것과 같은 접근이 우리에게는 필요합니다.

예수께서 씨 뿌리는 사람과 씨앗의 이야기를 하신 것은, 그렇게 하는 편이 말씀을 듣는 사람들에게 죄책감을 안기는 것보다 훨씬 효과적이기 때문이었습니다. 예수께서는 그들을 훈계하기보다는 새로운 사고의 길로 초대하셨습니다. 그들의 방어기제를 가차 없이 공격하시기보다는 스스로 생각할 수 있도록 하셨습니다. 그렇게 해서 그는 모퉁이를 돌아가 그들을 놀라게 하신 것입니다. 비유는 초대입니다. 비유는 기존의 익숙한 상황들에 대한 새로운 사고방식의 작은 모델입니다. 비유는 일상적 경험에 기반을 두고 있는 가장 공통적인 인간 경험을 언급합니다. 비유는 가장 많은 사람들로 하여금 무엇을 말하고자 하는지를 알아듣게 하는 이야기입니다. 왜냐하면 이 이야기의 진정한 결말은 언제나 듣는 사람에 의하여 말해지기 때문입니다. 바꾸어 말하면 우리는 우리 스스로 비유를 완성하며, 그렇게 해서 우리는 비유에 의미를 부여하고, 그렇게 함으로써 그 의미에 이끌리게 됩니다.

마태복음 13장이 우리 중 환경목회에 헌신하고 있는 이들에게 어떠한 가치를 갖는다면, 그것은 효과적인 복음전도에 대한 비유로서의 가치입니다. 이 복음전도는 단순히 복음을 위한 복음전도에 그치는 것이 아니라 환경정의를 위한 복음전도입니다. 그 요점은 설령 거의 모든 사람이 우리에게 동의한다고 해도 우리가 말하려는 것을 들을 준비는 되어 있지 않다는 이사야서의 상식적인 경고입니다. 회개의 행위를 통해 그 침묵을 극복하려는 그리스도의 치유목회가 우리에게 도전이 됩니다. 모든 인간은 중독의 힘에 사로잡혀 부정이라는 태도를 취하지만, 그 부정을 솔직하게 바라볼 때에 회개는 일어납니다. 북반구의 부유한 사회에서 환경 활동의 씨앗을 뿌리고 있는 우리에게 회개란, 우리로부터 변화의 필요성을 방해하는 특권에 중독된 우리 자신을 직시함을 의미합니다. 아주 묘하게도 이 부정의 영역을 깨뜨리는 것은 사실과 숫자로 완전무장한 정면 공격을 의미하지 않습니다. 오히려 그것은 전복의 거룩한 행위를 의미합니다. 그것은 환경에 대한 이야기 안에서 사람들이 그들 스스로를 발견하도록 돕고, 이를 통해 개인적인 책임을 받아들이도록 초대하는 것입니다. 무엇보다도 그것은 그들 스스로 그 이야기를 완성하도록 하는 것을 의미합니다.

앞으로 여러분이나 제가 다시 한 번 우리의 신앙을 간증해야 할 때, 우리가 잠시 여유를 갖고 예수께서 왜 신약 성서에서 가장 잘 알려진 한 가지 이야기 중간에 이사야의 예언을 말씀하셨는지를 기억하기를 기도합니다. 예수께서는 복음 선포 전략에 대해 중요한 것을 제자들에게 말씀하시려고 그렇게 하셨습니다. 예수께서는 마음과 정신을 사로잡는 이야기의 힘에 대해 가르치길 원하셨습니다. 환경정의에 대한 이야기를 할 때마다 놀라는 성도들의 눈을 보고 싶지 않다면, 우리는 예수의 가르침들을 기억해야 합니다. 우리는 지구에 초점이 맞춰진 언어로 심오한 진리를 이야기할 수 있는 현대적인 비유들을 창조해야 합니다. 우리는 일상을 살아가는 사람들이 쉽게 다가갈 수 있는 이미지들로 이뤄진 일상의 이야기들을 만들어내야 합니다. 우리는 예언보다 약속으로 들을 수 있는, 회개로 초대하는 변화의 초대장을 그려내야 합니다. 우리는 이야기하는 방법을 알아내어 그 이야기가 청중들에게 무엇을 의미하는지를 스스로 결정하도록 해주어야 합니다. 그렇게 하지 못한다면, 우리는 씨앗들을 그저 허공에 뿌려대고 있을 뿐입니다.

# 지구의 절규, 마음의 절규

## THE CRY OF THE EARTHT - HE CRY OF THE HEART

존 크리사브기스●

이 설교는 마음의 절규(영성), 지구의 절규(생태), 그리고 가난한 자들의 절규(자선) 사이의 중대한 관련성을 이끌어내어 신학적 사고, 영적 실천 및 사회적 봉사를 하나로 결합시키고자 합니다. 이 설교는 2003년 3월 하버드 신학대학에서 열린 코스타스 세계선교대회에서 행해졌습니다.

● 존 크리사브기스(John Chryssavgis)는 오스트레일리아 원주민으로 그리스 음악원(Greek Conservatory of Music), 아테네 대학교, 성 블라디미르 정교회 신학교, 그리고 옥스퍼드 대학교에서 학위를 받았다. 그는 호주 그리스정교회 대주교의 개인 비서를 역임했으며, 시드니 소재의 성 안드레 신학대(St. Andrew's Theological College)의 공동 설립자이다. 그는 1999년 성 십자가 신학대학(Holy Cross School of Theology)의 신학 교수로 임명되었으며, *Beyond the Shattered Image*와 *Cosmic Grace, Humble Prayer* 등을 저술했다.

요나가 사흘 낮과 사흘 밤 동안을 큰 물고기 뱃속에 있었던 것 같이, 인
자도 사흘 낮과 사흘 밤 동안을 땅 속에 있을 것이다(마태복음 12:40).

우리에게 주어지는 통계와 정보들이 우리를 불안하게 하고 정말 두렵
게 함에도 불구하고, 왜 우리는 해결책에서 더 멀어져 가는 것일까요? 우
리가 수많은 다양한 관점을 통해 그것을 언급하며 그 요소들을 더 분명하
게 밝힘에도 불구하고, 왜 어떤 곳에서는 상황이 더 악화되는 것일까요?
그리스 정교회의 영적인 관점에서 저는 교회가 다음과 같이 말하고 있음
을 알고 있습니다. 멈추어서 반성하라. 제가 이해하기로는 그것이 제가 정
교회 신학자와 사제로서 부름 받은 일입니다.

저는 사제로서 해야 할 일을 행함으로써 응답해야 합니다. 즉 예수 그
리스도의 죽음과 부활을 설교하고 침묵과 눈물의 힘에 대해 선포하며 삶
과 죽음에 관한 성례를 집례하는 일입니다. 저는 서로의 관점에서 배우는
것만큼이나 한 개인의 관점에서 진실되게 말하는 것 역시 중요하다고 믿
습니다. 제 개인적인 관점은 전례(典禮)라고 할 수 있습니다. 사실 제가 '보
존'(con-serving: 함께 섬기기)의 개념에 대해 들었을 때에 저의 마음이 저도
모르게 향하고 있던 곳이 전례입니다. 저는 즉시 세계의 제단에서 섬기는

것, 곧 '공동 집전'(con-celebrating: 함께 기념하기)에 대해 생각하게 되었습니다. 공동 집전은 7세기의 막시무스(Maximus) 고해신부가 '우주적 전례'라고 불렀던 것입니다. 이 세계관 안에서 만물은 성례전적 확증과 거룩한 의미를 지니게 됩니다.

정교회의 전례 중에는 부제(副祭)가 예배당의 한가운데에 서서 사도적 확신과 열정으로 크게 외치는 순서가 있습니다. "우리 모두 온전히 일어서서 다 함께 경외합시다"(let us stand well, let us stand in awe). 부제는 사람들에게 그저 일어나라고 말하는 것이 아닙니다. 사실 부제는 이렇게 말하고 있는 것입니다. "아무것도 하지 말고 서 계십시오!" 우리는 행동하기 전에, 무엇보다 우리를 궁지에 빠지게 하는 것은 바로 우리의 '행동'이라는 사실을 종종 상기할 수 있도록 겸손해야만 합니다. 우리는 행동을 삼가야 합니다. 우리가 살아가고 있는 방식에 대하여 심사숙고하고 묵상해야 합니다. 우리가 환경 위기를 되돌리고 우리의 생활방식을 바꾸려고 한다면, 우리는 무엇보다도 먼저 우리 세계와 자신들을 인식하는 방법을 바꿔야만 합니다. 다시 말해 우리의 세계관, 즉 세계에 대한 우리의 상이나 이미지를 바꿔야 합니다. 이것은 마음의 변화를 요구합니다.

우리는 창조세계에 대한 완고한 가정과 독단적인 전제들에 기초해서 지구를 취급해왔음을 인정해야 합니다. '세계가 어떻게 작용하는가'는 '세계가 어떻게 보이는가'에 달려 있으며, 그것은 우리의 세계관과 세계상을 반영합니다. '청지기직'이라는 용어와 개념에 대한 저의 비판 또한 마찬가지입니다. 이 용어는 자기중심적인 세계관, 아마도 더 효율적이며 생산적이지만 궁극적으로는 우리의 필요와 욕망에 의해서 결정되는 세계관을 암시합니다. '세계는 복음의 선포를 기다리고 있다'는 생각 안에는 위험이 내재해 있습니다. 우리가 복음을 증거하려면 무엇보다도 먼저 제가 마음의 절규라 부르는 것을 들어야만 합니다.

## 마음의 절규

제가 나무 한 그루를 베어낸다고 합시다. 저는 창조적이고 생산적인 사람이 되기를 원하지만, 그것이 오히려 문제를 만들어냅니다. 탁자나 수납장을 만들 때 저는 본의 아니게, 심지어 자신도 모르게, 관도 준비하는 것입니다. 예가 좀 거칠어서 죄송합니다. 벌목을 하는 작업은 일반적으로 책에 사용될 종이, 가정을 위한 지출, 자동차를 고르는 것과 같이 더 미묘한 형태를 지닙니다. 나무 한 그루를 베어낼 때에는 그만큼의 산소도 베어내고 있는 것입니다. 저는 나무와 지구만을 매장하는 것이 아니라 삶 자체와 저의 자녀까지도 매장해버립니다. 이제 저는 관에 뉘어 있는 저 자신의 영혼과 자녀, 바로 지구의 영혼과 존재를 바라봅니다. 잔인한 순환을 영속시키면서 어떻게 성급하고 낭만적인 해결책을 말할 수 있겠습니까! 구원은 실로 치유입니다. 그러나 제가 입힌 상처를 이해하기 전까지, 치유를 말한다는 것이 어떻게 가능할 수 있겠습니까?

그 대신에 저는 우선 침묵해야 합니다. 조용히 무릎을 꿇어야 합니다. 눈물을 흘려야 합니다. 제 자녀를 되찾기를 갈망해야 합니다. 눈물은 새로운 삶을 향한 영적인 목마름의 결정적인 요소입니다. 마음의 변화를 위한 열정적인 욕망—제가 속한 전통에서 '성적인 욕망'(erotic desire), 즉 에로스라고 부르는 것—은 그 자체로 낙원으로의 서곡입니다. 그것만이 잃어버린 것을 회복할 수 있습니다. 현대심리학의 전문용어로 말하자면 저는 상실을 슬퍼하고, 죄를 인식하고, 썩어짐을 느끼고, 저의 삶, 자녀들, 심지어 제가 파괴한 나무까지도 되찾기를 진실한 마음으로 원해야 합니다. 저는 용서를 구해야 합니다. 이것이 저의 유일한 부활의 희망입니다. 역설적으로 삶의 스승은 죽음입니다. 그것이 자연의 방식입니다. 아마도 그것은 하나님의 방식입니다.

그리고 저는 죄를 인정합니다. 책임을 떠맡는 것입니다. 사람들이 저에게 오존층에 구멍이 생겼다고 말할 때, 그 구멍을 감지하지 못하는 한, 그 잃어버린 고리로 인해 마음 아파하지 않는 한, 저의 자녀와 손자 손녀들, 미래의 후손들의 세대가 그 구멍 안에 매장되는 것을 인식하지 못하는 한 저는 아무것도 느낄 수 없을 것입니다. 그것을 느낄 수 있을 때에야 그 구멍을 통해 하나님의 손이 미치게 됩니다. 그때 비로소 이 비어 있음이 그리스도의 열려진 무덤을 반영하는 열려 있음으로 변화됩니다.

그러므로 제가 세계의 얼굴 안에서 자신의 후손의 얼굴을 볼 때에 비로소 그 얼굴 안에서 더 나아가 부활하신 그리스도의 모습, 모든 얼굴 중의 얼굴을 발견할 수 있게 될 것입니다. 8세기에 살았던 시인이자 예술가였던 다마스쿠스의 요한(John of Damascus)은 "땅은 하나님의 살아 있는 얼굴"임을 간파했습니다. 그때에야 저는 또한 각각의 나무에서 얼굴, 이름, 시간, 장소, 목소리, 그리고 간절히 듣고 싶은 절규를 인식할 수 있습니다.

이제 더 이상 저는 마치 세계가 항상 거기에 있는 것처럼 행동하지 않습니다. 더 이상 자기중심적인 방식으로 자연세계와 관계하지 않습니다. 이기적인 세계관에 갇히면 자연과 소통하지 못하며, 자연이 저의 영혼을 고양시키는 것을 깨닫지도 못합니다. 저는 사람을 사물처럼 대해서는 안 된다는 것을 압니다. 그러나 저는 이제 그 사물들조차도 단지 사물로서 대해서는 안 된다는 사실을 배워야 합니다. 그렇게 될 때 지구의 절규는 저의 내면 깊숙이 뿌리내리게 됩니다.

## 지구의 절규

여러분이 보는 바와 같이 저는 어떠한 해결책도 제시하지 않습니다. 저는 절규와 고백, 그리고 또 다른 해방적 세계관을 제시하고 있습니다. 마음의 절규가 지구와의 관계 안에서 저의 악행에 대한 고통스러운 자백이라면, 지구의 절규는 하나님의 자녀들이 해방을 기다리며 "해산의 고통으로 신음하는 것" 자체입니다(롬 8:22-23). 아우구스티누스가 기록한 대로, "우리가 이보다 더 큰 소리를 찾을 수 있겠습니까?"

지구가 절규하기 시작하고 그 절규가 심해지는 것은 우리가 주로 인간의 소비를 위한 생산에 매달리고, 세계와 인류를 단지 우리의 필요로 환원시키는 데에 전념하기 때문입니다. 이러한 환원주의적 세계관에서 우리는 더 큰 실재를 간과하게 됩니다. 모든 사람과 모든 것을 포함시키며 모든 존재와 전체 세계를 아우르고 ('용서'와 '화해'를 뜻하는 헬라어 단어 *synchoresis*의 문자적 의미처럼) **만물을 위한 공간을 가능케** 하는 하나님의 경제(the divine economy)를 무시하는 것이죠. 우리의 경제는 인간과 동물과 식물을 모두 수용해야만 합니다. 한번 더 고백자 막시무스(Maximus the Confessor)를 인용하자면 하나님의 경제와 조화를 이루는, 최소한 이를 위배하지 않는 방식으로 말입니다. 아마 여기에 일반적인 용어 '청지기직'의 또 다른 약점이 있을 것입니다. 이 용어에 대한 적당한 헬라어 번역은 *oikonomia*입니다. 그러나 *oikonomia*(혹은 '경제economy'), 더 나아가 *oikologia*(혹은 '생태ecology')는 사실 하나님께 속한 것입니다. 우리가 할 수 있는 것은 다만 경제에 대한 하나님의 우선권에 응답하는 것뿐입니다.

산업과 기술은 신비의 차원을 인정해야 하고(송영*doxology*), 우리는 만물의 궁극적인 계획에 민감해야 하며(종말론*eschatology*), 또한 만물을 향한 하나님의 절대적인 관심을 믿어야만 합니다(섭리*providence*). 생태학은 단지 기독교적 비전이나 선교의 한 양상, 또한 기독교 신학이나 영성의 한 차원이 아닙니다. 그것은 모든 기독교적 삶과 실천의 중대한 기초이며 방법입니다. 우리의 메시지가 인간 공동체를 넘어서 전체 공동체의 좀 더 넓고 보편적인 관계를 깨달을 수 있을 만큼 담대하며 모험적이지 않다면, 그 메시지는 결함투성이일 것이고 복된 소식이 될 수 없을 것입니다.

　더 넓은 실재, 더 큰 경제, 더 에큐메니컬하며 우주적인 관점은 다음의 사실을 상기시켜줍니다. 컨텍스트는 언제나 여러분이나 저보다, 한 교파나 신앙보다, 심지어 세계 그 자체보다도 크다는 것을 말입니다. 우리가 외골수의 의제를 고집하는 한 지구는 항상 위협을 받을 것입니다. 우리의 과도한 소비에 대한 올바른 반응과 적절한 해결책은 정교회의 금욕주의 전통에서 포기라고 부르는 것입니다. 그것은 땅이 하늘에 속해 있다고 의식하는 것이요, 밀라노의 암브로시우스(Ambrose of Milan) 말을 인용하자면 "땅, 하늘, 공기, 바다, 그 어떤 것도 부유한 소수가 쓰기 위해 차지할 수 없다"는 것을 인정하는 것입니다.

　지구의 절규는 결국 겸손의 요청입니다. 우리가 알고 있는 바와 같이 자존심은 인간의 독특한 속성입니다. 다른 모든 피조물은 본능적으로 만물의 법칙에 따라 그들에게 어울리는 자리를 아는 것 같습니다. 그러나 인류만이 만물의 계획 안에 있는 자신들의 적절한 장소를 받아들이지 못합니다. 우리만이 이를 받아들이지 못하고 어디에서 멈추어야 할지, 어디까지 가야 할지를 모르고 있습니다. 우리는 "봉사하고 지키기 위해"(창 2:15) 존재합니다. 저는 이 구절을 "봉사하고 보존하기 위해"로 번역하기를 좋아합니다. 이것은 덜 가지며 사는 것의 문제이며, 가볍게 여행하는 것의 문제입니다. 그리고 우리는 언제나 우리가 상상하는 것보다 훨씬 덜 가지고도 삶을 꾸려나갈 수 있습니다. 물론 이것은 '안식일 원리'입니다. 우리가 덜 가지고 있을 때에 우리는 다른 이들에게 부족한 것이 무엇인지에 더 민감해지게 됩니다. 이로써 우리는 가난한 자들의 절규에 좀 더 귀 기울일 수 있게 됩니다.

## 가난한 자들의 절규

우리는 사람들을 대할 때와 같은 섬세함과 다정함으로 자연을 대합니다. 에큐메니컬 운동은 **생태-정의**(eco-justice)라는 적절한 단어를 만들어냈습니다. 모든 생태적 활동, 경제적 기획 및 신학적 원리와 영적인 실천들이 궁극적으로는 사람들, 특히 가난한 자들에게 끼치는 영향에 따라 판단되고 심판 받습니다(마 25:31 이하). 웬델 베리(Wendell Berry)가 지적한 바와 같이, "우리가 깨닫지 못하는 어떤 관련성으로 인해, 하나[지구]를 착취하려는 의지는 다른 것[인간의 몸]을 착취하려는 의지가 됩니다."[1]

우리는 가난한 자들의 절규를 위한 공간을 마련해야 합니다. 우리는 가난한 자들의 목소리를 듣고 가난한 자들의 존엄성을 인정해야 합니다. 우리는 가난한 자들에 대한 우리 행동의 결과에 대해 책임을 져야 합니다. 우리의 시장은 착취와 배제에 기초해 있습니다. 우리의 기술은 사람들을 한쪽으로 멀리, 심지어는 바깥으로 몰아냅니다. 생태적 응답의 첫 단추는 환경이나 신학으로부터가 아니라 가난한 자들을 향한 우리의 태도로부터 시작되는 것입니다.

그것은 분명히 온정주의나 선심주의로부터 우리를 보호하고 가난한 자들을 지키는 것입니다. 가난한 자들은 단지 동등한 정당성을 갖지 않습니다. 오히려 그들은 더 큰 정당성을 갖습니다. 다시 말하면 가난한 자들은 지금껏 우리가 그들에게 '판' 것을 '사'주었습니다. 그들은 우리가 말한 것을 들어왔습니다. 그들은 우리가 오만하게 행한 것들을 끈기 있게 견뎌왔습니다. 그럼에도 지금 주객이 전도되어 있습니다. 지금 최우선시해야 하는 것은 가난한 자들의 고통입니다. 해결책을 결정하는 것은 그들의 절규입니다. 죽음이 우리에게 삶에 대해 가르쳐주고 나무가 창조세계를 어떻게 대할지 우리에게 깨우쳐주듯이, 이제 가난한 자들은 말할 권리를 가지

고 있습니다. 가난한 자들의 절규를 듣지 않은 것에 대해 우리에게는 어떠
한 변명의 여지도 없습니다. 성서가 우리에게 확언하기를 "가난한 사람들
은 늘 여러분과 함께"(마 26:11) 있을 것입니다.

## 상실

우리가 숲을 잃게 된다면, 그것은 삶의 미적 차원 이상을 잃는 것이며
삶의 본질을 상실하는 것입니다. 우리는 우리의 상상력과 영감, 자연과 생
명의 신비를 잃어버리며 우리의 감성과 영혼을 잃어버리게 됩니다. 멸종
위기에 처해 있는 가장 위험한 종은 고래나 숲이 아닙니다. 그것은 우리
가 공유하고 있는 지구입니다. 지구는 우리의 집('ecology'라는 용어의 어원인
oikos라는 말의 의미)입니다. 지구는 우리 모두가, 고래와 나무와 사람 모두가
살며 죽는 곳입니다.

이러한 것이 마음의 절규입니다. 세계는 단지 빵에 굶주린 것이 아닙니
다(마 4:4). 세계는 거룩과 신비에 대한 감각에 굶주려 있고, 나무들과 가난
한 사람들 그리고 신성을 보지 못하는 영적 비전에 굶주려 있습니다. 이 굶
주림이 결국 우리로 하여금 생명과 자연환경에 대해 진실해지도록 할 것
입니다. 그것은 우리에게 모든 인간과 만물의 화해에 대한 이해를 물려줄
것입니다. 그것은 하늘과 땅의 언약을 의미하며, 곧 하나님의 뜻이 "하늘에
서와 같이 땅에서도"(마 6:10) 이뤄지게 될 것입니다.

그것은 우리가 받은 선물이요 우리가 서약한 새로운 삶의 약속입니다.

"하나님이 말씀하셨다. '내가, 너희 및 너희와 함께 있는 숨쉬는 모든 생
물 사이에 대대로 세우는 언약의 표는, 바로 무지개이다. 내가 무지개를
구름 속에 둘 터이니, 이것이 나와 땅 사이에 세우는 언약의 표가 될 것

이다"(창세기 9:12-13).

그것이 제가 지키도록 부름 받은 보물입니다. 결국 그것은 제가 저의 자녀들에게, 손자 손녀들에게 물려주어야 할 가장 고귀한 선물입니다. 감사하게도 그 선물은 제가 초래한 불명예와 파괴보다 훨씬 더 놀라운 것입니다. 그것은 은혜와 생명의 상징입니다. 아무리 감사해도 모자라지 않겠습니까?

1. Wendell Berry, "The Body and the Earth," *Recollected Essays, 1965-1980* (San Francisco: North Point Press, 1981), 304-5.

# 사울의 눈에서 벗겨진 비늘

## SCALES FELL FROM HIS EYES

존 캅●

이 설교는 저의 삶의 중요한 전환에 대한 자서전적 반성입니다. 이런 삶의 전환은 문화 안에서 발생하는 변화와 조화되기 위해 필요합니다.

● 존 캅(John Cobb)은 클레어몬트 신학교과 대학원의 석좌교수였으며 현재 과정사상연구센타의 공동 책임자이다. *Is It Too Late?*, *A Theology of Ecology*, *For the Common Good* 등 수많은 저서들이 있다.

사울은 여전히 주님의 제자들을 위협하면서, 살기를 띠고 있었다. 그는 대제사장에게 가서, 다마스쿠스에 있는 여러 회당으로 보내는 편지를 써 달라고 하였다. 그는 그 '도'를 믿는 사람은 남자나 여자나 가리지 않고, 닥치는 대로 묶어서, 예루살렘으로 끌고 오려는 것이었다. 사울이 길을 가다가, 다마스쿠스 가까이에 이르렀을 때에, 갑자기 하늘에서 환한 빛이 그를 둘러 비추었다. 그는 땅에 엎어졌다. 그리고 그는 "사울아, 사울아, 네가 왜 나를 핍박하느냐?" 하는 음성을 들었다. 그래서 그가 "주님, 누구십니까?" 하고 물으니, "나는 네가 핍박하는 예수다. 일어나서, 성 안으로 들어가거라. 네가 해야 할 일을 일러 줄 사람이 있을 것이다" 하는 음성이 들려왔다. 그와 동행하는 사람들은 소리는 들었으나, 아무도 보이지는 않으므로, 말을 못 하고 멍하게 서 있었다. 사울은 땅에서 일어나서 눈을 떴으나, 아무것도 볼 수가 없었다. 그래서 사람들이 그의 손을 끌고, 다마스쿠스로 데리고 갔다. 그는 사흘 동안 앞을 보지 못하는 상태에서, 먹지도 않고 마시지도 않았다.

그런데 다마스쿠스에는 아나니아라는 제자가 있었다. 주님께서 환상 가운데서 "아나니아야!" 하고 부르시니, 아나니아가 "주님, 여기 있습니다" 하고 대답하였다. 주님께서 아나니아에게 말씀하셨다. "일어나서 '곧은 길'이라 부르는 거리로 가서, 유다의 집에서 사울이라는 다소 사람을 찾아라. 그는 지금 기도하고 있다. 그는 [환상 속에] 아나니아라는 사람이 들어와서, 자기에게 손을 얹어 시력을 회복시켜 주는 것을 보았다." 아나니아가 대답하였다. "주님, 그가 예루살렘에서 주님의 성도들에게 얼마나 해를 끼쳤는지를, 나는 많은 사람에게서 들었습니다. 그리고 그는 주님의 이름을 부르는 사람들을 잡아 갈 권한을 대제사장들에게서 받아 가지고, 여기에 와 있습니다." 주님께서 그에게 말씀하셨다. "가거라, 그는 내 이름을 이방 사람들과 임금들과 이스라엘 자손들 앞에 가지고 갈, 내가 택한 내 그릇이다. 그가 내 이름을 위하여 얼마나 많은 고난을 받아야 할지를, 내가 그에게 보여주려고 한다." 그래서 아나니아가 떠나서, 그 집에 들어가, 사울에게 손을 얹고 "형제 사울이여, 그대가 오는 도중에 그대에게 나타나신 주 예수께서 나를 보내셨소. 그것은 그대가 시력을 회복하고, 성령으로 충만하게 되도록 하시려는 것이오" 하고 말하였다. 곧 사울의 눈에서 비늘 같은 것이 떨어져 나가고, 그는 시력을 회복하였다. 그리고 그는 일어나서 세례를 받고 음식을 먹고 힘을 얻었다(사도행전 9:1-19).

우리의 눈에서 종종 비늘이 벗겨진다는 생각은 기독교 안에 확고하게 자리 잡고 있습니다. 이런 생각은 많은 사람들의 경험을 비유적으로 서술하고 있습니다. 오늘 본문은 두 가지 변화에 대해 말합니다. 다마스쿠스(Damascus)로 가는 도중에 바울은 그의 눈에서 비늘이 벗겨지는 가장 중요한 경험을 했습니다. 우리는 그의 경험을 비유적으로 다음과 같이 말할 수 있습니다. 그런 경험을 하기 전까지 바울은 누가 예수인지 볼 수 없었고, 아마도 보려고 하지도 않았을 것입니다. 그래서 바울은 예수가 위대하다는 주장에 화가 나 있었고, 예수를 따르는 종파를 박해하기로 결심했습니다. 그러나 다마스쿠스 도상에서 자신의 눈에서 비늘이 벗겨지는 경험을 한 뒤, 바울은 비로소 제자들이 선포한 예수를 보게 되었습니다. 그 경험은 그의 삶의 방향에 철저한 전환을 가져왔습니다. 그는 자신이 본 것의 의미를 이해하는 데 며칠이 걸렸습니다. 본문은 "사흘 동안 앞을 보지 못하는 상태에서, 먹지도 않고 마시지도 않았다"고 적고 있습니다. 사흘 동안 바울은 아무것도 먹고 마시지 않았으며, 육체적으로 눈이 멀어 아무것도 보지 못했습니다. 그 당시 바울의 결심이 없었다면 오늘날 기독교 교회는 존재하지 않을 것입니다.

두 번째 변화는 첫 번째 변화에 비해 약하지만 그럼에도 중요합니다. 그것은 눈에서 벗겨지는 비늘의 이미지가 실제적으로 본문에서 사용되는 것입니다. 육체적인 눈멂은 파괴적 효과 면에서 영적 눈멂과 비교될 수 없습니다. 육체적 눈멂은 여러분들과 의견을 달리하는 사람들을 박해하도록 만들지 않습니다. 그럼에도 바울이 육체적으로 눈먼 상태에 계속 머물러 있었다면, 그의 선교활동은 크게 제한되었을 것입니다. 이방인들 안에서 예수의 제자들의 지속적인 운동이 바울의 육체적 시력의 회복 없이 일어났는지의 여부는 우리가 단지 추측할 수 있을 뿐입니다. 어떤 경우든 영적 비늘뿐만 아니라 육체적 비늘이 그의 눈에서 벗겨졌다는 사실에 우리는 기뻐할 수 있습니다.

저는 여러분들이 자신의 눈에서 비늘이 벗겨지는 경험을 한번 이상 하시기를 바랍니다. 이런 경험은 저에게 계속해서 일어났으며, 저는 각 경험마다 매우 감사하고 있습니다. 오늘 저의 세 가지 그런 경험들을 여러분들과 함께 나누고 싶습니다.

## 첫 번째 경험

저는 2차 세계대전이 끝난 직후 군복무를 마치고 시카고 대학교 신학대학에 들어갔습니다. 우리는 모두 그때 당시 나치가 유럽 유대인들에 가한 공포를 알고 있었습니다. 우리는 이런 악의 체제에 더욱 강하게 저항하지 못한 독일 기독교인들에 대해 때때로 비판적이었습니다. 그러나 제가 수강한 신약성서와 교회사 강의에서 기독교의 반유대주의에 대해 폭넓게 토론했던 기억이 없습니다. 저는 기독교인에 의한 학살과 박해가 있었다는 사실을 어렴풋이 알고 있었습니다. 그러나 그 당시 제가 기독교의 가르침과 기독교인들(후에 나치와 유럽 인종차별주의자들)의 유대인 취급 사이의 관계를 깨닫지 못했던 것으로 기억합니다. 저는 미국사회에 퍼져 있었던 광범위한 반유대주의를 거의 알지 못했습니다. 결국 이런 반유대주의가 유대인들을 나치의 학살로부터 벗어나지 못하도록 방해했습니다.

십 년 뒤에야 비로소 저의 눈에서 비늘이 벗겨졌습니다. 제가 교육받은 경건한 개념들이 반유대주의로 이끈 그림자의 측면을 가지고 있다는 것을 발견하게 되었습니다. 하지만 예수와 구원에 대한 저의 이해는 바로 유대인을 진리와 구원의 적으로 본다는 사실을 깨닫지 못했습니다. 제가 명백한 기독교 반유대주의에 노출되지 않았기 때문에, 저는 그것이 어떻게 그렇게 광범위하게 퍼졌는지 믿기가 어려웠습니다. 그럼에도 불구하고 상당히 빠르게 비늘이 나의 눈에서 벗겨졌습니다. 저는 기독교의 가르침이 나치의 유대인 학살에 지대한 공헌을 했다는 사실을 알게 되었습니다. 저는 그런 선동적인 교육이 여전히 계속되고 있으며 저 자신의 신학적 형성들도 이런 위험에서 자유롭지 않다는 사실을 깨닫게 되었습니다.

## 두 번째 경험

저는 일본에 있는 선교 현장에서 자라났습니다. 어렸을 적에 저는 일본 여성이 일본 남성에게 종속적이라는 것을 어느 정도 알고 있었습니다. 그러나 저는 미국 여성도 그들의 문화와 교회의 가르침에 의해 제한되어 있다는 사실을 거의 잊고 있었습니다. 제가 알았던 독신 여성 선교사들은 분명한 자기 확신을 가지고 주요 기관들을 운영했던 강하고 독립적인 사람들이었습니다. 저의 어머니처럼 선교사 아내들은 종종 남편과 함께 지도력을 발휘했습니다. 제가 알았던 많은 일본 기독교 여성들도 역시 매우 강한 사람들이었습니다. 학교에서 저의 일반적인 경험은 여자아이들이 남자아이들보다 학문적으로 뛰어났다는 것입니다.

초기 여성운동 시절에 저는 여성들에게 그들이 얼마나 제약되어 있고 남보다 뛰어나지 못하도록 방해를 받았는지에 대해 듣기 시작했습니다. 그들은 남녀 그룹 안에서 자신들의 목소리가 무시된다고 불평했습니다. 여성의 견해는 남성의 견해만큼 심각하게 받아들여지지 않았습니다. 처음에 저는 이런 사실을 쉽게 믿지 못했습니다. 그러나 곧바로 저의 눈에서 비늘이 벗겨졌습니다. 우리 문화와 역사 그리고 교회의 삶의 가부장적 성격은 저에게 분명하게 다가왔습니다. 이런 사실들이 저의 주위 도처에 있었고 언제나 있었기 때문에, 제가 그 사실들에 주목해오지 않았다는 것, 즉 제가 그 사실들을 제거해버렸다는 것에 놀랐습니다.

## 세 번째 경험

생태학의 영역에서 저의 눈의 비늘이 벗겨졌습니다. 대부분의 사람처럼 저는 자연과의 감정적 애정을 가지고 자라났습니다. 저는 동물과 형제자매 관계를 느꼈고 그들의 고통에 대해 생각하고 싶지 않았습니다. 그러나 저는 이 모든 것이 기본적으로 감상적이라고 생각하도록 교육을 받았습니다. 정말 중요한 것은 인간과 그들 사이의 관계이고, 진짜로 중요한 문제들은 자연이 아니라 역사 안에서 발견된다는 것이었습니다. 이런 인간중심주의의 힘은 특별히 저의 초기 신학 작업에서 분명히 드러났습니다. 저는 인간과 다른 피조물 사이의 연속성과 상호관계성을 강조하는 철학에 동의했습니다. 그러나 저는 그 당시 실존주의의 강한 영향을 받은 표준적인 신학 논의로부터 나의 주제들을 채택했습니다. 이런 신학 작업은 저를 인간과 역사에 대해서만 집중하도록 만들었습니다. 저는 《기독교 자연신학》이라는 책을 썼습니다. 그러나 이 책에서 저는 인간과 하나님만을 주제로 다루었습니다. 1965년 제가 그 책을 출간했을 때, 그 책이 얼마나 이상했는지 저는 깨닫지 못했습니다.

몇 년 후 저의 눈에서 다시 비늘이 벗겨졌습니다. 그때 저는 생태계 위기의 심각성을 깨닫게 되었습니다. 저는 린 화이트(Lynn White Jr.)가 쓴 유명한 평론인 〈생태계 위기의 역사적 뿌리〉를 읽었습니다. 이 글에서 그는 서구 교회의 기독교적 가르침이 어떻게 자연세계로부터 관심을 저버리고, 자연세계를 단지 인간 목적의 수단과 인간 착취의 대상으로 취급했는지를 보여주었습니다. 이런 기독교적 가르침은 서구세계가 과학과 기술의 진보를 이루도록, 그리고 우리가 의존하고 있는 자연시스템을 급속히 파괴하는 수단들을 발전시킬 수 있도록 해방시켜주었습니다. 제가 교육받은 자유주의 개신교 전통이 어떻게 자연으로부터 소외를 강화했고 따라서 생태계 위기의 인식을 지연했으며 여전히 필요한 응답을 방해하고 있는지를 알게 되었습니다. 저는 저의 작업이 이런 소외를 어떻게 완전히 묵인하고 있는지를 깨닫게 되었습니다.

저의 눈에서 비늘이 벗겨지는 '생태적'인 사례는 저의 작업에 다른 두 경험보다 더 큰 영향을 주었습니다. 이것은 부분적으로 제가 사용한 철학이 생태계 위기에 대한 건강한 응답으로 안내하는 커다란 잠재력을 가지고 있었기 때문이었습니다. 다른 두 경우에서 다른 사람들이 나보다 더 좋은 위치에 있다는 것을 알았습니다. 그러나 생태학의 경우에 저는 그런 응답에 공헌할 수 있는 수단으로서 제가 전에 가지고 있던 것보다 더욱 포괄적으로 저의 철학적 전통을 사용할 수 있었습니다.

다마스쿠스로 가던 도상에서 바울의 경험은 저의 세대를 대표하는 제가 여기서 말한 개인적 경험들과 비슷하면서도 다릅니다. 바울이 사물의 존재방식에 대해 얼마나 잘못되었는지를 갑자기 그가 발견했다는 점에서 비슷합니다. 이것은 제가 언급한 세 가지 경험적 사례들 안에서 저에게도 일어났습니다. 그러나 더욱 완벽한 전환이라는 의미에서 달랐습니다. 저는 의도적으로 반유대적, 가부장적, 반환경적 활동이나 가르침에 전념하지 않았습니다. 저의 경험은 제가 단순히 무시했던 것들이 매우 중요하다는 사실을 깨닫도록 해주었습니다. 반면에 바울은 자신의 생명을 바쳐야만 하는 것을 파괴하는 데 많은 에너지를 쏟았습니다. 그것은 또한 변화의 의미도 달랐습니다. 저의 경험은 제가 이전에 무시했던 주제들을 가르쳐야 하는 어떤 책임을 느끼도록 해주었습니다. 바울의 경험은 그가 새로운 운동에 참여하고 예수 그리스도를 선포해야 한다는 사실을 즉시 분명하게 해주었습니다.

우리 세대의 몇몇 분들에게, 그들의 눈에서 비늘이 벗어지며 일어난 새로운 깨달음은 정말로 극적인 변화를 가져왔습니다. 기독교가 본질적으로 반유대적이라고 판단하여 기독교를 거부한 후 교회를 떠나 있었던 한 기독교 신학자를 저는 알고 있었습니다. 그러나 대부분 기독교인에게 유대인에 대한 기독교인의 범죄에 관한 새로운 깨달음, 그리고 유대인과 기독교인의 관계를 악화시킨 일반적인 기독교적 가르침의 책임에 대한 새로운 의식은 실천과 가르침을 수정하는 것으로 끝났습니다. 우리는 예수와 바울이 유대인이었고 기독교인이 된다는 것은 이런 유대 스승들의 제자가 된다는 사실을 분명히 하려고 합니다. 우리는 유대인과 하나님과의 계약이 여전히 유효하다는 사실을 부정하지 않으면서 그리스도 안에서 우리가 발견하는 구원을 구성하려고 노력합니다. 우리는 유대인의 토라에 대한 깊은 헌신이 유대교적 삶에 열등한 결과를 가져온다는 사실을 의미하지 않고 기독교인의 특유한 율법주의를 비판하려고 합니다. 우리는 바리새인이라는 단어를 경멸적으로 사용하는 것을 피하려고 합니다. 그리고 우리는 유대인들에게 유대인의 종교적 삶과 공동체에 우리의 존경과 관심을 확신시키면서 유대인 이웃들과 관계하려고 노력합니다. 우리는 가르침과 관계의 이런 새로운 패턴들이 반유대주의를 다시 야기하는 기독교적 신앙의 경향을 멈추게 할 것이라고 간절히 희망합니다.

더욱 일반적인 것은 다음과 같은 사실을 깨달은 여성들의 철저한 응답입니다. 즉 여성들은 가부장적 문화 안에서 그들의 모든 조건이 진정한 개인의 발전을 방해했고 또한 그들과 그 자매들을 해방시키기 위하여 커다란 에너지를 바쳤다는 사실을 깨달았습니다. 일부 여성들에게 이런 응답은 이방인에게 복음을 전했던 바울의 헌신만큼이나 온전한 헌신이었습니다. 페미니즘은 기독교의 수정뿐만 아니라 가부장적 전통에서 벗어난 새로운 종교운동으로서 역할을 해왔습니다. 그러나 대부분 우리는 가부장적 습관과 가르침의 광범위한 존재와 유행에 대한 깨달음을 통해서 우리에게 전달된 습관과 가르침을 변화시키려고 노력합니다. 교회 안과 밖의 개인적 관계 안에서 우리는 남성과 여성의 온전한 평등에 도달하려고 노력합니다. 다방면에서 여성들이 주도적 역할을 하는 교회를 만들기 위해 노력합니다. 우리는 여성을 포함하려고 할 때 남성 대명사를 사용하지 않으며, 또는 하나님을 말할 때 남성 대명사를 배타적으로 사용하지 않으려고 합니다. 우리는 성서와 전통 안에 있는 여성적 은유들을 추구하며, 남성적 이미지와 여성적 이미지의 균형을 잡으려고 노력합니다. 좀 더 중요하게 우리는 여성의 통찰력 속에서 하나님에 대하여 그리고 다른 사람들과 자연에 대하여 생각하는 새로운 방법들과 함께 상호간에 관계하는 새로운 방법들을 추구합니다.

생태계 위기와 그 원인들에 대한 깨달음은 유사한 결과를 가지고 있습니다. 소수의 사람들에게, 그들의 눈에서 벗겨진 비늘의 효과는 자연세계의 보존에 대한 전적인 헌신으로 인도합니다. 젊은이의 이상주의는 멸종위기의 종들을 구하고 파괴적인 '개발'을 중지시키며 오염과 맞서 싸우는 인상적인 노력의 길을 열어주었습니다. 그러나 여기 있는 우리 대부분은 이런 깨달음을 통해 우리가 물려받은 전통을 개혁하고 수정하려고 합니다. 우리는 지구를 덜 파괴하는 방식으로 살려고 개인적으로 노력합니다. 우리는 인구, 특히 일인당 소비가 많은 나라들의 인구가 특별히 제한되어야 한다는 사실을 인정합니다. 우리는 의식을 일으키고 환경을 보호하는 정부정책과 행동을 추구합니다. 교회에서 우리는 자연세계에 대한 성서 기자들의 분명한 관심을 고양하고 하나님께서 자연세계를 창조하셨으며 인간의 유용성에 관계없이 자연세계는 본래적으로 하나님께서 보시기에 좋다는 사실을 강조합니다. 우리는 예배의식 안에서 자연세계에 대한 더 많은 주의와 배려를 표현하려고 노력하며, 교회 건물과 교회 안의 실천들이 지속 가능할 수 있도록 노력합니다.

우리가 다른 경험들에 대해서 생각할 수 있지만, 특히 이런 세 가지 경험들은 저의 기독교 신앙에 대한 태도에 깊은 영향을 주었습니다. 저는 기독교적인 것과 선(善)을 동일시하면서 성장했습니다. 제가 기독교적이라고 생각했던 것이 좋은 게 아니었다는 사실을 발견했을 때, 저는 그것이 정말로 기독교적인 것이 아니라고 생각했습니다. 지금 저는 규범적인 기독교 가르침이 기독교 역사의 대부분을 통해서 유대인과 여성의 고통에 기여했고 지구의 착취를 가속화했다는 사실을 깨달았습니다. 저는 성(sexuality)을 기본적으로 악이라고 보는 기독교적 가르침이 신실한 신자가 되기 위해 가장 열심히 노력했던 사람들을 크게 억압하는 결과를 가져왔다는 사실을 덧붙여 말할 수 있습니다. 동성애자들에 대한 기독교의 가르침의 영향은 훨씬 더 잔인했고 지금도 여전히 그렇습니다. 저는 기독교가 전반적으로 선만큼이나 해악을 끼치지 않았나 생각하지 않을 수 없습니다. 그렇다면 기독교인이 된다는 것은 좋은 것입니까? 제가 기독교의 긍정적인 공헌을 인정하면서도 많은 결점이 있는 전통을 계속 유지할 이유가 없다고 보는 탈기독교인들의 공동체에 참여해야만 합니까?

아마도 저는 여기서 제 눈에서 다시 비늘이 벗겨졌다고 말할 수 있습니다. 저와 많은 다른 사람들이 대체로 순수한 단체나 운동을 얼마나 많이 발견하기를 원하는지를 깨달았습니다. 그러나 그렇게 결점이 없는 운동이나 단체는 없습니다. 우리는 상당히 결점이 많은 세계 안에 살고 있으며 결점이 많은 개인들에 둘러싸여 있습니다. 우리가 바로 그렇게 결점이 많은 개인들의 본보기이며 따라서 우리는 가장 순수한 제안(발의)조차도 더럽힙니다. 사실 우리는 정말로 최초의 순수성마저도 발견할 수 없습니다.

그렇다면 유일한 합리적인 반응은 냉소주의입니까? 우리의 종교전통이 모두 심하게 결함이 있다면 우리는 선의 추구를 포기해야만 하지 않습니까? 타자에 대한 배려 없이 우리의 개인적 이익을 추구하는 게 더욱 이치에 맞는 것이 아닙니까? 사실 많은 사람들은 이런 길을 선택했습니다. 부와 개인적 건강 및 향락의 추구가 많은 다른 나라들뿐만 아니라 우리나라 국민의 성격을 특징짓고 있습니다.

그러나 그것은 득이 되지 않습니다. 사실 그것은 인간의 미래와 심지어 지구의 생명조차도 위협합니다. 기독교인의 집단적 죄의식에 대한 저의 인정이 실제적으로 인도해준 깊은 사고는 교회의 안팎에서 복음의 집단적인 필요에 대한 깨달음을 강화해주었습니다.

우리는 과거의 범죄에 대한 죄의식이 없는 역사적인 공동체나 현재의 타락이 없는 새로운 공동체를 찾을 수 없습니다. 질문은 공동체의 과거나 현재의 미덕에 대한 것이 아니라, 공동체의 집단적 눈에서 비늘이 벗겨질 때 그 공동체가 어떻게 응답하며 그것이 얼마나 잘못되었는지를 살필 수 있느냐에 대한 것입니다. 공동체는 파괴적인 방법을 고수합니까? 공동체가 이런 죄에 대한 책임이 없다고 주장합니까? 공동체의 구성원들은 간단하게 책임을 포기하고 공동체가 행한 것에 대한 책임을 질 필요가 없는 것입니까? 저는 이런 방법으로 응답하는 공동체와 동일시할 수 없습니다.

그러나 저는 저의 공동체인 오랜 전통의 개신교가 다른 진로를 따라갔다는 것을 발견했습니다. 저의 공동체는 회개했습니다. 그렇습니다. 우리는 유대인, 여성, 타자와 우리 자신들에 대한 끔찍한 범죄를 저질렀습니다. 그러나 이런 범죄를 깨닫게 되면, 그것을 인정하고 변화의 힘든 길을 따라가려고 노력합니다. 우리는 우리의 가르침과 실천을 변화시키려고 노력합니다. 그래서 더 이상 반유대주의, 여성에 대한 가부장적 지배, 지구의 필요에 대한 계속적인 무시에 기여하지 않습니다. 우리의 변화는 결점이 있습니다. 우리 구성원 모두가 회개에 동참하지 않습니다. 우리는 결코 끝에 도달할 수 없는 가야 할 먼 길이 있습니다. 또한 우리는 회개해야 할 부가적인 범죄를 계속해서 발견하게 될 것입니다. 우리가 응답할 힘을 가지고 있기를 바랍니다. 회개운동이 순수한 것의 인기 있는 호소력을 가지고 있지 않다는 것을 우리는 알고 있습니다. 그러나 우리는 그런 이유 때문에 이러한 근본적인 성격을 포기하지 않을 것입니다.

우리는 더 좋은 방법으로 우리 자신을 재구성하는 것보다 우리가 지금 거부하는 것에 대해 집단적으로 더 분명하다는 사실을 알고 있습니다. 예를 들어 우리는 반유대적 기독론을 거부하지만 그 대신에 무엇을 제시합니까? 그것은 아직 거의 분명하지 않습니다. 우리는 그런 명확성의 결핍으로 고통당하며, 우리의 신학적 빈곤과 심각하게 씨름하지 않는 죄를 짓고 있습니다. 우리는 계속 죄를 짓습니다. 하지만 계속된 회개는 다음과 같은 사실을 알려줍니다. 우리가 따라가려고 노력하는 그분, 즉 예수는 반유대주의, 가부장제, 인간중심주의, 우리가 죄를 짓고 있는 어떤 것과도 동일시될 수 없다는 것입니다. 오히려 우리가 죄를 지었다는 것을 판단하는 기준은 예수이며 그분의 가르침입니다.

우리의 회개는 우리가 이전 세대들이 발전시킨 어떤 특정한 신념이나 실천보다는 예수를 따라가기로 결단했다는 것을 의미합니다. 그 안에 희망이 있습니다. 우리의 신앙을 포기할 필요가 없습니다. 신앙의 표현이 아무리 왜곡되었고, 여전히 왜곡되어 있다 할지라도 우리는 다함께 치유하고 활동을 발전시키는 데 참여할 수 있습니다. 냉소적일 필요가 없습니다. 우리는 예수 그리스도가 세상의 희망으로 남아 있음을 믿을 수 있습니다. 우리는 우리의 눈에서 벗겨지는 비늘을 우리의 집단적·개인적 죄의 반복된 인식만이 아니라 그리스도는 누구이며 예수를 따른다는 것이 무엇을 의미하는지를 더 분명히 분별하는 수단으로 경험할 수 있습니다.

예수는 그의 청중들을 메타노이아(*metanoia*)에 이르도록 부르셨습니다. 메타노이아란 마음의 심오한 변화를 의미합니다. 우리는 그것을 '회개'로 번역합니다. 우리의 눈에서 벗겨지는 비늘에 대한 응답 안에서 회개하는 우리가 바로 예수의 참된 제자들입니다.

# 가능성을 위한 열정:
## 미국교회를 향한 메시지

A PASSION FOR THE POSSIBLE: A Message to US Churches

윌리엄 슬론 코핀●

이 메시지는 설교 모음집 《가능성을 위한 열정》(westminster, John Knox, 1993)에 실린 글입니다. 이 설교는 생태적 문제의 규모를 분명히 이해하는 것이 얼마나 중요한지를 보여줌으로써 그 해결책을 충분히 판단할 수 있도록 해줍니다. 이 글은 지속 가능한 미래의 발전을 위해 인류가 해야 할 생각과 행동의 변화를 제안합니다. 또한 이 글은 미국 교회들로 하여금 가능성의 비전을 가지고 리더십을 열심히 발휘하도록 요청하는 명쾌한 소리입니다.

● 윌리엄 슬론 코핀(William Sloane Coffin, 1924-2006)은 장로교회 목사로서 오랫동안 평화운동을 했다. 미국 중앙정보부(CIA)의 요원이었던 그는 후에 예일 대학교의 교목, 뉴욕 시 리버사이드 교회(the Riverside church)의 담임목사, 그리고 미국 내에서 가장 큰 평화 정의 운동 단체인 SANE/Freeze의 대표를 역임했다. *Letters to a Young Doubter*, *Credo*, *Passion for the Possible* 등의 책을 저술했다.

하늘은 하나님의 영광을 드러내고, 창공은 그의 솜씨를 알려 준다(시편 19:1).

"오! 용서하십시오, 피 흘리는 땅의 자손이여. 저는 너무 용기 없고 소심하여 이 도살자들과 함께 있습니다"(셰익스피어, 《줄리어스 시저》 중 안토니우스의 대사).

땅에 무슨 일이 닥치든, 그것은 땅의 자녀들에게 닥쳐옵니다. 인간이 생명의 망을 엮어낸 것이 아니라, 인간은 단지 그 망 안의 한 가닥에 지나지 않습니다. 인간이 그 망에 행하는 것은 바로 자신에게 행하는 것입니다. 당신의 토대를 계속 오염시켜보십시오. 그러면 당신은 어느 날 밤 당신이 버린 쓰레기들 속에서 질식해 죽게 될 것입니다(시애틀 인디언 추장, 1854).

우리는 어떤 군사 독재자, 마치 악취 나는 파파 독(PaPa Doc: 아이티의 독재자 프랑수아 뒤발리에)처럼 두 다리를 벌린 채 세계 위에 올라 앉아 있다(빌 맥키벤).

하늘은 계속해서 하나님의 영광을 드러내는데, 오늘날 창공은 사악한 인간의 짓, 즉 스모그와 산성비, 오존층의 엄청난 구멍을 분명히 보여줍니다. 다행히도 1970년 제1회 지구의 날 이후로 생태학이라는 말은 집에서도 흔히 들을 수 있는 말이 되었고, 환경과 관련된 분과들이 대학의 인기 있는 전공이 되었습니다. 미국의 자동차들의 평균 주행 거리가 1년에 16,000Km에 이르며, 해마다 그 차의 무게만큼의 탄소를 배출하고 있다는 사실을 점점 더 많은 사람들이 깨닫기 시작했다는 것도 다행스러운 일입니다.

전 지구에 닥친 위험은 매우 심각합니다. 과학자들에 따르면 최근 30년 동안 대기 중 이산화탄소가 10% 이상 증가했다고 합니다. 화석 연료 연소로 인해 발생한 이산화황의 산물인 산성비가 독일의 삼림에 입힌 피해는 1985년 이래로 10%에서 50%로 증가했습니다. 스웨덴에서는 모든 담수가 산성화되었습니다. 1964년부터 1979년까지 버몬트 주의 중간산지에서 고산지까지 서식하던 가문비나무의 절반이 산성비 때문에 죽었고, 그동안 아마존 우림 중 테네시 주 하나의 가치에 해당하는 나무들이 매년 베어지거나 불태워지고 있습니다. 아마존 우림의 1평방마일 안에는 북아메리카 전체에 있는 조류의 종보다 더 많은 종이 존재하고 있는데, 우리는 우리가 들어보지도 못한 노래들을 침묵시키고 있는 것입니다.

그뿐만 아니라 '인구 폭발'이 있습니다. 1968년, 폴 에리히(Paul Ehrich)는 세계 인구 증가율의 상승에 대해 '인구 폭발'이라 묘사했습니다. 1650년 세계의 인구가 2배로 늘어나 5억 명이 되기까지 1,000년이라는 시간이 필요했습니다. 이후 인구가 2배로 늘어나 10억 명이 되는 데에 단 200년이 걸렸습니다. 또다시 2배로 늘어나는 데에는 80년밖에 걸리지 않았습니다. 그리고 1930년에서 1992년까지, 단 62년 만에 세계 인구는 20억에서 55억으로 늘어났고, 얼마 되지 않아 60억 인구가 넘었습니다.

분명한 것은 우리가 에너지 효율을 2배로 늘린다 해도 에너지를 사용하는 인구 역시 2배로 늘어난다면 우리가 달성한 것은 거의 없다는 것입니다. 이를 바로잡는 유의미한 행동들을 빨리 취하지 않는다면, 인류의 원죄는 더 이상 손쓸 수 없는 치명적인 죄로 악화되고 말 것입니다.

때때로 환경론자들은 기독교인들과 유대인들이 환경 파괴의 공범이라는 혐의를 제기합니다. 그들은 우리에게 이렇게 상기시킵니다. "하나님께서는 아담에게 '바다의 고기와 공중의 새와 땅 위에서 살아 움직이는 모든 생물을 다스려라'(창 1:28) 하고 말씀하셨다."

저는 오염을 일으키며 살아가는 우리 중 많은 사람이 과연 이 말씀을 읽고 곧바로 그런 생각을 가질까 하는 의문이 듭니다. 이러한 혐의 제기는 짧은 성서 구절에 대한 매우 편협한 읽기의 또 다른 전형입니다. 하나님께서는 또한 아담에게 "동산을 맡아 돌보게"(창 2:15) 하셨는데, 하나님께서 죄된 탐욕 때문에 생기는 것이 분명한, 돌봄이 없는 통제되지 않는 지배와 착취를 그 마음에 두셨을 리가 없지 않습니까?

그러나 더 심각한 혐의 제기는 유대인과 기독교인이 더 이상 자연의 하나님과 자연을 하나로 보지 않는다는 것입니다. 더 이상 우리의 행동이 경이로움에 의해 제지되지 않습니다. 확실히, 교회와 회당 안에서 우리는 시편을 낭독합니다. 그 시편 안에서 하나님과 자연은 떼려야 뗄 수 없는 것으로 나타납니다. "주님께서 손수 만드신 저 큰 하늘과 주님께서 친히 달아 놓으신 저 달과 별들을 내가 봅니다"(시 8:3).

우리는 이러한 시편들을 근거로 한 찬송들, 이를테면 "저 높고 푸른 하늘과"(찬송가 78장) 또는 "기뻐하며 경배하세"(찬송가 64장)를 부릅니다. 그러나 우리의 경배가 의미 있는 방식으로 하나님의 창조세계로 확장되지는 않습니다. 거의 모든 미국인이 그렇듯, 우리는 자연의 하나님으로부터 자연을 단절시켜왔습니다(물론, 아메리카 원주민들은 예외입니다!). 우리는 자연을 본질적으로 도구상자 정도로 봅니다. 자연은 아름답지만 그 아름다움에는 그 자체로 아무런 목적도 없습니다. 단지 인간의 목적을 위해서 봉사하기 위해서만 존재하는 것입니다.

저는 확신합니다. 우리의 생각 속에서 자연의 하나님과 자연을 다시 결합시키지 않고서는 우리의 환경을 살릴 수 없습니다. 우리의 천연 자원을 고갈시키지 말라는, 그리고 그것이 우리 스스로를 죽일 것이라는 경고로는 충분하지 않습니다. 경고를 뛰어넘어 우리에게 필요한 것은 경외입니다. 현실적인 공포를 뛰어넘어 우리에게 필요한 것은 도덕적인 양심의 가책입니다. 자연이 '다시 신성하게' 되지 않는다면, 우리는 결코 자연을 현재 인간관계를 다스리는 윤리적 고려사항들만큼 가치 있게 여길 수 없을 것입니다. 저는 전혀 낙관적으로 생각할 수가 없습니다. 왜냐하면 기독교인들이 스스로를 하나님의 창조세계의 가련한 청지기일 뿐만 아니라 지구의 관리자로 여기기를 바라는 자들이, 청지기 정신에 대한 기독교적 관점에 심각한 도전을 제기하고 있기 때문입니다. 오늘날 이 관리의 범주에는 생명공학, 유전공학 등 새로운 생명을 창조하는 방법들이 포함됩니다. 개념적이고 윤리적인 면에서 유전공학은 틀림없이 핵폭발의 발견 이래로 가장 중요한 과학적 진보일 것입니다. 유전공학은 자연이 우리의 인구와 습관을 감당할 수 없다면 우리가 자연을 바꾸어야 할 것이라고 제안합니다. 우리는 훨씬 더운 기후에서도 살아남을 수 있는 농작물들을 만들어낼 것이며, 인간의 유전자도 조작할 것입니다. 그리고 물론, 우주 왕복선이 보여주는 것처럼, 우주 공간에는 식물들이 더 빨리 자랄 수 있는 막대한 공간들이 존재합니다.

수많은 사람들이 이러한 식의 이야기를 합니다. 그들은 윤리적 제재를 받아들이지 못하며, 우리가 혼란을 야기했다며 비난합니다. 그들은 우리가 다음 '진화의 시험'을 기다려야 한다고 말합니다. 저는 우리가 이 시험을 통과할지에 대해 많은 의심을 갖지만, 우리가 그 시험을 치러야 한다는 것에는 거의 의심이 없습니다.

의료 기술, 더 풍부하고 질 좋은 식량, 그 밖의 좋은 것들이 생명공학의 진보로 인한 결과임이 분명하기 때문에 이 진보에 대해 반대하는 것은 잘못된 것이라 느끼게 됩니다. 그러나 그것은 1950년대에 아이젠하워 대통령이 '평화를 위한 원자력'을 극찬했을 때 우리 대부분이 느꼈던 것과 같습니다. 우리가 수중에 어떠한 실제적인 해결책도 없이 원자력의 생산물들을 사용하게 될지, 그리고 심지어 핵폐기물에 대해 이야기할 때 25,000년 동안 끊이지 않을 방사능에 대해 이야기하게 될지를 예견한 사람은 거의 없었습니다.

유전공학의 지지자들이 자연 자체에 경의를 표하기보다는 자연의 가능성에 더 호기심을 갖기 때문에, 그들에게서 겸손보다는 교만이 드러나게 됩니다. 그들이 하는 일은 아주 위험한 일입니다. 기독교인들이 이에 무조건적으로 반대할 수 없다면, 우리의 영적인 양심의 가책을 공적인 대화의 장으로 가지고 나와야 합니다. 저는 '인간은 무언가를 만들 수 있을 만큼 영리하지만, 그것을 포기할 수 있을 만큼 지혜롭다'는 희망을 항상 갖고 있었습니다. 생명공학의 특정 프로젝트에 자금을 대기에 앞서, 우리는 생명공학의 타당성에 대해 진지하게 고민하는 학문에 자금을 지원해야 합니다. 저는 1990년 지구의 날 의장이었던 데니스 헤이즈(Dennis Hayes)의 말에 주목하지 않을 수 없습니다. 그는 이렇게 말했습니다. "인간의 가장 근본적인 진리는, 비록 우리 인간들이 일상적으로 인간이 만든 법들을 어긴다 할지라도, 자연의 법을 깨트릴 수는 없다는 것입니다. 인간은 단지 그 법들을 증명할 수 있을 뿐입니다."

훨씬 더 단순하며 오늘날 더 시급한 것은 앨 고어(Al Gore)의 지구를 구하기 위한 '마샬 계획'(Marshall Plan)과 같은 무언가를 시작할 필요가 있다는 것입니다. 1948년부터 51년까지, 마샬 계획에는 미국의 국민 총생산의 2% 가까운 비용이 들었습니다. 오늘날로 치면 연간 1,000억 달러의 돈입니다. 미국의 비군사적 해외 원조 예산은 현재 연간 약 150억 달러로, 거의 비교할 수 없는 수준입니다. 그러나 새로운 마샬 계획의 필요성은 과거에 전적으로 마샬 계획이 필요했던 것만큼이나 큽니다.

물론 우리는 세계의 인구를 안정시켜야 하며 기근을 막아야 합니다. 그러나 간단히 말하면 굶주림은 먹여야 할 입이 너무 많을 때에만 발생합니다. 예를 들어 중국의 경우 세계 어느 나라보다 인구가 많습니다. 그러나 1985년 중국은 초과 생산량을 에티오피아에 보낼 만큼 충분한 곡물을 생산했습니다. 1평방킬로미터 당 300명의 인구가 사는 네덜란드에서도 기아는 존재하지 않습니다.

인구 과잉의 원인은 대가족이 필요했기 때문이기도 합니다. 아무런 사회 보장이나 연금이 없었기에, 우리의 조상들 역시 대가족이었습니다. 땅을 일구고 가정을 돌볼 일손이 필요했기 때문입니다. 그 당시의 가족계획은 대가족을 의미했으며, 오늘날 제3세계 국가들은 여전히 그렇게 하고 있습니다. 사실은 모두를 먹이고도 남을 식량이 존재합니다. 문제는 식량을 가장 필요로 하는 사람들에게 식량이 가장 적게 돌아간다는 것입니다.

제3세계 국가들의 식량 생산량을 늘리기 위해 고어와 전문가들은 글을 읽고 쓸 줄 아는 능력, 지속 가능한 농업을 위한 간단한 기술을 강조하는 교육, 토양 침식을 방지하기 위한 교육, 나무 심기, 우물과 시내 깨끗이 하기 등을 강조합니다. 언젠가 탄자니아 대통령 니에레레(Julius Nyerere)가 "가장 효과적인 피임도구는 자신의 아이들이 살아남을 것이라는 부모들의 신뢰"라고 말했던 것처럼, 무엇보다 중요한 것은 유아 사망률을 줄이는 것입니다.

명백히, 산아 제한 장치는 어디에서나 가능해야 합니다. 미국에서 낙태를 반대하는 대다수가 피임에 대해서는 반대하지 않는다는 사실을 아는 것은 매우 중요합니다. 소수자들의 행동에 대해 그들이 문제를 제기하지 않는다는 것은 그들이 정치적 연합체를 단결시키려 할 뿐이라는 것을 알게 합니다. 조금 더 정직해지면, 미국인들은 세계 인구가 신속하게 안정을 찾을 수 있도록 도울 수 있습니다.

환경을 살리기 위해 앨 고어는 'SEI(전략적인 환경 계획)'를 제안합니다. 이는 미국에서 폐기물 감소, 재활용, 토양 보전, 삼림 관리, 에너지 등을 다루는 것입니다. 1갤런의 연료로도 5배는 많은 거리를 갈 수 있는, 그리고 광전지로 달리는 자동차를 만드는 것은 오늘날 가능한 기술입니다. 또한 새로운 에너지 절약 전구는 보통 전구와 비교했을 때 전구의 수명만큼 사용하는 동안 석탄 500kg을 절약할 수 있습니다. 그리고 모든 도시에서 호우로 인해 생긴 물을 폐수와 분리할 수 있다면 하수 처리를 할 때 더 이상 강과 호수에 하수를 부어 처리하지 않아도 될 것입니다.

소련의 전 외무 장관 예두아르트 셰바르드나제(Eduard Shevardnadze)가 일찍이 제안한 것에 따라, 고어는 국제연합을 위한 환경보장위원회를 지지합니다. 이 위원회의 일차적 목적은 환경을 파괴하지 않는 적절한 기술의 개발을 공유하며 촉진하는 것입니다. 이러한 위원회는 몬트리올 의정서(1987년 채택된, 프레온 가스와 그 밖의 대기권의 오존층을 파괴하는 화학물질들의 양을 줄이기 위한 결의임), 그리고 리우 데 자네이루와 교토에서 열린 지구정상회의들과 같은 조약과 협정의 완전히 새로운 세대를 탄생시켰습니다. .

많은 정치 지도자들이 그러는 것처럼, 경제의 필요와 환경의 필요 사이의 균형을 맞춘다는 이야기는 매우 큰 실수입니다. 모든 경제, 민족, 혹은 세계는 생태계의 하위체계입니다. 그러므로 우리는 성장을 아무 의심 없이 받아들여야 할 것으로 여겨서는 안 됩니다. 국립 은행들과 세계 은행은 생태적으로 합당한 개발 계획에 한해서만 자금을 지원해야 합니다. 미국의 산업체들은 환경 청지기 역할에 대해 선구적 역할을 한 기업이 긍정적 차별을 통해 보상을 받을 수 있도록 경영자 보상을 해주어야 합니다.

저는 태양의 시대가 막을 열었음을 선언하고 싶습니다. 태양 에너지는 고갈이 없는 에너지이기 때문입니다. 대다수의 가난한 사람들이 지구의 남쪽(중앙/남아메리카, 아프리카, 아시아)에 살고 있으며 그들이 풍족하게 가지고 있는 것 중 하나가 햇빛임을 생각한다면, 우리가 무기를 개발하는 것에는 막대한 자원을 쏟아 부으면서도 수십억의 가난한 사람에게 도움이 될 수 있는 값싸고 유익하며 무한한 재생 가능한 에너지원을 개발하는 것에는 인색하다는 사실에 가슴이 아픕니다.

비상조치에는 항상 즉각적인 대처가 필요하다는 것을 미국은 스스로 확신해야만 합니다. 우리가 진정으로 하나님의 창조세계의 청지기라면, 기독교인들은 감당해야 할 큰 역할을 떠맡고 있습니다. 매우 극적인 결과가 나타날 것입니다. 왜냐하면 환경적 관점은 오랫동안 우리의 세속적 신조였던 소유 중심적인 개인주의를 떠나, 우리를 구원할 수 있는 유일한 수단인 상호의존으로 향하게 하기 때문입니다. 과거에는 사람들이 자연의 풍요를 소비했습니다. 오늘날 우리는 현재와 미래의 풍요를 생산할 수 있는 기초를 파괴하고 있습니다. 함께, 모두 함께라야만 우리는 그 기초를 지킬 수 있습니다. 함께라야만 우리는 대기 중의 독성 폐기물을 없앨 수 있습니다. 함께라야만 우리는 오염과 싸울 수 있는 기금을 만들어낼 군비 축소에 진지하게 참여할 수 있습니다. 그리고 환경을 살리는 것은 매우 긍정적이고 포괄적인 기획이기 때문에, 그것이 성공한다면 군사적 충동이란 그야말로 신경증적인 것임이 드러날 것입니다.

우리에게는 너무나 명백한 불편한 진실이 있습니다. 그 불편한 진실이 우리의 얼굴을 강타하기까지 기다리지 맙시다. 교회는 환경을 구하기 위하여 장소 에너지 및 결심을 개발할 도덕적 의무가 있습니다. 무엇보다도,

교회는 자연의 하나님과 자연을 다시 결합시킬 수 있습니다. 경외만이 자연에 대한 우리의 폭력을 억제할 수 있기 때문입니다. 대혼란을 예견하고 미연에 방지하지 못하는 것은 무엇보다 경이의 부재 때문입니다. 이 "정보의 시대"에, "지식의 섬이 커질수록 경이의 해안선이 길어진다"(휴스턴 스미스 Huston Smith)는 사실을 명심합시다. 체스터튼(G. K. Chesterton)의 예리한 의견을 떠올려봅시다. "세계에 경이가 없는 것이 아니라, 경이를 느낄 수 있는 감각이 없을 뿐이다." 경이 없이, 우리는 지구 위의 생명을 결코 구할 수 없을 것입니다. 저는 커밍스(E. E. cummings)의 선택을 하나님께서도 동의하실 거라 확신합니다. "나는 수많은 별들에게 춤추지 않는 법을 가르치기보다 한 마리 새에게서 노래하는 법을 배우겠다."

# 그럼 누구의 지구란 말인가?

## WHOSE EARTH IS IT ANYWAY?

● 제임스 콘(James H. Cone)은 뉴욕의 유니온 신학교(Union Theological Seminary) 의 조직신학 석좌교수이며, *Black Theology and Black Power*, *A Black Theology of Liberation*, *Martin & Malcolm & America: A Dream or a Nightmare?*(정철수 옮김, 《맬 컴X vs 마틴 루터 킹》, 갑인공방, 2005), 그리고 *God of the Oppressed*(현영학 옮김, 《눌 린 자의 하나님》, 이화여자대학교출판부, 1987)의 저자이다.

땅과 그 안에 가득 찬 것이 모두 다 주님의 것,
온 누리와 그 안에 살고 있는 모든 것도 주님의 것이다(시편 24:1).

우리는 이야기합니다. 지구는 우리의 어머니라고.
그녀가 우리의 것이 아니라, 우리가 그녀의 것입니다(태평양 연안 사람들).


아메리카 대륙의 노예제도와 인종분리정책, 아프리카 대륙의 식민지화와 인종차별정책(apartheid), 그리고 세계 도처의 백인우월주의의 지배를 정당화하는 논리는 동물의 착취와 자연의 황폐화를 정당화하는 논리와 같습니다. 그것은 개발과 백인우월주의를 영속화하기 위해 모든 것과 모든 사람을 기계적, 도구적으로만 이해하는 논리입니다. 백인들의 인종차별에 대항하지만 이를 죽어가는 지구와 연관 짓지 못하는 사람들은 부지불식간에 반생태적인 사람들입니다. 생태적 부정의에 저항하기를 무릅쓰지만 백인우월주의에 체계적이며 지속적으로 저항하는 것에 동참하지 않는 사람들 역시도 그들이 인식하고 있든 그렇지 않든 인종차별주의자입니다. 정의를 위한 투쟁은 모든 형태의 생명을 위한 투쟁과 분리될 수 없으며 하나가 되어야 합니다.

최근까지 생태정의는 미국 흑인 사회 해방운동의 주된 주제가 아니었습니다. "흑인들은 환경에 관심이 없다"는 것이 백인 생태학자들의 주된 의견입니다. 한편으로 인종정의 및 경제정의는 주류 환경운동에서 기껏해야 주변적인 관심일 뿐이었습니다. "백인들은 멸종 위기에 처한 고래와 점박이올빼미에는 관심을 갖지만 같은 나라의 도시 안에 살고 있는 흑인 젊은이들의 생존 문제에는 관심이 없다"는 말은 미국 흑인 사회에서는 근거 있는 이야기로 통합니다. 흑인들을 위한 정의의 투사들과 지구의 지킴이들은 공적인 토론과 실천의 장에서 서로를 외면하는 경향이 있었습니다. 그들이 서로 분열되어 있다는 사실은 매우 불행한 일입니다. 그들은 실상 동일한 적, 즉 인류의 서로에 대한 지배 및 인류의 자연에 대한 지배와 싸우고 있기 때문입니다.

주류 환경운동 내의 지도자들은 대개 문화적으로나 지적으로나 분노한 흑인들과 대화할 각오가 되어 있지 않은 백인 중산층 혹은 상류층입니다. 그런가 하면 미국 흑인 사회의 지도자들은 인종차별의 위협적인 현실을 미혹시키는 백인들과의 대화 자체를 미심쩍어합니다. '정의, 평화, 창조세계의 보전을 위한 투쟁'을 위해 서로가 서로에게 얼마나 필요한 존재인지 양측 모두 깨닫지 못합니다.[1]

이 설교에서 저는 감히 흑인해방운동이 생태계보존운동의 눈으로 그들 스스로를 비판적인 관점으로 바라볼 것을 제안하고, 마찬가지로 생태계보존운동이 미국의 역사와 문화 속에 존재하는, 심각하고 여전히 진행 중인 인종차별의 현실을 통해 스스로를 비판해볼 것을 제안하고자 합니다. 다행히 우리는 침묵을 깨고 두 운동의 진정한 연대를 촉진할 수 있으며, 그렇게 함으로써 지구상에 거주하는 모든 인류와 다른 모든 생명의 삶의 질을 높일 수 있습니다.

## 인종차별 비판 확장하기

근대 세계에서 흑인들과 토착민들에게 백인우월주의의 지배만큼 치명적이며 지속적인 위협은 없습니다. 500년 넘도록 과학과 기술의 결합을 통해 백인들은 하나님의 이름으로 그리고 민주주의의 이름으로 지구의 모든 구석구석에서 자연을 착취하고 유색인들을 살해해왔습니다. 영국의 사학자 바질 데이비슨(Basil Davidson)에 따르면 대서양 노예무역은 "아프리카의 5천만 영혼을 희생시켰습니다."[2] 작가 에두아르도 갈레아노(Eduardo Galeano)는 중남미에서의 스페인과 포르투갈의 150년 식민 지배가 토착민 인구를 9천만 명에서 350만 명으로 격감시켰다고 주장합니다.[3] 벨기에 왕 레오폴드 2세(Leopold II)가 콩고에서 자행한 23년 동안(1885-1908)의 공포정치 때에는 1천만에 가까운 인구, 곧 "영토 내 인구의 절반"이 비명횡사한 것으로 추산됩니다.[4] 백인우월주의의 촉수는 전 세계로 뻗쳤습니다. 이 문화적, 정치적, 경제적 지배로부터 탈출할 수 있는 유색인은 아무도 없었습니다.

미국 내 흑인들은 명명백백히 백인들의 인종차별의 대상이었습니다. 프레드릭 더글라스(Frederick Douglass), 소저너 트루스(Sojourner Truth)로부터 마틴 루터 킹(Martin Luther King Jr.), 말콤 엑스(Malcolm X) 그리고 패니 루 해머(Fannie Lou Hamer)에 이르기까지 미국 흑인들은 공식적으로든 은밀하게든 모든 방법을 동원해 백인들의 인종차별에 저항해왔습니다. 백인들의 인종차별주의는 흑인의 인간성을 부인하며, 심지어는 신학자들조차 흑인에게 영혼이 있느냐로 왈가왈부합니다. 어떤 이는 흑인은 인간 이하의 "짐승"이라 말했습니다.[5] 좀 더 진보적인 다른 신학자들, 가령 유니언 신학교의 라인홀트 니버(Reinhold Niebuhr)는 흑인의 열등함은 "생물학적인" 것은 아니지만, 대신 "문화적 후진성"에 기인하며 교육을 통해 점차 극복되리라

고 기대했습니다.[6]

244년간 노예로, 또 100년을 불법적인 폭력과 인종 분리로 시달리면서 흑인들은 그들이 할 수 있는 모든 방법을 동원해 공격적인 말과 행동으로 반격했습니다. 그들의 인간성에 의문을 제기하는 모든 낯 두꺼운 이들에게서 그들의 인간성을 지켜내기 위해서였습니다. 아마도 가장 맹렬하고 타협하지 않는 흑인 사회의 변호인이었던 말콤 엑스는 흑인 대부분의 노골적인 감정을 이렇게 표현했습니다. "우리는 이 사회에서, 이 지구상에서 우리가 누릴 권리, 곧 인간일 권리, 인간으로서 존중받을 권리, 인간으로서 권리를 보장받을 권리를 선언합니다. 우리는 필요하다면 어떻게든 실현시킬 것입니다."[7]

백인들은 말콤 엑스의 이러한 말을 들으면 발끈합니다. 그들은 말콤 엑스가 한 말이 어떤 의미인지를 알고 있을 뿐만 아니라, 흑인들이 대부분 공적으로 드러내지는 않지만 이에 공감한다는 것을 두려워합니다. 그들이 흑인이었다면 그들 역시 말콤 엑스의 직설적 진리에 전적으로 "아멘" 하리라는 것도 알고 있습니다. 말콤 엑스는 백인들에게 말합니다. "당신들이 내가 어떻게 행동할지 알고자 한다면, 먼저 당신들이 어떻게 행동할지를 생각하시오."[8]

백인신학자들은 라인홀트 니버가 히브리 성서를 인용해 기록한 바와 같이, 하나님의 참으로 오래 참으시며 "노하기를 더디 하시며, 사랑이 그지없으심(시 103:8)"에 감사를 돌렸습니다. 백인들이 유색인들에 대한 그들의 대우에 관하여 하나님의 정의의 심판대 앞에서 변명할 여지가 없다는 사실을 니버는 알고 있었던 것입니다. "백인이 유색인들에게 저지른 죄들을 보상한다면, 목숨을 부지할 자가 별로 없을 것이다."[9]

흑인 해방 신학은 400년 가까이 지속된 흑인들의 저항에서 유래한 투지의 산물입니다. 어린 시절 아칸소 주(Arkansas)의 비어든(Bearden)에서 처음으로 인종차별과 마주친 한 사람으로서, 제 삶은 단 하루도 노골적이든 은밀하게든 백인우월주의를 상대하지 않을 수 없었습니다. 사회, 교회, 애드리안 대학, 혹은 유니언 신학에서, 때로는 웃음 속에, 때로는 분노 속에 항상 인종차별은 존재했습니다. 30년 전 백인 교회와 백인 신학 안에 나타난 인종차별에 대한 첫 번째 에세이를 쓴 이후로, 저는 결코 백인우월주의에 대해 침묵하지 않을 것이며 나의 전 존재를 걸고서라도 이에 반대할 것이라고 결심했습니다. 제게 백인우월주의에 대한 반대는 유대인에게 반유대주의, 여성들에게 가부장 제도, 가난한 사람들에게 계급 착취, 게이와 레즈비언에게 동성 혐오만큼이나 중요한 것입니다.

백인들의 인종차별은 무슨 수를 써서라도 반대해야 하지만, 우리의 비전을 확장하지 않고는 효과적인 반대가 될 수 없습니다. 인종차별과 지구의 생태계 파괴를 포함한 그 외의 다른 악들은 깊이 상호 연결되어 있습니다. 그러므로 인종차별에 대항하는 노력과 생명을 위한 다른 노력들을 연결시키는 것은 흑인들에게 매우 중요한 일입니다. 몇몇 흑인 지도자들은 이러한 필요를 인식하고, 19세기의 노예제 폐지운동을 보통선거 운동과 연합시키고, 1960년대의 시민권운동을 2세대 여성운동과 연합시켰습니다. 미국 내의 다양한 소수자들의 정의를 위한 노력, 동성애자 인권을 위한 노력, 세계 곳곳의 자유를 위한 가난한 자들의 투쟁이 유사한 연합을 이루었습니다. '사랑 받는 공동체'에 대한 마틴 루터 킹의 사상은 모든 생명이 존중받는 세계 공동체를 이룩하고자 노력하는 사람들에게 강력한 상징이 됩니다. 그는 이렇게 말합니다. "모든 생명은 상호 연결되어 있습니다. … 어느 하나에 직접적으로 영향을 끼치는 것이라면 그것이 무엇이든, 모든 것에 간접적으로 영향을 끼칩니다. … 현실에는 상호 연결된 구조가 있습니다."

인종차별주의를 지구 파괴와 연관 시키는 것은 미국 흑인 사회, 특히 흑인 해방 신학과 흑인 교회들에서 매우 필요한 작업입니다. 흑인여성주의(womanist) 신학자들은 이미 이 중요한 지적 작업을 시작했습니다. 들로리스 윌리엄스(Delores Williams)는 "흑인 여성의 몸이 더럽혀지는 것"과 자연이 착취되는 것 사이의 유사점을 탐구합니다. 에밀리 타운즈(Emilie Townes)는 "미국 흑인 사회 내의 유독성 폐기물 매립지"를 보고 "모든 사람에 대한 불법적 폭력의 현대판"이라 말합니다. 캐런 베이커-플레처(Karen Baker-Fletcher)는 창조세계 안에 나타나는 하나님의 체현(embodiment)에 대해 이야기하면서, 산문과 운문을 이용해 흙과 영의 성서적, 문학적 은유를 전용합니다. 그녀는 이렇게 기록합니다. "우리의 과업은 지구와 성령과 그 밖의 것을 연결시켜 커다란 마음과 커다란 정신을 기르는 것입니다. 흑인 종교는 그 마음 안에서 좀 더 깊이 자라나야 합니다."[10]

미국 흑인 교회들의 지도부는 1990년대 초반 이후 생태 문제에 많은 관심을 돌렸습니다. 미국 흑인 사회 내에서는 늘 그렇듯이 촉매가 된 것은 흑인 여신도들이었습니다. 노스캐롤라이나 주의 워런 카운티(Warren County)에서 온 이 여성들은 1982년 극독성의 PCB(폴리염화비페닐)에 오염된 흙을 운반하는 덤프트럭들을 저지하기 위해 길 위에 누웠습니다. 2주가 지난 뒤, 현장에서 체포된 400명 이상의 시위자들은 "미국에서 최초로 독성 폐기물 매립지를 저지하다 감옥에 들어간 사람들"이 되었습니다.[11] 비록 그 지역 거주민들은 매립지 건설을 막는 데에 실패했지만, 이 사건은 시민권과 흑인 교회 지도자들에 대한 관심을 급격히 불러일으켰고, 전국적인 환경정의 운동을 촉발시켰습니다. 1987년, 그리스도연합교회 인종정의위원회(the United Church of Christ's Commission of Racial Justice)는 기념비적인 보고서, "미국 내 인종과 독성 폐기물에 관한 보고서"를 발행했습니다. 이 연구는 "다양한 지표 가운데 미국 내 유해 폐기물 처리시설의 위치와 가장 밀접하게 관련된 예측변수는 인종이라는 사실을" 발견했습니다.[12] 전국의 상업적인 유해 폐기물 매립지의 40%가 아프리카계와 히스패닉 인구가 지배적인 세 지역에 집중되어 있었습니다. 미국 내에서 가장 큰 매립지는 앨라배마 주의 섬터 카운티(Sumter County)에 있는데, 이곳의 17,000명 인구의 70% 가까이가 흑인이며 96%는 빈민층입니다.

1991년 10월에는 워싱턴 D.C.에서 제1회 전국유색인종 환경대표자회의(National People of Color Environmental Leadership Summit)가 열렸습니다. 미 전역의 50개 주, 콜롬비아 특별구, 멕시코, 푸에르토리코, 그리고 마샬 제도에서 온 650명이 넘는 일반대중과 국가 지도자들이 참석했습니다. 그들은 300개 이상의 유색인 환경 단체를 대표했습니다. 그들은 만장일치로 "이 나라가 환경정의를 이루고자 한다면 도시 내 빈민가(ghettoes), 히스패닉 거주지역(barrios), 아메리카 원주민 보호구역, 그리고 농촌 빈민 지역의 환경이 도시근교와 동일한 수준으로 보호되어야 한다"는 것에 동의했습니다.[13]

유색인들이 환경오염에 불평등하게 노출되어 있다는 사실은 흑인 교회 공동체를 분노하게 했습니다. 그리고 그리스도연합교회 인종정의위원회의 책임자였던 벤저민 체이비스(Benjamin Chavis)의 신조어이기도 한 '환경인종차별주의'(environmental racism)에 저항하기 위해 흑인 교회 공동체의 지도자들이 분연히 일어나 좀 더 능동적인 역할을 하게 되었습니다.[14] 미시간 대학교의 천연자원 및 환경 학부 교수이자 환경정의 운동가인 번연 브라이언트(Bunyan Bryant)는 환경 인종차별주의를 "인종차별주의의 확장"이라 정의합니다.

환경 인종차별주의는 가장 바람직하지 못한 토지 이용을 위해 특정한 지역사회를 목표로 삼는 기관의 법규, 규제, 정책이나 정부나 기업의 결정과 관련되어 있습니다. 이러한 결정들은 결과적으로 특정한 생물학적 특성을 가진 사람들의 지역사회에 독성 유해 폐기물을 차별적으로 노출시킵니다. 이것은 독성 유해 폐기물 노출로부터의 불평등한 보호이며, 유색인들의 지역사회에 영향을 끼치는 환경 관련 결정에서 조직적으로 그들을 배제하는 것입니다.[15]

흑인들이 정부와 기업들의 인종차별적 정치행위에 대해 더 많이 알게 될수록, 그들은 더욱 강경하게 환경 부정의에 맞서기로 결단하게 될 것입니다. 1993년 12월 워싱턴 D.C.에서는, 미국교회협의회(the National Council of Churches)의 후원으로 주류 흑인 교회의 지도자들이 이틀간 환경에 대한 역사적인 대표자회의를 가졌습니다. 그들은 환경 문제를 시민권과 경제정의의 문제와 관련지었습니다. 그들은 오존층, 지구 온난화, 멸종 위기에 처한 고래와 점박이올빼미에 대해서는 길게 논의하지 않았습니다. 그보다 그들 지역사회의 가장 시급하고 우선적인 사안인 독성 유해 폐기물, 납 중독, 쓰레기 매립지, 소각장 문제에 집중했습니다. 아프리카 감리교감독교회(African Methodist Episcopal Church)의 감독 프레드릭 제임스(Frederick C. James)가 말했습니다. "우리는 수십 년 동안을 기찻길, 쓰레기 폐기장, 석탄 공장 그리고 벌레가 들끓는 늪의 옆에서 살아왔습니다. 우리 흑인 사회는 독성 폐기물로 차별을 받았습니다. 가정에서는 납 성분이 들어 있는 페인트로 차별을 받았으며, 일터에서는 위험한 화학물질로 차별을 받았습니다." 흑인 성직자들은 또한 지역적 문제와 지구적 문제들을 관련지었습니다. 디트로이트의 하트포트 기념 침례교회(Hartford Memorial Baptist Church)의 목사인 찰스 애덤스(Charles G. Adams)는 선포했습니다. "독성 폐기물을 미국 내에서 처리하는 것이 안전하지 못하다면, 가나, 라이베리아, 소말리아, 세계의 어느 곳에서도 안전하지 못하기는 마찬가지입니다. 유해 물질을 근교에서 처리하는 것이 적합하지 못하다면, 도시 안에서 처리하는 것도 당연히 적합하지 않습니다."[16]

흑인 교회 지도자들과 같이, 아프리카계 미국인 정치가들도 사회정의 문제를 생태학과 관련짓고 있습니다. 자연보전유권자연맹(League of Conservation Voters)에 따르면 국회흑인간부회의(Congressional Black Caucus)는 의회 내에서 "가장 훌륭한 환경 지지 투표 인단 중 하나"입니다. 조지아 주의 하원의원 존 루이스(John Lewis)는 선언합니다. "신선한 공기, 맑은 물, 깨끗한 지구를 위해 일하는 것은 시민권을 포함해 내가 해온 모든 일들보다 더 중요하지는 않지만, 똑같이 중요합니다."[17]

흑인을 비롯해 모든 인종집단의 빈민 계층은 세상에서 당연히 누려야 할 좋은 것들은 누리지 못하고, 피해야 할 나쁜 것들은 많이 받습니다. 중산층과 엘리트 백인 환경주의자들은 "내 뒷마당에는 안 돼"(Not In My Back Yard, NIMBY)라는 구호를 외치는 데에 매우 능숙했습니다. 결과적으로 기업들과 정부는 그저 가난한 자의 뒷마당으로 돌아가 거기에 독성 폐기물을 버리게 된 것입니다. 가난한 사람들은 도시와 농촌에서 가장 낙후된 지역에서 살아갑니다. 그들은 가장 오염되고 부상 위험도 가장 높은 일터에서 일합니다. 제대로 된 의료 서비스는 거의 없습니다. 오염에 뒤따르는 끔찍한 결과를 막을 변변한 수단도 없이, 가난한 사람들은 기술의 발전이 만들어낸 불평등한 짐을 떠안습니다. 그러는 동안에 부유한 자들은 기술의 발전에 따른 대부분의 이득을 가져갑니다. 흑인들, 그리고 그 외에도 큰 피해를 입은 다른 지역사회가 이러한 윤리적·정치적 문제들을 제기하지 않는다면, 그들은 계속해서 지구상에서 서서히 그리고 소리 없이 죽음을 맞게 될 것입니다.

생태학은 인간 실존의 모든 영역에 관련됩니다. 그것은 단지 엘리트나 백인 중산층의 문제가 아닙니다. 깨끗하고 안전한 환경은 가난한 흑인들과 다른 주변부 집단의 삶에 영향을 주는 인권 문제이자 시민권 문제입니다. 따라서 우리는 인종차별에 대한 무관심이라는 공포가 생태계 위기의 심각성을 직시해야 할 우리의 눈을 가리지 못하도록 해야 합니다. 우리가 인종 차별이 없는 환경을 누리지 못한다면, 인종차별을 제거하는 것이 무슨 소용이겠습니까?

따라서 지구의 생존은 모두가 깨달아야 할 도덕적인 문제입니다. 인간의 파괴적인 행위들로부터 지구를 구하지 못한다면 아무도 살아남을 수 없습니다. 이 사실 때문만으로도, 어떤 피부색을 지닌 사람이든 모두가 정의롭고 지속 가능한 지구를 만들기 위한 투쟁에 함께 손을 잡아야 합니다.

### 생태학적 비판 확장하기

우리는 모든 영역과 지역에서 지구의 고통에 대해 경종을 울리려 노력하는 생태주의자들에게 감사를 표합니다. 그들이 매우 효과적으로 생태학적 인식을 불러일으켰기 때문에, 우리의 지구가 심각한 문제에 처해 있다는 사실을 부인하는 사람은 거의 없습니다. 역사상 처음으로 인류는 모든 생명을 파괴할 만한 지식과 힘을 얻게 되었습니다. 가령 핵폭발을 일으키거나, 땅, 하늘, 바다를 점진적으로 오염시키는 것 말입니다.

과학자들은 인류가 환경에 저지른 것들의 끔찍한 결과들에 대해 경고해왔습니다. 신학자들과 윤리학자들은 도덕적, 종교적 문제를 제기했습니다. 다양한 지역사회 출신의 시민 활동가들이 자연과 그 피조물의 살해를 막기 위해 모여들고 있습니다. 정치인들은 깨끗하고 안전한 환경에 대한 사람들의 관심에 주의를 기울이고 있습니다. 앨리스 워커(Alice Walker)는 다음과 같이 기록합니다. "그것은 어느날 사자가 양과 함께 눕느냐의 문제가 아닙니다. 그것은 인류가 영원히 어떤 피조물이나 존재들과 함께 눕게 될 수 있는가의 문제입니다."[18]

그러나 제1세계 국가들의 환경에 관한 논의에는 생태계 위기에 가장 큰 책임을 져야 할 문화에 대한 참된 급진적 비판이 결여되어 있습니다. 특히 미국의 백인 윤리학자와 신학자들이 그렇습니다. 제가 읽어본 논문들이나 서적들 중에서, 백인들이 생태적 혼돈에 이르게 된 것에 관하여 백인우월주의의 희생자들로부터 배울 수 있었다는 것을 보여주는 단서는 없습니다. 백인 윤리학자들과 신학자들은 간혹 미국과 제3세계의 흑인과 유색인들이 유독성 폐기물 때문에 겪게 되는 피해에 대해 언급하면서 그들의 생태학 담론을 펼쳐나가는 내내 한두 명의 작가를 여기저기에 인용하기도 합니다. 그들은 종종 그들의 생태정의, 생태여성학에 대한 문집에 명목상으로 흑인이나 인디언에 대해 글을 쓰기도 합니다. 진보신학계에서 유색인에 대한 지식과 관심을 드러내는 것은 '정치적으로 정당합니다.' 그러나 유색인들은 진지하게 다루어지지 못하고, 마치 백인 스스로가 대화에 기여하는 본질적인 것을 가지고 있다고 생각합니다. 따라서 가난한 유색인들에 대한 환경정의 문제는 진지한 관심의 대상이 되지 못합니다. 조직적인 저항이 생기지 않는 것은 말할 것도 없습니다. 어느 한쪽이 마치 모든 힘과 지식을 다 가진 것처럼 행동한다면 어떻게 우리가 백인과 유색인들 간의 진정으로 상호적인 생태적 대화의 장을 열 수 있겠습니까?

생태 위기에 가장 큰 책임을 져야 할 문화가 또한 지구의 해방을 위한 도덕적, 지적인 자원들을 제공할 수 있다고 주장한다면, 우리가 이것을 믿을만한 어떠한 근거가 있을까요? 백인 윤리학자들과 신학자들은 분명 그렇다고 생각할 것입니다. 신학과 지구에 대한 그들의 담론은 단지 그들 사이에서만 벌어지기 때문입니다. 그러나 저는 백인 문화와 종교의 신학적, 윤리적 가치에 대해 깊이 의심합니다. 500년 동안 백인들은 그들이 세계 자원의 주인인 양 행세했고, 유색인들이 그들의 과학적 가치관과 윤리적 가치관을 수용하도록 강요했습니다. 유색인들은 지배자의 신학과 윤리를 배웠습니다. 우리의 육체적, 정신적 생존이 부분적으로는 거기에 의존하기 때문입니다. 인류가 멸종의 위기에 처한 지금, 누군가는 이렇게 생각할지도 모릅니다. "우리가 어쩌다 여기까지 왔는지에 대한 냉철한 평가가 지구에 대한 민감성과 관심을 가진 신학자들을 위한 다음 단계가 될 것이다." 이러한 방식에 대한 비판적인 의문 제기는 있어왔지만, 그것이 지속적으로 도전을 주고 백인들이 지구를 구원하기 위한 윤리적, 문화적 자산들을 위해 그들의 지배적 문화의 이면을 보도록 하기에는 충분하지 않습니다. 누군가는 여전히 이 사회와 이 세계 속의 인종차별에 깊이 관심 갖지 않아도 미국의 대학, 심지어 뉴욕 유니언 신학교에서도 박사학위를 취득할 수 있습니다. 우리가 지구는 구하되 불평등한 사회를 가지고 있다면, 우리는 온전히 구해내지 못한 것입니다.

오드르 로드(Audre Lorde)의 표현을 빌리자면, "주인의 도구로는 결코 주인의 집을 부술 수 없습니다."[19] 그 주인의 도구들은 너무 편협하며 또한 유색인들은 상호연관되어 있는 인종, 젠더, 성, 그리고 지구에 대해 말할 것이 없다는 전제를 품고 있습니다. 우리는 상호 대화, 즉 지구와 그 안의 모든 서식자를 위한 정의에 대한 정직한 대화에 관심을 갖는 신학자와 윤리학자들을 필요로 합니다. 우리는 유색인 공동체에 관한 것, 즉 우리의 가치관, 희망 그리고 꿈에 대해 알고자 노력하는 백인들을 필요로 합니다. 백인들은 우리의 공동체와 교회에 대해 거의 아는 것이 없으므로, 어떤 문제에 대해 이야기 하든 좌절하고 맙니다. 대화에는 상대방 즉, 그들의 역사, 문화 및 종교에 대한 존중과 지식이 필요합니다. 어떤 인종이나 민족도 모든 답을 갖고 있지는 않지만, 모든 집단은 지구의 치유에 기여할 수 있는 것을 가지고 있습니다.

많은 생태학자들이 겸손과 상호 대화의 필요성에 대해 종종 이야기합니다. 인간과 다른 종을 포함한 우리 모두는 상호 연결되어 있을 뿐만 아니라 상호 의존되어 있다고 말합니다. 지구는 기계가 아닙니다. 지구는 만물이 서로서로의 부분으로 존재하는 하나의 유기체입니다. 캐서린 켈러 (Catherine Keller)는 말합니다. "우주 안의 모든 존재는 모든 다른 존재와의 상호 연결의 과정이라 말할 수 있습니다."[20] 백인 생태학자들이 이것을 진정 믿는다면, 왜 많은 사람이 아직도 분리된 지역사회에서 살고 있습니까? 왜 멸종 위기에 처한 지구에 대한 그들의 논문들이나 서적들이 그렇게도 혼잣말, 곧 지배 집단이 스스로에게 말하는 독백일 수밖에 없을까요? 왜 사랑과 겸손, 상호 연결과 상호 의존에 대한 말들이 난무함에도 유색인들에 대한 백인들의 태도에는 이러한 가치들이 거의 나타나지 않는 것일까요?

흑인들과 그 밖의 소수자들은 종종 왜 주류 환경운동에 동참하지 않느냐는 질문을 받습니다. 백인 신학자들과 윤리학자들에게 묻고 싶습니다. 왜 당신들은 인종차별 담론에 동참하지 않습니까? 클린턴 대통령의 실패한 구상(Clinton Global Initiative, CGI)에 대해 이야기하려는 것이 아니라, 40년 전에 시민권운동과 흑인 인권운동 및 흑인 해방신학에서 시작된 구상에 대해 이야기하려 합니다. 사회와 세계에서뿐만 아니라 신학, 윤리학, 생태학에서도 인종차별에 대해 침묵으로 일관하는 백인들을 어떻게 설명할 수 있을까요? 저는 아직까지 반유대주의, 계급 갈등, 가부장 제도에 대해 관심을 갖는 신학자들의 책 속에서 백인우월주의에 대한 급진적인 비판에 동참하고 지속적으로 참여하려는 모습을 발견하지 못했습니다. 사실 많은 백인 종교학자들은 흑인 신학의 백인우월주의에 대한 공격을 역인종차별이라 여깁니다. 역사와는 전혀 거리가 먼 세련된 신학적 논리를 동원해, 그들은 백인우월주의 세계에서의 '흑인 그리스도' 이야기를 '앵글로색슨 그리스도'나 '아프리카인 그리스도'와 다름없는 것으로 봅니다.[21] 이건 마치 말콤 엑스의 인종주의를 조지 월러스(George Wallace)의 인종분리정책*과 같은 것으로 보는 것입니다.

분명 몇몇 관심 있는 백인 신학자들은 백인들의 인종차별에 반대하여 글을 써왔지만, 그것은 인종차별 비판이 그들의 신학적 정체성의 핵심이어서가 아닙니다. 그것은 보통 다름 간의 연대가 유행하던 시절, 유색인을 지지하는 제스처일 뿐입니다. 인종에 대한 논의가 사회적, 지적으로 수용되지 않은 즉시, 백인 신학자들은 침묵으로 되돌아갑니다. 하지만 엘리 비젤(Elie Wiesel)이 그의 노벨 평화상 수락 연설에서 말했던 것처럼 "우리는 편을 들어야 합니다. 중립을 지키는 것은 압제자를 도울 뿐 결코 희생자를 도울 수 없습니다. 침묵하는 것은 괴롭히는 자를 부추길 뿐 괴롭힘을 당하는 자에게 용기를 줄 수 없습니다."[22] 백인 신학자들이 인종차별에 대항하는 투쟁이 그들의 인간성을 위한 투쟁임을 깨달을 때 비로소 우리는 지구를 구하기 위한 투쟁에 흑인과 백인, 그리고 다른 유색인들이 연합할 수 있을 것입니다.

오늘날 생태학이 유행하면서 많은 사람들이 위험에 처한 우리 지구에 대해 이야기합니다. 저는 우리가 지구의 위기와 인류 공동체의 위기를 연결시켜 우리의 대화를 훨씬 심오하게 만들기를 강력히 촉구합니다. 새와 다른 종들의 보금자리를 보호하는 것이 중요하다면, 미국 안의 빈민가와 감옥 안의 흑인들의 삶을 구원하는 것도 똑같이 중요합니다. 간디의 말로 이야기를 마치겠습니다. "지구는 모두의 필요를 충족시키기에 충분하지만, 모두의 탐욕을 충족시킬 수는 없습니다."[23]

---

* 미국 앨라배마 주의 45대 주지사. 1954년 연방대법원이 '분리-평등 원칙'을 9대 0의 전원일치 의견으로 폐지(분리하면서 동시에 평등할 수는 없으며, 분리 자체가 곧 불평등임)했는데도 연방의 시정 명령을 거부했다. 민주당 소속이었지만 민주당 소속의 존 케네디 대통령의 반인종분리정책에 반대했다. "인종분리는 어제도 있었고, 오늘도 있으며, 내일도 있을 것이라" 연설하여 단숨에 전국적 정치거물의 반열에 올랐다.[역주]

1. See *Justice, Peace and the Integrity of Creation*, ed. James W. van Hoeven for the World Alliance of Reformed Churches Assembly, Seoul, Korea, August 1989; and Preman Niles, *Resisting the Threats to Life: Covenanting for Justice, Peace and the Integrity of Creation* (Geneva, Switzerland: WCC Publications, 1989).
2. Basil Davidson, *The African Slave Trade: Pre-colonial History 1450-1850* (Boston: Little, Brown & Co., 1961), 80.
3. Eduardo Galeano, *Open Veins of Latin America: Five Centuries of the Pillage of a Continent* (London: Monthly Review Press, 1973), 50.
4. Adam Hochschild, "Hearts of Darkness: Adventures in the Slave Trade," *San Francisco Examiner magazine*, August 16, 1998, 13. Louis Turner posits five to eight million in *Multinational Companies and the Third World* (New York: Hill & Wang, 1973), 27.
5. Charles Carroll, *The Negro a Beast* (St. Louis: American Book & Bible House, 1990)
6. Reinhold Niebuhr, "Justice to the American Negro from State, Community, and Church," in *Pious and Secular America* (New York: Charles Scribner's Sons, 1958), 81.
7. Malcolm X, *By Any Means Necessary* (New York: Pathfinder Press, 1970), 56.
8. Malcolm X, *Malcolm X Speaks*, ed. George Breitman (New York: Grove Press, 1965), 197-198.
9. Reinhold Niebuhr, "The Assurance of Grace," in *The Essential Reinhold Niebuhr: Selected Essays and Addresses*, ed. Robert M. Brown (New Haven, CT: Yale University Press, 1986), 65.
10. Delores Williams, "A Womanist Perspective on Sin," in *A Troubling in My Soul: Womanist Perspectives on Evil and Suffering*, ed. Emilie M. Townes (Maryknoll, NY: Orbis, 1993), 145-47; Williams, "Sin, Nature, and Black Women's Bodies," in *Ecofeminism and the Sacred*, ed. Carol J. Adams (New York: Continuum, 1993), 24-29; Emilie Townes, *In a Blaze of Glory: Womanist Spirituality as Social Witness* (Nashville: Abingdon, 1995), 55; Karen Baker-Fletcher, *Sisters of Dust, Sisters of Spirit: Womanist Wordings on God and Creation* (Minneapolis: Fortress, 1998) 93.
11. Robert Bullard, *Dumping in Dixie: Race, Class, and Environmental Quality* (Boulder, CO: Westview Press, 1990), 31.
12. "Report on Race and Toxic Wastes in the United States," in *Race and the Incidence of Environmental Hazards: A Time for Discourse* ed. Bunyan Bryant and Paul Mohai (Boulder, CO: Westview Press, 1992), 2. See also Bunyan Bryant, ed., *Environmental Justice: Issues, Policies, and Solutions* (Washington, DC: Island Press, 1995); and "African American Denominational Leaders Pledge Their Support to the Struggle Against Environmental Racism," *A.M.E Christian Recorder*, May

18, 1998, 8, 11.

13. Robert Bullard, "Environmental Justice for All," in *Unequal Protection: Environmental Justice and Communities of Color*, ed. Robert D. Bullard (San Francisco: Sierra Club Books, 1994), 3-22

14. 벤자민 체이비스 무하마드(Benjamin Chavis Muhammad)로 알려진 체이비스는 현재 루이스 파라칸의 이슬람 국가(Lous Farrakhan's Nation of Islam)의 지도자로 봉사하고 있다.

15. Bunyan Bryant, Introduction to *Environmental Justice*, 5.

16. *National Black Church Environmental and Economic Justice Summit*, Washington DC, December 1-2, 1993, National Council of the Churches of Christ in the USA, Prophetic Justice Unit. 이 소책자에는 부통령 엘 고어(El Gore)의 연설을 포함한 본 회의의 모든 연설이 수록되어 있습니다.

17. See Ronald A. Taylor, "Do Environmentalists Care about the Poor?" *U.S. News and World Report*, April 2, 1982, 51-52; Bullard, *Dumping in Dixie*, 15; Deeohn Ferris and David Hahn-Baker, "Environmentalists and Environmental Justice Policy," in Bryant, *Environmental Justice*, 68; Dorceta E. Taylor, "Environmentalism and the Politics of Inclusion," in *Confronting Environmental Racism: Voices from the Grassroots*, ed. Robert Bullard (Boston: South End Press, 1993).

18. Alice Walker, *Living by the Word: Selected Writings 1973-1987* (San Diego: Harcourt Brace Jovanovich, 1988), 173.

19. Audre Lorde, *Sister Outsider* (Trumansburg, NY: Crossing Press, 1984), 110.

20. Catherine Keller, *From a Broken Web: Separation, Sexism, Self* (Boston: Beacon, 1986), 5.

21. See especially Alan Davies, *Infected Christianity: A Study of Modern Racism* (Kingston, Ont.: McGil-Queen's University Press, 1988). 데이비스는 '독일인 그리스도'(Germanic Christ), '라틴 그리스도'(Latin Christ), '앵글로색슨 그리스도'(Anglo-Saxon Christ), 및 '아프리카인 그리스도'(Afrikanner Christ)와 함께 인종차별의 현대적 표현으로서 '흑인 그리스도'(Black Christ)를 포함하고 있다. 우리가 역사와 문화 안에서 가치를 발견하려고 노력할 때, 백인 신학자들이 어떻게 흑인들을 인종차별주의자로 부르는지 나를 놀라게 할 뿐이다. 나는 스스로를 인정하는 흑인들에 의해 억압당한 백인들에 대해 알지 못한다. 그것과 백인들이 유색인에게 가한 끔직한 심리적, 물질적 폭력과 비교해 보라. 백인우월주의에 대한 흑인의 저항을 흑인의 인종차별주의라고 부르는 것은 분명히 잘못된 것이다.

22. 이 연설의 원고는 http://www.pbs.org/eliewiesel/nobel/index.html에서 볼 수 있습니다.

23. Leonardo Boff, *Cry of the Earth, Cry of the Poor* (Maryknoll, NY: Orbis, 1997), 2 에서 재인용.

# 그리스도 안에서 하나 된 만물

## IN HIM ALL THINGS HOLD TOGETHER

엘렌 데이비스●

다음은 1997년 10월 22일 버지니아 신학교에서 매년 열리는 스프리그 강연 (Sprigg Lectures)에서 한 설교입니다. 그해의 주제는 생태 위기 극복에 필요한 기독교적 삶과 사고에 관한 것이었습니다. 이 설교의 본문인 골로새서 1장 11-23절은 공동 기도서에 나오는 "그리스도의 통치"라는 주제에 초점을 맞춘 성만찬 예식을 위한 성구들 중 하나입니다. 이 설교는 직·간접적으로 그 주제와 본문과 관련되어 있습니다.

● 엘렌 데이비스(Ellen Davis)는 듀크 신학대학 성서와 실천신학 교수로 환경참여를 독려하는 데 적극적으로 활동해왔다. 그녀는 *Getting Involved with God: Rediscovering the Old Testament*를 저술했고, *The Art of Reading Scripture, Wondrous Depth: Preaching the Old Testament*를 공동편집했으며, 현재 다음의 저서를 집필 중에 있다. *"The Land I Will Remember": Biblical Interpretation and Ecological Responsibility*.

하나님의 영광의 권능에서 오는 모든 능력으로 강하게 되어서, 기쁨으로 끝까지 참고 견디기를 바랍니다. 그리하여 성도들이 받을 상속의 몫을 차지할 자격을 여러분에게 주신 아버지께, 여러분이 빛 속에서 감사를 드리게 되기를 우리는 바랍니다. 아버지께서 우리를 암흑의 권세에서 건져내셔서, 자기의 사랑하는 아들의 나라로 옮기셨습니다. 우리는 그 아들 안에서 구속 곧 죄 사함을 받았습니다.

그 아들은 보이지 않는 하나님의 형상이시요, 모든 피조물보다 먼저 나신 분이십니다. 만물이 그분 안에서 창조되었습니다. 하늘에 있는 것들과 땅에 있는 것들, 보이는 것들과 보이지 않는 것들, 왕권이나 주권이나 권력이나 권세나 할 것 없이, 모든 것이 그분으로 말미암아 창조되었고, 그분을 위하여 창조되었습니다. 그분은 만물보다 먼저 계시고, 만물은 그분 안에서 존속합니다. 그분은 교회라는 몸의 머리이십니다. 그는 근원이시며, 죽은 사람들 가운데서 제일 먼저 살아나신 분이십니다. 이는 그분이 만물 가운데서 으뜸이 되시기 위함입니다. 하나님께서는 그분의 안에 모든 충만함을 머무르게 하시기를 기뻐하시고, 그분의 십자가의 피로 평화를 이루셔서, 그분으로 말미암아 만물을, 곧 땅에 있는 것들이나 하늘에 있는 것들이나 다, 자기와 기꺼이 화해시켰습니다.

전에 여러분은 악한 일로 하나님을 멀리 떠나 있었고, 마음으로 하나님과 원수가 되어 있었습니다. 그러나 지금은 하나님께서 그리스도의 죽으심을 통하여, 그분의 육신의 몸으로 여러분과 화해하셔서, 여러분을 거룩하고 흠이 없고 책망할 것이 없는 사람으로 자기 앞에 내세우셨습니다. 그러므로 여러분은 믿음에 튼튼히 터를 잡아 굳건히 서 있어야 하며, 여러분이 들은 복음의 소망에서 떠나지 말아야 합니다. 이 복음은 하늘 아래 있는 모든 피조물에게 전파되었으며, 나 바울은 이 복음의 일꾼이 되었습니다(골로새서 1:11-23).

성서일과(lectionary)가 사고흐름의 중간에 갑자기 끝나게 되면, 설교자는 흥분되어 숨을 죽입니다. 왜냐하면 누락된 부분이 문젯거리가 될 것이고, 그 때문에 특별히 설교할 가치가 있기 때문입니다. 바로 이 설교가 그런 경우입니다. '그리스도의 통치'에 관한 골로새서의 이 부분은 하나님이 그리스도를 통하여 어떻게 만물을 자기와 화해시키시는가를 말하던 도중에 끝이 납니다. 오늘 아침 저는 우리가 중요한 확신을 얻을 수 있도록 성서일과를 넘어서 바울[1]이 그의 생각을 마치도록 할 것입니다. "하나님을 멀리 떠나 있었고, 마음으로 하나님과 원수가 되어 있던 여러분", "여러분이 하늘 아래 있는 모든 피조물에게 전파된 복음의 소망에서 떠나지 않고 믿음에 튼튼히 터를 잡아 굳건히 서 있으면", 여러분도 하나님 앞에 거룩하고 흠이 없는 사람으로 설 수 있습니다.

"하늘 아래 있는 모든 피조물에게 전파된 복음", 성서일과가 왜 이 구절로 끝나는지 그 이유를 아는 것은 어렵지 않습니다. 이 구절은 정말로 야생적이기 때문입니다. "하늘 아래 있는 모든 피조물"에 대해 생각해보십시오. 우리가 이를 진지하게 받아들인다면, 복된 소식이 "모든 종족과 언어와 백성과 민족"[2]에게만 의미 있는 것이 아니라, 오소리와 바위, 과일박쥐와 세쿼이아 나무에게도 의미 있는 것이라고 믿을 수 있을까요? 어떻게 우리가 이것을 진지하게 받아들일 수 있겠습니까? 정말 실없는 소리같이 들립니다. 이 말은 애니미즘의 냄새가 납니다. 게다가, 이 말은 지상 대명령(Great Commission)[3]에 대한 우리의 이해와 너무 거리가 멉니다. 복음 전파에 대한 헌신이 아무리 강하다 할지라도, 우리 중 누가 복음 선포에 대해 세쿼이아 나무에게 대답할 준비가 되어 있을까요?

이 점에 대해 바우어(Bauer) 헬라어 사전은 우리의 당황함을 해소해줄 수 있을 것 같습니다. '피조물'로 번역된 헬라어는 크티시스(*ktisis*)입니다. 바우어는 이것이 '크티시스'라는 단어의 완전히 예외적 사용이라고 말합니다. 성서의 나머지 모든 부분에서 이 단어는 '피조물'이라는 의미에 일반적으로 사용됩니다. 하나님이 만드신 것이라면 어느 것 하나도 '크티시스'의 일반적인 범주에 들어가지 않을 것이 없습니다. 그러나 골로새서의 이 부분에서는 '크티시스'를 '인간에 제한된 것'으로 보아야 한다고 바우어는 제안합니다.[4] 그리고 이 짧은 제안으로 인해 야생적 진술이 길들여집니다. 그래서 우리가 항상 생각하듯이 복음은 인간에게만 배타적으로 선포됩니다.

저는 일반적으로 바우어 교수와 그의 사전 제작팀의 열렬한 지지자이고, 그들의 모든 언급을 전적으로 받아들이며 그들에게 매우 감사하고 있습니다. 수많은 헬라어 본래의 의미를 보증할 정도로 제 헬라어 실력이 충분하지 않습니다. 그러나 여기에서 저는 그들이 틀렸다고 감히 말합니다. 여기서 '크티시스'라는 단어를 예외적 용례로 처리하고 그 용례를 인간으로 제한한 것은 틀렸습니다. 이러한 제한을 해서는 안 되는 이유가 있습니다. 왜냐하면 이 성구가 그리스도 안에서 하나님의 사역을 말할 때, 인간이 나머지 피조물들로부터 철저하게 나누어질 수 없기 때문입니다.

바울(혹은 골로새서를 쓴 사람)은 우리에게 "하늘에 있는 것들과 땅에 있는 것들, 보이는 것들과 보이지 않는 것들", 인간과 영적 세계의 힘들, 생명이 있는 것들과 없는 것들이 그리스도 안에서 창조되었음을 이야기합니다. "만물이 그리스도로 말미암아, 그리고 그분을 위하여 창조되었으며, … 만물은 그분 안에서 하나가 됩니다(우리말 새번역 성경에서는 '존속합니다')"(16-17절). '만물', 헬라어로 '타 판타'(ta panta)라는 말은 네 차례 반복됩니다. 만물은 그리스도 안에서 하나가 되며, 그리스도를 통하여 하나님과 화해하게 됩니다. 저는 이 말을 완전히 이해하는 척할 수가 없습니다. 이것은 저의 이해를 넘어서는 신비적인 통찰이기 때문입니다. 그러나 제가 아는 한 분명한 것은, 골로새서가 우리에게 급진적인 그리스도론을 제시하고 있으며 이 안에서 그리스도론과 창조론은 불가분하게 얽혀 있다는 것입니다. "그는… 모든 창조세계 중 맨 처음 태어났습니다(새번역: '모든 피조물보다 먼저 나신 분이십니다')." 성육신과 창조는 궁극적으로 분리될 수 없으며, 복음 선포의 명령 안에 모든 피조물이 포함되는 것은 이 때문입니다. 하나님께서 모든 것을 그리스도 안에서 그리스도를 위하여 만드셨기 때문에, 이에 따라 만물은 선포되는 그리스도의 복음을 들어야 하며 이 복음 이야기 안에 자신의 자리를 능동적으로 요구해야 합니다.

따라서 창조는 일치입니다. 모든 피조물, 곧 모든 사람, 모든 나뭇가지와 돌, 종마(種馬)와 해마 모두는 근원적으로 다른 모든 피조물과 연결되어 있습니다. 이것이 골로새서가 우리에게 보여주는 그림입니다. 하지만 세계사의 현재를 살고 있는 우리에게는 창조세계의 본질적 일치를 인식하기 위해 이런 신적 계시가 필요하지 않은 것처럼 보입니다. 과학계의 보고서나 유력한 언론들은 우리 모두가 '이 작고 푸른 점' 위에서 공동운명을 공유하고 있다는 사실을 고통스럽게 깨닫도록 합니다. 이 배가 침몰하면 우리 모두는 익사하고 맙니다. 이것은 무시할 만한 가능성이 아닙니다. 모든 피조물의 연대는 많은 사람들이 점차 사실로 받아들이는 것이고, 지금으로 선 이것이 분명히 암울한 사실로 보입니다. 이 문제에 있어 성서의 증언은 우리에게 어떤 차이를 가져다줄까요?

골로새 교회에 보낸 편지는 **그리스도의 우주적인 권세 아래 있는** 피조물들의 일치에 대해 증언하고 있습니다. 골로새서는 위협적인 한 운명의 속박이 만물을 하나 되게 하는 것이 아니라 **그리스도 안**에서 만물이 하나됨을 보여줍니다. 성서적 신앙이 가져다주는 차이는 우리가 직면한 공동의 위험을 냉정한 사실로 받아들일 것인지, 혹은 파티로의 초대로 받아들일 것인지의 차이입니다. 기독교인들은 축제 초대에 응답하는 사람으로서 피조물들과의 연대에 동참합니다. 이것이 바로 바르트가 의미한 것입니다. 기독교인이란 한 피조물로서 그 이상 그 이하도 아니며 따라서 우리가 세상의 최상의 주이신 그리스도의 영광스런 손님이라는 사실을 받아들이는 것입니다. 그래서 그는 연회장의 모습을 다음과 같이 기술합니다. "[기독교인]은 세리의 무리, 동물, 식물, 돌의 무리 안에서 이들과 연대하여 하나님의 피조물인 이들이 자신의 모습 그대로 연회에 참석하도록 식탁에 자신의 자리를 잡습니다."[5]

식물들과 돌들과 함께 축제를 여는 기독교인들의 모습은 성서일과가 우리로 하여금 그리스도의 통치에 대해 품도록 해주는 환상이 아닙니다. 바우어 사전처럼 성서 구절과 성서일과를 압축하게 되면, 복음이 진정으로 "하늘 아래에 있는 모든 피조물들에게 선포되었다"는 골로새서의 증언과는 멀어지게 됩니다. 우리는 성서의 증언을 듣고 하나님의 모든 피조물과 우리의 연대를 주장하는 것을 왜 그리도 주저할까요? 불안해서일까요? 연회장의 식탁에 앉아 인간이 아닌 피조물과 대화를 시작하는 것이 불안합니까? 우리가 하나님의 현존 안에서 대화를 시작했더니 다른 피조물들이 자신의 목소리를 찾아서 우리에게 크게 소리 지를까 봐 불안합니까? 우리가 댐을 만들고 물을 고갈시키고 오염시킨 강들이 우리를 태만죄로 기소할까 봐 불안합니까? 우리에게 활엽수림을 빼앗긴 토양이, 인간이 저인 망으로 생명들을 모조리 긁어간 바다가, 우리의 탐욕에 대해 크게 항의할까 봐 불안합니까? 품질이 낮은 석탄의 광산들까지 고갈시키고 막대한 양의 불모의 돌무더기만 잔뜩 남겨놓아서, 문자 그대로 땅으로 끌어내려진 산들이, 하나님의 손으로 만드신 것들을 망치고 우리의 이기적인 기분을 만족시키기 위해 하나님께서 주신 힘을 악한 것에 잘못 사용했다며 우리를 고발할까 봐 불안합니까?

그것은 아마도 지적 공포입니다. 그것은 현대 과학과 대중 미디어를 통해서만이 아니라 성서를 통해 좀 더 의미심장하게 알려진 것입니다. 우리가 '감각이 없는' 것이라 부르는 것들이 성서 속에서는 실제로 목소리를 가지고 있습니다. 예언자들은 산들과 언덕들에게 창조주의 공정한 심판의 증인이 되어주기를 호소합니다(사 1:2, 신 32:1). 또한 성서에는 온전히 살아 있는 세계를 보여주는 '환상곡'의 시편들이 있습니다. 바다는 큰 소리로 환호하고, 강들도 손뼉을 치고, 산들도 함께 환호성을 올립니다. 하나님께서 "정의로 세상을 심판하시며, 뭇 백성을 공정하게 다스리시기 위해"(시 98:9) 오시기 때문입니다. 그들이 기뻐하는 것도 당연합니다. 하나님께서 세상을 심판하러 오시는 것은 분명히 인간 이외의 피조물들에게 복된 소식입니다. 심판의 날에는 모든 피조물이 그것들을 만드신 분과의 직접적인 관계 안에 서게 될 것이기 때문입니다. 산들과 강들에게 하나님의 심판은 자유를 의미합니다. 마지막에 그것들은 우리의 의심스러운 자비로부터 벗어나 자유하게 됩니다. 그렇게 인간 이외의 피조물들은 우리의 주님께서 권능과 공의로 오신다는 복된 소식을 듣기 위해 소리칩니다. 우리가 그들과 탁자에 함께 앉기를 주저하는 것도 당연합니다. 누가 만찬에서 맹공격 당하기를 바라겠습니까? 설령 하나님이 모든 피조물을 위해 차려놓으신 식사를 못 한다 할지라도 그 식탁에서 벗어나 있는 것이 나을 것입니다.

그러나 골로새 교회에 보낸 편지는 우리가 수치를 당할 걱정없이 연회장으로 들어갈 수 있는 한 가지 조건을 보여줍니다. 우리는 이 집의 규칙들 중 한 가지를 받아들여야 합니다. 그 규칙은 이렇습니다. 이곳에 준비된 포도주는 희생의 피입니다. 세상의 생명을 위해 흘리신 그리스도의 피는 모든 피조물을 연합시키는 친교의 포도주입니다. 바울은 우리가 끼친 모든 해악 이후에 있을 화해를 위한 단 하나의 기초를 매우 멋진 말로 제시합니다. "[그리스도]를 통해 하나님은 십자가의 피로 평화를 이루셔서, 그분으로 말미암아 만물을, 곧 땅에 있는 것들이나 하늘에 있는 것들이나 다, 자기와 기꺼이 화해시켰습니다"(골 1:20). "그리스도의 십자가의 피를 통하여 평화를 이루는 것", 이 말은 우리의 합리주의를 흔들어놓습니다. 우리가 이 말을 들을 수 있다면, 이 말씀은 우리를 "영원 전부터 모든 세대에게 감추어져 있었는데, 지금은 그 성도들에게 드러나게 된 비밀"(골 1:26)로 깊이 끌어들입니다.

십자가의 피를 통하여 예수 그리스도께서는 거의 세계사의 시작까지 거슬러 올라갈 단절을 치유하고 계십니다. 창세기의 첫 번째 장은 우리와 다른 피조물들 간의 위험한 소외가 현대 기술이 아니라 첫 사람의 불순종의 결과에서 시작되었음을 드러내줍니다. 인간이 하나님과 떨어져 세상에서 자신들의 길을 찾아가기 시작하자마자 소외는 현실이 되었습니다. "주 하나님이 뱀에게 말씀하셨다. … '내가 너로 여자와 원수가 되게 하고, 너의 자손을 여자의 자손과 원수가 되게 하겠다'"(창 3:14-15). 그러나 이제 그리스도께서 "그의 십자가의 피를 통하여 평화를 이루심으로", 오래된 원수 됨을 치유하십니다. 모든 창조세계의 중심인 십자가로부터, 그리스도는 만물을 품어 하나님과 화해시키기 위하여 손을 뻗으십니다. 모든 창조세계의 처음 소산이고, 하나님의 자녀들 가운데 가장 영광스러운 분이시며, 우리 가운데 남은 자들을 하나님께로 돌아오게 하시려고 죽으신 분, 그리스도… 이것은 우리의 깊은 소외와 마음의 적대감을 치유할 힘을 가진 한 형상이며, 우리가 이 한 가지를 붙잡기만 하면 우리는 치유를 얻게 됩니다. 곧 화해의 축제로의 초대는 구원으로의 초대인 것입니다.

우리는 여기에 초대받았습니다. 전례의 숭고한 표현을 따르자면 그리스도의 희생 안에서 그와 연합하게 된 것입니다.[6] 우리에게는 그의 희생으로 가르침을 받고 대담해져서 그 희생을 우리 자신의 것으로 만들어야 할 임무가 있습니다. 희생(Sacrifice)이라는 단어는 문자적으로 '거룩하게 하다'(making holy)라는 것을 의미합니다. 우리의 생명을 순전한 선물로 여기고 하나님께서 우리에게 주신 모든 것을 돌려드림으로써 세상을 거룩하게 하는 것입니다. 불편하고 유감스러운 이야기지만, 십자가의 피가 기독교인의 제자직에 대해 가르친 것은 잊거나 오해하기 너무 쉽습니다. 중요한 것은 바로 이것입니다. 즉 그리스도의 희생은 우리의 희생을 불필요한 것으로 만들지 않습니다. 오히려 그분의 희생은 우리의 희생을 가능하게 합니다. 그리스도의 희생 안에서 우리가 진정으로 그분과 연합한다면, 우리는 결정적으로 변화되어 하나님의 나라의 이상한 정반대의 경제 안에 살아가게 될 것입니다. 그 나라 안에서는 여러분이 얼마나 많이 줄 수 있느냐에 따라 부유함이 측정되고, 안락의 수준은 포기할 때 편안함에 의해 측정됩니다.

하나님의 사랑을 받는 형제자매 여러분, 우리는 지금 화해의 축제에 초대받았습니다. 우리가 진실하게 대화하고 우리의 구원에 이르기까지 먹고 마시게 된다면 우리는 변화, 메타노이아(metanoia), 즉 새로운 생각과 행동을 향한 대담하고 근원적인 변화에 전념하게 될 것입니다. 우리의 말과 더 나아가 우리의 삶이 오랫동안 감추어져 있었지만 지금 드러난 신비(즉 그리스도 안에서 하나가 되고, 십자가의 피를 통해 하나님과 화해된 모든 피조물의 신비적인 연대)를 진실하고 설득력 있게 선포하기 위하여 우리가 무엇을 할 수 있고,

무엇을 나누어줄 수 있으며, 무엇을 포기할 수 있을까요? 이 시대에 우리가 소외 안에서 소멸되지 않도록 이 신비적 연대가 하나님의 영원한 영광을 위하여 드러나게 되기를 기원합니다.

1. 골로새서가 바울의 저작인지 논란이 많지만, 여기서는 수사학적 목적을 위해 전통적 견해를 따른다.
2. 이 구절(계 5:9)은 '그리스도의 통치'에 관한 주제로 성찬예식에 통상적으로 사용되는 예식적 노래(공동기도서 93 찬송18)에서 나타난다. 회중은 설교 바로 전에 골로새서의 본문을 읽은 뒤 이 노래를 부른다.
3. 마태복음 28장 19-20절과 비교하라. 이 설교가 선포된 버지니아 신학교 예배실 제단 뒤에 "모든 세상에 나가 복음을 선포하라"는 말씀이 걸려 있다.
4. Walter Bauer, *A Greek-English Lexicon of the New Testament and Other Early Christian Literature*, ed. F. Wilbur Gingrich and Frederick W. Danker (Chicago: University of Chicago Press, 1979), 455.
5. Karl Barth, *Church Dogmatics* III/3 (Edinburg: T & T Clark, 1975), 242.
6. 1979년 공동기도서에 나오는 성례전 예식 기도 B와 비교하라.

# 누가 이 물들의 영을
# 대변할 것입니까?

## WHO WILL SPEAK FOR THE SPIRIT OF THESE WATERS?

로널드 엥겔●

> 이것은 1989년 북서 인디애나 인문학 컨소시엄이 인디애나 던스 주립공원에서 개최한 '물과 영'에 관한 컨퍼런스에서 대중 설교 "영적인 영감의 원천으로서 미시간 호"를 바탕으로 지구의 날에 설교한 것입니다.

● 로널드 엥겔(Ronald Engel)은 인간과 자연의 모임(Center for Humans and Nature)의 수석 연구자문위원이자 미드빌 롬바르드(Meadville Lombard) 신학교의 석좌교수이다. 그는 국가도서상(Meltzer National Book Award)을 수상한 바 있는 *Sacred Sands: The Struggle for Community in the Indiana Dunes*의 저자, *Ethics of Environment and Development: Global Challenge; International Response*의 공동편집자, *Justice, Ecology, and Christian Faith: A Critical Guide to the Literature*의 공동저자이다. 또한 그는 환경 사회 윤리, 역사, 철학 분야의 60개 이상의 논문의 저자이다.

태초에 하나님이 천지를 창조하셨다. 땅이 혼돈하고 공허하며, 어둠이 깊음 위에 있고, 하나님의 영은 물 위에 움직이고 계셨다(창세기 1:1-2).

너희는, 다만 공의가 물처럼 흐르게 하고,
정의가 마르지 않는 강처럼 흐르게 하여라(아모스 5:24).

I

1960년 공부를 시작하기 위해 시카고 대학교에 왔을 때, 저는 이곳 교수진 중 누구라도 저의 자연을 향한 열정, 그리고 제가 하고 싶었던 종류의 일 곧 이제는 '환경 윤리'라 알려지게 된 분야에서의 일을 이해해 줄 수 있을지에 대해 걱정했습니다.

시카고에서의 첫날 밤, 저는 오케스트라 홀에서 있었던 SANE이라는 반핵단체를 위한 집회에 참석했고, 시카고 대학교 신학대학의 교수 한 분이 그날의 연사들 중 한 명이었습니다. 저는 그날 청중을 숨죽이게 하며 어둠 속에서 홀로 스포트라이트를 받은 채 무대 위에 서 있던 키가 큰 한 남자, 조셉 시틀러(Joseph Sittler)의 모습을 2층 난간에서 내려다보았던 기억을 잊을 수 없습니다. 시틀러의 그날의 연설은 거의 리처드 윌버(Richard Wilbur)의 시 〈예언자에게 고함〉(Advice to a Prophet)에 대한 것이었습니다. 시인은 예언자에게 "사람 혼에 불 붙이는 긴 숫자들"에 불과한 핵 무기 통계 따위를 포기하라고, 심지어 인류의 파멸에 대한 경고조차 포기하라고 종용합니다. "우리가 없는 이 땅덩이를 어찌 꿈꿀 수 있는가?" 그 대신 시인은 예언자에게 "세상 자체의 변화를 이야기하라"고 충고합니다.

> 돌고래의 둥근 도약(跳躍), 비둘기의 귀소(歸巢),
> 우리가 우리 자신을 비추어보고 말을 주고받을
> 그러한 것들이 없다면 우리는 뭐가 되겠는가?
>
> 예언자여, 우리에게 물어보라,
> 그 살아 있는 혀가 모두 말을 잃고
> 그 거울이 흐려지든가 깨어지고 나면
> 우리는 어떻게 우리의 본성을 이끌어낼 수 있겠냐고?
> 그 거울 속에서 우리는 사랑의 장미와
> 용기 있는 순결한 말(馬)을 이야기했고
> 그 속에서 노래하는 영혼의 여치가 허물을 벗는 것을 보았고
> 우리가 뜻하는, 뜻하고자 하는 바를 보았다.[1]

그날 저녁 저는 학업에 대한 개인적인 걱정들을 덜게 되었을 뿐만 아니라 대학에서의 제 첫 수업으로 환경 윤리를 듣게 되었습니다.

환경 윤리는 생명이 주는 선물에 대한 감사함에 뿌리박고 있습니다. 자연경험 안에서, 그리고 그 경험을 통하여 우리는 인간으로서 독특한 실존

을 구성하는 의미와 은유들의 얽힌 세계, 즉 창조적 진화의 다른 독특한 실현과 상호작용하는 인간 상상력의 연금술을 만들어냅니다. 조셉 시틀러가 나중에 기록한 것처럼 "시인은 추상적인 명제나 극적인 경고가 아니라, 강력하고 소박한 대지의 이미지로 자신의 요지를 밝힙니다. 그 요지는 단일하고 단순하며 확고합니다. 즉, 인간 자아는 지구의 연속성에 달려 있으며, 지구가 알고 기억하는 사실들이 우리 자아의 모체라는 것입니다."[2]

‖

제가 하루 중 가장 좋아하는 시간은 이른 아침입니다. 저는 시카고에 있는 저희 조합 아파트 건물의 21층에 있는 제 집 사무실 창문으로 가서 미시간 호 위로 떠오르는 햇빛을 받으며 일을 시작합니다. 어두운 침실에서 방을 지나 사무실 창가로 걸어가는 것은 매일 아침 세상의 새로운 탄생을 경험하는 것 같습니다.

문득 시카고의 예술가 얼 리드(Earl Reed)의 〈물의 표면에 비친 영〉이라는 제목의 에칭화가 생각납니다. 그 에칭화는 미시간 호에 대한 것인데, 그러나 그가 그린 이미지는 창세기 1장을 쓴 시인이 묘사한 천지창조의 첫째 날입니다.

밝고 파란 호수와 끝없이 펼쳐진 수평선을 바라보는 이 경험은 지구를 탄생시킨 최초의 물을 본 것처럼 숨을 죽이게 하는 계시입니다. 이것은 제가 세계 곳곳에 있는 수백만의 동료 시민과 함께 나누는 경험입니다.

우리 모두는 우리의 아름다운 푸른 행성이 매일 하늘을 돌 때 호수와 강과 바다 앞에 펼쳐지는 유사한 경이를 느낍니다. 이러한 경험들을 통해 우리는 지구적 친교를 나눕니다.

저는 1894년 그의 나이 60세에 처음으로 미시간 호를 보고 시를 쓴 칼 샌드버그(Carl Sandberg)와 친교를 느낍니다.

옹송그리며 모여 있는 흉물스런 벽들로부터 떠나,
나는 갑작스레 도시의 끝자락에,
호수의 터져 나오는 푸르름에 도달했다.

저는 이 같은 친교를 시카고 사회복지관의 거주자들과 함께 나눕니다. 그들은 도시의 새로운 이민자들을 미시간 호숫가로 데리고 나와 그들의 새로운 나라의 아름다움을 맛볼 수 있게 해주었습니다. 이민자들 중 한 사람인 아말리아 호퍼는 이를 "저 너머로 영광스럽게 뻗쳐 있는 장엄한 푸르름"이라고 표현했습니다. 저는 미시간 호를 에워싼 공원들의 야영객들과 시카고로 차를 몰고 들어오는 이른 아침의 출근자들과 함께 친교를 나눕니다. 부활절 새벽 예배와 결혼 예배 때, 그리고 호숫가를 따라 걸으며 만난 친구들, 사랑하는 사람들과 함께 친교를 나눕니다.

그렇게 미시간 호를 경험하는 것은 종교사가들이 성현(聖顯, *hierophany*)이라 불렀던 것의 경험입니다. 그것은 "거룩한 무엇이 그 자체를 우리에게 드러내는" 때입니다. 성현으로서 미시간 호를 경험하는 것은 그 자체와 그 자체 이상의 것 모두를 경험하는 것입니다. 즉, 물리적 실재와 은혜의 매개, 곧 성례를 경험하는 것이지요. 헨리 데이비드 소로(Henry David Thoreau)는 이를 다음과 같이 표현합니다. "나는 우리와 연합하고 있는 영원한 것, 곧 우주의 실제적 영광을 보고, 냄새 맡고, 맛보고, 느낄 수 있습니다."[3]

종교의 역사는 성현의 역사입니다. 그러므로 우리는 과장 없이 있는 그대로 이렇게 말할 수 있습니다. 미시간 호를 성현으로서 경험한 우리 모두는 '종교', 혹은 미시간 호의 영을 함께 나누었다고 말입니다. 이것은 무한을 바라보게 하는 우리의 특별한 창 중 하나입니다.

III

호수에 대한 우리의 영적인 경험 중 그 어떤 것도 호수에 관한 문자적 진리와 모순되지 않습니다. 오히려 그 경험은 우리의 평범한 경험을 세우고 깊게 하며, 확장하고 보완합니다. 현대 과학에 따르면 물은 지구의 가장 독특한 구성 성분입니다. 물은 생명의 진화를 위한 장을 마련했고, 모든 생명체의 필수적인 구성 요소입니다. 그것은, 한 번 더 소로의 말을 빌리자면 '지구의 피'입니다.

이것이 물에 관한 진리라면 담수(freshwater)에 대해서는 더욱 그렇습니다. 지구상의 모든 물 중 3%에 불과하지만, 담수는 생명체의 생식과 생존을 위해 가장 필수적인 요소입니다. 미시간 호는 지구상에서 가장 큰 담수호 중 하나입니다. 이 때문에 미시간 호는 전 지구를 돌며 생명을 주는 물의 순환 과정에서 가장 중요한 저장소의 기능을 합니다.

미시간 호에 대한 우리의 영적인 경험은 이러한 과학적인 사실을 확인하고 심화시켜줍니다. 미시간 호를 통해, 반복되는 창조의 기적을 만나게 된다는 것은 공통의 증거입니다. 그러나 우리가 경험한 것은 단지 원 창조의 기적, 즉 태초의 생명의 창조 과정뿐만이 아닙니다. 그것은 재생, 부활의 기적이기도 합니다. 호수는 천 년 동안 물속으로 잠기는 거룩한 예식을 통해 몸의 치유와 영혼의 정화를 담당한 매개입니다. 우리가 매년 여름 우리의 강변과 해변을 가득 메우는 까맣게 그을린 수천 명의 사람이 하는 행동을 're-creation(재창조, 휴양)'이라고 부르는 것은 결코 우연이 아닙니다.

조상들은 이 사실을 이해했습니다. 그 예로, 주후 2세기에 터툴리아누스(Tertullian)는 이렇게 기록했습니다.

물은 살아 있는 피조물들을 낳기 위해 하나님께서 가장 처음 명령하신 것입니다. … 물은 생명을 만들기 위한 첫 번째 것이었습니다. 이는 어느 날 우리가 세례를 통해 새 생명으로 태어나게 되었을 때 깜짝 놀라지 않게 하기 위함입니다. 사람을 만드실 때, 하나님께서는 당신의 과업을 마치시기 위해 물을 사용하셨습니다. … 땅에서 생명을 만들어내는 물이, 하늘의 생명을 왜 주지 않겠습니까?[4]

미시간 호에 대한 제 자신의 경험 안에서는 창조와 재창조가 완전히 결합되어 있어 분리해서 말하기가 어렵습니다. 제가 아무리 피곤하거나 비참할 때에라도 미시간 호는 늘 그곳에 머물러 저를 다시 새롭게 해줍니다. 많은 사람들이 그들이 경험한 사실을 증언합니다. 시장경제 사회의 정신 없고 틀에 박힌 일상에서 호수가 그들을 '구원'했다고, 그들의 영적인 '중심'을 되찾아주었다고, 그리고 '평화'의 축복을 가져다주었다고.

시카고의 작가 도널드 컬로스 피티(Donald Culross Peattie)는 〈시카고 데일리 뉴스〉(*Chicago Daily News*)에서 일했습니다. 언젠가 그는 인류의 죄에 관한 기사를 쓰느라 밤을 꼬박 새고 새벽 4시에 차로 호수변 도로를 타고 집으로 갔습니다. 이후에 그는 기록합니다. "이전 날들의 모든 유감에도 불구하고, 동쪽으로부터 거대한 차가운 호수 위로 다시 드러난 자비롭고 새로운 무엇이 광휘와 신선함으로 지금 온 도시를 뒤덮고 있었다. 이지러지는 어둠 속에서 나는 호수가 주는 정화의 선물을 느꼈다.[5]

창조하는 힘은 구원하는 힘입니다.

거룩함의 야생적이고 자유로우며 순수한 현현과 대면하고 창조와 구원의 강력한 상징과 얼굴을 맞대고 만나면서 많은 사람들이 여러 해 동안 미시간 호숫가에서 그들의 인생의 소명을 발견했다는 사실이 무엇이 놀랍겠습니까? 도로시 데이(Dorothy Day)는 시카고의 호숫가를 외로이 걷던 중 가난한 자들을 섬기기로 결심했습니다. 일리노이 주 상원 의원 폴 더글라스(Paul Douglas)는 어느 날 밤 홀로 해변을 걷다가, 산업화의 불길 속에서 인디애나 던스(Indiana Dunes) 국립호안을 지키기로 맹세했습니다. 작가이자 동식물 연구가인 시구르 올슨(Sigurd Olson)은 시카고 대학의 학생으로 있는 동안 미시간 호의 호숫가에서 생태학을 배웠습니다. 1960년, 그는 이 호숫가의 모래 언덕을 다시 찾았고 그의 야생 지지자로서의 소명이 여전히 추구할 만한 가치가 있는지를 스스로에게 물었습니다. 후에 그는 기록했습니다.

> 그 오래된 호숫가에 서서 내가 기억했던 대로 다시 한 번 북쪽에서 몰려오는 큰 파도를 보며 느끼는 놀라움과 기쁨을 상상해보라. 물은 유백색으로, 하얀 파도는 웅장한 열을 이루어 내 눈이 닿는 곳까지 행진해 갔다. 서쪽으로, 제철소의 짙은 연기를 향해 눈을 돌렸다. … 북서쪽으로 눈을 돌려 시카고 루프 지구(시카고 시의 상업 중심지[역주])의 번쩍이는 불빛들과 육중한 스카이라인을 쳐다보았다. … 물결이 내 발 앞에서 부서지고 거센 파도가 도처에서 으르렁거렸다. **그것은 진리의 순간이었다.**[6]

미시간 호의 성현에 관한 제 이야기에서 또한 빼놓을 수 없는 것들이 있습니다. 호수가 우리에게 불러일으키는 열정적인 사랑, 생명이 우리에게 주어지는 어느 곳에서나 느끼는 것, 즉 미시간 호가 언제나 우리의 일부라는 느낌, 우리가 무한한 사랑의 관계 안에서 호수와 그 창조자와 함께 연결되어 있다는 느낌 말입니다.

미시간 호는 존재의 창조하고 재창조하는 힘이 올려드리는 거룩한 예식이며, 이 지역에 사는 우리가 우주를 볼 수 있게 하는 특별한 창입니다.

미시간 호는 우리를 규정하고 우리의 방향을 정해주며 우리를 부르고 우리를 시험합니다. 그것은 신학자들이 '일반 은총'이라 부른 것의 경험입니다. 이 은총은 자연세계를 통하여 모든 사람에게 부어진 것으로, 부유함의 정도나 지위, 인종과 신념에 상관없이 주어지는 것입니다. 우리에게 공통적으로 주어진 소유와 유산, 책임이 있다면 그것은 바로 이 호수입니다. 그것이 없이는 우리는 인간 존재의 절반도 없는 것이나 마찬가지입니다.


## IV

저는 이 호수를 지키기를 소원합니다. 하지만 저는 아침에 제 창문으로 가서 소로의 경구 한 마디를 기억하지 않을 수 없습니다. "**아침은 내가 잠에서 깰 때이며, 동시에 내 안에서 동이 틀 때이다. 윤리적 개혁이란 잠에서 깨기 위한 노력이다.**" 정말로 잠에서 깨어 있는지를 보여주기 위해 저는 오늘 무엇을 해야 합니까? 제 인생을 미시간 호의 영원한 일출로 만들려면 어떻게 해야 합니까?

만일 제가 미시간 호가 학대 받고 있다는 것, 그리고 이 사실이 그 호수가 베푸는 축복을 매일 누리는 우리에게 가장 심각한 영향을 끼칠 난제를 일으킨다는 것을 지적하지 않는다면, 이 설교는 말 그대로 불신앙적인 설교가 될 것입니다.

저는 미시간 호에 가해지는 모든 일을 알지는 못합니다. 이러한 문제들에 대해 전문가도 아닙니다. 그러나 최근의 보고들은 위험할 정도의 독성 화학 물질과 중금속들이 미시간 호로 계속해서 흘러들고 있으며, 인간과 생태계의 건강을 위협하고 있다는 것을 알려줍니다. 이 독성 물질 중에는 국제연합 조약에 따라 단계적으로 폐지할 것을 국제 사회에서 결의하기도

한 '12대 독극물'에 포함된 것만 일곱 종류입니다. 어류 섭취에 대한 주의보는 지금도 발령 중인 상태이고, 호숫가는 지금도 폐쇄되어 있습니다.

여러분이 잠시 멈추어서 이러한 현실들을 바라보되 이를 전쟁이나 환경오염, 부정의와 같은 악에 대해 생각하는 '또 하나의 나쁜 소식'으로는 여기지 않기를 바랍니다. 그보다 저는 여러분이 지금 우리가 나눈 이야기들에 비추어 그것들의 중요성에 대해 숙고하기를 요청합니다. 이것은 성례전적 차원에서 예언적 차원으로 움직임, 즉 신학자들이 종종 '현현'(manifestation)에서 '선포'(proclamation)로의 전환이라 부르는 것을 의미합니다. 리처드 윌버와 조셉 시틀러는 예언자에게 충고했고, 그것은 우리 스스로가 기억해내야 할 충고입니다. 그들은 우리에게, 예언은 생명의 선물이라는 성례전적 경험에 기초해야 하지만 그것은 여전히 예언이라고 말합니다. 이것은 우리로 하여금 도덕적인 죄에 맞서며, 이를 일삼는 자와 그 단체들에게 책임을 물으며, 또한 상황을 변화시키기 위해 우리가 취할 수 있는 행동들에 대해 자문하기를 요구합니다.

이런 관점에서 보면 이 문제들은 단지 기술 전문가들이 토의할 문제들만이 아니라 도덕적, 영적으로 대단히 중요한 문제가 됩니다. **오염**에 대해 말한다는 것은, 그것의 본래적 의미가 신성모독, 즉 거룩한 것을 더럽힘을 상기시켜주는 것입니다. 우리에게 행동하지 못하게 하고 영과 물에 대한 묵상을 제한하며 악으로부터 눈을 돌리게 하는 압력들이 엄청납니다. 단지 우리의 경험들의 심미적, 신비적, 유익한 측면에만 몰두하며 윤리적, 정치적인 구속적 요청들을 외면한다면, 그보다 이 도덕적 범죄를 일삼는 자들에게 기쁜 일은 없을 것입니다.

US스틸(us steels) 사(社)의 개리 웍스(Gary works) 공장이 허용량을 초과한 오수, 폐유, 암모니아, 시안화물(청산가리), 중금속 등의 오염물질을 미시간 호와 캘루멧(Calumet) 강 지류에 방류한 데 대해 미 환경보호국이 벌금을 부과하자, 사측 대변인은 벌금에 대해 다음과 같이 응답했습니다. "위반 혐의는 대부분 기술적으로 자연스러운 수준이며, 허용 범위를 넘어서지 않습니다." 저는 즉각적으로 대응했습니다. "기술적인 고려사항은 제 알 바가 아닙니다! 아무리 적은 양의 오수와 폐유, 암모니아, 시안화물, 중금속이라 한들 그것이 어떻게 미시간 호에 허용된다고 할 수 있습니까?"

그런데 또 다른 유의 신성모독이 있습니다. 호안선 개발이 대유행입니다. 그리고 결과적으로 미시간 호에 가까이 가는 것은 점점 더 경제적 특권의 문제가 되어가고 있습니다. 그러나 미시간 호의 성현은 **일반 은총**의 문제입니다.

공교롭게도 지난 수년간 미시간 호의 영적인 의미에 대한 가장 강력한 증언자였던 사람들 중 많은 사람들은 동시에 모든 사람에게 호수 가까이에 갈 수 있는 동등한 기회가 주어져야 한다고 강하게 주장했습니다. 조경사 옌스 옌센(Jens Jensen)의 말에 따르면, 호숫가는 '모든 사람'을 위한 계시이지만, 특별히 노동자와 가난한 사람을 위한 계시입니다. 국립호안공원에 있는 폴 더글라스의 인생을 기념하는 명판에 써 있는 내용의 일부를 읽어보겠습니다. "폴 더글라스(Paul Douglas)는 그곳이 영적소생을 위한 원천으로서의 열린 공간임을 믿었다. … 그는 모든 시민이, 부유한 자나 가난한 자나, 이 힘의 동일한 원천에 찾아올 수 있어야 한다고 생각했고, 또한 그는 그의 생애 마지막 20년을 이곳에서 일했으며, 최소한 그래야 한다고 믿었다."

당연히, 미시간 호의 성현 안에는 모두를 위한 정의가 있어야 합니다.

우리는 이 접근에 대한 질문을 한 단계 더 끌고 나아가야 합니다. 저는 종종 우리의 호숫가가 '구해졌다'고 믿는 사람들 때문에 당황스럽습니다. 위스콘신, 일리노이, 인디애나, 미시간 지역의 호숫가를 냉정하게 바라보면, 미시간 호로의 접근에 관한 우리의 지배적인 이해가 얼마나 인간중심적인지 드러나게 될 것입니다. 그것은 미시간 호로의 인간의 접근에 관한 것이지, 갑각류, 어류, 물새, 양서류, 파충류, 포유류, 야생초, 나무, 야생화의 접근에 관한 것이 아닙니다. 우리는 자연적인 생물군을 빼앗겨버린 호수, 더 이상 살아 있는 생태계가 아닌 호수를 경험하고 있습니다.

피조세계의 많은 선의 원천을 부정하는 것은 창조세계 자체에 대항하는 엄청난 부정의가 아닙니까? 우리가 호수를 우리의 동료 인간과 동료 피조물과 별도로 경험한다면, 그 경험을 진정으로 창조적, 구속적이라고 부를 수 있겠습니까?

이것이 우리에게 아모스의 말에 대한 새로운 이해를 제공하지 않습니까? "공의가 물처럼 흐르게 하고, 정의가 마르지 않는 강처럼 흐르게 하여라."

## V

누가 이 물들의 영을 대변할 것입니까? 우리 중 누가 이 호수에 대한 우리의 경험의 성례전적 특징을 찬양할 시적 능력과 예언적인 말을 입 밖에 낼 수 있는 도덕적인 용기를 가지고 있습니까? 우리가 호수의 관리를 위탁한 정부기관들은 그들의 임무를 수행하기 위한 필요한 권위, 신뢰성 및 지혜를 가지고 있습니까? 정치 지도자들은 특수한 이익보다 공동의 이익을 우선할 수 있습니까? 기업들은 미국에서 오랫동안 그들이 누려왔던 자유를 정당화하는 방식으로 결국 행동하지 않을까요?

우리 사회의 모든 단체 중에 어떤 단체는 교회들, 회당들, 그리고 사원들이 이 물들의 영혼을 위한 가장 투명하고 가장 힘 있는 목소리가 되어주기를 기대할지 모릅니다. 그러나 이 호수를 보호하기 위한 예언적 발언을 감당한 종교적 목소리는 거의 없었습니다. 우리 종교 공동체 안에 새로운 바람이 불어오고 있습니다. 기독교인들은 하나님의 창조세계 안에서 그들의 성서적 신앙을 재발견하기 시작합니다. 하지만 그들은 이 장소, 이 호수가 그들에게 계시를 말하도록 허락할까요?

자원봉사 시민단체들은 호수를 지키기 위해 목소리를 낼 수 있을까요? 호수를 위해 열심히 싸워온, 그래서 우리가 많은 감사의 빚을 갚아야만 할 자연보호 단체들 역시도 그들의 활동들에 대한 영적인 동기유발에 주의를 기울일 능력을 가지고 있을까요? 초·중·고등학교, 대학교는 어떻습니까? 도서관, 박물관, 병원들은 어떠할까요? 전문직 종사들, 혹은 우리는 어떻습니까? 우리는 생활양식과 경제적 삶의 방식을 바꿀 능력이 있습니까? 예언적 시민의식의 소명을 품을 능력이 있습니까? 우리의 기관들에게 책임을 지울 능력이 있습니까? 호수를 풍요롭게 지속시키기 위해서 지구의 자원들을 요구하지 않을 능력이 있습니까?

누가 이 물들의 영을 대변할 것입니까?

1. Richard Wilbur, "Advice to a Prophet," in *Advice to Prophet and Other Poems* (Harcourt, Brace and World, Inc., 1959), 12-13.
2. Joseph Sittler, *The Care of the Earth and Other University Sermons* (Philadelphia: Fortress Press, 1964), 89.
3. Henry David Thoreau, *A Week on the Concord and Merrimac Rivers* (Princeton: Princeton University Press, 1983), 173.
4. Tertullian, *Tertullian's Treatises: Concerning Prayer, Concerning Baptism*, translated by Alexander Souter (New York: MacMillan, 1919).
5. Donald Culross Peattie, "A Breath of Outdoors," *Chicago Daily News*, September 14, 1937.
6. Sigurd Olson, "Indiana Dunes Revisited," *The Isaak Walton Magazine*, January, 1966.

# 지구 공동체를 위한 주의 기도

## THE LORD'S PRAYER FOR EARTH COMMUNITY

디터 헤셀●

이 설교는 2001년 3월 조지아 주 서배너(Savannah)에서 열렸던 "창조의 청지기 정신 설교하기"에 대한 장로회 컨퍼런스에서 있었습니다. 생태계 파괴와 사회적 부정의라는 위기는 지역적인 동시에 지구적으로, 지구 전체를 위협하고 있습니다. 이런 반성의 목적은 환경정의라는 도전에 대한 신앙적 응답이 주기도문의 구절들 속에서 발견될 수 있음을 보여주는 데에 있습니다.

● 디터 헤셀(Dieter T. Hessel)은 메인 주의 케이프 엘리자베스(Cape Elizabeth)에 거주하며 사회 윤리를 전공한 장로교 목사로서, '생태, 정의, 신앙에 대한 에큐메니칼 프로그램'의 설립소장이다. 그는 *Social Ministry*의 저자이며 *Earth Habitat: Eco-Injustice and the Church's Response*와 *Christianity and Ecology: Seeking the Well-Being of Earth and Humans* 등 많은 책의 공동편집자이다.

야곱의 하나님을 자기의 도움으로 삼고 자기의 하나님이신 주님께 희
망을 거는 사람은, 복이 있다. 주님은, 하늘과 땅과 바다 속에 있는 모든
것을 지으시며, 영원히 신의를 지키시며, 억눌린 사람을 위해 공의로 재
판하시며, 굶주린 사람에게 먹을 것을 주시며, 감옥에 갇힌 죄수를 석방
시켜 주시며 눈먼 사람에게 눈을 뜨게 해주시고, 낮은 곳에 있는 사람을
일으켜 세우시는 분이시다. 주님은 의인을 사랑하신다(시편 146:5-8).

너희는 기도할 때에, 이방 사람들처럼 빈말을 되풀이하지 말아라. 그들
은 말을 많이 하여야만 들어주시는 줄로 생각한다. 그러므로 그들을 본
받지 말아라. 하나님 너희 아버지께서는, 너희가 구하기 전에, 너희에게
필요한 것이 무엇인지를 알고 계신다.
그러므로 너희는 이렇게 기도하여라.
하늘에 계신 우리 아버지,
그 이름을 거룩하게 하여 주시며,
그 나라를 오게 하여 주시며,
그 뜻을 하늘에서 이루심 같이,
땅에서도 이루어 주십시오.
오늘 우리에게 필요한 양식을 내려 주시고,

우리가 우리에게 죄 지은 사람을 용서하여 준 것 같이

우리의 죄를 용서하여 주시고,

우리를 시험에 들지 않게 하시고,

악에서 구하여 주십시오.

(마태복음 6:7-13).


예수께서 제자들에게 가르치신 기도, 곧 세계 도처의 기독교인들이 예배하면서 수없이 되뇌는 그 기도는 지구 공동체 안에서 신실하게 살아갈 수 있도록 하는 안내서로서 새롭게 해석될 가치가 있는 기도입니다. 교회사를 통틀어 수많은 성서학자들, 신학자들, 목사들은 우리의 기도의 모범으로서 주의 기도에 대한 유익한 해석들을 제공했습니다. 저는 이러한 전통을 계승하면서 동시에 우리 시대의 지구적 위기, 즉 생태와 정의의 위기에 응답하면서 우리 삶의 방식을 위한 영적인 보물의 심오한 의미를 강조하고자 합니다.

우리 시대에 생태계 파괴와 사회적 불의라는 위기가 무섭게 그 모습을 드러내고 있는 것은 그것이 지역적 수준을 넘어 지구적 수준에 이르렀고 또한 생태계와 공동체뿐만 아니라 전체 지구 공동체를 위협하기 때문입니다. 우리가 주의 기도의 구절들이 기독교인에게 무슨 의미를 가지는지에 대해 환경적, 사회적으로 깊이 유념할 때에, 우리는 이러한 도전에 맞설 신앙적인 세계관과 일관된 행동방식을 분별하게 될 것입니다.

이웃과 자연을 사랑하고 정의롭게 대하도록 우리를 부르는 성서 전체의 이야기의 빛에서, 우리는 예수의 기도를 다시 읽어야 합니다. 아주 간단히 요약하자면 창세기의 창조 이야기와 계약 법안에 있는 안식일 윤리는 우리에게 이렇게 명령합니다. 즉 우리는 단지 고아, 과부, 나그네를 보호할 뿐만 아니라, 땅을 돌보고 다른 피조물들을 존중하며, 그들의 보금자리를 지켜야만 합니다. 왜냐하면 자연의 질서와 그 속의 수많은 생물 종은 창조주께서 손수 지으신 작품으로서 내재적 가치를 지니고 있기 때문입니다. 여러 시편들은 자연의 질서를 공동의 선을 위한 하나님의 현존의 장소로 여기며 기뻐합니다. 자연의 유비들은 지혜문학과 그 전통 안의 예수의 비유들 안에서 두드러지게 나타납니다. 또한 예언자들은 사회적 불의와 환경훼손 사이의 인과 관계를 강조하고 있습니다. 호세아가 선포하기를, 만일 우리가 올바로 살아가기로 한 언약의 의무를 무시한다면 "새들도 죽게 될 것입니다." 신약 성서는 예수의 자연을 향한 사랑을 보여주며, 바울 사도는 하나님께서 예수 그리스도 안에서 그를 믿는 자뿐만 아니라 온 창조세계를 구원하심을 선포합니다. 성서의 이야기는 분명히 우리가 생태와 정의를 위해 창조세계를 회복할 것을 요구합니다. 주의 기도는 성서의 이러한 지향성을 강화시킵니다.

여전히 성서를 사랑할 것을 주장하는 많은 기독교인들이 이 메시지를 '듣지' 못했거나 이것이 생태정의를 강조함을 '인식'하지 못했습니다. 일부 신학과 찬송가에서 표현된 세계에 대한 부정적 입장은 적잖은 기독교인들이 지구를 평가절하하고 자연과 사회의 건강을 무시하면서, 편협하게 자신의 구원에만 초점을 맞추도록 했습니다. 그들은 "뜻을 하늘에서 이루심 같이, 땅에서도 이루어 주십시오"라는 기도의 관점으로는 생각하지 않고 있습니다. 이 세계가 곧 끝날 것으로 보기 때문에, 그들은 이 행성과 거기에 속한 빈곤한 사람들, 멸종 위기에 처한 종들, 그리고 갈수록 파괴되는 생태계의 복지에 대해서는 생각하지도 행동하지도 않습니다.

기독교인들이 기대하는 미래를 포함하여, 그들이 무엇을 위해 기도하는가에 따라 실제로 공적인 정책의 차이가 생깁니다. 우리는 이를 20세기 후반 국무장관 두 명의 대비를 통해 볼 수 있습니다. 레이건(Reagan) 정부의 국무장관이었던 제임스 와트(James Watt)는 세계에 대한 부정적 관점을 옹호했습니다. 그의 사고방식을 형성한 근본주의 신학은 그리스도가 곧 다시 오실 것을 전제합니다. 결과적으로 우리는 재생 가능한 자원과 그렇지 못한 자원의 제한에 대해 걱정할 필요가 없습니다. 그것들은 영원한 생명으로 가는 도상에 있는 인간의 이익을 위해 존재할 뿐이기 때문입니다. 청지기 정신이라는 개념을 완전히 뒤집어 생각하는 이러한 관점은 세계의 종말이 가까이 있으므로 우리가 천연자원을 빨리 써버려도 된다고 암시하고 있습니다. 이러한 세계관의 영향으로 (그리고 채광·채굴 회사의 로비스트들로 인해) 와트 재임 당시의 국무부 정책들은 내일을 위한 보존보다는 오늘을 위한 착취적 이용에 호의적이었습니다. 저는 1980년대 말 워싱턴 주 서부의 올림픽 반도를 여행하는 동안 그러한 몇 가지 결과들을 보았습니다. 그때 거기에서 고속도로 옆으로 겨우 눈가림으로 남아 있는 나무들 뒤로 오래된 나무들이 말끔히 베어져 나간 개벌림(皆伐林)의 참혹한 광경을 보았습니다. 완전히 파괴된 그 장소 중 몇 군데에 표지판들이 있었고, 거기에는 1980년대 중반의 날짜와 제임스 와트의 이름이 적혀 있었습니다. 그것은 잘려나간 채로 버려진 숲이 국무부의 효율적인 '개간' 계획이었다고 호도하고 있었습니다.

또 다른 국무장관이자 환경에 대한 책임에서 극명한 대비를 보였던 한 사람인 브루스 배빗(Bruce Babbit)은 창조 질서의 보전을 위하여, 구체적으로는 황야 지역을 존중하고 또한 에버글레이드(Everglades) 습지와 같은 멸종 위기에 처한 곳들의 생태계 보존을 회복하는 등 클린턴(Clinton) 정부 기간 동안 긍정적인 리더십을 보였습니다. 배빗은 어릴 때 애리조나 주의 플래그스태프(Flagstaff)에 있는 가톨릭교회에 다녔습니다. 거기에서 그는 시편을 이해하는 것을 배웠고, 노아 이야기에 마음이 사로잡혔고, 그 이야기는 그가 국무장관으로 재임할 때까지 의식 속에 스며들어 있습니다. 그래서 그는 종종 노아가 동물들을 방주에 태운 그 이야기를 최초의 멸종위기 종보호법으로 언급하곤 했습니다. 그러나 배빗은 소년기에 그가 다녔던 교회 건물 안에서는 플래그스태프의 하늘과 맞닿은 지평선을 그려내는 샌프란시스코 정상(San Francisco Peaks: 애리조나 북부에 우뚝 솟은 산봉우리[역주])의 푸르고 눈 쌓인 모습이 존재하지 않는 것처럼 보였던 것에 주목했습니다. 신부님의 설교에서는 결코 그 산이 등장한 적이 없었던 것입니다. 본능적으로 그는 거대한 산봉우리가 거룩함을 드러내고 있음을 알았습니다(히브리어 엘 샤다이*El Shaddai*는 '산들의 하나님'을 의미합니다). 그러나 그는 호피족(Hopi) 인디언 친구에게 샌프란시스코의 산들 속에 하나님이 거하시는 장소에 대해 전해 들었습니다. 몇 년 후 그는 국무장관이 되었고, 수많은 황야들을 존중하며 위기에 처한 생태계들을 지키는 정책을 지지했고, 그와 동시에 그곳에 사는 토착민들의 권리를 지키기 위해 노력했습니다.

이러한 이야기는 저로 하여금 생태와 정의를 향해 눈을 돌려 예수께서 우리에게 가르치셨던 기도의 새로운 의미들에 대해 생각하도록 합니다. 하나님을 향한 호칭으로 시작해 '당신'에 대한 탄원(하나님의 영광에 관한), 그리고 '우리'에 대한 탄원(인간의 필요에 관한)으로 이어지는 이 기도에서, 우리가 삶의 지침을 발견할 수 있기를 바랍니다.

### 우리 아버지

하나님께서 지극히 거룩하시기에 이름을 직접 부를 수도 없다고 생각하는 문화 안에서, 예수께서는 하나님을 '아버지'라 부름으로써 하나님을 이름 짓는 용감한 도전을 하셨습니다. 하나님을 친밀한 개인적인 이름인 아바(Abba)로 부름으로써(막 14:36) 예수께서는 하나님이 우리의 이름을 아시며 우리를 사랑하시는 아버지임을 보여주셨습니다. 우리는 삶의 우여곡

절을 통해서 우리에게 필요한 것들을 (물론 우리가 필요로 하는 것이라면 무엇이든 지 허락하시는지와는 별개로) 우리 자신보다도 더 잘 아시는 한 분께서 우리에 게 말씀하시리라는 것을 확신할 수 있습니다. 사랑과 정의의 하나님과의 인격적인 관계는 광대하며 계속 팽창하고 있는 우주와 극심한 갈등을 겪 고 있는 세계 안에서 매우 연약하며 유한한 인간인 우리 각자에게 매우 중 요합니다.

하나님을 '아버지'라 부르는 것에는 양면성이 있습니다. 우리는 하나님 을 자애로운 부모로, 또한 모든 실재를 일으키시고 지속하시고, 완성하시 는 하늘과 땅의 창조자로 알고 있습니다. 신학자 폴 틸리히(Paul Tillich)는 만일 하나님께서 우리의 욕구를 만족시키며 모든 것을 용서하시기를 기대 한다면, 우리의 신앙은 더 이상 창조세계 안에서 힘과 정의, 사랑과 자비를 보여주시는 하나님과 관계할 수 없을 것이라 경고한 바 있습니다. '우리 아 버지'라는 말은 우리를 광대한 우주 속에, 그리고 온 지구 공동체 안에 위 치시키며, 그곳에서 우리는 신비롭고 거룩한 존재의 근거와 조우하게 됩니 다. 이 기도 안에서 우리는 우리를 낳으신 분과 그로부터 나온 모든 호흡 있 는 생명에게 말을 걸게 됩니다.

예수께서는 그리스어가 아닌 아람어로 말씀하셨습니다. 이후에 복음서 들은 그리스어로 기록되었습니다. 《우주의 기도: 예수의 아람어 말씀에 대 한 묵상》(Prayers of the Cosmos: Meditations on the Aramaic Words of Jesus)의 저자인 닐 더글라스 클로츠(Neil Douglas-Klotz)는 어근 ab-가 모든 창조세계의 우주 적 탄생을 가리키며, 이 말이 아람어에서는 한 개인의 아버지, 곧 abba로 사용되었음을 지적합니다. 그러나 이 단어는 그 어근의 '거룩한 부모'라는 중성적 의미를 여전히 반영하고 있습니다. '하늘에 계신 우리 아버지'라는 말은 우리와 우리의 창조자, 그리고 모든 창조세계를 풍성하게 연결시켜 주며, 그와 동시에 이렇게 이야기합니다. "오, 우리를 낳으신 분! 우주의 아버지-어머니, 당신께서 빛 안에서 모든 움직이는 것들을 창조하십니다."
그 이미지는 아람어 Ah-bw-oo-n을 천천히 말하는 명상 훈련을 통해 강
화될 수 있습니다. 기도를 "우주의 한 숨을 들이쉬고 내쉬는 것"으로 정의
했던 12세기의 신비주의자인 빙엔의 힐데가르드(Hildegaard of Bingen)가
옳다면, 여기에서 제시되는 숨쉬는 '몸의 기도'는 아주 적절합니다.

　주의 기도에서 우리는 창조자, 유지자, 구원자이신 하나님을 부르고 찬
양합니다. 우리는 이 확실한 지식을 가지고 하나님께 우리의 가장 기본적
인 필요를 채워달라고 탄원합니다.

## 당신의 나라를 오게 하여 주소서

　이 탄원은 예언자들이 예견했고 예수께서 시작하신 하나님 나라의 완
성을 기다립니다. 그러나 이 탄원은 무엇을 찾고 있는 것일까요? 예언자들
과 예수께서는 인간과 피조물들 사이의 조화로운 평화를 보여주셨습니다.
그들은 또한 하나님 나라는 신실한 믿음의 사람들만이 아니라 전 인류와
모든 자연을 포함한다고 생각했습니다. 식물과 동물은 그 나라(kingdom),
다니엘 데이 윌리엄스(Daniel Day Williams)가 정의한 바에 의하면 곧 "하나
님의 통치 아래 있는 모든 것을 위한 사회" 안에 속해 있습니다. 모든 피조
물은 우리의 친족이며 우리는 다함께 친족의 나라(kin-dom)입니다. 그러므
로 사람들이 창조세계를 돌보며 올바른 관계에 기초하여 지속 가능한 공
동체를 세워나가는 곳이라면 어느 곳에서나, 그 거룩한 나라의 표지는 나
타납니다.

　그러는 동안에도 세계는 반대편을 향해 나아가고 있는 것으로 보입니
다. 피조물의 친족 관계를 깨트리고 건강한 지구 공동체를 지연시킵니다.
월드워치 연구소의 《연간 지구보고서》(State of the World)에 따르면, 갈수록 심

해지는 사회적 불평등과 급속한 환경 파괴를 경험하고 있습니다. 1990년 대 후반, 급격한 경제 성장과 보건과 교육 부문의 유의미한 개선에도 불구하고 당시 하루에 1달러 이하로 연명하는 사람들이 최소한 12억 명 이상이었습니다. 지금은 더욱 심각합니다. 이들 대부분은 영양실조이고 깨끗한 물이나 보건 혜택을 받지 못하고 있으며, 에이즈(AIDS)의 위험에 무방비 상태로 노출되어 있습니다. 또 다른 25억 명 역시 하루에 2달러 이하의 수입으로 살아가고 있습니다. 이 참혹한 사회적 실패의 바로 반대편에는 세계적인 소비의 폭발적인 증가, 그리고 생활수준의 향상으로 나타난 경제적 성공의 화젯거리가 있습니다. 그러나 이러한 과정에서 인간의 생태 발자국은 점점 광범위하고 파괴적이 되었고 홍수 이후에 하나님과 맺은 무지개 언약, 곧 "너희(노아) 및 너희와 함께 있는 숨 쉬는 모든 생물 사이에 대대로 세우는 언약"(창 9:12)을 조롱거리로 만들고 말았습니다.

모든 대륙의 농경지는 끊임없는 긴장 가운데에 있습니다. 세계의 대양은 갈수록 망가지고 있습니다. 많은 어장들 역시 위협 받고 있습니다. 습지와 해변을 포함한 연안지역은 침식되고 있으며, 해안선을 따라 사는 사람들은 더 심해진 태풍이 언제 덮쳐올지 몰라 불안에 빠져 있습니다. 많은 종들의 생존을 돕는 산호초는 인간의 직접적인 행동 때문에, 혹은 바다로 씻겨 내린 독성 침전물로 인해 병들어서 파괴되고 있습니다. 지난 50년 동안 인간들은 지구상의 숲이 덮고 있던 면적의 절반을 없애버렸습니다. 그 숲이 이산화탄소를 흡수하여 산소를 만들어내고 토양을 단단하게 하며, 물의 순환을 조절하고 침식을 막으며, 수백만 종의 생물들에게 보금자리를 제공하는데 말입니다. 화석 연료 사용의 증가는 지구 온난화와 기후 불안정과 같은 지구 공동체의 복지를 심각하게 위협하는 상황을 만들었습니다.

그러나 이 심화되는 위기 가운에 우리는 여전히 희망을 갖습니다. 그것은 예수께서 억압과 절망의 암울한 상황 속에서도 하나님 나라를 선포하셨다는 사실을 우리가 알기 때문입니다. 로마에게 정복된 팔레스타인에서 그분은 약속된 미래를 찾고 또한 그 미래 안에서 살아가도록 사람들을 부르셨습니다. 이제는 우리가 "당신의 나라가 오게 하여 주소서"라는 탄원을 몸으로 살아내야 할 때입니다.

우리의 행동들이 그 나라를 이룰 수는 없을 것입니다. 그러나 우리는 그 나라의 표지들을 가리키거나 보여줄 수 있습니다. 개신교 동부 할렘 교구의 지도자이자 후에 뉴욕 신학교의 학장을 역임하기도 했던 빌 웨버(Bill Webber)는 그러한 관점에서 기쁜 소식을 이야기합니다. 그는 아이오와 주(Iowa)의 회중 교회에서 성장했는데, 그곳에서는 매 주일마다 목사님이 이렇게 기도했다고 합니다. "우리가 그 나라에 들어갈 수 있도록 도와주소서." 그 후 유니온 신학교에서 라인홀드 니버(Reinhold Niebuhr)는 빌에게 여기저기에서 사람들이 하나님 나라의 표지들을 보여준다고 해서 이를 믿는 사람들이 정말로 그 나라에 들어가는 것은 아니라고 가르쳤습니다. 웨버는 니버가 옳았음을 알았습니다. 하지만 그의 마음속에서 그는 아이오와 주의 그 목사님의 기도를 계속 반복했습니다. 왜냐하면 우리는 다른 사람들에게 하나님 나라의 약속의 함의를 보여주도록 부름을 받았기 때문입니다. 신학자 샐리 맥페이그(Sallie McFague)의 말을 빌리자면, "현실이 좋다고 말하고자 한다면, 정말 그렇게 될 수 있도록 도와야 합니다."[1]

지금 여기에서 하나님 나라에 들어감은 주의 기도 속의 '우리' 탄원들 안에서 구체화되는 신앙적인 삶의 방식을 시작하는 것입니다.

### 오늘 우리에게 필요한 양식을 주옵소서

여기서 우리는 특별한 영양음식이나 이색적인 음식이 아니라, 오늘과 내일 필요한 빵을 요청합니다. 오래 전 이스라엘 백성들이 만나를 주우며 배웠듯이 축재는 고약한 냄새가 납니다. "충분은 기준이며, 평등은 가망이고, 나눔은 방향이다"라고 기독교 윤리학자 래리 라스무센(Larry Rasmussen)은 우리에게 상기시킵니다.[2] 어떤 사회이든 기본적인 필요, 이를테면 식량, 숙소, 의복, 보건, 교육, 일자리, 축제 등을 채워줄 자원들을 가졌으면서도 그렇게 하지 않는 사회는 정의의 시험에서 실패하고 맙니다.

정의로우며 지속 가능한 사회는 집단적으로 생산, 소비 및 재생산을 규제하며, 그렇게 함으로써 모든 사람과 모든 그 밖의 것들은 충분한 생필품, 숙소, 그리고 공간을 가질 수 있습니다. 그러한 방향으로의 운동은 우리를 그렇게 행동하는 사람들로 이뤄진 세대와 국가를 넘어서는 공동체와 연결시켜줍니다.

**우리가 우리에게 죄 지은 사람을 용서하여 준 것 같이 우리의 죄를 용서하여 주시고**

자격도 없이 하나님의 용서를 받은 우리는 기꺼이 다른 이들을 용서함으로써 그에 화답해야 합니다. 이것은 개인 간의 관계에 중요한 지침입니다. 그러나 이 탄원은 또한 집단적·공동체적 책임에 대해서도 지적하고 있습니다. 왜냐하면 우리는 아는 사람들에게만 도움을 받는 것이 아니라 알지 못하는 장소, 노동자, 조직들로부터 빚지고 있기 때문입니다. 불확실해 보이는 그 빚들을 어떻게 우리가 인정하고 채무를 면제할 수 있을까요?

주의 기도에서 이 '용서'의 탄원은 희년 전통에서 온 강력한 이미지를 우리에게 전달합니다. 레위기 25장을 간략히 전하자면, 7년(안식년), 그리고 다시 49년(7년씩 일곱 번)이 되면 모든 사람은 그동안 빌려준 모든 채무를 면제해주고 땅을 쉬게 할 사회적 의무가 있습니다. 다른 말로 하면 주의 기도는 우리가 익숙했던 것과는 완전히 다른 용서하는 경제를 기대합니다!

주의 기도 안에 있는 희년 이미지에 대해 해설하면서 신약학자 샤론 링에(Sharon Ringe)는 하나님 통치의 도래는 가장 기초적인 수준에서 해방 사건이라고 말합니다.

인간의 현재와 하나님의 미래 사이에 해방의 선언이 일어납니다. 이 탄원을 '복된 소식'으로 듣는 자들은 생명의 온전성을 부정하는 억압으로 인해 하나님과 다른 사람들 앞에서 빚진 자들이었습니다. 그들 가운데에는 분명 이웃에게 버림 받은 사람들도 있었을 것입니다. 예수께서는 그들과 함께 자주 식탁 공동체를 즐기셨습니다. 그들 가운데에는 최저 수준 이하의 임금에도 불구하고 평범한 삶을 살아가고자 애쓰다가 말 그대로 채무의 악순환에 허덕이던 사람도 있었을 것입니다. 이 말이 '나쁜 소식'으로 들리는 사람도 있었습니다. … 그들은 채무라는 양식을 늘 그렇듯 사업의 일종으로 여기며 이득을 취해온 사람들이었습니다. … 달리 말하면, 특권층의 사람들은 그들의 지위가 위기에 직면하고 그들 스스로 만든 안전이 위협 받는 팽계를 대었을 것입니다.[3]

21세기에 사는 우리는 억압적인 빚을 '용서'하기 위해 무엇을 할 수 있을까요? 우리는 각자의 자리에서 우리가 땅에 대해 진 빚을 인정하고 지속 가능한 농업을 지원하고 빈 터나 그 밖의 특별한 장소를 보호하기 위한 토지신탁에 기부함으로써 자연적 차원에서 차이를 만들어낼 수 있습니다. 또한 우리는 자연보호 및 보전, 노동자 인권, 동물 보호 등을 지지하고 구체적으로 실천하는 환경 및 사회 정의 단체들에 능동적으로 참여할 수 있습니다. 그리고 '창조세계 회복을 위한 장로교 모임'과 같은 환경보존과 사회정의를 위해 일하는 교단 내의 단체에 가담할 수도 있습니다.

또한 우리는 채무 구제, 개발도상국 원조, 공정무역 등 가난한 나라의 인간과 생태계의 건강을 위해 필수적인 것들을 지원함으로써 국제적 차원에서도 차이를 만들어낼 수 있습니다. 이는 수 년간 워싱턴 D.C.에 있는 초교파적 변호 단체인 '세계를 위한 양식'(Bread for the World)의 법률적인 강조점이었습니다. 가난한 나라들은 특히 여전히 높은 융자 상환금의 악순환에 빠져 있어서 그들의 정부는 자급자족 농민들을 땅에서 내보내게 되었고 심지어 기초 교육, 건강, 사회적 안전 프로그램들을 중단하고 있습니다. 그들은 우리의 도움을 필요로 합니다. 가깝거나 먼 이웃들은 그리스도께서 우리가 용서하길 원하시는 빚진 자들 입니다.

## 우리를 시험에 들지 않게 하시고, 악에서 구하여 주십시오

이 마지막 탄원은 가정, 직장, 여가, 정책 등에서 나날이 마주하는 유혹의 목록을 끊어내도록 상기시킵니다. 그동안에 현대의 역사는 군국주의와 테러리즘의 세상에서 우리가 폭력적인 악의 위협을 너무도 잘 깨닫게 해주었습니다. 이것은 다른 설교에서 신중히 논의해야 하는 복잡한 주제입니다. 여기서 단지 저는 우리가 더 많은 수입, 상품, 안락한 시설, 에너지 소비, 가족의 행복, 우정, 직업과 관련된 성취, 그리고 당연히 더 큰 주택과 자동차, 이 모든 것을 가질 수 있고 가져야만 한다고 믿는 우리의 유혹을 강조하고자 합니다. 하지만 이러한 기대는 공동선을 분명히 무시하고 한 잡지에서 '훌륭한 삶'(fine living)이라 이름 붙인 것을 찾아서 우리를 소유지향적이고 불안하게 하여 스스로를 몰아붙이게 만듭니다.

기독교의 참모습은 다른 자세를 취합니다. 종교개혁의 지도자인 장 칼뱅(John Calvin)은 기독교인의 삶의 표준으로 '검소', 혹은 다른 이들이 '충분함', '소박함'이라 부르는 것을 제안합니다. 이는 절제, 절약, 효율적인 사용, 자유로운 분배, 충분히 가진 것에 대한 만족을 특징으로 하기 때문에 다른 사람들을 위한 더 많은 것이 있습니다. 우리 자신을 위해 더 많은 것을 요구하기보다는 충분한 것을 구하는 것은 창조세계를 향한 더 나은 미래를 가능케 합니다. 그러한 정신 안에서 우리는 자연의 그물망에 놓여진 인간의 존재를 받아들일 수 있고, 우리 자신과 지구 공동체에 좋은 영향을 미치면서 우리의 생태 발자국을 줄여나갈 수 있게 됩니다.

　주께서 우리에게 가르쳐주신 기도가 개인적인 삶과 제도적인 삶을 위해 실제로 지구와 사람들을 향한 돌봄을 나타낸다는 것을 의미하고 있음을 보여줍시다. 주의 기도는 그 기도를 하는 사람들이 그 비전과 가치를 구현하려고 노력하는 정도만큼 지구 공동체를 향한 복음이 됩니다.

1. Sallie McFague, *Super, Natural Christians* (Minneapolis: Fortress Press, 1998).
2. Larry Rasmussen, "Pentecost Economics," in Dieter Hessel, ed., *Social Themes of the Christian Year* (Philadelphia: Geneva Press, 1983), 236.
3. Sharon Ringe, *Jesus, Liberation, and the Biblical Jubilee: Images for Ethics and Christology* (Philadelphia: Fortress Press, 1985), 79-80.

# 가장 중요한 것을 가장 먼저

## FIRST THINGS FIRST

테오도르 히버트●

이 설교의 목적은 성서의 첫 구절의 의미와 중요성에 대해 깊이 생각함으로써 기독교인들로 하여금 성서적 신앙 안에서 창조가 차지하는 위치를 재고하도록 요청하는 것입니다. 이 설교문은 시카고의 성 바울 그리스도 연합교회(St. Paul United Church of Christ)에서 주일 아침 예배 시 창조에 관해 설교한 것을 수정한 것입니다.

● 테오도르 히버트(Theodore Hiebert)는 시카고 소재 맥코믹 신학교(McCormick Theological Seminary)의 A. McGaw 구약학 교수이다. 그는 *the Oxford Companion to the Bible*; *The Anchor Bible Dictionary*; *Theology for Earth Community: A Field Guide, Creation and the Environment* 그리고 하버드 대학교의 세계종교연구센터(the Center for the Study of World Religions)에서 발행하는 종교와 환경에 관한 시리즈인 *Christianity and Ecology*를 비롯하여 수많은 저널에 자연에 대한 성서적 관점의 글들을 기고했다. 그는 바바라 로싱(Barbara Rossing)과 함께 '자연에 관한 성서적 관점들'(Biblical Perspectives on Nature)이라는 과목을 가르치고 있다.

태초에 하나님이 천지를 창조하셨다(창세기 1:1).

우리 사회에서 건강한 자연환경이 최우선 순위를 차지하지 못한다는 것은 너무나도 명백합니다. 출근하는 길에 언제나 저는 시카고에서 유독성 폐기물이 가장 많은 곳들을 지납니다. 그중에는 비숍 포드(Bishop Ford) 간선도로를 약간 벗어난 곳에 있는 대형 매립지도 있으며, 그곳은 시카고 시에서 가장 고지대에 해당합니다. 저는 학자들과 주석가들이 이러한 점에서 성서 안에 나타난 사회(이하 성서사회)와 현대사회가 별 차이가 없다고 생각하고 있음을 알게 되었습니다. 자연은 성서사회에서도 최우선 순위가 아니었다고 그들은 말합니다. 맥코믹 신학교의 제 전임자이자 위대한 성서 신학자인 어니스트 라이트(G. Ernest Wright)는 성서 안에 나오는 자연을 역사의 시녀나 시종으로 보았습니다. 성서 신앙에서 자연을 부차적인 것으로 보는 이러한 관점 때문에, 일부 생태학자들은 지금의 자연 학대에 대해 성서가 책임이 있다고 주장합니다. 그들은 우리의 혼란스러운 우선순위의 문제가 성서 자체의 왜곡된 세계관에서 비롯된다고 보고 있습니다.

이러한 곤경스러운 상황을 염두에 두고, 저는 성서 전통들이 우리가 오늘날 환경이라 부르는 창조세계 혹은 자연세계에 대해 어떻게 생각하고 있는지를 반성해보려고 합니다. 특별히 성서 안의 우선순위에 대해 묻고 싶습니다. 저는 성서가 얼마나 진지하게 자연을 다루는가를 묻고자 합니다. 성서사회가 당시의 환경에 어떤 우선순위를 두었는지를 밝히고자 합니다. 그리고 성서가 우리를 처음부터 잘못된 길로 인도했는지, 아니면 반대로 성서가 말하는 우선순위가 환경에 대해 무언가를 우리에게 가르쳐주고 있는지를 찾아보고자 합니다.

그러나 이를 시작하기에 앞서, 여러분에게 과제를 하나 드리겠습니다. 저는 신학교에서 학생들을 가르치고 있어서 과제를 내는 데 익숙합니다. 그래서 유감스럽게도 오늘 여러분이 과제 하나를 해내야 합니다. 여기 여러분의 과제가 있습니다. 이것은 일종의 개인의 신학적 반성입니다. 하나님이 누구인지를 스스로 물어보고, 가장 먼저 마음속에 떠오르는 다섯 단어로 정신적 목록을 만들어보십시오. "나의 하나님은 [____]이다"라는 문장을 놓고 [____]을 채우십시오. 어렵게 생각할 것 없습니다. 머릿속에 먼저 떠오르는 다섯 단어에 집중해서 순서대로 생각해보십시오. 이 방법은 데이비드 레터맨(David Letterman)의 열 가지 최고 목록과 비슷하지만 그보다 좀 더 쉬운 테스트입니다.

이제 여러분의 정신적 목록을 떠올려보고 머릿속에 떠오른 단어들의 순서에 주목하십시오. 목록에 나타난 단어들의 순서는 아마도 하나님에 대해 여러분이 가장 중요하거나 확실하다고 생각하는 것에 대한 우선순위를 나타내고 있을 것입니다. 제가 떠올린 목록은 '사랑, 정의, 연민, 구세주, 창조자'입니다. 창조에 대한 이 설교를 작성하고 있지 않았다면, '창조자'가 다섯 번째 순위 안에 들었을지 장담하지 못하겠습니다. 여러분의 목록은 제 목록과 비슷합니까, 아니면 다릅니까? 여러분의 목록이 어떤 것이든 간에 잊지 말고 기억해두십시오. 이제부터 여러분의 목록을 과거 다른 기독교인들의 목록과 비교할 것입니다.

먼저 초대교회가 만든 가장 유명한 목록들 중 하나를 봅시다. 그 목록은 니케아 신조 안에 있습니다. 니케아 신조는 4세기에 만들어진 기독교 신앙의 본질의 요약이며, 오늘날까지도 예전에서 정기적으로 사용되고 있습니다. 니케아 신조는 이렇게 시작합니다. "우리는 한 분 하나님, 곧 아버지이시며 전능하시고 하늘과 땅을 만드신 분을 믿습니다." 이 목록의 틀을 세운 사람에 따르면 첫 번째로 하나님은 여러 분이 아니라 한 분이시며, 두 번째로 하나님은 아버지 같은 존재이십니다. 세 번째로 전능하시고, 네 번째로 창조자이십니다. 이 고전적인 목록에서 창조자로서의 하나님은 네 번째로, 다섯 번째인 제 목록보다 한 단계 높은 순서입니다. 여러분의 목록과 비교해보면 어떻습니까?

이번에는 좀 더 최근의 목록을 살펴봅시다. 이 목록은 미국교회협의회가 예배에 사용하려고 준비한 신앙고백에 들어 있습니다. 이 신앙고백은 창조세계와 그 안에서 기독교인으로서 우리의 역할에 중점을 두는 예배에서 사용됩니다. 이 현대적 신앙고백은 이렇게 시작합니다. "우리는 예수께서 아바, 아버지라 부르셨던 하나님을 믿습니다. 주권적인 사랑 안에서 하나님께서는 세상을 선하게 창조하셨습니다." 이 목록을 쓴 사람에 따르면, 하나님은 무엇보다 먼저 아버지이시고, 두 번째는 주권적이며(즉, 전능하시며), 세 번째로 사랑이시며, 네 번째로 세상의 창조자이십니다. 이 고백문의 작성자가 창조 안의 하나님의 역할을 강조하고자 했음에도 이 목록은 니케아 신조의 것과 크게 다를 게 없습니다. 여기, 하나님이 누구신지에 대한 현대적 고백문에서도 창조는 네 번째 순서에 들어 있습니다.

이제 이 목록들을 성서의 목록과 비교해봅시다. 성서의 목록은 물론 '태초에'로부터 시작합니다. "태초에 하나님이 천지를 창조하셨다." 이 구절은 단순한 사실을 반영합니다. 성서 신앙은 그 이후의 신앙고백들과 달리 창조성을 하나님의 첫 번째 속성으로 봅니다. 제 개인적인 목록처럼 다섯 번째도 아니고, 니케아 신조나 교회협의회의 신앙고백처럼 네 번째도 아닙니다. 성서 저자들이 자료를 수집해 그들의 계승자들인 우리에게 보여주기 위해 자리에 앉았을 때 그들의 모든 전통과 신학, 하나님의 성격에 대한 그들의 거룩한 통찰들, 하나님과 함께한 그들의 삶의 가장 소중한 기억들, 그리고 이런 모든 계시 중 첫 번째는 창조자 하나님에 대한 그들의 인식이었습니다.

성서의 시작하는 말에 나타난 창조자 하나님에 대한 선언의 힘은 그 단어들을 좀 더 가까이에서 볼 때 더욱 명백하게 파악할 수 있습니다. 영어 번역에서 '창조하셨다'는 단어는 문장의 다섯 번째 혹은 여섯 번째에 있지만, 히브리어에서 그 말은 두 번째에 있습니다. 히브리어 성서에서 첫 번째 단어는 '태초에'를 의미하는 베레쉬트(*bereshit*)입니다. 이것은 단순히 이 말이 목록의 시작임을 알립니다. 말하자면 하나님에 대해 말하는 모든 것의 시작이라는 것입니다. 그 다음 히브리어 문장의 두 번째 단어, 곧 성서의 두 번째 단어는 동사 '창조하셨다'입니다. 이 동사는 하나님과 세상에서 하나님의 활동을 묘사하는 성서 안의 첫 번째 단어입니다. 문장의 세 번째 단어가 앞서 등장한 동사 '창조하셨다'의 주어인 '하나님'입니다. 히브리어 문법에서는 일반적인 문법상 동사가 주어 앞에 옵니다.

문법적인 정확성에도 불구하고 이 단어의 순서는 일부 유대 랍비들에게 문젯거리였습니다. 그들은 스스로에게 물었습니다. 왜 하나님은 이 문장 안에서, 더 중요한 것은 성서 안에서 세 번째 단어가 나올 때까지 언급되지 않는 것일까? 성서의 주인공 하나님이 다른 것들보다 먼저 언급돼야 하지 않는가? 첨언하자면 성서 저자들은 랍비들이 후에 그러기를 바랐던 것처럼 효과를 주기 위해 혹은 신학적 이유로 문법에 어긋나지 않는 선에서 단어의 순서를 바꿀 수 있었습니다. 하지만 그들은 그렇게 하지 않았습니다. 한 랍비는 이것을 이렇게 설명하기도 했습니다. "무엇보다 하나님은 겸손하심에 틀림없고, 이 겸손하심을 나타내려고 하나님은 성서 안에서 첫 번째 단어가 아니었다."

랍비의 지혜에 경의를 표하지만 저는 성서의 첫 번째 문장의 단어 순서는 필시 관습적인 히브리어 문법의 결과라고 믿습니다. 그러나 저는 이 관습적인 동사-주어 어순의 결과는 성서가 행위의 주체로서 하나님보다 창조자로서 하나님의 행위를 먼저 언급한다는 것을 지적하고 싶습니다. 즉 성서 신앙과 그 신앙의 문법 모두가 성서 안의 하나님에 관한 모든 것 중에서 하나님의 창조를 첫 번째로 놓았다는 것입니다. 그리고 바로 이어지는 우리 모두에게 아주 익숙한 창조 이야기는 하나님의 창조 활동에 대한 정말 훌륭한 설명입니다.

여러분이 이런 주장에 반대할 수도 있습니다. 아마 여러분은 하나님의 창조 사역이 성서 신앙에서 중요하다는 제 주장에 반대하지는 않을 것입니다. 그러나 하나님의 창조 사역이 제일 먼저 언급됐으므로, 이것이 성서 신앙의 최우선 순위라는 저의 주장에는 아마 반대할 것입니다. 결국 여러분이 고대 이스라엘의 서기관 중 한 명으로 하나님과 함께 하는 이스라엘의 역사에 대한 기술을 맡았다면 창조에서 시작해야 했을 것입니다. 왜냐하면 창조는 모든 것이 시작된 곳이기 때문입니다. 그렇지만 여러분이 이것에 대해 생각해보면, 반드시 그렇게 할 필요는 없습니다. 사실 성서 저자들 중에는 그들의 '신앙고백'을 다른 데에서 시작한 이들이 있습니다. 그 중 한 명은 오늘날 학자들이 신명기적 역사라 부르는, 즉 구약 성서의 신명기에서 열왕기에 이르는 하나님과 함께 한 이스라엘의 삶의 기록을 만들어낸 위대한 신학자입니다. 그는 하나님의 세상 활동에 대한 설명을 시내 산에서 하나님이 나타나셔서 이스라엘 민족에게 십계명을 주신 것에서 시작합니다. 좀 더 최근의 예도 들 수 있습니다. 제가 가르치고 있는 맥코믹 신학교가 속해 있는 장로교회는 '신앙고백'을 실천적인 목적으로 장 칼뱅(John Calvin)의 생애와 저작들에서 시작합니다. 제가 속한 메노나이트 교회(the Mennonite Church)는 네덜란드의 재세례주의자 메노 시몬스(Menno Simons, 미국 메노나이트 교도는 그의 이름에서 유래함) 혹은 초기 재세례주의자였던 콘라드 그레벨(Conrad Grebel)의 신앙고백에서 시작합니다.

여러분이 우리의 신앙고백이 왜 그렇게 다른 자리에서 시작하는지 물으시면, 저는 이런 출발점들이 결코 우연이거나 편의에 따라서가 아니며 또한 연대기, 문학 장르, 페이지 길이와 같은 외부적인 요구에 의한 것이 아님을 깨달으리라 확신합니다. 각각의 출발점은 그것이 근본적이기 때문에 선택된 것입니다. 신명기적 역사가는 시내 산을 출발점으로 선택했습니다. 왜냐하면 하나님이 그곳에서 주신 십계명이 이후에 이스라엘 민족이 경험하게 되는 모든 것을 설명할 기준이 되기 때문입니다. 장로교에서는 장 칼뱅이 출발점입니다. 왜냐하면 하나님과 세상에서 하나님의 활동하심에 대한 그의 통찰이 장로교 신학의 기초가 되기 때문입니다. 그리고 메노나이트 교회가 메노 시몬스나 콘라드 그레벨로 시작하는 것은 메노나이트 교인들이 이들의 삶과 저작들에서 그들 자신의 신앙 공동체를 위한 신앙의 기본적인 원리를 발견하기 때문입니다.

출발점이 근본적인 것이며 단지 연대기적인 우연이 아니라는 것에 동의한다면, 우리는 성서의 출발점을 매우 진지하게 다뤄야 합니다. 만일 성서가 하나님에 대한 주장을 하나님이 창조자라는 고백에서 시작한다면, 우리는 이를 성서 신앙에서 근본적인 것으로 받아들여야 합니다. 많은 성서학자들이 믿고 있듯이 창조는 출애굽, 시내 산의 십계명, 혹은 다윗과 하나님의 언약 안에서 그 중심을 발견하는 성서 신앙의 서막이 아닙니다. 창조는 어니스트 라이트가 말한 것처럼 성서 신앙의 시녀나 시종도 아닙니다. 오히려 하나님의 창조는 성서 신앙의 토대이자 뼈대입니다. 창조는 하나님과 우리 자신에 대한 다른 모든 것이 이해돼야만 하는 컨텍스트입니다.

우리가 성서의 우선순위를 진지하게 받아들인다면 우리의 생각과 삶에 지대한 영향이 있게 될 것입니다. 우리는 우리 자신의 우선순위를 재고해야 할 것입니다. 우리는 하나님이 누구신지, 우리가 누구인지, 세상이 무엇인지에 대한 우리의 믿음을 다시 고려해야 할 것입니다. 하나님께서 다른 무엇보다도 창조자시라면, 하나님은 우리의 마음과 영혼 속에만, 우리의 기도 모임과 교회에만 계시지 않을 것입니다. 오히려 하나님께서는 창조세계의 모든 양상 속에 활동하시고 존재하십니다. 우리 인류의 순례의 출발점이 하나님의 창조라면, 우리는 단지 유대인이나 기독교인이나 장로교인이나 메노나이트 교인이 아닙니다. 우리는 다른 모든 것이기 이전에 창조세계의 구성원, 즉 우리가 그 안에서 창조된 더 큰 자연적 생물학적 공동체의 시민입니다. 복잡한 자연세계가 하나님의 최초의 행동, 즉 하나님의 세계의 근본적인 현실이라면, 자연은 단지 물질적인 것이나 라이트의 말처럼 "역사의 시종"이 아닙니다. 대신에 자연은 신앙생활을 위한 컨텍스트이며 우리의 모든 신학과 윤리의 뼈대가 됩니다.

제가 처음에 말씀드린 대로 창조세계의 건강함이 우리 사회의 최우선순위가 아니었음을 상기시켜준 시카고 남쪽 제 출근길은 수많은 길 중 단한 길일 뿐입니다. 그리고 여러분의 주변에 위험을 알리는 이런 표지들이 많이 있다는 것도 확실합니다. 사태가 심각해지고 우리의 환경 상태가 더 나빠질수록, 우리는 세계와 그 안에서의 우리의 역할을 이해하는 좀 더 다른 방식이 필요합니다. 이를 위해 여러분에게 성서의 첫 번째 구절을 맡깁니다. 성서 신앙이 창조세계에 근거하고 있음을 성서는 확인해줍니다. 하나님께서는 무엇보다도 창조자이십니다. 자연세계는 무엇보다도 먼저 하나님의 세계입니다. 그리고 우리 인류는 무엇보다도 하나님의 창조세계의 구성원입니다. 우리의 소명은 우리가 이 창조세계의 구성원이라는 사실을 진지하게 받아들이는 것입니다.

# 앎, 건물, 그리고 나무

## KNOWLEDGE, BUILDINGS, AND TREES

로렐 컨즈●

다음은 2004년 지구의 날 드류 신학교(Drew Theological School)에서 설교한 것으로, 감리교회 캠프·회의 및 수양센터의 직원들을 이끌고 과테말라의 마야 고원으로 여행한 지 겨우 2주 후였습니다. 그날 학생들 중 학업 우수자에 대한 시상식이 있었습니다. 예배는 나무 심기와 나무를 위한 애도 의식 이후에 드렸는데, 이런 행사들은 신학교를 증축하기 위해 베어질 1백 년 이상 된 참나무 몇 그루를 잊지 않기 위한 의식이었습니다. 그래서 설교의 일부는 과테말라에서 생각했던 것들에 관한 것이었고, 일부는 나무들이 베어져나가는 것이 왜 문제인지에 대한 설명에 관한 것이었습니다. 나무를 위한 의식에는 1백 명이 넘는 학생과 교수진, 교직원이 참여했는데 제가 고독한 열성 환경보호운동가라고 생각했던 사람들에게는 꽤나 놀랄 만한 일이었습니다. 이 건물의 새로 지은 별관은 부족했던 강의공간을 제공하게 되었으며, 가장 중요한 것은 별관에는 모든 사람이 건물을 이용할 수 있도록 승강기를 설치했다는 것입니다. 저는 몇 해 동안 건축위원회에 있으면서 좀 더 '녹색' 건물을 만들기 위해 애썼습니다. 설교를 마친 뒤에, 몇몇 교직원은 (그들의 자녀들이 다니는 학교에서도 역시) 그들의 자녀들이 '다르게' 생각하고 배우더라고 이야기했습니다.

● 로렐 컨즈(Laurel Kearns)는 드류 신학교의 종교사회학과 환경연구 분야의 부교수이다. 그녀는 종교와 환경운동, 생태학과 정의 간의 관계에서 비롯되는 문제에 관심을 갖고 가르치고 있다. 학술지와 모음집 등에 수많은 논문을 기고했다. 지은 책으로 캐서린 켈러와 함께 작업한 편저 *Ecospirit: Religion and Philosophies for the Earth* (New York: Fordham University Press, 2007)가 있다.

천사는 또, 수정과 같이 빛나는 생명수의 강을 내게 보여 주었습니다. 그 강은 하나님의 보좌와 어린 양의 보좌로부터 흘러 나와서, 도시의 넓은 거리 한가운데를 흘렀습니다. 강 양쪽에는 열두 종류의 열매를 맺는 생명 나무가 있어서, 달마다 열매를 내고, 그 나뭇잎은 민족들을 치료하는 데 쓰입니다(요한계시록 22:1-2).


제 아홉 살 난 아들의 두뇌는 대부분의 또래 아이들과는 사뭇 다르게 활동합니다. 저는 그 때문에 흐뭇할 때가 많습니다. 어떤 상황에서는 이것이 그 아이에게 문제가 될 때도 있고, 학습과 사고에 대한 편협하고 규범적인 관점에서 비교한다면 아이의 다름은 단지 장애로 보일 수도 있습니다. 그래서 지금 정상적인 사고로 간주되는 것에 대해 우리에게는 훨씬 '다른' 사고가 필요하다고 주장합니다! '다르다'는 이 꼬리표가 실제로 의미하는 바는 아이가 교육 시스템의 일방적인 방식에 맞춰서는 배울 수 없다는 것입니다. 그 아이의 두뇌 구조와 지능은 보통의 교실의 학습 상황과는 잘 맞지 않습니다. (아이 엄마의 겸손한 견해로) 비록 그 아이가 단어와 수에 놀라운 재능을 갖고 있다 할지라도, 그 아이와 같은 사람들이 에디슨이나 아인슈타인처럼 보통의 학교에서 낙제하는 상황에 처하게 될지도 모른다는 것을 잘 알고 있습니다. 우리가 다양한 지능들을 자극하는 공립학교에 있다는 것 또한 스스로의 강점과 약점을 잘 알고 있는 믿기지 않을 만큼 훌륭한 교사들과 함께 작업한다는 것은 행운입니다.

아이의 특별한 재능들을 더 잘 이해하기 위해 많은 책들을 읽으면서 저는 여기 있는 우리도 이미 알고 있는 사실, 즉 사람은 각자 다른 길에서 배운다는 사실을 확신하게 되었습니다. 또한 배움의 방식들에 대한 개념은 다중지능(multiple intelligences)의 개념, 말하자면 우리 중 일부는 음악적인 지능을, 또 누군가는 수학적인 지능을, 누군가는 시각적인, 기계적인, 언어적인 등등의 지능을 갖고 있다는 인식과는 다릅니다. 그래서 저는 다른 데에 들이는 시간보다 배움(learning)과 앎(knowledge)에 대해 생각하는 데에 많은 시간을 할애해왔습니다. 우리 사회에서의 일반적인 교육에서, 우리는 특정 유형의 앎과 앎의 특정한 전달 방식에 특혜를 줍니다. 우리는 단어를 좋아하고 책을 좋아합니다. 그래서 지금쯤 학생인 여러분은 과제는 물론이고 단어와 책들 속에서 헤엄치고 있을 겁니다. 바라건대 이제는 여러분이 나무들에 대해서 알았으면 합니다! 이곳 드류 신학교에서, 또 우리의 전반적인 삶 속에서 우리는 많은 시간을 실내에서 단어와 씨름하며 지내니까요.

그러나 교실에서의 교육만이 유일한 배움의 방법은 아닙니다. 우리 사회에서 특혜를 받고 있는 유형의 배움과, 앎의 또 다른 방식과 원천 사이의 균형을 이루기 위해 애쓰기를 바랍니다. 책을 통한 이런 식의 배움만을 너무 강조하는 데에는 큰 대가가 따르기 때문입니다. 특정 유형의 앎이 다른 유형의 앎보다 더 가치 있다는 신념은 다른 원천에서 비롯하는 배움으로부터 우리를 단절시킵니다. 비록 드류 신학교에 있는 우리 대부분이 스스로를 한계 짓지 않으려 노력합니다만 그럼에도 우리 사회는 여전히 가치 있는 앎은 책과 단어 속에 있다고 생각합니다. 그래서 우리는 독서를 통한 배움과, 책이 중심이 되지 않으며 앎이 언제나 이성과 합리성과 동일시되지는 않는 문화로부터 배우는 교훈 사이의 균형을 맞추는 것을 쉽게 망각합니다. 오히려 우리는 지식을 이성과 합리성으로 정의합니다. 우리와 지구는 우리의 균형 잃은 지식 때문에 그 대가를 치르고 있습니다.

인류학자이자 철학자이며 *The Spell of the Sensuous*의 저자이기도 한 데이비드 아브람(David Abram)은 문화적인 지식 체계들의 차이, 곧 단어와 개념, 수치와 추상에 기반을 둔 우리의 문화적인 앎의 체계와 구전 문화의 문화적인 지식 체계 사이의 차이에 대해 이야기합니다. 그의 저서는 기록하기를 "우리 조상들로부터 구전되어 축적된 지식은 그들의 이야기들에 의해 전해지는 한편 그 이야기들 자체는 그들을 둘러싸고 있는 땅(earth)에 의해 전해졌습니다. 그 땅의 풍경이 이야기와 함께 생동했던 것입니다!" 불행히도 우리 문화에서는 땅에 귀 기울이는 방법, 그리고 '자연'세계로부터 배우는 방법을 잊어버린 지 오래됐습니다.

제가 전하고자 하는 바를 설명하고자 합니다. 이 중에는 제가 안식년에 왜 호주로 갔는지에 대해 들었던 분들이 있을 겁니다. 제가 알고 있다고 생각했던 것들을 뒤엎고 더 이상 아무 생각도 하지 않으려고 호주를 택했지요. 호주에 있을 때에는 나무와 새와 방향을 몰라 도전을 받았습니다. 여기 있을 때에는 당연한 것으로 여겼던 기본적인 것들이지요. 저는 좀 더 주의 깊고 사려 깊게 생각하는 걸 배우고 싶었습니다. 그렇기에 어렴풋이 무언가를 보고 그것이 개똥지빠귀 혹은 참나무라고 분류하고 그냥 지나가버린다든지, 북쪽은 춥고 남쪽은 따뜻하다는 식으로 단정짓지 않으려고 했습니다. 이것은 어느 정도 이루어져, 저는 각기 다른 장소와 환경 속에서 모든 종류의 새로운 물음을 제기하고 새로운 것들에 귀 기울이고 땅의 소리를 경청하는 것에 열린 마음을 갖게 되었습니다. 제가 섬에서 자랄 때 섬을 둘러싼 바다의 다양한 분위기에 대한 관찰을 통해 사람이 된다는 것이 무엇인지를 많이 배웠던 것처럼, 호주의 인간을 넘어선(more-than-human) 자연세계를 통해, 또한 근 50,000년의 긴 시간 동안 그 세계의 수호자로 살아온 사람들을 통해, 많은 중요한 것들 곧 이런 이야기에 대한 통찰들을 배우게 되었습니다.

하지만 일반적으로 우리, 제가 지금 '우리'라는 말을 사용할 때는 서구 문화와 서구의 영향을 받은 세계관과 관련하여 이야기합니다만, 우리는 본래의 자리를 벗어나 휴대가능한 토대없는 지식체계에 참여하고 있으며 이 안에서 앎이란 추상과 보편을 통해 배우게 되는 것이고 따라서 이런 지식 체계는 더 이상 지역과 무관하며 지리적으로 근거하지 않습니다. 이것은 엇갈린 결과를 가져왔습니다. 땅에 기초한 지식을 제거해버렸기에 우리는 한 자리에서 무언가를 배우고 그것들을 다른 곳에서 적용할 수 있다고 믿게 되었고 이는 생태적 재앙과 후회막급한 문화적 오만, 곧 우리가 행동하고 생각하고 욕구하는 것들이 다른 이들이 행동하고 생각하고 욕구하는 것과 같다고 믿는 오만으로 이어졌습니다. 여기에 더해 우리 생태계와 우리의 생존은 모두 상호 연결되어 있다는 지식을 포함한 몇몇 과학적 통찰들은 믿을 수 없는 것이 되어버리고 말았습니다. 그러나 이것은 많은 토착 문화들과 그 밖의 땅에 기반을 둔 문화들에서는 이미 잘 알려진 진리입니다. 게다가 나무와 사람을 이용되어야 할 자원이라 말하는 이 추상의 체계는 우리로 하여금 한때 우리의 문화들이 알고 있었던 것들을 망각하도록 합니다. 그것은 우리와 땅과 모든 창조세계의 연결됨뿐만 아니라 한편으로는 사람들 사이의 좀 더 인격적인 관계를, 또 다른 한편으로는 사물들의 생산을 잊게 만듭니다. 우리는 복잡한 관계들을 실제적인 물리적인 대상, 상황, 조건 등과는 전혀 상관없는 매우 추상적인 용어로 표현하는 것을 배워왔습니다.

어쩌면 우리는 '우리 중 많은 사람이 만물과의 영적인 연결을 잃어버렸다'고 이야기할지도 모릅니다. 망각하고 당연시하는 태도, 곧 무분별함은 자동차가 어떻게 작동하는지, 어떤 무언가가 무엇으로 만들어졌는지, 또 나와 나를 둘러싸고 있는 수많은 사람과 장소, 대상이 어떻게 연결되어 있는지, 또 그 연결됨이란 무엇인지에 대한 생각을 하지 않고도 이 믿을 수 없을 만큼 복잡한 상황들을 헤쳐나가도록 내버려둡니다. 그 연결됨이란 고민하기에는 너무 많고 복잡해 보입니다. 하지만 그것이 드류 신학교의 교육과정이 바로잡고자 하는 것들 중 하나입니다. 부정의한 상황 뒤에 있는 연결들에 대해, 그리고 그러한 사안들과 여러분이 어떻게 연결되어 있는지에 대해 생각할 수 있도록 우리는 많은 시간을 투자하며 애쓰고 있습니다. 또한 우리는 이를 정의를 향한 기독교적 소명 중 하나라고 여기며 이 일을 하고 있습니다. 우리는 여러분이 그저 생각할 뿐 아니라 다르게 생각하고 그래서 행동하기를 요청합니다.

우리 문화에서 특권적인 앎의 방식과 일상의 앎의 방식이 우리의 연결됨을 잊게 하고 심지어 그것에 대해 결코 생각하지 않도록 하기 때문에, 우리는 건물을 당연한 것으로 여깁니다. 드류 신학교에서는 새로운 '더 녹색의' 증축을 통해 신학교 건물을 확장하고 있으며, 그것이 우리의 연결됨에 대한 앎의 또 다른 원천으로 사용되기를 바랍니다. 건물들과 그것들을 만든 재료들은 '거저 주어진 것'이 아닙니다. 당연한 것도 아닙니다. 그것들이 무엇으로 지어졌는지, 그 재료들은 어디에서 왔는지, 그것들이 어떻게 만들어지고 수송되고 얼마나 많은 에너지가 사용되었는지와 같은 것들은 모두 궁금해야 마땅한 정의에 대한 질문들입니다.

달리 말하면 새로운 건물을 설계하는 데에, 가능하다면 언제라도, 우리는 그동안 거의 묻지 않았던 물음을 묻기로 했습니다. 이를테면 제품들의 총 비용에 대한 물음, 곧 경제적·생태학적·사회적 비용에 대한 물음 같은 것 말입니다. 답을 찾기 위해 우리는 좀 더 광범위한 지식을 가지고 있는 '녹색' 건축가들을 고용했습니다. 우리는 건물이 어떻게 다른지를 통해 배움의 기회를 얻고 그 달라짐을 통해 사람들이 더 낫고 더 정의로운 건축 방법이 있다는 것을 알 수 있도록 북돋아줄 수 있는 건물을 설계하기 위해 노력했습니다. 예를 들어 확실한 경제적 이득을 가져다주는 전기 사용 절감을 통해 우리는 지구 온난화의 원인이 되는 온실가스 배출을 줄이는 데 동참하게 됩니다. 또한 대부분 뉴저지로 판매되는, 석탄으로 생산하는 전기와 관련한 대기 오염을 줄이는 데에도 공헌하게 됩니다. 그렇게 함으로써 우리는 제 아들과 뉴욕 시 메트로폴리탄의 수많은 아이를 괴롭히는 천식과 같은 호흡기 질환을 경감시키는 데에 작은 도움이 됩니다. 천식에 걸린다는 것은 곧 충분한 산소를 마시려고 발버둥치거나 약물치료를 받기 때문에 아이들이 잘 자라거나 잘 배우지 못한다는 것을 의미할 수도 있습니다. 기독교 신학에 존재하는 선형적 목적론(linear teleology)에 영향을 받은 우리의 서구적 사고는 직선적으로 생각하고 연결들을 놓치는 경향을 보여왔습니다. 우리를 둘러싼 세계는 끊임없이 우리가 순환적으로 생각해야 함을 깨우쳐주는데 말입니다.

우리 학교에서 공정무역 커피를 제공하기 위해서도 유사한 결정을 했습니다. 우리가 먹고 마시는 음식에서도 우리의 경제적·정치적·생태학적, 사회적 연결망에 대한 앎을 얻을 수 있다고 생각했기 때문입니다. 저는 여러분 중 대부분에 대해 잘 모릅니다만 대부분의 아침에 대해서는 압니다. 저는 얼마나 빨리 한 잔의 커피나 차를 마실 수 있을까 외에는 커피나 차에 대해 별로 생각하지 않습니다. 하지만 한 잔의 커피가 제 앞에 오기 전에 이와 관련한 수많은 사람과 생명체가 있습니다. 곤충, 새, 재배자, 수확꾼, 상인, 선적업자, 커피로스터, 그리고 소매상까지, 그 모두가 대가를 받습니다. 2003년 1월을 기준으로 대부분의 커피 재배자는 커피 1파운드에 대해 운이 좋아야 45센트를 받을 수 있었습니다. 커피숍은 말할 필요도 없이 여러분의 지역 소매상들이 1파운드의 커피를 파는 데 얼마를 받는지 아시지 않습니까? 커피 가격은 지난 3년 동안 50% 이상 떨어졌습니다. 대부분의 커피 가게에서는 결코 알 수 없는 것이겠지만 이는 역대 최저치입니다. 옥스팜(OXFAM)*은 굶주릴 수밖에 없을 정도로 빈곤한 가운데 살고 있는 커피 노동자를 세계에서 2,500만 명 정도로 추산합니다. 저는 그 어느 때보다도 커피에 대한 생각을 가득 품고 과테말라에서 막 돌아왔습니다. 과테말라의 커피 산업에서는 최근 4년 동안에만 20만 명 이상이 일자리를 잃었습니다. 중앙아메리카에서 그 수는 60만에 이릅니다. 과테말라는 라틴 아메리카 전체에서 토지분배가 가장 불평등한 국가입니다. 2% 이하의 지주들이 65% 이상의 농지를 지배하고 있는 게 현실입니다. 게다가 라틴 아메리카 다른 곳에서도 태양경작법(sun-grown)**으로 커피가 재배

---

* 옥스팜(OXFAM): 빈곤과 불공정 무역에 대항하여 구호활동을 펼치는 대표적인 단체로, 1942년 옥스퍼드 대학교 학술위원회에서 시작됐다.[역주]

** 그늘경작법과 태양경작법: 그늘경작법(shade grown)이란, 커피를 재배할 때 바나나나무나 아보카도나무와 같이 잎이 넓고 큰 나무를 함께 심어 직사광선이나 서리, 강한 바람으로부터 커피나무를 보호하는 재배방식을 말한다. 나무 그늘이 무성한 곳은 풍화작용으로부터 흙을 보호해주며, 떨어진 나뭇잎들은 자연적인 비료 역할을 해주어 커피나무가 잘 자랄 수 있는 기름진 땅을 만들어준다. 또한 이러한 나뭇잎 덮개 층이 땅 위에 있을 때에는 잡초의 번식을 막아주어 제초제와 같은 화학물질 사용량을 크게 줄일 수 있다는 장점이 있다.

한편 태양경작법(sun grown)이란, 상업적인 대량생산을 위해 커피를 햇빛에 그대로 노출시키는 재배방식을 말한다. 단위 면적 당 수확량이 그늘경작법보다 월등히 높지만, 커피나무의 수명이 반으로 줄어 원두의 질이 떨어질 수밖에 없고 그렇게 생산된 수확물은 박리다매식으로 취급된다. 특히 대량생산으로 인한 커피값 하락을 유발하여 대부분의 커피농장 소작농들을 빈곤으로 내몰아 전 세계적으로 반발을 사고 있으며, 지나친 화학약품 사용으로 인한 생태계 파괴 문제로 국제환경단체로부터 많은 비난을 받고 있다. 무엇보다 커피 경작지를 늘리기 위한 무차별 개간으로 밀림이 훼손되기 시작했고 많은 동물들과 곤충들, 특히 키 큰 나무 등을 은신처로 삼던 조류의 개체수가 격감했다. 이러한 이유로 그늘경작법을 도입한 농장에서 생산되는 커피는 버드 프렌들리(Bird Friendly) 커피로 불리기도 한다.[역주]

되면서 시장에 값싼 제품들이 쏟아져 나오고, 이에 따라 박새의 95%가 줄어들었습니다. 창 밖에서 지저귀고 있는 저 박새와 똑같은 박새가 말입니다. 공정 무역, 그늘경작법, 유기농 등의 인증을 받은 커피는 농부들에게 1 파운드 당 1.41달러를 보장해주며 살충제를 쓰지 않고 새들에게 필요한 서식지를 훨씬 더 많이 제공해줍니다. 바로 이것은 창조세계를 위한 생태정의의 한 분명한 사례입니다.

그러나 건물이든 한 잔의 커피든, 사실은 우리가 얼마나 알고자 하는지 혹은 알지 않고자 하는지가 진짜 문제입니다. 우리는 우리가 알아야만 하는 것, 그리고 알 수 있는 것들을 잊기로 선택했다는 것조차도 잊고 살아왔습니다. 우리는 커피는 조그만 가방에서 자라지 않는다는 것, 쓰레기는 어디론가 가야 한다는 것, 그리고 우리가 입는 옷이나 신발은 누군가에 의해 만들어진다는 것을 알고 있습니다. 우리가 좋은 가격, 저렴한 가격에 물건을 구입한다고 할 때 우리에게는 반드시 알아야 할 것이 있습니다. 곧 우리의 그 행동 때문에 어딘가의 사람들과 환경은 그에 대한 대가를 치르고 있으며, 우리의 교회에 쓰려고 흠 없는 꽃을 사고 우리의 밥상에 올리려고 흠 없는 과일과 야채를 사는 행동 때문에 어딘가의 사람들과 동물들, 그리고 생태계는 흠 없는 생산을 위해 뿌린 살충제로 인한 대가를 치러야만 합니다. 그런데도 우리는 질문하기를 얼마나 많이 외면하고 있습니까! 우리의 문화와 경제 체계는 이러한 질문을 장려하지 않으며, 우리도 그러한 질문에 대한 대답이 우리의 안락한 북미식의 생활양식을 방해하게 될까 봐 걱정합니다. 우리는 생산의 윤리적 한도라 불리는 것을 고려하지 않습니다.

알지 않기를 선택하는 또 다른 예를 들어보겠습니다. 전에 세계은행에서 일했던 국제적으로 알려진 경제학자인 데이비드 코텐(David Korten)은 다음과 같이 말합니다.

미국이나 유럽에서 73달러에서 135달러에 판매되는 나이키 신발 한 켤레는 인도네시아에서 1시간에 15센트밖에 받지 못하는 75,000명의 '비정규직'(independent contractors) 소녀들이나 젊은 여자들에 의해 한 켤레 당 5.60달러에 생산되고 있습니다. … 나이키 제품이 생산되는 공장에서 근로조건에 대해 물었을 때, 나이키 인도네시아 지사의 총책임자인 존 우드먼(John Woodman)은 그곳에 노동 문제가 있다는 것을 알고 있는데도 … 그 문제가 무엇인지 전혀 모른다고 말했습니다. 덧붙여 그는 말했습니다. "제가 무얼 더 알아야 한다는 건지 모르겠군요. 그건 우리가 조사해야 할 범위 안에 있지 않으니까요."[2]

우리가 상점으로 걸어 들어가 무언가를 가장 싼 가격으로 살 때와, 생산자에서 소비자, 쓰레기처리장까지 이어지는 전과정에 우리가 맡아야 할 책임을 회피한 채 무언가를 버릴 때, 두 경우가 다를 것이 있을까요? 우리는 알지 않기로 결정한 것이 아닙니까? 모든 상품에는 반드시 인정돼야 할 비용이 있고 우리는 진정으로 공정한 값을 지불해야 합니다. 사람들, 창조세계, 우리 모두의 공동의 행복에 부과될 이 비용을 줄이는 것, 그것이 제가 늘 사람들의 절약과 재사용, 재활용 같은 일에 관여하려는 이유입니다.

조금 전에 저는 온 창조세계를 위한 생태정의 개념에 대해 언급했습니다. 여러분 모두가 아는 것처럼 그것은 균형 잡기 어렵습니다. 우리 건물이 장애인들이 이용 가능하도록 하려면 개교하기 전부터 여기에 서 있었던 나무들을 베어내야만 합니다. 그래서 저는 애도와 부활의 의식을 갖자고, 작별 인사와 새 생명 심기를 하자고 제안하는 것입니다. 이 제안은 드류 신학교가 지향하는 공동체, 곧 "모든 것을 포용하는 공동체는 **숲도 포용한다**"는 사실을 깨닫도록 하기 위한 것입니다. 가톨릭 '지구학자'(geo-logian) 토마스 베리(Thomas Berry)*가 아브람의 책에 대해 논평한 것에 따르면 "자연이라는 외부세계는 우리의 내면세계로 하여금 이해와 애정, 미학적 감상을 위한 모든 능력을 일깨워줍니다. 바람과 비, 산과 강, 삼림과 목초지, 그리고 그곳에 사는 모든 생명…. 우리의 육체적 생존보다도 우리의 정신을 위해 우리에게는 이것들이 더 필요할지 모릅니다."[3]

이것이 바로 우리가 책에서 학습하는 것 이상으로 인간 이상의 자연세계로부터 배우는 것이고 우리의 모든 감각을 통해 배우는 것입니다. 많은 기독교인들은 그들이 자연으로부터 배울 때 창조주보다도 창조세계를 숭배하는 것을 배울까 봐 두려워합니다. 온 지구가 연결된 생태계이고 지구온난화 같은 것들이 우리 모두에게 영향을 끼친다는 사실을 배우게 되자마자 어떤 사람들은, 교회와 신앙인들의 생태적 행동을 촉구하는 사람들, 즉 교회와 신앙인들이 우리 자녀들과 지구를 공유하는 모든 피조물을 위해 거주할 수 있는 정의로운 환경을 만들어야 한다고 외치는 사람들을 비난합니다. 그러나 신학 전통과 성서 전통을 검토해 보면 기독교인인 우리는 언제나 자연세계를 통해 배워왔고 우리는 자연 안에서 하나님의 현존을 느낀다는 것을 보여줍니다. 이 건물 옆에 1백년 이상을 서 있는 저 나무들 역시 우리가 드류 신학교에서 배워야 할 것들의 일부입니다. 우리에게 저 나무들은 분명 토마스 베리가 이야기했던 그것들입니다. 저 나무들은 우리의 영혼을 치유하고 기쁨을 가져다주며 사람됨에 대해 가르쳐주고 그들만의 방식으로 하나님에 대해 이야기해주었습니다. 데이비드 아브람이 그의 책에 대해 인터뷰한 것처럼 "모든 것은 말합니다. 다만 우리의 언어가 아닐 뿐입니다."[4] 시간을 내어 귀 기울이고 배워보십시오.

제게는 이것이 우리가 드류 신학교와의 관련 속에서 어떤 존재인지, 또

---

* 토마스 베리는 스스로를 신-학자(theo-logian)가 아니라 우주론자(cosmologist)이자 지구학자(geologian), 땅의 학자(earth scholar)로 여겼다.[역주]

한 우리가 무엇이 될 수 있는지에 대해 밝혀주는 생태정의의 비전입니다. 즉, 고요하게 귀 기울이고 모든 것에게서 배우기, 다르게 생각하고 불편한 물음들을 묻기, 우리의 상호연결성에 대해 늘 유념하기, 그리고 정의롭게 행동하기입니다. 그것이 앎과 건물과 나무가 온전히 원을 이루는 것이며 하나님의 모든 창조세계를 위한 정의입니다. 우리가 나가서 나무들에게 작별과 만남의 인사를 나누는 것처럼, 또한 성서가 오늘 우리에게 말하는 것처럼 "나뭇잎이 민족들을 치료하는 데 쓰일 수 있도록" 합시다!

**1.** David Abram, *The Spell of the Sensuous*, 20.
**2.** David Korten, *When Corporations Rule the World* (San Francisco: Berrett-Koehler, 1995), 115.
**3.** Thomas Berry quoted in David Abram's *The Spell of the Sensuous: Perception and Language in a More-Than-Human World* (New York: Random House, 1996).
**4.** NPR Radio Interview.

# 새 창조세계를 위하여 탄식하는 성령

## THE SPIRIT SIGHING FOR THE NEW CREATION

캐서린 켈러●

다음은 드류 대학교에서 설교한 것입니다. 이 설교는 이루 다 말할 수 없는 탄식으로 기도하시는 성령의 방법에 관심을 가지며, 우리가 고통 받는 인류와 고통 받는 지구와 연대하여 기도하도록 도움을 줍니다. 본래 이 설교는 린 웨스트필드(Lynne Westfield)의 디제리두(didgeridoo) 연주와 함께 한 것입니다. 디제리두는 콧소리를 증폭시켜주는 오스트레일리아 원주민의 전통 악기입니다.

● 캐서린 켈러(Catherine Keller)는 드류 대학교(Drew University)의 신학부와 대학원의 구성신학 교수이다. 과정 신학을 연구해온 그녀는 페미니즘, 후기구조주의, 생태정의와 같은 다양한 해석학 접근들을 사용한다. *Apocalypse Now and Then: A Feminist Guide to the End of the World*, *Face of the Deep: A Theology of Becoming*; 그리고 *God and Power: Counter-Apocalyptic Journeys* 등의 저서가 있다.

모든 피조물이 이제까지 함께 신음하며, 함께 해산의 고통을 겪고 있다는 것을, 우리는 압니다. 그뿐만 아니라, 첫 열매로서 성령을 받은 우리도 자녀로 삼아 주실 것을, 곧 우리 몸을 속량하여 주실 것을 고대하면서, 속으로 신음하고 있습니다. 우리는 이 소망으로 구원을 얻었습니다. 눈에 보이는 소망은 소망이 아닙니다. 보이는 것을 누가 바라겠습니까? 그러나 우리가 보이지 않는 것을 바라면, 참으면서 기다려야 합니다. 이와 같이, 성령께서도 우리의 약함을 도와주십니다. 우리는 어떻게 기도해야 할지도 알지 못하지만, 성령께서 친히 이루 다 말할 수 없는 탄식으로, 우리를 대신하여 간구하여 주십니다(로마서 8:22-26).

**우리는 어떻게 기도해야 할지 알지 못합니다.** 우리는 이것저것, 좋은 것을 위해 기도하기 때문이죠. 우리는 결과를 위해 기도합니다. 물론 기도는 도움이 됩니다. 기도로 가득 찬 삶은 대개 효과적인 삶이고 결과에도 영향을 끼칩니다. 함께 모여 있지 않을 때에도 함께 기도하는 공동체는 우리의 현실을 긍정적이고 주도적이게 합니다. 어떠한 기도도 하지 않는 것보다는 낫습니다. 기도는 우리를 진정시키고 조율해줍니다. 우리는 기도가 우리를 하나님께로 조율해주기를, 또는 하나님을 우리에게로 조율해주기를 희망합니다. 하지만 무언가 빠진 것이 있습니다. 무언가 잘못 표현하고, 과장하여 표현했던 것입니다. 기도는 표현으로 나타납니다. 뭐든지 말해보고 요구해보는 겁니다. 재니스 조플린(Janis Joplin)은 이렇게 노래했다죠. "오, 주여! 제게 메르세데스 벤츠를 주옵소서. 제 친구들은 모두 포르쉐를 몰고 있으니, 저도 보상받아야 합니다. 아멘."

**우리는 어떻게 기도해야 할지 알지 못합니다.** 그러나 여기 모인 우리는 기도의 전문가들입니다. 우리는 목회기도를 작성하고 기도로 공동체를 이끌어갑니다. 우리는 새로운 상품을 위해 기도하는 것이 아니라 새로운 창조세계를 위해 기도하고 있습니다. 우리는 위대한 결과를 위해 기도하고 우리가 보지 못한 것들을 위해 기도합니다. 말하자면 아직 이뤄지지 않은 정의, 도래하지 않은 민주주의, 그리고 생태학적으로 지속 가능하며 탈가부장적이고 인종차별이 없고 전쟁도 없으며 소외도 없는, 영적으로 조화된 새로운 창조세계를 위한 기도입니다. 그런데 혹시 우리는 우리가 희망하는 것들을 우리 마음의 눈으로 너무 분명하게 보고 있지 않습니까? 기도할 때 우리는 마치 이루어져야 할 것들, 그러나 하나님께서 깜빡 하신 것들을 상기시켜드리는 것처럼 원하는 것이라면 무엇이든 말하고 있지 않습니까? 물론 우리는 실제로 교회의 교육과 사회화, 혹은 교회의 프로그램에 대해 서로 말하고 있는 것입니다. 실제로 거기에는 어떠한 잘못도 없습니다. 그것들은 의미 있는 예전적 전통들이며, 아주 오래된 것이지만 여전히 잠재적인 기도의 어휘들입니다. 그러나 무언가 빠진 것이 있습니다.

**우리는 어떻게 기도해야 할지 알지 못합니다.** 그렇기 때문에 성령께서 우리의 약함을 도와주신다고 바울은 말합니다. 저는 이 말을 받아들일 수 없었습니다. 성령께서 우리가 성령께 기도하는 것을 도우신다면, 그리고 성령이 하나님이시라면 이 말은 곧 기도할 때 우리가 하나님께 말하는 것이 아니라 하나님이 하나님에게 말하는 것이 아닙니까? 그렇다면 우리는 그저 복화술사(複話術師)의 무릎 위에 있는 꼭두각시 인형이나, 삼위일체의 위격들 간의 내적인 대화의 대변인에 불과한 것처럼 보입니다. 이런 것은 받아들일 수 없었습니다. 그것은 성령께서 선심 쓰듯이 간구해주신다는 것 같습니다. 이렇게 기도하겠죠. "내가 당신을 위해 기도할게요. 당신은 기도를 적절하게 하지 못하니까요."

**성령께서 친히 이루 다 말할 수 없는 탄식으로, 우리를 대신하여 간구해주십니다.** '간구하다'라는 말은 라틴어 *inter-cedere*, 즉 '사이로 오다'라는 말에서 유래했습니다. 성령은 오십니다. 그러나 외적인 초월에서 오는 힘으로도 아니고 나 자신의 내면의 힘으로서 오시는 것도 아닙니다. 우리와 하나님 사이의 틈새의 영(interstitial spirit) 사이의 신으로서(the divinity of the between), 성령은 사이로 오십니다. 이것은 하늘에서 간청하는 해결이 아닙니다. 우리를 대신해 전능자를 동원하는 것도 아닙니다. 이것은 **이루 말할 수 없는 탄식**입니다. 기도의 심연의 공간입니다. 이것은 말들의 밑바닥에, 그리고 말들의 사이에 있는 공간입니다. 이것은 탄식의 표시입니다. 성령이 탄식하십니다. 이것은 침묵의 공간입니다. 그 안에서 말은 부서지고 가라앉고 말없음으로 흩어집니다. **이루 말할 수 없는 탄식**, 심연의 부드러운 한숨입니다. **심연의 심연으로의 부름**, 우리의 연약함, 흔들리고 빛바랜 우리의 가장 연약한 자리에서 나오는 신음입니다. 이 심연은 대체 무엇입니까? 우리는 말씀을 가지고 있지 않습니까? 왜 기독교인들이 침묵해야만 합니까? 특별히 우리는 개신교인인데 말입니다. 우리는 저항하고 설교하며 선포하지 않습니까?

그것은 **우리가 어떻게 기도해야 할지 알지 못하기** 때문입니다. 성령은 중재하시고 중단시키십니다. 성령은 **루아흐**의 숨결, 위대한 바람입니다. 하나의 숨결이 아니라 모두의 숨결입니다. 창조의 숨결입니다. 태초의 수면 위에서(창세기 1장 2절의 동사 *merephet*를 적절히 번역한다면) 고동치고 진동하며 요동치는 루아흐입니다. 그리고 지금 거룩한 숨결이 여전히 피조물들을 통해 진동하고 있습니다. 디제리두* 소리와 같지 않습니까? 피조물들이 신음하고 있습니다. 그 탄식의 표지인 신음과 고통은 그때나 지금이나 가능성으로 활기가 넘치는 신음과 고통입니다. 그 해산의 신음은 곧 우리와 지구, 우리의 흙으로 된 몸, 창조세계의 살의 신음입니다. 이것은 말로 표현할 수 없는 영의 모성입니다. 이 루아흐는 여성형이었습니다. 초기 기독교의 몇몇 찬가들은 그녀(루아흐)를 거룩한 어머니로 모시며 그녀에게 간구합니다. 그럼에도 불구하고 이 말로 표현할 수 없는 모든 모성은 아버지와 아들에 관한 설교로 인해 삼켜져버렸습니다. 그녀는 심지어 더럽혀졌고, 변덕스러운 중재자가 되었고, 우스꽝스러운 제3자가 되어버렸습니다.

**피조물들이 해산의 고통으로 신음하고 있습니다.** 태초부터 영은 떨리고 있었던 것입니다. 말이 있기 전 침묵의 심연 가운데에서 진동하고 있었던

---

* 디제리두(didgeridoo)는 유럽인 이주 이전에 오스트레일리아에 살았던 최초의 종족이며, 부메랑이라는 무기로 유명한 원주민들(Aborigine)의 전통 악기이다. 오스트레일리아에 많이 서식하는 유칼립투스 나무가 죽으면 그 뿌리를 흰개미가 파먹는데, 뿌리 속을 파먹고 나면 단단한 겉껍질만 남는다. 기다란 관이 된 이 뿌리를 이용해 만드는 악기가 디제리두이다. 긴 관의 한쪽 끝에 입을 대고 푸르르 하고 입술을 떠는 식으로 연주하며, 날숨이 끊이지 않는 순환호흡으로 연주한다. 이 입술이 떨려 나오는 소리를 여러 모로 변형시켜 다양한 음향을 만들어낸다.

원주민들은 아주 오래전부터 그들의 조상이 동굴 속에서 자연의 신과 교감하며 디제리두를 불었다고 말한다. 그들은 새와 벌, 들짐승과 정령 등 자연과의 대화를 디제리두로 재현한다고 한다. 이는 종교의식 혹은 그들만의 제사이다. 그들의 음악에는 서양 사람들이 규정한 음악의 3요소인 리듬, 가락, 화성이 없다. 그러나 흐름, 색채, 음향, 표현, 자연, 인간, 새 그리고 영혼과 우주를 표현하는 데에는 아주 긴요하다. 그들은 우리와는 다른 음악 체계를 가지고 있는 것이다.

캐서린 켈러는 디제리두 소리에서 인간이 미리 규정한 음악의 구성 요소 이전의 원초적인 떨림을 발견했고, 설교를 통해서도 그것이 우리의 기도를 도와줄 것이라고 말한다. 그녀의 설교를 듣기에 앞서, 또한 들으면서 디제리두의 소리도 함께 들어보기를 권한다.[역주]

성령 하나님은 생성되는 세계에 노래처럼 합류했습니다. 우리가 말보다 먼저, 말씀에 대한 우리의 모든 말보다 먼저, 한숨들과 신음들을 터져 나오게 한다면 우리는 말씀의 또 다른 어조를 듣게 되지 않을까요? 계명, 명령, 지시가 아닌 기쁨에 찬 피조물들의 노래와 시 말입니다.

다음은 창조세계의 파괴에 관한 애가(lament)입니다.

오, 우리가 얼마나, 우리의 가시적인 희망이 얼마나 강력하며, 얼마나 소유욕으로 가득 차 있으며, 얼마나 해가 되는가?

탄식의 기도(litany)를 드리길 원합니다. (디제리두가 우리가 기도하도록 도움을 줄 것입니다!) 우리는 탄식, 우리의 모든 탄식을 내뱉어야 합니다. 우리가 그 것을 억누르려 한다면 우리는 질식하게 될 것입니다. 루아흐는 우리의 약함의 탄식 가운데 있습니다.

오, 상실, 상처, 공포, 부족함, 분노, 죄책감, 수치, 비겁함, 실현되지 않은 가능성, 잘못 실현된 재능들, 그리고 낭비된 기회들로 인한 나 자신의 전율과 함께 하는 자아의 탄식이여!

오, 상처주고, 쇠락하고, 분열하고, 깨어지고, 이루기도 전에 우리의 약속이 사라지도록 위협하는 신음하는 교회, 우리들 구성원들을 욕되게 하는 몸, 그리스도를 욕되게 하는 그리스도의 몸이여!

오, 사라지지 않는 고뇌, 죽음과 공포의 거대한 파도로 인한 한숨으로 떨고 있는 인류의 탄식이여! 어떠한 말로도 이 대참사를, 이 살육을, 의도했든 의도하지 않았든 자행되어버린 대량 학살을 어찌할 수 없구나!

이런 일상의 축소와 굴욕들, 또 타자, 이차적, 저급한 것으로 여겨진 이들의 희생으로 부풀어진 하나의 젠더, 하나의 성(性), 한 인종, 한 계급이여!

오, 신음하는 지구, 공기와 흙과 물은 오염되고, 어느 한곳 존중되지 못하고, 한숨짓고, 몸서리치는 지구, 한 종족 곧 모든 것을 잡아먹으며, 그들의 고향을 집어삼키며, 그 자신과 전쟁을 벌이는, 천부적인 재능을 가진 약탈자의 폭력에 시달리는 이 땅, 신음하는 행성이여!

무엇을 더 말할 수 있을까요? **우리는 어떻게 기도해야 할지 알지 못합니다.** 그럼에도 우리는 희망에 사로잡혀 있습니다. 다가올 세계에 대한 희망이며, 우리가 보고 듣고 만질 수 있는 행성, 우리 때문에 소란한 이 행성으로 찾아올 들어보지 못한 희망입니다. 그것은 아직 내쉬어지지 못한 말, 성령, 곧 해산의 고통의 숨입니다.

거룩한 라마즈[1]: 우리가 우리의 고통에 숨을 불어넣는다면, 우리의 아픔으로 숨을 쉰다면, 새로움이 탄생할 수 있을 것입니다.

---

1. 라마즈 분만법(Lamaze)은 출산 시 의학적인 개입의 사용을 대신하는 분만법으로, 프랑스 의사 페르낭 라마즈(Fernand Lamaze)가 소련의 분만 사례의 영향을 받아 고안한 것이다. 연상법, 이완법, 호흡법이 있으나 호흡법이 가장 중요하며, 임신 중에 심리적인 공포, 긴장 및 불안 상태에 있는 산모가 남편과 함께 신체적·정신적으로 분만을 준비함으로써 출산의 고통을 최소화하면서 쉽게 정상분만을 할 수 있도록 하는 분만법이다.

# 물질이 중요합니다

## MATTER MATTERS

바바라 룬드블라드●

이 설교는 시카고 소재 루터교 신학대학(Lutheran School of Theology)에서 열린 창조세계 보전을 위한 회의(Care for Creation Conference)에서 한 것입니다. 시카고 대학교와 루터교 신학대학에서 가르쳤던 조셉 시틀러(Joseph Sittler)는 볼 수는 없었지만 이 회의에 우리와 함께 있었습니다. 저를 비롯한 많은 연사들은 다른 사람들이 생태학이라는 말을 발견하기 훨씬 전부터 그가 지구의 강력한 지지자였음을 기억했습니다. 이 설교에서 저의 관심은 지구를 위한 돌봄과 가난하고 굶주린 자들을 위한 정의 사이를 연결하는 것이었습니다. 그래서 에스겔과 누가복음의 매우 다른 두 본문으로 설교를 작성했습니다.

● 바바라 룬드블라드(Barbara Lundblad)는 현재 뉴욕 유니온 신학교의 Joe R. Engle 설교학 부교수로 재직 중이다. 아이오와의 농장에서 어린 시절을 보낸 그녀는 뉴욕 시에서 산 지 25년이 흐른 지금도 아이오와의 흙을 그리워하고 있다. 그녀는 *Transforming the Stone: Preaching through Resistance to Change*의 저자이다. 그녀의 비처 강연(Beecher Lectures)은 *Marking Time: Stories Remembered at the River's Edge*라는 제목으로 출간될 예정이다.

이 강물이 흘러가는 모든 곳에서는, 온갖 생물이 번성하며 살게 될 것이다. 이 물이 사해로 흘러 들어가면, 그 물도 깨끗하게 고쳐질 것이므로, 그 곳에도 아주 많은 물고기가 살게 될 것이다. 강물이 흘러가는 곳이면 어디에서나, 모든 것이 살 것이다(에스겔 27:9).

그런데 그 집 대문 앞에는 나사로라 하는 거지 하나가 헌데 투성이 몸으로 누워서, 그 부자의 상에서 떨어지는 부스러기로 배를 채우려고 하였다(누가복음 16:20-21).


제가 사는 맨해튼에서 몇 블록 떨어진 곳에 뉴욕 주에서 가장 최근에 조성된 공원들 중 하나가 있습니다. 할렘 가에 인접한 허드슨 강(the Hudson River)의 제방을 따라 뻗어 있는 이 공원에는 리버뱅크 주립공원(Riverbank State Park)이라는 적절한 이름이 붙어 있습니다. 하지만 이 공원은 정말로 강의 제방 위에 있지 않습니다. 이 공원은 강 위에 있지만 언덕에 있는 것도 아닙니다. 사실 이 공원은 전혀 땅 위에 있지 않습니다. 나무들과 스케이트장, 경주장, 매점, 수영장, 축구장이 완비된 이 공원은 땅 위에 있지 않습니다. 이 공원은 바로 하수처리시설 위에 세워져 있습니다. 최상층에 공원을 갖춘, 미국에서 가장 큰 공공사업들 중 하나인 이 커다란 잿빛 건물은 허드슨 강으로 흘러가는 폐수를 처리하고 있습니다. 아이들이 스케이트를 타는 동안에 물이 흐르고 있습니다. 한여름에 두발 혹은 세발자전거가 달리는 그 아래로도 물이 흐르고 있습니다. 덩크 슛을 하는 곳 아래에서, 사랑하는 사람들이 입맞춤을 하는 벤치 아래에서, 그리고 운동장의 웃음소리 아래에서도 물이 흐르게 되면서 허드슨 강은 생명을 되찾고 있습니다. **이 강물이 흘러가는 모든 곳에서는, 온갖 생물이 번성하며 살게 될 것입니다. 이 물이 흘러가는 그곳에 아주 많은 물고기들이 살게 될 것입니다. 강물이 흘러가는 곳이면 어디에서나 모든 것이 살 것입니다.**

에스겔이 허드슨 강의 정수 처리 시설을 생각한 것은 아니겠지요? 에스겔의 환상(vision) 속의 그 물은 성전에서, 하나님의 보좌에서 흘러나오고 있으니까 말입니다. 이것은 거룩한 강, 많은 문명들이 함께 누렸던 강, 성서의 마지막 부분인 계시록의 비전 속에서 흐르는 강입니다.

> 그 강가에서 우리 만납시다,
> 아름답고 아름다운 강가에서
> 하나님의 보좌에서 흘러나오는
> 그 강가에서 우리 만납시다.*

그 강가에서 만나봅시다. 하지만 은유의 강가에 모이는 것은 어려운 일이겠지요. 이 강은 은유이지 않습니까? 에스겔의 비전은 하나님으로부터 온 것이며 에스겔이 그 자신의 눈으로 본 사해, 척박한 땅에 솟아난 오아시

---

* ⟨주 음성 외에는(446)⟩, ⟨무덤에 머물러(160)⟩ 등의 수많은 찬송가를 작사 작곡한 로버트 로리(Robert Lowry)의 찬송시.[역주]

스와 물고기가 넘쳐나는 강의 기억에서 온 것입니다. 하지만 에스겔은 이 장면이 문자 그대로 이뤄질지 상상도 못 했을 것입니다. 성전 문 밑을 흐르는 강은 없습니다. 성전 문도, 성전도 없습니다. 이것은 바로 비전입니다. 마른 뼈들이 달그락거리며 일어나 뼈와 뼈가, 힘줄과 힘줄이 맞붙어 해골이 생기를 되찾는 에스겔의 또 다른 비전처럼 이것은 애통의 한가운데서 맺어진 약속, 절망 속에서 싹튼 희망이지 문자 그대로 사실은 아닙니다. 오늘 함께 본 본문의 비전도 문자적인 것은 아닙니다. 하나님은 강이 아니라 사람들을 깨끗하게 하시고 새롭게 하실 테니 말입니다. 어쨌든 에스겔은 환경에 관한 사회적인 진술을 한 것이 아닙니다.

하지만 만약 에스겔의 비전이 그가 본 것보다, 그의 황홀경의 지혜보다 거대한 것이라면 어떨까요? 하나님께서 예언자들이 온전히 이해할 수 있는 것 이상의 비전을 주신 것은 아닐까요? 하나님께서 예언자들을 대신할 사람들을 기다리고 계신 것은 아닐까요? 그들에게 새로운 의미를 주려는 것은 아닐까요? 결국 이 강은 실존하는 것입니까? 저는 에스겔의 정신을 분석하고 싶지는 않지만 그가 습지에 대해 언급한 부분이 매우 흥미롭고 즐겁습니다. "사해의 진펄과 개펄은 깨끗하게 고쳐지지 않고, 계속 소금에 절어 있을 것이다"(겔 47:11). 이것이 습지대를 위한 옛날의 탄원이었을까요? 분명 에스겔은 루터교 목사인 샤론 베처(Sharon Betcher)가 알고 있는 사실, 곧 "습지, 늪, 진흙구덩이, 범람원을 포함한 습지대는 지구상에서 가장 풍성한 생태계이며, 아메리카 대륙에 서식하는 조류의 75%가 습지에 보금자리를 마련하며, 해양 생물의 90%가 하구 퇴적지에서 태어난다"[1]는 사실을 몰랐습니다. 이 습지도 은유일까요?

은유는 우리를 익숙한 것에서 낯선 것으로 옮기고 말과 이미지와 생각들을 연결시켜서 항상 어딘가를 가리킵니다. 그래서 우리가 보고 생각하고 이해하는 방식을 확장시킵니다. 성서는 하나님께서 만드신 세계로부터 나온 은유들, 즉 사막을 흐르는 물, 광야에서 피어나는 꽃, 가꾸어지고 파괴된 포도원, 새들이 둥지를 튼 덤불에 뿌려진 겨자씨, 잘려나간 그루터기에서 피어나는 새싹으로 가득 차 있습니다. 하지만 종종 우리는 성급하게 이런 은유들의 세상적 뿌리를 뽑아버립니다. 에스겔의 강은 정말로 강이 아닙니다. 이 은유들은 오직 한 방향으로만 갑니다. 물질로부터 자유로운 영적인 세계를 향해, 위로, 위로, 위로만 향합니다. 그것들은 결코 다시는 땅으로 내려오지 않습니다.

조셉 시틀러는 우리를 땅으로 되돌리기 위해 평생을 바쳤습니다. 그는 **생태학**이라는 말이 신문이나 대학 요람에 등장하기도 전에 그것을 이야기했습니다. 그는 **생태학**과 신앙이라는 말을 연결시켰습니다. 그는 우리가 세계를 단지 보는 것(see)뿐만이 아니라 세계를 **주시하고**(behold) 그래서 세계가 변화되기를 원했습니다. 그는 말합니다. "우리는 마음으로 사물을 봅니다. 그러나 우리는 마음의 영으로 사물을 주시합니다. 사물을 주시한다는 것은 그 사물의 특수성, 즉 그것의 무한한 가치, 대체할 수 없음과 아름다움을 본다는 것을 의미합니다."[2] 시틀러 박사는 우리가 강을 주시하기를 촉구했습니다. 여러분, 물속으로 걸어서 건너가십시오! 시틀러에게 신학은 고여 있는 웅덩이가 아니었습니다. 신학은 언제나 강과 같이 움직이는 것입니다. "신학이란 단지 소유하는 것(having)을 넘어 행하는 것(doing)을 의미합니다. 그것은 단지 과거의 축적된 전통만이 아니라 실제 삶을 살아가는 각 세대의 운동장에서 행하는 현재의 과업을 말합니다. 우리가 신학을 가지고 있다는 것은 그것이 크든 작든 신학을 하기 위한 것입니다."[3]

시틀러 박사는 우리의 신학적 대화의 새로운 동반자로 목사들과 교사들을 초청했습니다. 그 대화는 고통당하는 지구의 복지를 위해, 또 이 세대의 '운동장'에서 신학함의 온전함을 위해 절대적으로 필요한 것입니다. 유대인 학자와 신학자, 도시의 순찰대원과 어업 전문가, 환경주의자와 교구

목사, 습지를 사랑하는 사람들과 신학교 교수들로, 우리의 대화의 장은 확장되어야만 합니다. 모든 사람이 한 대화의 장에 있어야 합니다. 에스겔의 비전은 지구로부터 떠날 뿐만 아니라 다시 지구로 돌아올 수 있을까요? 아마도 여기에 강이 있는지도 모릅니다. 강이 있다면 거기에 식탁도 있을 것입니다.

그렇다면 예수께서 말씀하신 나사로와 부자 이야기는 은유일까요? 나사로를 주시하기는커녕 쳐다보지도 않으며 사치스러운 식사를 즐기는 부자가 있습니까? 여기에는 식탁이나 음식이 있습니까? 이 이야기는 땅의 고통을 초월하여 천국의 약속을 가리키는 비유일까요? 누가복음에 등장하는 모든 연회는 풍성한 영적인 삶의 은유일까요? 혹은 예수께서 정말로 눈먼 자와 절름발이, 가난한 자와 불구자 들이 그 식탁에서 먹게 될 것을 의미하신 걸까요?

샐리 맥페이그(Sally McFague)는 그녀의 책《하나님의 몸》에서 우리가 그 식탁과 사람들을 주시하기를 촉구합니다. 그녀는 이렇게 이야기합니다. "예수의 식사 이야기들과 그 실천들은 물질적인 필요가 가장 기본적인 것이며 충족되어야 할 것임을 시사합니다. 여기에서 음식은 은유가 아니라 문자적으로 받아들여야 합니다."[4] 그녀는 이 책의 같은 장 뒷부분에서 이렇게 주장합니다. "하나님의 몸을 먹여야만 합니다."[5] 수백 년 동안 교회는 성찬대에 그리스도의 실재적인 임재(real presence)에 대해 관심을 가져왔습니다. 그러나 세상 사람들 모두를 위한 식탁 위에 음식의 실재적인 임재는 어떻습니까? 그것은 단지 정치적인 문제입니까, 아니면 신학함니까? 생명을 주는 강과 대문 앞에 누워 빵 부스러기를 기다리는 거지 사이에는 어떤 관계가 있습니까?

몸은 하나님께 중요한 것입니다. 물질이 중요합니다(Matter matters). 우리가 그 놀라운 진리를 선포할 수 있을 때까지 생태학은 우리의 목회와 설교, 우리의 신학과 예전의 곁가지에 지나지 않을 것입니다. 그러나 우리가 계속해서 돌아가야 할 복음은 육화된 말씀(embodied Word)입니다. 이 말씀은 은유가 아닙니다. 그 우주적인 영원한 말씀이 **육신**이 되셨습니다. 그리스도의 성육신으로 인해 그 말씀은 지구로 내려왔으며, 그래서 이 지구는 거룩한 땅이 되었습니다. 물질이 중요합니다. 습지와 강, 밀밭과 부풀어오르는 반죽, 몸을 들썩이며 춤추는 사람들과 우리 도시의 길거리에서 자는 사람들이 중요합니다. 물질이 하나님께 중요한 것입니다. 우리는 이러한 강력한 성서적 확신을 대화의 장으로 가져옵니다. 저는 지구 온난화나 복잡한 생태계에 대한 전문가가 아닙니다. 아마 여러분도 마찬가지일 것입니다. 그러나 우리는 신앙의 은유가 이 땅에 깊이 뿌리내리고 있다는 것을 믿습니다. 하나님은 영적인 영역을 위해서 물질을 경시하는 분이 아닙니다. 물질이 중요합니다. 윤리학자 래리 라스무센(Larry Rasmussen)이 언급한 것처럼 "그러므로 실천할 수 있는 유일한 지구 신앙은 생명-영적인 (biospiritual) 것입니다. 지구 윤리는 우리의 감각으로 돌이키고 돌아오는 문제입니다. 모든 자연은 은혜의 극장입니다. 하나님의 사랑은 모든 진정한 사랑과 같이 몸으로 느껴지는 촉각적인 것입니다."[6]

여러분, 물속으로 걸어가십시오! "그 강가에는 이쪽이나 저쪽 언덕에 똑같이 온갖 종류의 먹을 과일 나무가 자라고 그 모든 잎도 시들지 않고 그 열매도 끊이지 않을 것입니다. 나무들은 달마다 새로운 열매를 맺을 것입니다"(겔 47:12). 들리십니까? 바싹 말라버린 지구의 생기를 되찾게 할 물뿐만 아니라 나사로와 그의 굶주린 형제자매들이 기다리는 빵 부스러기와는 비교할 수 없는 온갖 종류의 먹을 과일 나무가 있습니다.

**강물이 흘러가는 곳이면 어디에서나, 모든 것이 살 것입니다.** 물은 세례단 위로 흘러 내려서 책을 들고 있는 복사(acolyte: 미사 때 신부를 도와주는 사람)에게 튀며 정문까지 깔린 모든 융단을 적시고 거리로 흘러나가 지하수면을 적시고 마침내 한때 죽었던 허드슨 강으로 흐를 것입니다. 몇 년 만에 처음으로 사람들은 125번가가 강과 만나는 허드슨에서 낚시를 즐기고 있습니다. 심지어 어떤 사람들은 날씨가 풀린 지 얼마 되지도 않았는데 시멘트 주차장에 텐트를 쳤습니다. 몇 블록 북쪽으로는 아이들이 아래로 강이 흐르는 공원 위에서 놀고 있습니다. 이제 곧 그들 모두는 식사를 하러 집으로 달려가겠지요. 그들은 기대로 가득 차서 식탁 위의 음식을, 또 그들의 머리 둘 곳을 찾겠지요. 그리고 교회로 오르는 계단에 누워 있던 나사로는 들어와서 우리와 함께 하나님의 식탁에 앉을 것입니다. 그는 말합니다. "빵을 주세요." "나사로, 당신을 위한 그리스도의 몸입니다." 그는 받아서 먹습니다. 이제 그는 그것이 은유 이상의 것임을 알게 됩니다.

1. Sharon Betcher, "An Ecofeminist Account of the Redemptive Value of 'Wet Land,'" *Living Pulpit* 2 (1993): 23.
2. Joseph Sittler, *Gravity and Grace* (Minneapolis: Augsburg, 1993), 16.
3. Ibid., 65.
4. Sallie McFague, *The Body of God: And Ecological Theology* (Minneapolis: Augsburg, 1993), 169.
5. Ibid., 170.
6. Larry Rasmussen, *Earth Community, Earth Ethics* (Maryknoll, NY: Orbis, 1996), 180-181.

# 결혼, 하나님의 땅에 대한 "예"(yes)

## MARRIAGE AS A "YES" TO GOD'S EARTH

제임스 마틴-슈람●

다음은 몇 해 전 위스콘신 주의 한 농장에서 있었던 루터교 대학 졸업생 부부의 결혼식 설교입니다.

● 제임스 마틴-슈람(James B. Martin-Schramm)은 미국 아이오와 주 데코라에 있는 루터 대학(Luther College)의 종교학 부교수이다. 그는 *Population Perils and the Churches' Response*의 저자이며, *Christian Environmental Ethics: A Case-Method Approach*의 공저자이다. 미국 복음주의 루터교회의 사회 교회 분과 위원회(Division for Church in Society) 의장을 역임했다.

주님은 그 보좌를 하늘에 든든히 세우시고, 그의 나라는 만유를 통치하
신다(시편 103:19).

나는 새 하늘과 새 땅을 보았습니다. 이전의 하늘과 이전의 땅이 사라지
고, 바다도 없어졌습니다. 나는 또 거룩한 도성 새 예루살렘이, 남편을
위하여 단장한 신부와 같이 차리고, 하나님께로부터 하늘에서 내려오
는 것을 보았습니다. … 천사는 또, 수정과 같이 빛나는 생명수의 강을
내게 보여 주었습니다. 그 강은 하나님의 보좌와 어린 양의 보좌로부터
흘러 나와서, 도시의 넓은 거리 한가운데를 흘렀습니다. 강 양쪽에는 열
두 종류의 열매를 맺는 생명 나무가 있어서, 달마다 열매를 내고, 그 나
뭇잎은 민족들을 치료하는 데 쓰입니다(요한계시록 21:1-2; 22:1-2).


정말로 천국이 땅에 내려온 것 같은 기분입니다! 이런 초가을 날 아름다
움은 한 마디로 장엄합니다. 이 두 사람이 결혼하는 날, 밖에 나와 그들이
사랑하는 대지 위에서 가족과 친지들에게 둘러싸여 축하 받기를 얼마나
기대했는지를 저는 잘 알고 있습니다. 따스한 햇볕, 늦은 오후를 비추는 멋
진 햇살, 산들산들 춤추는 나무들, 새들의 노랫소리, 이 모든 것이 거룩하

고 영광스러운 하나님의 다스리심을 증언합니다.

두 사람이 오늘을 위한 성경 본문을 직접 고르면서 얼마나 많은 고민을 했는지 저는 잘 알고 있습니다. 이 본문들은 결혼 예배를 위한 본문으로는 평범하지도 않고 잘 쓰이지도 않습니다. 하지만 이 본문에는 두 사람의 개인적, 직업적, 환경적인 헌신이 고스란히 드러나 있습니다. 물리치료사와 환경교육자로서 두 사람은 상처 입은 존재, 장애를 가진 존재, 또 사라질 위기에 처한 존재를 위한 뜨거운 열정을 가지고 있습니다. 또한 이 본문들은 디트리히 본회퍼(Dietrich Bonhoeffer)의 생애와 업적에 대한 두 사람의 지식을 반영하고 있습니다. 본회퍼는 아돌프 히틀러(Adolf Hitler)의 지배를 끝내기 위한 모의에 가담했다가 1945년 나치에 의해 처형당한 루터교 신학자입니다.

디트리히 본회퍼는 오늘 여기 두 사람의 결혼과 무슨 관계가 있을까요? 본회퍼는 그가 1943년 체포되기 직전, 마리아 폰 베데마이어(Maria von Wedemeyer)와 결혼을 약속했습니다. 감옥에 갇힌 2년이라는 긴 시간 동안, 그는 마침내 마리아와 결혼해 나치 정권의 폭정으로부터 해방된 독일에서 살게 되는 날을 그려왔습니다.

1943년 5월, 그가 체포되고 한 달이 지난 어느 날, 본회퍼는 그의 가장 친한 친구 에버하르트 베트게(Eberhard Bethge)와 그의 조카 레나테 슐라이허(Renate Schleicher)의 결혼에 즈음해 "감옥으로부터 결혼 설교"라는 글을 씁니다. 결혼에서의 성역할에 대한 본회퍼의 보수적이고 문화제한적인 언급들에 대해 오늘 여기에서는 강조하지 않겠습니다. 대신 저는 본회퍼의 결혼 제도에 대한 시간이 흘러도 변치 않을 중요한 설명에 대해 주목하고 싶습니다.

본회퍼는 결혼식에서 하는 서약과 그 서약에 대한 긍정적인 확인의 중요성에 대해 천착합니다. 잠시 후면 두 사람은 서약들을 주고받게 될 것이고 저는 이러한 의무들을 두 사람이 받아들일 것인지를 묻게 됩니다. 이에 대해 두 사람은 이렇게 대답하겠지요. "예, 그렇게 하겠습니다." 전 유럽을 휩쓴 전쟁과 그로 인한 파괴적인 사회적, 환경적 결과들에 직면하여, 본회퍼는 삶과 사랑에 대한 '예'(yes)에 주목합니다. "하나님이 오늘 두 사람의 '예'라는 대답에 하나님 자신의 '예'라는 응답을 주심으로 두 사람의 뜻이 하나님의 뜻임을 확인하고, 하나님이 두 사람의 승리, 환희와 자부심을 허용하고 승인하심으로, 하나님은 동시에 두 사람을 자신의 의지와 계획의 도구로 삼으셨습니다."[2]

본회퍼는 하나님께서 결혼 제도를 제정하셨으므로, 두 사람이 함께 하는 삶만이 축복을 받는 것이 아니라 다른 사람들의 삶 역시 축복을 받는다는 점을 강조합니다. 본회퍼는 결혼하는 두 사람을 위해 계속해서 적어내려 갑니다.

결혼은 두 사람 사이의 사랑 이상의 것입니다. 결혼생활은 좀 더 높은 존엄성과 힘을 가지고 있습니다. 결혼은 하나님이 거룩하게 제정하신 것이기 때문입니다. 하나님은 결혼을 통해 인간을 마지막 날까지 보존하시기를 원합니다. 사랑 속에서 두 사람은 오직 자신들만을 바라보지만, 결혼을 통해서 두 사람은 세대를 연결하는 고리가 됩니다. 하나님께서 당신의 영광을 위해 결혼을 통해 세대를 오고 가게 하시며, 이를 통해 당신의 나라로 부르시는 것입니다. 사랑 안에서 두 사람은 천국과도 같은 자신들의 행복을 바라보지만, 결혼 안에서 세상에 대한 책임을 감당하며 살게 됩니다.[3]

석 달 후 약혼자에게 보낸 편지에서 본회퍼는 삶, 사랑, 책임에 대한 이 '예'를 한 걸음 더 발전시킵니다. 그는 결혼에 신앙이 필요함을 주장합니다.

신앙은 세상에서 달아나는 것이 아닙니다. 신앙은 세상 안에서 견디며, 세상을 사랑하며, 세상이 우리에게 주는 어떤 고난에도 불구하고 세상을 사랑하며, 그 세상 앞에 진실하게 서는 것입니다. 우리의 결혼은 반드시 하나님의 땅(earth)에 대한 "예"가 되어야만 합니다. 결혼은 이 땅에서 우리가 무언가를 수행하고 완수하고자 결심한 것을 더 굳건하게 해주어야만 합니다. 감히 이 땅 위에 한 발만을 두려 하는 기독교인들이 하늘에도 한 발만을 두게 될까 염려가 됩니다.[4]

여기 두 사람이 본회퍼의 글에 바로 매료되었음을 잘 압니다. 결혼의 목적에 대한 그의 견해는 우리 시대에 꼭 필요한 가르침입니다. 너무 많은 사람들이 결혼을 이 세상의 위험에 대한 방파제로, 또 개인의 욕망을 성결케 하는 것으로 생각합니다. 그러나 본회퍼는 결혼은 이를 통해 우리가 세상을 더 많이 섬기고 우리의 이웃들을 더 많이 사랑하도록 하나님께서 제정하신 것이라고 주장합니다.

역사적으로 교회는 결혼을 두 사람의 사랑의 연합에 대한 보호, 출산, 자녀 양육, 그리고 성적 만족을 위한 적합한 자리로 여기며 이를 강조해왔습니다. 본회퍼는 이들 중 어떤 것도 반대하지는 않을 것입니다. 그러나 다른 무엇보다도 그는 결혼을 세상 속에서 인간성을 수호하고 선을 고취하기 위한 하나님의 '명령' 중 하나로 봅니다.[5] 결국 이 두 사람의 결혼은 둘만의 사랑에 대한 것만이 아니라 다른 존재를 위해 두 사람이 함께 할 수 있는 것, 하나님의 땅(earth)을 위해 두 사람이 할 수 있는 일에 대한 것입니다.

디트리히 본회퍼와 마리아는 그들의 결혼 예배를 위한 본문으로 시편 103편을 골랐습니다. 이 시편은 하나님의 "변함없는 사랑과 자비"(4절), 또한 "억눌린 모든 사람을 위한 변호와 정의"(6절)를 강조합니다. 사랑과 정의라는 한 쌍은 유대-기독교 전통에서 가장 중요한 개념입니다. 오늘 우리는 이 사랑과 정의의 범위가 하나님께서 창조하신 모든 피조물과 이 지구상의 생명을 유지해주는 생태계로 확장되어야 한다는 것을 깨닫습니다.

시편 103편은 또한 인간이 죽을 수밖에 없는 존재임을 강조합니다. 아담은 흙(adamah)으로부터 창조되었습니다. "주님께서는 우리가 어떻게 창조되었음을 알고 계시기 때문이며, 우리가 한갓 티끌임을 알고 계시기 때문이다"(14절). 기술이 상상을 뛰어넘을 정도로 인간의 힘을 확장해버린 이 시대에, 우리는 최초의 인류가 *humus*, 곧 땅의 흙으로부터 왔음을, 그리고 그 땅으로 우리 모두는 돌아갈 것임을 깨달아야 합니다. 땅을 중심으로 하는 겸손은 기독교 신앙의 중심입니다. 이 땅은 우리의 집입니다.

본회퍼에게 큰 울림을 주었던, 그리고 오늘 우리에게도 깊은 의미를 주는 시편 103편의 중요한 주제 중 또 하나는 미래 세대의 안녕(welfare)입니다. 시편 기자는 말합니다. "그러나 주님을 경외하는 사람에게는 주님의 사랑이 영원에서 영원까지 이르고, 주님의 의로우심은 자손 대대에 이를 것이니, 곧 주님의 언약을 지키고 주님의 법도를 기억하여 따르는 사람에게 이를 것이다"(17-18절).

미래 세대에 대한 이 의무는 본회퍼의 암살 모의 배후에 있는 도덕적 의무 중 하나였습니다. 미래 세대를 위하여 우리의 삶과 안전을 기꺼이 내맡기는 것이 오늘날 기독교인으로서 우리의 삶의 특징이 되어야 합니다. 지구적인 기후 변화, 생물 다양성의 상실, 생태계의 파괴에 직면한 지금, 우리 모두는 현 세대를 위해 일하는 것만큼 미래 세대의 안녕을 지키기 위해 할 수 있는 일을 해야 합니다. 이것이 바로 다른 존재를 축복한다는 의미입니다.

두 사람이 오늘 선택한 또 다른 성경 구절은 요한계시록 21장과 22장의 첫 두 절입니다. 누군가가 마틴 루터(Martin Luther)에게 내일 세상의 종말이 온다는 것을 알고 있다면 어떻게 할지를 물었을 때, 그는 나가서 나무한 그루를 심겠다고 대답했습니다. 루터는 두 가지 이유에서 이렇게 말했습니다. 첫째로 그는 종말의 때는 하나님께 달려 있다는 것을 알았고, 하나님께서 그동안 우리가 땅에 대한 책임을 다하며 살기를 바라고 계신다고 믿었습니다. 둘째로 루터는 계시록의 저자와 마찬가지로 새 하늘과 새 땅이 하늘로부터 내려올 것임을 믿었습니다. 우리가 그곳으로 가는 것이 아니라 새 하늘과 새 땅은 여기로 오는 것입니다.

오늘 두 사람이 결혼 예식 중 나무 한 그루를 심기로 한 것은 땅을 향한 두 사람의 사랑과 미래에 대한 확신을 보여주는 최고의 본보기입니다. 모든 나라의 평화와 치유에 대한 본회퍼의 관심을 생각해볼 때, 그는 오늘 두 사람의 상징적인 행동에 갈채를 보낼 것입니다. 우리의 모든 삶의 결실은 인간이 다른 존재들 및 땅과 화해를 이루는 데에 공헌하게 될 것입니다.

본회퍼는 기독교 신앙이란 또 다른 세계를 바라보는 것이 아니라고 우리에게 말합니다. 기독교 신앙은 이 세계를 다르게 바라보는 것입니다. 기독교 신앙은 하나님께서 세상을 구원하시는 역사(役事), 곧 저는 자를 걷게 하시고, 마음이 상한 자를 고치시고 버림받아 벼랑 끝에서 죽어가는 자들을 높이시는 하나님의 일하심을 볼 수 있게 합니다. 세례를 받고 그리스도의 몸이 된 사람으로서 우리 모두는 이 구원 사역의 일원입니다. 결혼은 이 세상에서 더 많은 하나님의 역사를 위해 교회가 활용하는 제도입니다.

분명 우리 모두는 두 사람의 서로를 향한 사랑을 축복하고 함께 기뻐하기 위해 오늘 여기에 모였습니다. 그리고 분명 우리는 사랑을 약속하고 평생 서로를 의지하며 살겠다는 두 사람의 서약의 증인이 될 것입니다. 하지만 궁극적으로 오늘 일어나는 일은 두 사람, 그리고 이들이 함께 살아갈 미래에 관한 일뿐만이 아닙니다.

이들의 결혼은 궁극적으로 "하나님께서 만드신 모든 것을 돌보고 구원하는 일"에 동참하기 위해서 혼자보다는 둘이 함께 더 많은 일을 할 수 있음을 의미합니다. 두 사람의 사랑을 통하여 이들이 함께 하는 삶과 다른 존재들의 삶 위에 하나님의 축복이 함께 하시길 기원합니다. 두 사람의 결혼이 하나님의 땅에 대한 "예"(yes)가 되기를 바랍니다.

1. Dietrich Bonhoeffer, *Letters and Papers for Prison*, ed. Eberhard Bethge (New York: macmillan, 1972), 41-47.
2. Ibid., 42.
3. Ibid., 42-43.
4. Dietrich Bonhoeffer and Maria con Wedemeyer, *Love Letter from Cell* 92, ed. Ruth-Alice con Mismarck and Ulrich Katiz, trans. John Brownjohn (Nashville: Abingdon, 1995), 64. 본회퍼의 땅을 긍정하는 신앙에 대한 풍성한 논의를 위해서는 Larry Rasmussen의 저서, *Earth Community, Earth Ethics* (Maryknoll, NY: Orbis, 1996), 295-316을 보라.
5. Dietrich Bonhoeffer, *Ethics*, ed. Clifford J. Green, trans. Reinhard Krauss, Charles C. West, and Douglas W. Stott (Minneapolis: Fortress, 2005), 68-75, 388-408을 보라.

# 이 마른 뼈들이 살아날 수 있겠느냐?

## CAN THESE DRY BONES LIVE?

샐리 맥페이그[●]

이 설교는 저와 같은 사람들, 구체적으로 중산층 북미 기독교인들을 위한 것입니다. 이들은 자신들의 소비주의적 삶의 방식이 지구와 다른 사람들에게 어떤 악영향을 끼치는지에 대한 암울한 말을 귀담아 들어야만 합니다.

[●] 샐리 맥페이그(Sallie McFague)는 미국 밴더빌트 대학교(Vanderbilt University) 신학부에서 30년간 신학을 가르치고 은퇴한 후 현재 캐나다 밴쿠버에 거주하며 밴쿠버 신학대학에서 가르치고 있다. 그녀는 신학과 생태학 분야에 관한 다음과 같은 많은 책들을 저술했다. *Models of God: Theology for an Ecological, Nuclear Age* (1987)[한글 번역본, 정애성 옮김, 《어머니, 연인, 친구》(뜰밖, 2006)]; *The Body of God: An Ecological Theology* (1993), *Super, Natural Christians: How We Should Love Nature* (2000); *Life Abundant: Rethinking Ecology and Economy for a Planet in Peril* (2000)[장윤재 옮김, 《풍성한 생명》(이대출판부, 2008)]; *A New Climate for Theology: God, the World, and Global Warming* (2008)[(김준우 옮김, 《기후변화와 신학의 재구성》(한국기독교연구소, 2008)].

그가 내게 물으셨다. "사람아, 이 뼈들이 살아날 수 있겠느냐?" 내가 대답하였다. "주 하나님, 주님께서는 아십니다." 그가 내게 말씀하셨다. "너는 이 뼈들에게 대언하여라. 너는 그것들에게 전하여라. '너희 마른 뼈들아, 너희는 나 주의 말을 들어라. 나 주 하나님이 이 뼈들에게 말한다. 내가 너희 속에 생기를 불어넣어, 너희가 다시 살아나게 하겠다.'"(에스겔 37:3-5).

그 때에 예수께서는 제자들에게 말씀하셨다. "누구든지 나를 따라오려거든, 자기를 부인하고, 제 십자가를 지고, 나를 따라 오너라."(마태복음 16:24).

세례를 받아 그리스도 예수와 하나가 된 우리는 모두 세례를 받을 때에 그와 함께 죽었다는 것을 여러분은 알지 못합니까?(로마서 6:3)

자연은 죽어가고 있습니다. 우리는 죽어가는 자연에 대한 책임이 있습니다. 도도새는 이미 마지막 숨을 거두었습니다. 거대한 미국삼나무가 죽었다는 소식이 들려옵니다. 동남아시아의 숲은 온 몸에 피부병이 난 강아

지처럼 상처투성이입니다. 우리는 또한 '소멸', 즉 자연의 소멸을 경험하고 있습니다. 생태적 예배의식은 즐거운 일이 되어야 합니다. 우리는 세상의 아름다움을 마음껏 즐기며 하나님의 창조세계를 찬양하고 노래해야 합니다. 이것이 바로 우리가 바라는 자연과의 관계입니다. 우리는 눈 덮인 산, 아기 코끼리, 오래된 숲의 사진들을 담은 자연의 달력을 좋아합니다. 그러나 자연은 병들고 붕괴되어 도처에서 죽어가고 있습니다.

최근 지구 보고서는 다음과 같이 적고 있습니다.

> "어느 누구도 지금 일어나고 있는 잘못된 세계질서를 원하지 않습니다. 인구는 늘어나고, 숲은 줄어들며, 동식물의 여러 종들은 죽어가고, 농지는 침식되고 있습니다. 신선한 물의 공급은 줄어들고, 어장은 붕괴되며, 강은 좁아지고 있습니다. 온실가스는 늘어나고 매연은 공기를 오염시키며, 납은 우리의 피를 더럽히고 있습니다."[1]

이런 소식을 우리가 어떻게 즐거워할 수 있겠습니까? 우리는 끊임없이 우울한 소식을 듣습니다. 세계 늪지대의 절반이 파괴되었고, 부모들이 에이즈로 사망한 1,500만 명의 아프리카 어린이들은 고아가 되었으며, 세계 포유류의 4분의 1은 멸종위기에 있고, 인구의 4분의 1은 하루에 1달러 미만으로 살아가는 절대빈곤에 시달리고 있습니다.

우리는 이런 소식에 어떻게 응답해야 합니까? 기독교는 이런 죽음에 대해 어떻게 응답해야 합니까? 오늘 성서 본문들은 세 가지로 응답하고 있습니다. 첫째, 세례는 그리스도와 함께 죽는 걸 의미한다는 바울의 진술입니다. 둘째, 십자가와 자기부정에 대한 마태의 언급입니다. 셋째, 에스겔의 마른 뼈들의 골짜기입니다. 이 세 가지 응답은 한 가지 사실을 공유하고 있습니다. 그것은 죽음과 삶을 연결하는 극적이며 육체적인 이미지입니다.

각 본문은 고유한 방법으로 삶, 특히 우리에게 중요한 삶은 죽음을 통해만 온다는 사실을 강하고 분명하게 그리고 매우 현실적으로 말하고 있습니다. 로마서는 옛 사람은 그리스도와 함께 십자가에 못 박혀야만 한다고 주장합니다. 마태복음은 우리가 자신의 생명을 살리려면 그 생명을 잃어야만 한다고 말합니다. 에스겔은 하나님의 재창조를 통해서만 마른 뼈들이 다시 살아날 수 있다고 증언합니다.

이 세 가지 본문은 우리가 지구에 대한 우울한 소식을 듣고 죽어가는 지구를 우리의 마음과 가슴으로 끌어안을 때 우리에게 스며드는 절망에 대한 기독교적 응답을 제시해주고 있습니다. 대부분 우리는 주위에서 일어나고 있는 지구의 훼손과 죽음을 인정하려고 하지 않습니다. 그러나 지구는 서서히 죽어가고 있습니다. 결국 인간과 동물 그리고 모든 종(種)은 죽어갈 것입니다. 최근 달아오른 증권 시세에 밀려 저녁 뉴스에 잠깐 나오는 지구 온난화에 대한 짧은 소식과 어느 잡지에 실린 가족의 저녁식사 준비를 위해 마지막 남은 나뭇가지들을 줍고 있는 가난한 제3세계 여성들의 사진은 지구가 서서히 죽어가고 있다는 걸 보여줍니다. 우리는 만성이 되어 이런 느린 죽음에 익숙해 있습니다. 다시 말해 우리는 이런 죽음에 잘 적응되어 있습니다. 그러나 실제로 우리는 지구가 서서히 죽어가고 있는 현실을 부정하고 있습니다. 또한 우리가 지구의 느린 죽음에 대해 전적으로는 아니지만 상당한 책임이 있다는 사실을 부정합니다. 먹이사슬의 최정상에서 살아가는 인간은 현재 일어나고 있는 지구의 훼손과 죽음에 대해 많은 책임이 있습니다. 다른 식물과 동물에 비해 인간, 인간 중에서도 가난한 사람들보다 제1세계의 특권층들은 더 많은 책임이 있습니다. 우리는 자연에서 에너지를 흡수하여 다른 힘없는 사람들의 희생을 대가로 그 에너지를 우리에 맞게 변형시켜 우리가 원하는 '풍요로운 삶', 다시 말해 고도의 소비중심적 삶을 살아가고 있습니다.

이것은 너무나 귀에 거슬리는 지적입니다. 분명히 이런 가혹한 지적은 제1세계의 풍족한 우리들 모두에게 동일하게 적용될 수는 없습니다. 그러나 이런 지적이 적어도 부분적으로 맞는다면 기독교인들은 자연의 훼손과 죽음에 대해 다음과 같이 세 가지로 응답해야 할 것입니다.

첫째, 바울의 말에 귀를 기울여봅시다. 세례는 그리스도 안에서 새로운 삶을 의미합니다. 그러나 우리는 먼저 죄에 대해 죽어야만 합니다. 바울은 여기서 완곡하게 말하지 않습니다. 그는 죽음을 무덤에 묻힌 것으로 직설적으로 표현하고 있습니다. 현재 우리에게 있어서 죄는 자연의 모든 혜택을 자신을 위해서만 소유하려는 '생태적 이기심'입니다. 이런 죄의 세력이 너무나 강해서 오로지 죽음만이 그것을 해결할 수 있을 것입니다. 우리는 소비중심주의라는 죄에 중독되어 그것에 종노릇하고 있습니다. 바로 이런 소비중심주의가 우리가 원하고 바라는 삶입니다. 바울의 치유방법은 아주 거칠지만 우리의 중독 상태에 적절한 것입니다. 우리가 이런 죄에 대한 죽음을 경험해야 한다는 것입니다. 그는 머리에 물을 뿌리는 세례를 제안하지 않습니다. 초대교회의 세례방식은 자신이 숨이 차는 것을 느낄 수 있도록 오랫동안 물속에 들어가는 침례였습니다. 바울은 우리가 그리스도와 함께 죽어야만 한다고 주장합니다. 새로운 삶을 살기 위해 우리는 자신의 위치를 죄의 장소로부터 죽음의 장소로 변화시켜야만 합니다. 그러므로 첫 번째 응답은 회개, 즉 메타노이아(metanoia)입니다. 다시 말해 충만한 삶을 소비적으로 잘못 해석하여 소비중심적 삶에 중독되었고, 그 결과 자연과 가난한 자들을 희생시켜왔다는 사실 자체를 부인하고 살아온 잘못된 삶을 참회하는 것입니다. 첫 번째 응답은 우리의 죄된 삶, 즉 우리의 소비중심적 삶에 대해 죽는 것입니다.

두 번째 응답은 마태의 우울한 경고 안에 제시되어 있습니다. 기독교인의 삶은 십자가의 모습을 지녀야 한다는 것입니다. 예수의 제자는 자신을 부인하고 자신의 생명을 잃어야만 합니다. 우리가 소비중심적 삶을 회개한다는 것은 소비중심적 삶에서 십자가의 삶으로 변화된다는 것을 의미합니다. 하지만 우리가 원하는 것은 이런 삶이 아닙니다. 그러나 기독교만이 십자가의 모습을 지니는 것은 아닙니다. 현실도 십자가의 모습을 지니고 있습니다. 예수께서 새로운 삶이 죽음에서 온다는 생각을 만들어낸 것은 아닙니다. 우리는 도처에서 십자가의 모습을 발견합니다.

예를 들어 오래된 숲의 보호수 통나무에서 그것을 보게 됩니다. 보호수 통나무는 땅에서 스스로 썩어서 새로운 묘목에 온기와 영양분을 제공해줍니다. 예수께서 현실의 십자가의 모습을 인간 삶의 중심원리로 일으켜 세우셨습니다. 이것이 바로 예수 그리스도의 가장 중요한 공헌입니다. 풍성한 삶, 다시 말해 소비중심적인 풍족함이 아니라 진정으로 풍성한 삶을 살려면 자신의 생명을 잃어야만 합니다. 자기부정, 즉 낡은 삶을 축소하고 제한하는 것은 풍성한 삶을 위해 반드시 필요합니다. "사람이 온 세상을 얻고도 제 목숨을 잃으면, 무슨 이득이 있겠느냐?"(마 16:26).

여기서 저는 마태복음 본문이 생태적 이기심과 소비중심적 삶의 자기부정과 제한에 대해 직접적으로 언급하고 있다고 말하는 것이 아닙니다. 기독교인의 삶을 십자가의 형태로 보는 본문의 기본 전제가 이런 생태적인 해석을 가능하게 한다는 것입니다. 지구의 건강과 복지의 관점에서 볼 때 우리는 한 생명을 잃고 다른 생명을 얻어야 합니다. 그렇게 될 때 다른 생명, 즉 새로운 생명은 십자가의 모습으로 계속될 것입니다. 십자가의 삶은 제한과 비움, 상실을 포함합니다. 십자가의 풍성한 삶은 다른 생명의 건강과 다른 사람들의 복지를 위해서 함께 나누는 것, 주는 것, 더 나아가 희생하는 것을 의미합니다. 이것은 또한 우리의 필요를 제한하는 것, 더 많은 것을 추구하는 욕망을 죽이는 것을 의미합니다. 이것은 더 나아가 '충분함의 미덕'을 실천하는 것을 말합니다. 이런 십자가의 풍성한 삶이 "나는 양들이 생명을 얻고 또 더 넘치게 얻게 하려고 왔다"는 요한복음 10장 10절의 풍성한 삶을 의미하는 것입니까? 그렇다면 누가 이런 삶을 원하겠습니까? 아마도 우리 중 어느 누구도 이런 삶을 원하지 않을 것입니다.

그러나 흥미롭게도 이런 나눔과 희생의 삶은 현실적이며 생태적인 것입니다. 자연의 관점에서 볼 때 좋은 삶이란 바로 이런 나눔과 희생의 삶을 의미합니다. 왜냐하면 이런 삶이 지구의 작용 방식과 조화되기 때문입니다. 자연은 상호관계와 상호의존의 복잡한 시스템을 통하여 작용합니다. 다시 말해 다른 개체 생명들을 필요로 하는 수십억의 개체 생명은 전체 생태 시스템에 의존합니다. 동시에 전체 생태 시스템의 건강은 무수한 다른 종들과 개체 생명들의 작용에 의존합니다. 한 종이 다른 종들을 희생시켜 고도의 삶을 살 수 있다는 환상 안에서 다른 모든 종을 파괴한다면 자연은 잘 작용할 수 없습니다. 사실 그런 종은 결국 자멸하게 될 것입니다. 가장 좋은 사례는 인간입니다. 인간은 녹색식물이 없으면 하루도 살 수 없습니다. 인간은 녹색식물을 먹고 그들이 제공하는 산소를 마셔야 살 수 있습니다. 그러므로 십자가의 삶, 즉 다른 사람들과 생명들이 번영할 수 있도록 자신을 제한하고 나누는 삶은 자연이 주는 삶의 방법입니다. 이런 삶이 바로 자연의 풍성한 삶입니다. 따라서 십자가의 삶은 추상적인 것이 아니라 현실적인 것으로, 실제로 인간이 다른 인간과 자연과 함께 살아가는 삶의 방식입니다. 이와 같이 자연의 삶이 십자가의 삶과 연결될 때 기독교는 더 현실적이고 더 실천적이 되는 것입니까? 아마도 기독교적 삶은 더 현실적이 되지만, 실천하기에는 더 쉽지 않을 것입니다. 왜냐하면 우리가 십자가의 방식으로 산다는 것은 대단히 어렵기 때문입니다. 십자가의 방식으로 살아가는 사람들을 우리는 성인이라고 부릅니다. 따라서 십자가는 선택받은 자들이 다른 세계로 도피하는 수단이 아닙니다. 오히려 십자가는 인간이 하나님의 모든 피조물에게 선한 방식으로 살아가도록 부르는 초대입니다.

　끝으로 기독교인의 세 번째 응답에 대해 알아봅니다. 이런 일이 일어날 수 있습니까? 마른 뼈들이 살아날 수 있습니까? 우리의 지구가 건강해질 수 있습니까? 잊혀지지 않는 에스겔의 아름다운 성서구절은 지구의 붕괴에 대한 기독교적 응답의 핵심을 잘 제시하고 있습니다. 여기에 새로운 창조 이야기가 있습니다. 다른 본문들과 마찬가지로 죽음에서 생명으로 변화되는 움직임을 묘사하는 에스겔 본문의 이미지는 육체적이며 급진적입니다. 창세기 2장에서 하나님이 아담을 창조하듯이 하나님은 마른 뼈들에 힘줄과 살과 피부를 붙여서 이들을 살아나게 하십니다. 그러나 창세기 2장의 창조 이야기와 달리 에스겔의 창조 이야기에서 하나님의 조력자는 둘입니다. 하나는 하나님의 말씀의 중재자인 에스겔이고 다른 하나는 자연입니다. 에스겔은 마른 뼈들이 서로 맞아 연결될 수 있도록 하나님의 말씀을 마른 뼈들에게 전달하는 역할을 합니다. 하나님의 다른 조력자는 마른 뼈들이 살아나도록 생기를 불어넣는 바람, 즉 자연을 의미합니다. "생명의 힘이 죽음의 현실을 극복할 수 있습니까?" 이런 질문에 대한 대답은 '예, 그렇습니다'입니다. 하나님의 말씀을 따라 사람들과 자연이 함께 협력하면 생명은 죽음을 넘어설 수 있습니다. 이 이야기 안에서 부활은 소수의 개인들을 위한 기적의 사건이 아닙니다. 부활이란 우리의 협력을 통해 하나님이 만물에 주시는 새로운 생명의 선물입니다.

　에스겔은 하나님과 함께하면 모든 것이 가능하다고 말합니다. 심지어 마른 뼈들도 다시 살아날 수 있습니다. 저의 마음의 눈에는 상아무역의 잔재인 산더미 같은 코끼리뼈들이 보입니다. 산림 벌채로 인해 훼손된 오래된 숲의 벌거벗은 모습들이 보입니다. 에이즈에 감염된 어린이들의 오그라든 다리의 모습이 보입니다. "오 주여, 이 마른 뼈들조차도? 이들이 능히 다시 살 수 있겠습니까?" 창조와 재창조의 하나님, 십자가와 부활의 하나님을 믿는 자들은 '예, 그렇습니다'라고 대답할 수 있습니다. 이 마른 뼈들도 능히 살 수 있다고 대답할 수 있습니다. 현실과 기독교적 삶의 십자가 모습을 기억하면서 하나님의 파트너로서 우리가 다른 풍성한 삶, 즉 자연과 십자가의 풍성한 삶을 받아들인다면 우리는 분명히 '예, 그렇습니다'라고 대답할 수 있습니다.

1. Lester R. Brown et al., eds., *State of the World* (New York: Norton, 1999), 170.

# 위로의 폭풍우: 하나님과 환경 위기

## THE COMFORTING WHIRLWIND: God and the Environmental Crisis

빌 맥키벤●

이 설교는 2001년 3월 매사추세츠 주 칼리슬(Carlisle)에 있는 유니테리언 보편
주의 제일 종교모임에서 있었습니다.

● 빌 맥키벤(Bill McKibben)은 미국 시사 주간지인 〈뉴요커〉(the New Yorker)의 전
집필자이다. 그는 *The End of Nature* (1989)[한글 번역본, 진우기 옮김, 《자연의 종
말》(양문, 2005)]; *Enough* (2004); *Deep Economy: The Wealth of Communities and the
Durable Future* (2008) 등 수많은 책을 지었다. 그는 〈아웃사이드〉(Outside), 〈오리
온〉(Orion) 잡지 및 〈뉴욕 타임스〉 등 수많은 간행물에 자신의 글을 정기적으로 기
고하고 있다. 또한 그는 지구목회(Earth Ministry)의 간행물인 〈지구서신〉(Earth
Letter)의 편집자이며, 뉴욕 애디론댁(Adirondack) 산기슭에 작가인 부인과 딸과 함
께 살면서, 자신이 출석하는 미국연합감리교회에서 교회학교 교장으로 봉사하고 있다.

그 때에 주님께서 욥에게 폭풍이 몰아치는 가운데서 대답하셨다. "네가 누구이기에 무지하고 헛된 말로 내 지혜를 의심하느냐? 이제 허리를 동이고 대장부답게 일어서서, 묻는 말에 대답해 보아라. 내가 땅의 기초를 놓을 때에, 네가 거기에 있기라도 하였느냐? 네가 그처럼 많이 알면, 내 물음에 대답해 보아라."(욥기 38:1-4).

저는 몇 년 전《분실된 정보의 시대》라는 책을 썼습니다. 제가 버지니아 주 페어팍스(Fairfax)에서 1백 개의 채널을 가진 세계에서 가장 큰 케이블 텔레비전 시스템을 발견한 적이 있었습니다. 그때 저는 주민들에게 1백 개의 채널에서 나오는 모든 프로그램을 녹화해달라고 부탁했습니다. 그리고 이 녹화 테이프들을 애디론댁에 있는 나의 집으로 가지고 와서 약 2,000 시간이나 되는 모든 프로그램을 살펴보았습니다. 항상 그 텔레비전에서 나오는 메시지의 핵심은 간단했습니다. "당신은 이 세상에서 가장 중요한 사람입니다. 이 우주 안에서 가장 비중이 있는 대상입니다."

여러분이 거대하고 강력한 경제체제를 만들기 위해 가장 효과적인 것을 선택해야 한다면 아마도 이 메시지가 될 것입니다. 이 메시지는 믿을 수 없이 신기하게 작용해왔습니다. 우리는 과거에 누구도 감히 상상해보지 못한 방법으로 우리의 삶을 소비하고 생산하여 그 수준을 향상시켰습니다. 물질적인 면에서 유토피아와 같은 세계를 만들어 안락하고 편안하며 안전한 삶을 살아왔습니다.

그러나 동시에 우리가 정신적인 면에서 특별히 환경과 같은 중요한 문제와 관련하여 가장 걱정이 되는 메시지를 선택한다면 바로 이런 메시지가 될 것입니다. "당신은 이 지구상에서 가장 중요한 존재입니다. 당신은 지구의 중심입니다." 이런 말은 오래된 질문을 야기합니다. "우리는 다른 피조물과 어떤 관계에 있습니까? 우리는 창조세계 안에서 어디에 위치해 있습니까?"

이런 질문이 바로 욥에게 생기를 불어넣었던 질문입니다. 여러분은 저와 마찬가지로 욥기에 대해서 알고 있을 테지만, 욥기에 대해 다시 간단히 말씀드리는 것을 양해하시기 바랍니다. 욥은 부유하고 착한 사람이었습니다. 그는 자기 가족뿐만 아니라 공동체를 잘 돌보았습니다. 그런데 그가 어느 날 일어나 보니 겉으로 보기에 자신이 하나님에게 저주를 받았다는 것을 알게 됩니다. 그의 가축이 구제역으로 죽기 시작합니다. 폭풍으로 집이 무너져 그의 자녀들도 죽고 모든 재산도 잃게 됩니다. 욥은 온 몸에 진물이 나는 악창으로 괴로워하며 결국 집 밖 잿더미 위에서 살아가게 됩니다. 우리가 이런 상황에 처한다면, 먼저 우리는 자신에게 왜 이런 일이 일어나는지 물을 것입니다. 그 시대의 정설을 대표하는 욥의 친구들이 찾아와 욥이 죄를 지어서 그렇게 되었다고 말합니다. 욥이 하나님이 심판하실 만한 잘못을 했음이 틀림없다는 것입니다. 이것은 그 시대에 통용되었던 일반적인 신념이었습니다.

그러나 놀랍게도 욥은 친구들의 답변을 받아들이지 않습니다. 욥은 계속해서 말합니다. "그러나 저는 나쁜 짓을 하지 않았습니다. 다른 설명이 필요합니다." 무례하게도 욥은 하나님과의 대면을 요구합니다. 그는 자신의 고통에 대해 하나님이 스스로 해명하기를 원합니다. 욥이 하나님과의 대면을 점점 거세게 요구하자 결국 하나님은 욥에게 나타나십니다. 하나님은 폭풍우 속에서 말씀하시면서 스스로를 드러내십니다. 이것은 굉장히 통렬한 비난입니다. 욥은 맹공격을 받게 됩니다. 하나님은 신랄하게 욥에게 계속 질문합니다. "너는 내가 만물을 지을 때에 어디에 있었느냐? 네가 파도를 어떻게 그치게 하며 어디로 가게 하는지 아느냐? 네가 우박과 눈을 어디에 저장하는지 아느냐? 네가 사자의 식욕을 채우기 위해 사냥감을 몰아주느냐?" 이것은 정말로 아름다운 글입니다. 아마도 이것은 우리가 쓴 글 중에서 가장 아름답고 생물학적으로도 정확하고 매력적이며 명쾌한 글입니다.

한편으로 이 글의 메시지는 분명합니다. 욥 그리고 더 확장하면 우리 모두는 하나님이 창조하신 우주의 절대적인 중심이 아니라는 것입니다. 하나님의 신랄한 말씀은 우리의 신분과 위치를 깨닫게 해줍니다. 우리는 거대한 창조의 중심이 아니라 한 작은 부분입니다. 그러나 이것이 유일한 메시지는 아닙니다. 다른 메시지는 우리가 부분으로 위치해 있는 이 세계는 말할 수 없이 아름답다고 말합니다. 이 세계는 의미와 달콤함과 아름다움으로 가득 차 있습니다.

> 매가 높이 솟아올라서 남쪽으로 날개를 펴고 날아가는 것이 네게서 배운 것이냐? 독수리가 하늘 높이 떠서 높은 곳에 보금자리를 만드는 것이 네 명령을 따른 것이냐? 독수리는 바위에 집을 짓고 거기에서 자고, 험한 바위와 요새 위에 살면서, 거기에서 먹이를 살핀다. 그의 눈은 멀리서도 먹이를 알아본다. 독수리 새끼는 피를 빨아먹고 산다. 주검이 있는 곳에 독수리가 있다(욥기 39:26-30).

이런 것들이 우리에게는 어떤 의미에서 가장 무가치하고 혐오스럽게 보일지 모르지만, 분명히 하나님에게는 소중합니다. 우리가 세계를 항상 인간의 정의와 옳음의 특수한 렌즈를 통해서만 보는 것은 아닙니다.

> 주님께서 또 욥에게 말씀하셨다. … "네가 나를 꾸짖을 셈이냐? 네가 나
> 를 비난하니, 어디 나에게 대답해 보아라." 그 때에 욥이 주님께 대답하
> 였다. "저는 비천한 사람입니다. 제가 무엇이라고 감히 주님께 대답할
> 수 있겠습니까? 다만 손으로 입을 막을 뿐입니다. 이미 말을 너무 많이
> 했습니다. 더 할 말이 없습니다"(욥기 40:1-5).

이런 상황에서 이것이 좋은 대답인 것 같습니다.

이것이 바로 인간이 세계와의 관계를 이해하는 심오한 방법들 중의 하나입니다. 다시 말해 우리보다 더 큰 어떤 힘이 존재한다는 사실을 깨닫는 것입니다. 우리는 이런 큰 힘을 물리적 우주의 작용 안에서 감지합니다. 이것이 우리가 자신의 교만을 제한하는 한 방법입니다. 그러나 현재 우리 시대에 욥의 대답은 변하며, 심지어 사라지고 있습니다. 인간은 여러 가지로 스스로의 자랑과 욕망 안에서 자신을 중심에 둡니다. 뿐만 아니라 인간은 자신이 의존하여 살아가는 지구의 절대적인 화학적 현실 안에서 더욱더 자신을 중심에 둡니다.

기후변화의 예를 들어봅시다. 산업혁명 시기에 인간은 석탄, 가스, 석유와 같은 많은 양의 탄소연료를 태우기 시작했습니다. 그 결과 우리에게 익숙한 오염, 예를 들어 도시의 스모그와 같은 오염이 발생했습니다. 이것은 비교적 적은 영향을 줍니다. 가장 심각한 영향을 주는 것은 우리가 이런 연료를 태울 때 이산화탄소를 대기 중에 방출하는 것입니다. 밖에 있는 것보다 밀폐된 방에 있는 이산화탄소 가스의 농도가 더 높습니다. 이산화탄소

는 색깔과 냄새가 없는 무해한 가스입니다. 그런데 문제는 이산화탄소 가스가 분자 구조상 대기 가까이 열을 가두는 성질을 지니고 있다는 것입니다. 그렇지 않다면 그 열은 대기권 밖으로 발산하게 됩니다. 산업혁명 이전 이산화탄소의 대기농도는 약 275ppm이었는데, 현재는 약 385ppm입니다. 우리가 몇 년 이내에 화석 연료 사용을 극적으로 줄일 수 있는 획기적인 계획을 하지 않는다면 21세기 중반 이전에 500ppm을 넘어설 것으로 예상하고 있습니다. 우리가 즉시 그렇게 하지 않는다면 그 수치가 더욱 커지고 강력해질 것이라고 과학자들은 경고해왔습니다.

세계 각국 기후학자 1,500명으로 구성된 기후변화에 관한 정부간 협의체(IPCC)는 기후변화 문제에 대해 계속적인 연구와 분석을 수행해왔습니다. IPCC는 2001년 1월 지난 5년간의 기후변화를 평가한 3차 보고서를 발표했습니다. 이 보고서에 따르면 21세기에 지구 평균온도가 약 섭씨 2-3도 상승할 것으로 예측하고 있습니다. 지금까지 인간 역사에서 우리는 이런 온도 상승을 경험해본 적이 없습니다. 기후변화의 모든 변수가 최고조에 달하면 섭씨 6도까지 상승할 수 있다고 경고합니다.

우리는 이런 변화를 절대로 용납할 수 없습니다. 우리는 지구 평균온도의 이런 상승을 받아들일 수 없다는 것을 잘 알고 있습니다. 왜냐하면 지난 100년간 우리가 지구 평균온도를 1도 상승시킴으로써 지금 어떤 일이 일어나고 있는지를 직접 경험하고 있기 때문입니다. 예를 들어 날씨는 더 험악해지고 습해져서 폭풍과 홍수, 가뭄 등이 동시다발적으로 발생하고 있습니다. 그 이유는 따뜻한 공기가 차가운 공기보다 더 많은 수증기를 지니고 있기 때문입니다. 이것은 하나님의 창조질서입니다. 온도 상승은 건조한 지역에서 증발을 더 가져와 결국 더 많은 가뭄을 일으키게 됩니다. 그리고 그 증발된 물은 어느 곳에 내릴 수밖에 없습니다. 따라서 습한 지역에 더 많은 비가 내려 더 많은 홍수가 일어나게 됩니다. 24시간 내에 250mm

이상의 비를 동반하는 강한 폭풍은 우리 대륙에서 약 20% 증가했습니다. 이것은 기본적인 물리적 현상 안에서 매우 큰 증가입니다.

지구의 얼어붙은 부분인 한랭지역에서 어떤 일이 일어나는지 살펴봅시다. 지구의 모든 빙하 시스템은 지금 급격히 줄어들고 있습니다. 그런데 지구 평균온도가 1도 상승했는데 이런 현상이 일어나고 있다는 것을 우리가 기억할 필요가 있습니다. 2015년에 이르면 킬리만자로의 눈은 완전히 사라지게 될 것입니다. 대략 2030년에 가면 빙하국립공원의 빙하가 완전히 없어질 것입니다. 지난 40년간 북극의 만년설은 40% 얇아졌습니다. 우리는 이런 사실에 대한 데이터를 수없이 많이 가지고 있습니다. 왜냐하면 우리는 오랫동안 빙하 밑으로 핵잠수함을 운용해서 그 얼음이 이전에 얼마나 두꺼웠는지 알기 때문입니다. 지금은 이 빙하의 거의 절반이 녹아버렸습니다. 이것은 정말 매우 짧은 시간에 지구의 매우 근본적인 요소들 안에서 일어난 믿을 수 없는 큰 변화입니다. 이런 변화는 실제적인 결과를 수반합니다.

몇 분간 귀에 거슬리는 언어를 사용하는 것을 용서하시기 바랍니다. 저는 10여 년 동안 이런 문제들을 다뤄왔습니다. 저는 이제 더 이상 이런 문제들에 대해 모호한 태도를 취하지 않습니다. 이런 문제들은 우리 때문에 대규모로 발생하고 있습니다. 미국인들은 세계 이산화탄소 배출량의 25%를 배출합니다. 이런 문제에 가장 큰 원인은 우리의 풍요로운 삶의 방식입니다. 그런데 이것을 단지 문제라고 부르는 것은 그것이 정말 무엇인지를 과소평가하는 것입니다. 심하게 말하면, 이것은 문제(a problem)라기보다는 범죄(a crime)입니다. 지구상에서 가장 가난하고 소외된 자들에 대한 범죄입니다. 우리는 이들의 삶을 얼마나 파괴하는지를 생각해본 적이 없습니다. 저는 지난여름 많은 시간을 방글라데시에서 보냈습니다. 방글라데시는 위스콘신 주 정도의 면적 안에 약 1억 3천만 명이 살아가고 있지만 스스로 자급자족하는, 역동적이고 생생하게 살아 있는 경이로운 나라입니다. 그런데 가장 큰 문제는 이 나라가 벵골 만의 낮은 지역에 위치하고 있다는 것입니다. 방글라데시는 히말라야 산맥에서 흘러내리는 갠지스 강(the Ganges)과 브라마푸트라 강(the Brahmaputra)의 두 거대한 물줄기가 만나서 바다로 흘러가면서 이루어진 삼각주의 나라입니다. 강으로 이루어진 삼각주는 평평하게 퍼져 있습니다. 그래서 이 나라 국토의 절반이 물입니다. 이것이 바로 방글라데시의 국토가 비옥한 이유 중의 하나입니다. 매년 강들이 범람하여 이런 작은 아름다운 침적토의 층을 만들어냅니다.

그런데 벵골 만의 수위가 몇 인치 정도 높아진다고 생각해보십시오. 모든 예측에 따르면, 50년 내에 해수면이 적어도 1피트(약 30cm) 정도 상승할 것이라고 합니다. 그렇게 될 경우 히말라야 산맥에서 쏟아져 내려오는 물은 벵골 만으로 흘러가지 못하고 다시 역류하여 방글라데시 전역으로 퍼져 나갑니다. 이런 현상이 1988년에 일어났습니다. 그때 당시 벵골 만의 수위가 평상시보다 약간 높았고, 많은 물이 산들로부터 흘러내렸습니다. 1년의 4분의 1인 약 90일 동안, 국토의 3분의 2가 허벅지 높이까지 잠겼습니다. 이것이 방글라데시 국민들이 살아온 방식입니다. 이들은 믿을 수 없을 정도로 적응을 잘하며 재략이 풍부해서 허벅지 깊이의 물 안에서 우리가 할 수 있는 것보다 훨씬 나은 삶을 살아왔습니다. 그러나 이들이 그런 삶을 매해 반복할 수는 없습니다. 이들은 그해 벼 수확을 하지 못해 식량을 자급할 수 없었습니다. 우리에게 중대한 변화가 없다면 수백 개의 지역이 방글라데시와 같은 재난을 겪게 될 것입니다.

우리의 생활양식은 창조세계에 대한 범죄입니다. 우리가 살아가는 방식 자체가 하나님의 두뇌의 흥미로운 부분을 훼손하며, 사자, 산양, 독수리를 멸종시키는 범죄라는 것입니다. 우리는 그 목록을 더 열거할 수 있습니다. 산호초를 생각해보십시오. 여러분 중에는 열대지역에서 휴가를 보내며 산호초 주위를 헤엄쳐본 분들이 있을 것입니다. 산호초는 정말 매력적입니다. 이것은 상상할 수 없을 정도로 보석과 같이 아름답고 우아한 생태 시스템입니다. 최근의 예측에 따르면 산호초의 생태계가 2050년 정도가 되면 사라질 것이라고 합니다. 바닷물의 기온이 높아지면서 산호초를 만들어내는 작은 동물들이 죽게 될 것입니다. 산호초가 사라지기 시작하면 이에 의존하는 물고기들이 없어지고 결국 먹이사슬이 끊어지게 됩니다. 50년 후에는 우리가 만든 영화, 그림, 작품 들만이 바다 속 세계의 이런 아름다움을 유일하게 기록하게 될 것입니다.

북극곰을 상상해보십시오. 북극곰은 우리를 두려워하지도 않고 우리에게 흥미를 느끼지도 않는 우리 형제들 중의 가장 사나운 피조물입니다. 캐나다 북부의 넓은 지역에 사는 북극곰들이 10년 전에 비해 20% 줄어들었습니다. 유빙군이 녹으면서 북극곰들이 그들의 식량인 바다표범을 사냥하기가 훨씬 어려워졌습니다. 유빙군이 없으면 사냥도 할 수 없고, 북극곰도 사라집니다.

우리의 삶의 방식은 미래에 대한 범죄, 우리 자손들에 대한 범죄입니다. 기후변화와 그 재난의 결과가 몇 세기 전에 일어났다면 우리에게 이런 일을 저지른 사람들에 대해서 우리는 어떻게 생각하겠습니까? 우리가 즉시 어떤 행동을 취하지 않는다면 우리의 후손들이 이런 범죄를 저지른 우리를 어떻게 생각할지 상상할 수 있겠습니까?

우리의 과학 시스템은 기후변화의 규모에 대해 경고하는 위대한 일을 해왔습니다. 하지만 우리는 기후변화에 의미 있게 대처하지 못하고 있습니다. 우리의 정치, 문화 시스템은 이제 이 문제에 대해 심각하게 응답해야 합니다. 우리의 시스템이 의미 있게 응답하지 못하는 이유는 처음에 우리가 물었던 질문에 있습니다. 우리가 우리 자신을 만물의 중심으로 보며 우리의 즉각적인 안락과 만족을 가장 중요한 것으로 생각하는 한, 우리는 이런 위기에 의미 있게 대처하여 진정한 변화를 이끌어낼 수 없을 것입니다.

2001년 부시 행정부는 이산화탄소 배출량을 규제하지 않겠다고 발표했습니다. 그 발표의 핵심은 기후변화에 관한 국제협약인 교토의정서(the Kyoto Treaty)를 무효화하는 데 있었습니다. 그 이유는 교토의정서를 지킬 때 전기료의 상승으로 미국 소비자들에게 고통을 안겨준다는 것이었습니다. 행정부의 이런 분석은 맞습니다. 에너지를 석탄, 석유, 가스와 같은 화석 연료로부터 재생 가능한 에너지로 전환하는 데 상당한 비용이 들어갑니다. 행정부는 유권자인 우리가 이런 많은 비용을 지불해야 하는 에너지 전환정책을 지지할 것이라고 생각하지 않습니다. 이런 분석도 맞을 것입니다.

바로 이 지점이 여러분과 제가 지금 서 있는 곳입니다. 우리가 어떻게 이런 돈 계산에서 벗어날 수 있을까요? 우리가 어떻게 우리 자신을 만물의 중심에 두는 것을 중단할 수 있을까요? 우리 이웃과 문화와 나라가 어떻게 이런 것을 배울 수 있을까요? 우리가 우리 앞에 있는 분명한 도전에 어떻게 응답할 수 있을까요? 우리가 어떻게 1세기 전에 일어났던 시민권 투쟁과 파시즘과 같은 단호한 도전에 대처할 수 있을까요?

저는 이에 대한 쉬운 대답을 가지고 있지 않습니다. 사실 제가 여러분에게 기후변화의 위급함을 충분히 알렸기 때문에 아마도 여기서 마치는 것이 좋다고 생각합니다. 하지만 여러분을 성가시게 하더라도 우리가 시작할 수 있는 몇 가지 상징적이면서도 강력한 이슈들을 제시하고자 합니다. 북극국립 야생생물보호구역에서 석유시추 문제는 오늘날 우리 국민 전체의 이슈로 다가와 있습니다. 이것은 야생지 대 석유시추의 이슈입니다. 석유시추가 야생지를 파괴한다는 것은 사실입니다. 그러나 야생지 밑에는 큰 석유층이 있습니다. 우리가 그 석유를 꺼내서 태우게 되면 이산화탄소를 더 대기 중에 방출하게 되고, 그만큼 더 지구를 가열시킵니다. 북극국립

야생생물보호구역은 더 이상 순록이 사는 영구동토층이 아니라 이들이 뛰어놀 수 없는 늪지대로 변하게 됩니다.

불편하지만 이것을 우리의 문제로 가까이 가져와봅시다. 이런 현상은 알라스카만의 문제는 아닙니다. 바로 우리 주위에서 일어나는 중요한 문제입니다. 우리 주위에 이런 생태위기의 현실을 드러내주는 상징들이 있습니다. 예를 들어 필요하지도 않으면서 우리가 짓고 있는 거대한 집, 엄청난 인기를 누리는 스포츠 레저용 차가 그것입니다. 저는 매사추세츠 주 렉싱턴(Lexington)에서 자라났는데, 최근에 그곳을 방문하고 놀랐습니다. 저는 매우 쌀쌀하고 길이 좋지 않은 애디론댁에서 살고 있습니다. 거기에 사는 사람들은 돈이 별로 없어 주로 소형 트럭을 운전합니다. 그런데 저는 몇 년 전 저의 친지들을 보기 위해 렉싱턴을 방문했습니다. 제가 장을 보려고 스톱앤샵(the Stop & Shop) 식료품점으로 내려갔을 때입니다. 마치 제8기갑 보병대가 작전을 위해 렉싱턴에 온 것 같았습니다. 여기서 우리가 내릴 수 있는 유일한 논리적 결론은 이런 것입니다. 갑자기 렉싱턴 마을이 그 주민들이 장을 보기 위해 건너야만 하는 서너 개의 거친 강으로 나누어졌습니다. 여러분이 보통 승용차나 큰 스포츠 레저용 차로 일 년 동안 같은 거리를 운전한다면 여러분이 사용하는 에너지의 양, 결국 대기 중에 여러분이 방출하는 이산화탄소의 양은 6년 동안 냉장고 문을 열어놓을 때 소비하는 에너지의 양에 해당합니다.

저는 지금 현실적으로 그리고 상징적으로 말하고 있습니다. 우리는 우리 주변에 있는 모든 것을 완전히 희생시킨 대가로 우리가 누리는 안락, 신분 및 다른 모든 것의 한없는 수준들에 대해 말하고 있습니다. 우리가 올라간 높이로부터 조금씩 내려오는 방법을 배우는 데 오랜 시간이 걸릴 것입니다. 우리는 오랫동안 이런 소비중심적 삶을 살아왔습니다. 위대한 종교 지도자들의 진리에 대한 모든 증언에도 불구하고 우리는 입바른 말만 하며 자기중심적인 삶의 길을 가고 있습니다. 이제 물질세계와 하나님의 창조로부터 우리가 듣는 신호는 우리가 너무 멀리 왔고 이제는 돌아가야만 할 때라는 것을 말해줍니다. 우리는 이런 일을 하는데 서로간의 격려와 도움이 필요합니다.

우리의 종교 공동체는 매우 중요합니다. 종교 공동체는 이 땅 위에서 우리가 생존을 위해 물질을 축적하는 것 이외에 다른 목표를 제시하는 우리 사회에 남아 있는 유일한 기관입니다. 우리는 서로를 잘 돌보아야 합니다. 그러나 상호간의 돌봄을 넘어 자극이 필요합니다. 지체할 시간이 없습니다. 우리는 이런 일을 되도록 빨리 수행해야 합니다. 우리는 이런 일을 우리 주변의 대기온도뿐만 아니라 우리 내면의 온도에 주목하며 애정을 다하여 기꺼이 해야 합니다. 다시 말해 우리가 점점 자신의 정체성을 발견하게 되는 TV 케이블이나 광고게시판과 같은 곳에서 흘러나오는 이미지들로부터 우리가 누구인지 반복해서 들어왔던 것이 아니라, 우리가 진정으로 누구인지를 이해하면서 이런 일을 기꺼이 수행해야 합니다.

# "마른 뼈들 속으로 생기가 들어가니
그들이 살아났다"

"Dry Bones… Breath Came into Them and They Lived"

신디아 모 로비다●

다음은 시애틀에서 행해진 '신앙과 문화에 대한 데일 터너와 리온 터너 기념 연례 강좌'(the Annual Dale and Leone Turner Lectership on Faith and Culture)에서 공개강좌와 함께 설교한 것입니다. 2005년 강좌는 21세기에 교회가 된다는 것이 무엇을 의미하는지에 대한 물음에 대한 응답으로 가득 차 있었습니다. 사순절 다섯 번째 주일의 성서일과는 에스겔 37장 1-14절, 로마서 8장 5-11절, 요한복음 11장 1-45절이었습니다.

● 신디아 모 로비다(Cynthia D. Moe-Lobeda)는 시애틀 대학의 신학 및 종교학과 그리고 신학 및 목회대학의 교수로 재직하고 있다. 그녀의 대표적 저서인 *Healing a Broken World: Globalization and God*와 *Public Church: For the Life of the World*를 비롯해 공저인 *Saint Francis and Foolishness of God*와 *Say to This Mountain: Mark's story of Discipleship* 외 수많은 논문과 에세이가 있다. 그녀는 루터교 목회자인 남편 론(Ron)과 두 아들 레이프(Leif), 가브리엘(Gabriel)과 시애틀에 살고 있다.

그가 나를 데리고 그 뼈들이 널려 있는 사방으로 다니게 하셨다. 그 골짜기의 바닥에 뼈가 대단히 많았다. 보니, 그것들은 아주 말라 있었다. … 그 때에 그가 내게 말씀하셨다. "사람아, 이 뼈들이 바로 이스라엘 온 족속이다. 그들이 말하기를 '우리의 뼈가 말랐고, 우리의 희망도 사라졌으니, 우리는 망했다' 한다"(에스겔 37:2, 11).

에스겔은 유배 중에 있는 하나님의 백성들에 대한 환상을 보고 다음과 같이 이야기합니다. 유다의 백성들은 바빌론 제국에 정복당하고, 그들의 도시 예루살렘은 황폐해졌으며, 그들의 왕은 눈이 뽑혔고 그 아들들은 살해당했습니다. 그리고 그들은 유배당했습니다. 그들은 그토록 갈망했던 생명으로부터 완전히 잘려나갔고, 희망은 사라졌습니다.

잠깐이든 아니면 몇 년 동안이든, 희망이 사라진 곳 혹은 있어야만 할 것으로부터 삶이 너무도 동떨어져 있어서 올바른 결정을 내리기 불가능해 보이는 완전히 말라버린 곳에 대해 알고 계십니까? 희망이 바짝 말라버린 곳에 대해 알고 계십니까? 저는 알고 있습니다. 제가 알기로는, 비록 우리 대부분은 너무 무감각해서 잘 모르지만, 우리는 오늘 그 땅에 사회를 이루며 살고 있습니다. 제가 느끼고 있는 것에 대해 좀 더 이야기하려고 합니다. 먼저 저와 함께 잠시 시공을 초월해 여행을 떠나보시죠.

우주의 조그만 구석에서 1,500만 년 동안 만들어지고 있는 찬란하고 풍성한 세상을 상상해보십시오. 24시간마다 동이 트고 짙은 쪽빛 하늘에서 태양이 떠오르고, 소리 고운 새가 흥에 겨워 아름다운 목소리로 노래합니다. 가장 작고 여린 별난 꽃송이에서 향기가 부드럽게 퍼져 이국적이고 관능적인 진보라 빛의 향연을 이룹니다. 하루가 시작될 때마다 반짝이는 물방울들이 땅에 흩뿌려집니다. 공기는 떨리는 나뭇잎들과 함께 일렁입니다. 빛은 춤추며 내리쬡니다. 감미로운 과일들은 나무에 달려 있습니다. 흙속에서는 생명을 머금은 씨앗들이 싹을 틔웁니다. 어느 곳에서나 생기가 넘칩니다. 생명이 태동하고 있는 것입니다.

생명의 비옥한 순환 속에서 죽음을 맞는 모든 것은 다른 피조물과 구성원들의 자양분이 됩니다. 상호의존의 엮어짐은 숨이 멎을 정도로 놀라워서, 인간이 이해하는 영역을 넘어서 있습니다. 에너지를 품고 있어 빛을 뿜는 구체 하나가 영겁의 시간 전부터 에너지를 보내고 있으며 이는 모든 생명체의 필요를 충족시킵니다. 하나가 내어주는 것이 다른 하나를 유지시킵니다. 또 나무를 보십시오. 나무들은 지켜보고 귀 기울이며 유지하고 보호해줍니다.

그것은 거칠고 소란스러우며, 생명을 낳고 불을 뿜으며 땅이 흔들리는 생명의 친교(communion)입니다. 즉 생명의 친교란 만물의 원천이자 유지자를 찬양하는 모든 피조물의 찬양에 참여하는 것입니다. 이 세상의 찬란함은 단 한 가지로 인해 넘쳐나게 됩니다. 바로 창조자께서 넘치는 사랑으로 이 세상을 품으시고 이끌어 가십니다.

이 세상이 생긴 뒤 가장 최근에 의식을 지니고 시공간적으로 자각하며 세상 안에서 자신의 역할에 대해 반성할 줄 아는 피조물이 나타났습니다. 다른 모든 피조물과 요소들이 그러하듯, 이 "흙으로부터 온 피조물"(2세기의 교부인 리옹(Lyons)의 이레네우스(Irenaeus)는 히브리어 '아담'을 이렇게 번역했음)은 오랜 옛날 별들의 먼지로 만들어졌습니다. 그들은 자신들의 삶 자체를 위해 의존하고 있는 생명의 망, 즉 상호 연결된 존재들과 요소들의 망 안에서, 공동체로써 그리고 공동체를 위하여 창조되었습니다.

거룩하신 분께서는 인간들, 즉 그들이 자신의 창조자의 형상 안에 있다고 주장하는 자들에게 평생의 과업을 드러내십니다. 그들은 하나님을 찬양할 뿐만 아니라 사랑하도록 부름 받았습니다. 인간의 과업은(헬라어로 *liturgia*) 생명을 살리는 하나님의 사랑의 자비로운 선물을 받아 그것이 그들 속에 (마틴 루터의 말을 빌리자면) "깃들도록" 하며 모든 것을 위한 풍성한 생명을 향하여 일을 하는 것입니다. 그들은 사랑하는 자가 되도록, 즉 자신들에게 생명을 주신 분의 그 사랑을 하나님 자신, 다른 존재 그리고 모든 창조세계와 함께 나누도록 창조되었습니다. 그렇게 함으로써 그들은 거룩하신 분을 닮아 그분의 무한한 긍휼의 마음을 갖게 됩니다.

이것이 하나님의 가정, 헬라어로 오이코스(*oikos*)입니다. 거룩하신 분께서는 이 가정이 참된 안녕을 얻기를 갈망하셨기에 인간이라는 종에게 가정의 규칙(*oiko nomos*)을 주셨고, 또한 그들의 삶의 복잡미묘함을 펼쳐냄으로써 다양한 방식으로 이 규칙들을 발전시킬 수 있도록 지성을 주셨습니다. 오이코노모스(*oikonomos*, economy), 즉 경제라는 규칙들은 한 가지 견고한 기초 위에 기반해 있습니다. 곧 땅(earth)의 풍성함은 함께 나누어야 한다는 것입니다. 만일 누군가의 '소유'가 다른 누군가를 결핍으로 몰아넣는다면, 어느 누구도 너무 많이 갖도록 허용될 수 없습니다.

그리고 거룩하신 분께서 선포하셨습니다. "나는 생명과 사망, 복과 저주를 당신들 앞에 내놓았습니다. 당신들과 당신들의 자손이 살려거든, 생명을 택하십시오."(신 30:19).

그들은 사망을 선택했습니다. 자신도 모르게, 아무런 생각 없이, 부지불식간에, 맹목적으로, 그들은 사망을 선택했습니다. 인간은 지금 땅이 지닌 생명력을 파괴하려고 위협하고 있습니다. 하나님의 생명의 경제를 거부한 채, 그들 중 힘 있는 자들은 새로운 규칙들을 정교하게 만들었습니다. 새로운 규칙들로 인하여 소수가(주로 유럽 민족들의 후손들) 그들에게 분배된 땅의 풍성함의 훨씬 이상을 사용하여 다 써버리고 유해한 가스들을 토해내고 있습니다. 오, 나의 하나님, 우리가 무슨 짓을 했단 말입니까? 아무도 다른 생명을 착취하지 못하는 하나님의 샬롬안에서 즐기며 봉사하도록 창조된 인간 종은 지금 오히려 그 반대로 살아가고 있습니다. 그들, 아니 우리는 계층들 안에서 살고 있습니다. 그 가장 밑바닥에 있는 사람들에게는, 엘살바도르의 신부인 존 소브리노(Jon Sobrino)가 지적한 바와 같이 "가난은 죽음을 의미합니다." 꼭대기 층으로 올라가 볼까요? 국제연합 보고서에 따르면 세상의 부를 가장 많이 가진 225명이 인류 부의 거의 절반을 갖고 있습니다. 그들과 그 계층의 '중간' 층, 곧 여기 모인 우리의 대부분은 땅의 풍성함이 회복되기도 전에 그것을 다 써버리는 '소비자'입니다. 그들, 아니 우리는 지구라는 가정의 유해한 존재입니다. 모든 사람이 우리처럼 살아간다면 그 모든 자원을 제공하고 폐기물을 버릴 곳을 마련하기 위해 다섯 개의 지구가 필요할 것입니다.

라틴 아메리카와 아프리카 교회들은 북대서양 세계를 향해 절규합니다. "당신들에게 부를 제공하는 경제 체제가 우리 중 많은 사람들을 죽음으로 몰아가는 지독한 빈곤에 빠지게 만듭니다." 저는 모잠비크(Mozambique) 감리교회의 버나디노 맨들레이트(Bernardino Mandlate) 감독의 말을 결코 잊을 수 없습니다. 그는 북대서양 세계의 사람들에게 이렇게 선포합니다. "여러분의 부는 아프리카 어린아이들의 피로 뒤덮여 있습니다." 멕시코의 딸기를 수확하는 일꾼 하나가 제가 안내했던 미국 선출직 공무원 대표단을 향해 했던 이야기 역시 제 가슴을 화끈거리게 했습니다. 그녀가 말하더군요. "우리 아이들은 굶주리고 있어요. 아이들을 위해 옥수수와 콩을 심어야 할 땅에다가 여러분 식탁에 올라갈 딸기를 심고 있으니까 말이에요." 우리의 의도나 의지 때문이 아니라 하더라도, 우리의 삶을 형성하는 사회 구조와 공공 정책으로 인하여 우리는 생태계 파괴와 경제적 만행에 연루되어 있습니다. 사도 바울의 말을 빌리자면 우리의 무게에 짓눌려 "모든 피조물이 신음하고 있습니다"(롬 8:22).

그런데 왜 우리는 이런 잘못된 짓을 계속하고 있습니까? 왜 우리의 삶이 이토록 참혹한 결과를 가져온 것에 대해 깊이 통곡하지 않고, 슬피 울지 않습니까? 왜 우리는 운송, 주거 및 급식체계의 대안적 방식을 모색하지 않습니까? 바로 우리가 지구에 해를 끼치지 않고 다른 땅과 다른 사람들의 자연적인 부를 다 소비해버릴 필요가 없는 그러한 방식 말입니다. 어째서 우리는 세계에서 가장 부유한 사회에 살면서도, 심지어는 부유한 도시 이곳 시애틀에서조차도, 수많은 남녀들이 열심히 일하고도 그렇게 적은 시급을 받고, 또 결국에는 그들과 그들의 자녀들이 거리로 나앉을 수밖에 없는 상황을 묵인한다는 말입니까? 왜 우리는 기업의 최고 중역들에게 가난에 허덕이는 그들의 노동자들의 임금보다 수백 배를 지불하는 체제를 정상적인 것으로 받아들입니까? 왜 우리는 고백과 회개, 저항과 헌신 안에서 더 평등하고 생태적으로 지속 가능한 대안적 경제 구조를 큰 소리로 외치며 요구하지 않는 것입니까? 왜 우리는 한 사회의 구성원으로서 최고의 과학자, 경제학자, 사업가, 교사, 주부, 교회 지도자, 법조인 등 인간 활동의 모든 분야의 자원을 동원하여 아래와 같은 대안적 삶의 방식들에 헌신하지 않는 것입니까? 다시 말해 우리는 왜 재생 가능한 에너지원, 자유무역 대신 공정무역, 노동력 착취의 종말, 석유를 고갈시키는 교통수단이 없어진 거리, 그 땅에서 나고 자라는 농작물을 심고 거두는 소규모 농업, 사회적·생태적으로 책임있는 경제적 투자, 사업에 있어 재정적, 사회적, 생태적 책임을 요구하는 '3중의 수지결산'(triple bottom line), 사치품과 대형 자본 이익에 대한 과세, 부채가 많은 가난한 나라들에 대한 부채 탕감을 위하여 전념하지 않는 것입니까? 하나님의 이름으로 여러분께 질문합니다. 왜 그렇습니까? 왜 우리는 모두를 위하여 주신 풍성한 생명의 선물을 향하여 살아가기 위한 도덕적, 영적 능력을 포기하고 만 것입니까?

물론 이유는 많습니다. 두 가지만 말하자면 이유는 도덕적 무지(실명, moral blindness)와 절망(hopelessness)입니다. 우리는 우리의 일상에서 매일 연루되는 불필요한 고통의 현실을 보기를 거부하고 달아납니다. 보지 않는 것, 즉 도덕적 실명은 그나마 견딜 만합니다. 도덕적 무지는 무감각(numbness)으로 이어집니다. 무감각이 익숙해지는 곳에서 절망은 싹틉니다. 우리는 부인과 방어, 압도된 탈진, 혹은 사적인 도덕성으로 퇴행하게 됩니다. 거룩한 분노와 통곡은 태어나기도 전에 죽어버리고, 우리는 구조적인 악에 대한 우리의 절망을 사적인 삶의 안락한 망토 아래에 숨겨버립니다.

한 사회로서 우리는 참된 희망을 잃어버렸습니다. 우리는 멀리 유배 중에 있어 하나님의 정의와 풍성함의 경제로부터 끊어져 있으므로 '그것이 가능하다'는 깊고도 실제적인 희망을 더 이상 갖지 못합니다. 희망이 없는 곳에는 고백과 회개, 통곡과 거룩한 분노의 외침이 있을 수 없습니다. 그 대신에 우리는 공적 도덕성의 요구를 회피하여 사적인 미덕의 상대적인 편안함으로 물러섭니다. 우리는 개인적인 친절함 안에서 선하게 살아갈 수 있을 것입니다. 그러나 (종종 '제3세계'로 언급되는) '대부분의 세계'의 수많은 우리의 형제자매들이 그들의 극심한 빈곤이 부분적으로 우리에게 부를 제공하는 경제 정책들과 실천들에서 기인한다고 수많은 언어로 외치며, 우리가 그러한 주장에 직면하게 될 때 우리는 에스겔이 말한 대로 하나님께서 주신 생명으로부터 '끊어져' 생명을 향한 우리의 희망이 사라진 마른 뼈들이 될 것입니다.

이 땅의 마른 뼈들이여, 주의 깊게 들으십시오. 하나님께서 에스겔에게 물으셨습니다. "사람아, 이 뼈들이 살아날 수 있겠느냐?" 에스겔은 확신이 없었던 것으로 보입니다. 상황이 좋지 않아 보였던 것입니다. 그래서 에스겔은 대답합니다. "주 하나님, 주님께서는 아십니다"(겔 37:3). 스스로 대답하기 난감했던 에스겔이 할 수 있는 최고의 답변이었습니다.

하나님은 에스겔을 통해서 유배 중에 있던 이들, 희망이 바짝 말라버린 이들, 마른 뼈가 되어버린 사람들에게 말씀하셨습니다. "'너희 마른 뼈들아, 너희는 나 주의 말을 들어라. … 내가… 너희 속에 생기를 불어넣어, 너희가 다시 살아나게 하겠다.' … 생기가 그들 속으로 들어갔고, 그래서 그들이 곧 살아나 제 발로 일어서서, 굉장히 큰 무리를 이루었습니다. … '내가 너희 무덤을 열고, 무덤 속에서 너희를 이끌어내고…. 내가 내 영을 너희 속에 두어서 너희가 살 수 있게 하겠다'"(겔 37:4-14).

이 에스겔서 본문은 부활의 이야기이며 복음의 말씀입니다. 에스겔은 모든 희망이 우리의 것이 될 것이라는 약속을 선포합니다. 비록 가장 절망적인 현실이라 할지라도, 곧 '우리'의 삶이 '아프리카 어린아이들의 피로 뒤덮여' 있고, 우리의 삶이 땅의 회복하는 능력을 파괴한다 할지라도, 그곳에서 생명이 일어나고 마른 뼈들 위에 살이 오르고 생명이 승리를 얻으며, 영원한 생명이 시작될 것이라는 그 약속 말입니다.

예수 그리스도의 복음은 더 이야기하고 있습니다. **우리가 누구인지, 우리는 왜 창조되었는지에 대해 말해주고 있습니다.** 우리는 하나님의 친구들입니다. 우리는 그의 사랑을 받고 세상에 나가 정의를 구현하며 신비하고 놀라운 사랑을 살아내도록 하나님께 권능을 부여받았습니다. 하나님이 우리 안에 불어넣은 생명은 목적이 있습니다. 하나님의 사랑을 받고 가슴과 마음, 영혼과 힘을 다해 하나님을 사랑하며 우리 자신과 같이 이웃을 사랑하라는 과업을 받은 것이 바로 그 목적입니다. 공동체에서 말씀과 성례전으로 공급받은 우리는 하나님께서 우리를 통해, 우리 안에서, 우리 가운데서 일하실 수 있게 하기 위해 이곳에 있습니다. 하나님께서 모두에게 주신 충만한 삶의 선물을 좌절시키는 조직적이고 개인적인 모든 형태의 죄를 치유하실 수 있도록 해야 합니다. 영혼의 마미(soul-searing), 삶을 산산조각내는 파괴와 죽음, 그리고 그것과의 우리의 공모는 지금 이 순간이나 언제나 마지막 말씀이 아닙니다. 마지막 말씀은 잔혹한 죽음으로부터 일으켜진 생명과 부활입니다. 우리, 곧 교회는 우리의 말과 삶 안에서 이 복음을 선포하고 그에 참여해야 합니다. 이는 오늘날 이 땅에서 그리스도의 몸으로서의 소명입니다. 이는 죽음과 마른 뼈에 불어넣어진 생명입니다. 이는 회복된 희망입니다.

희망을 만들어내는 것은 우리에게 달려 있지 않습니다. 하나님께서 희망을 주십니다. 우리가 할 일은 모두에게 주신 충만한 삶이라는 하나님의 약속을 받고 끝 날까지 그것을 실현하도록 도우라고 하신 과업을 받아들이는 것입니다. 이는 문화적, 경제적 규범들의 엄청난 힘에 역행하여 거슬러 올라가는 것을 뜻합니다. 오늘의 두 번째 성서 구절에서 사도 바울은 이렇게 거슬러 올라가기 위한 도덕적, 영적 능력이 어떻게 주어지는지에 대해 수차례 드러내고 있습니다. 바울의 말에 따르면 우리는 "우리 안에 거하시는 하나님의 영"(롬 8:9)이 있어 그 능력을 가집니다. 앞 절에서 그는 "이 희망은 우리를 실망시키지 않습니다. 하나님께서 우리에게 주신 성령을 통하여 그의 사랑을 우리 마음속에 부어 주셨기 때문입니다"(롬 5:5)라고 말합니다. 즉 하늘과 땅의 어떤 힘으로도 막을 수 없을 정의를 구현하는 사랑의 하나님의 영이 우리 안에 계시기 때문입니다. 마틴 루터가 이를 잘 말해줍니다. 인류에게 알려진 가장 강한 용기는 신앙인들 안에 살아 계신 영을 통해 생긴다고 확신하며 그는 이렇게 설교합니다. 성령은 "마음의 담대함인 참된 용기"를 주십니다. "영을 뜻하는 히브리 단어는 '대담하고 흔들림 없는 용기'로 잘 표현됩니다." 그 "대담하고 흔들림 없는 용기는… 가난, 수치, 죄, 마귀 혹은 죽음에 겁먹지 않고, 어떤 것도 우리를 해할 수 없고, 우리는 결코 부족하지 않을 것임을 확신합니다."[1] 그뿐만 아니라, 바울은 우리가 육이 아니라 영(the Spirit)에 마음을 두어야 한다고 말했습니다. 이제 이를 들으십시오. 이것이 가장 중요하기 때문입니다. 사도 바울의 인간학에서 육(flesh)과 영(Spirit)(sarx와 pneuma)은 몸(body)과 영(Spirit)의 이원론이나 정치적 영역과 영적인 영역의 이원론을 가리키는 것이 아닙니다. 바울에게 이 본문에서의 '육'(flesh)은 '예수 그리스도의 살아 있는 영(the living Spirit)으로부터 분리된 삶'을 뜻하고, '영'(Spirit)은 '성령(the Spirit)에 근거한 삶'을 의미합니다.[2]

한 사회로서, 우리는 '마른 뼈들'의 골짜기에 살고 있습니다. 우리의 신앙의 조상들에게 하셨던 것처럼 하나님은 예언자 에스겔을 통해 우리에게 말씀하십니다. 에스겔이 예언한 대로 하나님께서는 우리에게 생기를 불어넣으시고 그로 인해 우리는 살아나게 될 것입니다. 우리의 두 발로 일어나서 서게 될 것입니다. 수많은 우리에게 하나님께서는 희망을, 그리고 "대담하고 흔들림 없는 용기"의 영을 허락하실 것입니다. 그 영은 우리로 하여금 길을 만들게 할 것입니다. 이 땅 위에 정의롭고 지속 가능한 공동체들을 만들며 다가올 세대를 위한 지구 공동체를 세워감으로써 진정한 인간이 되는 길 말입니다.

1. Martin Luther, "Sermon for the Sixteenth Sunday after Trinity," in *Sermons of Martin Luther*, vol.8, ed. John Lenker (Grand Rapids: Baker, 1983), 275-76.
2. Lisa E. Dahill, "Spirituality in Lutheran Perspective: Much to Offer, Much to Learn," *Word and World* 18, no.1 (Winter 1998): 70.

# 백향목이 넘어진다!:
## '예언자의 말' 대 '제국의 벌목'

### THE CEDAR HAS FALLEN!:
#### The Prophetic Word versus Imperial Clear-Cutting

체드 마이어스●

다음은 2005년 펜실베이니아 레딩에 있는 올브라이트 대학에서 설교한 것입니다.

● 체드 마이어스(Ched Myers)는 캘리포니아 남부에서 '바디메오 공동 사역'(Barti-maeus Cooperative Ministries)을 이끌고 있다. 평화와 정의를 위한 행동가인 그는 많은 논문과 책을 썼으며, 주저로 *Binding the Strong Man: A Political Reading of Mark's Story of Jesus*가 있으며, *Say to This Mountain: Mark's Story of Discipleship*과 *The Biblical Vision of Sabbath Economics*의 공동 저자이기도 하다.

네가 엎어졌으니, 이제는 우리를 베러 올라올 자가 없겠구나(이사야 14:8).


　2005년 2월 중순, 브라질의 아나푸(Anapu) 마을 근처에서 73세의 수녀가 농장주들에게 살해당했습니다. 그녀가 열대우림의 불법 벌목을 중단시키고자 했기 때문이었습니다. 노트르담 수녀회 소속이자 오하이오 주 데이튼(Dayton) 출신의 수녀 도로시 스탕(Dorothy Stang)은 지역의 농장노동자들을 대표하는 종교 지도자이자 교육자요, 로비스트였습니다. 그녀는 브라질의 열대우림을 보호하기 위한 시범 프로그램을 운영하는 일을 하고 있었는데, 이 프로그램은 숲의 나무들을 벌목하고 불태우는 행위를 줄이기 위한 환경 통제를 촉진하고 가난한 농부들이 지속 가능한 활동들을 할 수 있도록 장려함으로써 경제를 활성화하는 프로그램이었습니다. 2003년 도로시 수녀의 이름이 살해위험 인물 명단에 오른 직후, 그녀는 다음과 같이 기록했습니다. "이 프로그램은 아마존을 위한 희망찬 계획입니다. 하지만 우리는 매년 수천 에이커에 이르도록 파괴를 일삼는 벌목 회사들과 농장주들 때문에 괴롭힘을 당하고 있습니다." 살인청부업자들과 마주쳤을 당시 그녀는 지역 공동체 모임을 위해 길을 가던 중이었습니다. 사건의 목격자들의 증언에 따르면 도로시 수녀는 그녀의 가방에서 성경책을 꺼내어 그들에게 말씀 한 구절을 읽어주기 시작했습니다. 잠시 동안 듣던 살인청부업자들은 여섯 차례 총격을 가했고 그녀를 그 자리에서 살해했습니다. 저는 그 끔찍한 순간에 그녀가 읽었던 말씀이 무엇이었을지 궁금합니다.

이사야는 다음과 같이 기록했습니다. "나의 백성은 나무처럼 오래 살겠고…"(사 65:22). 이 오래된 지혜는 인간 문화와 숲의 근본적인 공생을 인정하고 있습니다. 이 지혜는 '우리 삼림의 건강이 지구 환경 보전의 핵심'이라는 현대 생태예측가들의 경고안에서 메아리처럼 되풀이되고 있습니다. 얀 오스토크(Jan Oosthoek)는 다음과 같이 쓰고 있습니다.

세계 삼림의 파괴는 우리 시대의 가장 주된 걱정거리입니다. UN에 따르면 중앙아메리카 삼림의 40%가 1950년에서 1980년 사이에 파괴되었습니다. 같은 기간 아프리카에서는 삼림의 23%가 사라졌습니다. 극심한 홍수, 날로 심해지는 토양 유실, 사막화 그리고 토양 생산성 저하 등 환경 문제의 모든 영역은 삼림 파괴로부터 시작됩니다.[1]

1991년 10월 불법 벌목에 반대하다가 필리핀 기노요란(Guinoyoran)에서 살해당한 젊은 성직자 네릴리토 사투르(Nerilito Satur) 신부나, 1988년 조합 결성을 이유로 살해당한 브라질의 고무 채취업자 노동조합의 수장 치코 멘데스(Chico Mendes)와 같은 산림 순교자들과 마찬가지로* 도로시

---

* 사투르 신부에 대해서는 Joseph Franke, "Faith and Martydom in the Forest," *Witness*, 88:8 (March 14, 2005)(http://thewitness.org/article.php?id=785)를 참조하고, 치코 멘데스와 그의 운동에 대해서는 1994년 John Frankenheimer의 다큐멘터리 "The Burning Season: The Chico Mendes Story"와 Andrew Revkin, *BURNING SEASON: The Murder of Chico Mendes and the Fight for the Amazon Rain Forest* (Washington, DC: Island Press, 2004)를 참조하시오.

수녀 역시 오스토크의 최후통첩이 말하고 있는 정치적이고 신학적인 진리를 이해하고 있습니다. 그들의 증언은 삼림보존이란 한편으로 삼림에 의존하면서 그것의 영적인 가치를 아는 사람들의 공동체들과 다른 한편으로, 귀중한 공동의 부(commonwealth)를 파괴하면서까지 경제적, 정치적 이득을 얻으려고 오랜 세월 자라온 삼림을 약탈하는 강력한 이익단체들 사이의 생사를 건 투쟁이라는 사실을 우리에게 상기시켜줍니다. 이로써 우리는 이것이 인류 역사에서 가장 오래된 투쟁들 중 하나라는 사실을 알게 됩니다.

토착문화들 안에서, 지역에서 가장 오래되고 가장 큰 나무들은 과거의 증인이 되어주고 현재의 보금자리가 되어주며 미래의 지속성을 가져다주었기에 마을의 영적이고 사회적인 중심으로서 존중을 받았습니다. 이 나무들은 일상생활을 위한 자양분이 되는 동시에 의례를 위한 상징을 제공합니다. 캘리포니아 원주민에서 영국의 켈트족, 그리고 아프리카 대초원의 부족에 이르는 오래된 방식들에 따르면 지역의 위대한 나무는 하늘과 땅 사이의 교감을 제공해주는 일종의 지구의 축(*axis mundi*)을 상징했습니다. 마을의 원로들은 공동체 생활에서 발생하는 일들을 판결하기 위해 그 나무의 숭엄한 가지들 아래에 모이곤 했습니다. 갈등을 해결하고 충고를 해주며 성스러운 이야기들을 전해주었습니다. 성서 역시 처음부터 끝까지 사람들의 해방의 여정 속에서 거룩한 나무의 역할을 인정하고 있습니다. "아브라함은 브엘세바에 에셀 나무를 심고, 거기에서, 영생하시는 주 하나님의 이름을 부르며 예배를 드렸다"(창 21:33). "강 양쪽에는 … 생명나무가 있어서, … 그 나뭇잎은 민족들을 치료하는 데 쓰입니다"(계 22:2).

아브라함(창 12:6-7; 18:1), 기드온(삿 6:11), 엘리야(왕상 13:14; 19:4) 세 사람 모두 상수리나무 그늘 아래에서 거룩한 만남을 가졌습니다. 비록 성스러운 나무들이 더 이상 서구에서 의례와 공동체의 중심으로 여겨지지 않는다 할지라도, 우리가 볼 수 있는 눈을 가지고 있다면 그것들은 여전히 땅의 살아 있는 중심입니다.

성서 곳곳에는 레바논의 백향목에 대한 예찬이 나타납니다. 오늘날의 레바논('레바논'의 셈어 어근은 "흰 산"이라는 뜻의 lbab인데, 산꼭대기를 흰 눈이 덮고 있기 때문임)을 방문해본 사람이라면 누구든지, 지금은 비교적 황량한 땅이지만 한때 광활한 지역에 걸쳐 거목들이 자랐다는 사실을 믿기 어려울 것입니다. 실제로 이 산악 지대는 한때 백향목 숲으로 뒤덮여 있었으며 성서는 이를 "레바논의 영광"(사 60:13)이라는 간명한 말로 표현했습니다. 레바논 백향목(Cedrus Libani)의 평균 높이는 30미터 이상, 둘레는 15미터에 이르며, 1,000년을 넘게 사는 경우도 많습니다. 실제로 백향목의 히브리어 단어 e'rez(헬라어 kedros)는 땅 자체를 일컫는 히브리어 단어(eretz)와 발음이 거의 같습니다. 기원전 3,000년 전부터 지중해 동쪽 산들의 사면에는 거대한 백향목들이 뒤덮고 있었지만, 예수의 시대에는 거의 사라지고 말았습니다. 데이비드 하슬람(David Haslam)의 추정에 따르면 솔로몬의 성전이 지어졌을 당시 레바논의 삼림에는 어디에나 백향목이 자라서 그 수가 10만 그루에서 100만 그루에 이르렀을지도 모른다고 합니다.[2] 그러나 오늘날 레바논에서 삼림이 차지하고 있는 면적은 전체면적의 6%에 불과하고 백향목 숲만을 따진다면 3%도 채 되지 않습니다. 인간이 만들어낸 문명이 벌인 환경 파괴를 지켜본 가장 오래된 목격자로서, 모든 성스러운 나무들 중에서도 가장 오래된 이 나무는 일종의 초병 역할을 합니다. 19세기 프랑스의 시인 라마르틴(Lamartine)이 말한 것처럼 "백향목들은 땅의 역사를 역사 자신보다도 더 잘 알고 있습니다."

고대 지중해 문화권에서 백향목은 19세기에 캘리포니아로 온 미국인들에게는 미국삼나무와도 같았습니다.* 한편으로 백향목은 존중되고 셀 수 없이 많은 문학적인 찬가의 주제가 되었지만, 다른 한편으로 전략적으로 중요한 경제적 자산으로 무자비하게 이용되기도 했습니다. 지중해 지역과 비옥한 초승달 지대(Fertile Crescent: '메소포타미아' 지역을 뜻함[역주])의 저지대의 대부분은 이미 초기 도시국가들에 의해 벌목되었기 때문에, 레바논의 높이 솟은 이 단단한 나무들은 그 크기와 내구성 때문에 탐욕의 대상이었습니다. 백향목은 부패와 해충에 강하고, 향기롭고, 윤기가 잘 나며, 촘촘하고 곧은 결을 가지고 있어서 작업하기도 용이합니다. 가장 중요한 것은 고대 통치자들이 그들의 권력과 부를 과시하기 위해 일반적으로 대대적인 건설을 계획하고 정복을 위한 대규모의 해군을 양성하고자 했다는 것입니다. 이러한 계획들을 위해서, 특히 전함의 돛대, 신전이나 궁전의 대들보에는 거대한 백향목이 필요했습니다. 이러한 이유로 레바논의 삼림들은 계속하여 이어지는 제국들의 착취의 목표물이 되고 말았습니다. 삼림 파괴의 이러한 역사는 성서의 예언자들에 의해 종종 암시적으로 드러납니다. 그러나 이는 성서보다도 훨씬 오래된 이야기입니다. 실제로 지금까지 알려진 세상에서 가장 오래된 문학작품인 〈길가메시 서사시〉는 이에 대하여 언급하고 있습니다.

기원전 3,000년보다도 오래된 언젠가 메소포타미아에서 기록되었고 호메로스(Homer)보다도 15세기 정도 앞선 이 서사시는 도시국가 우루크(Uruk)의 통치차 길가메시(Gilgamesh)에 관한 이야기입니다. 고대의 왕들이 흔히 그랬듯이 그 역시 "성벽과 거대한 성곽, 그리고 신전"을 건축함으로써 "그의 이름을 널리 알리고", 이를 통해 그의 권력을 강화하고자 했습니다. 그는 엄청난 양의 목재가 필요했고, 그래서 이 서사시의 두 번째 에피소드 '숲으로의 여행'에서 길가메시는 태고의 숲, "백향목이 베어 넘어뜨려진 땅

---

* 지구상에서 가장 큰 생물체이자 수명이 3,000년 가까이나 되는 신비한 나무, 미국삼나무(redwood)는 19세기 미국의 서부가 개척되면서 그 크기와 경제성으로 인해 전체 중 95% 이상이 벌목되고 말았다.[역주]

을 향해" 출발합니다. 하지만 이 숲은 신들의 정원이라 여겨지던 곳이었고, 수메르의 최고신 엔릴(Enlil)이 지키고 있던 곳이었습니다. 그는 사나운 반신반인(半神半人) 훔바바(Humbaba)에게 숲을 지키는 일을 맡겼습니다.

길가메시와 그의 친구 엔키두(Enkidu)는 백향목을 발견하기까지 일곱 개의 산맥을 넘게 되는데(얼마나 전형적입니까!), 마침내 그 숲과 처음 조우했을 때 그들은 너무도 놀라워 두려움마저 느끼게 됩니다. "그들은 말 한 마디 없이 선 채로 숲을 바라보았습니다. 거대한 백향목들이 얼마나 높은지를 쳐다보았습니다. … 그들은 또한 백향목 산을 보았습니다. 그곳은 신들이 사는 곳이었습니다. … 백향목은 무성하게 자라서 하늘 높이까지 뻗어 있었습니다. 이렇게 시원한 그늘이라니, 기쁘지 않을 수가 없었습니다!" 그럼에도 길가메시와 엔키두는 백향목들을 베어내기 시작했고, 이에 훔바바는 분개하여 울부짖었습니다. 결국 훔바바가 살해될 때까지 엄청난 싸움이 계속되었습니다. "8킬로미터 떨어진 곳의 백향목들도 진동했습니다. 이윽고 그곳에는 혼란이 뒤따랐습니다. 그 둘이 쳐서 쓰러뜨린 자가 바로 그 숲의 수호자였기 때문입니다. 그의 말에 헤르몬 산과 레바논 산이 전율했습니다. 이제 산들이 부들부들 떨었습니다. 백향목의 수호자가 죽었기 때문이었습니다." 엔릴이 백향목 숲의 파괴를 알게 되었을 때 그는 이 공격자들에게 생태적인 저주(ecological curse)을 계속해서 퍼붓습니다. "너희가 먹는 음식이 불에 먹히기를, 너희가 마시는 물이 불에 삼켜지기를."[3]

'숲으로의 여행'은 영웅 이야기라는 겉모습만을 보여줌으로써 실제로 일어난 생태계 착취의 역사적 패턴을 숨기고 있습니다. 그러나 신화는 동시에 강력한 불안을 반영하고 있습니다. 즉, 인류가 삼림을 착취하기 시작하면 그 어떤 것도 그들을 막지 못할 것이라는 불안감 말입니다. 그래서 이 서사시의 두 번째 에피소드는 다음과 같은 냉담한 어조로 끝이 납니다. "그래서 길가메시는 숲의 나무들을 베어 넘어뜨렸고, 엔키두는 유프라테스 강둑까지 그 뿌리들을 제거했습니다." 그러나 제러드 다이아몬드(Jared Diamond)가 그의 저서《붕괴: 사회는 어떻게 실패나 성공을 선택하는가》 (*Collapse: How Societies Choose to Fail or Succeed*)를 통해 최근에 분석한 바에 따르면 실제로 길가메시와 남부 메소포타미아의 그의 후계자들에 의해 자행된 삼림 파괴는 수메르 문명의 쇠락에 대단히 중요한 부분이었습니다. 유프라테스 강, 티그리스 강, 카룬(Karun) 강과 그 지류들에 염분과 토사가 쌓여 관개 수로를 막기 시작했습니다. 1,500년 동안의 성공적인 경작 후에 갑작스레 심각한 염분 문제가 발생했고 결과적으로 식량 생산의 감소로 이어졌습니다. 결국 제국을 부강하게 만들기 위한 건설 계획이 제국의 파멸을 부른 것입니다.

역사상 최초의 위대한 해양 국가를 건설하기 위하여 백향목을 사용했던 민족은 페니키아(Phoenicia)였습니다. 그리고 그들의 유명한 원양 군용선들은 고대 도시들인 비블로스(Byblos, 성서에는 그발 Geval로 표기됨), 두로(Tyre), 시돈(Sidon)과 같은 레바논의 해안을 지배했습니다. 그들은 마침내 수익성이 좋은 국제 백향목 시장을 장악했습니다. 기원전 2,800년까지 거슬러 올라가보면, 비블로스의 사람들은 레바논의 백향목들을 베어 이집트와 메소포타미아에 수출하고 있었습니다. 이집트인들은 미라화(mummification) 작업을 위해 백향목 톱밥을 사용했고, 세드리아(Cedria)라 알려진 백향목의 진을 이용해 파피루스를 방부처리하고 더 튼튼하게 만들었으며, 백향목에서 나오는 기름을 약으로 썼습니다. 예언자 에스겔은 페니키아의 도시국가 두로, 두로의 거대한 상선, 군국주의, 목재에 대한 그들의 만족할 줄 모르는 탐욕(겔 27:2-11), 그리고 야웨에 의한 종국적인 파멸(겔 27:27-36)에 대해 자세히 서술합니다. 수 세기가 지난 뒤 정치범으로 수감된 밧모 섬(Patmos)의 요한은 계시록 18장에서 에스겔의 정교한 조롱의 말을 전유하여 로마의 억압적인 국제 정치 경제 정책에 대해 묵시적인 비판을 가합니다.

레바논은 결국 이집트의 통치를 받게 되었고, 그리고 이후로도 계속하여 바빌로니아, 페르시아, 그리스, 로마 제국의 지배 아래 있게 됩니다. 하드리아누스(Hadrian)가 로마 황제일 무렵에는 산악 지대들이 어찌나 벌거벗겨졌는지, 남아 있는 숲들에 제국 영토임을 선언하는 표지판을 설치해야 했습니다. 그러나 이후로도 주기적인 개발은 2천 년 동안 계속되었습니다. 마지막 삼림 개벌은 오스만 튀르크(the Ottoman Turks)족에 의해 이루어졌는데 그들은 히자즈(Hijaz) 철도*의 목재를 연료로 사용하는 기관차에 쓰기 위해 철도로 수송 가능한 거리 안에 자라는 모든 백향목을 베어냈습니다. 가장 높고 멀리 떨어진 숲들만이 겨우 피해를 면할 수 있었습니다. 결국 고대로부터 오늘에 이르기까지 이러한 패턴은 완전히 동일합니다. 벤자민 카소프(Benjamin Kasoff)가 표현한 바와 같이 "레바논의 삼림은 끊임없이 포위되어 있었습니다."[4] 상황이 이러하니 성서의 예언자들이 주변의 숲들이 위험에 빠져 있다고 이스라엘을 향해 쉴 새 없이 경고하는 것도 놀랄 일이 아닙니다. "내가 너를 무너뜨릴 사람들을 불러다가, 그들에게 연장을 마련하여 줄 것이니, 그들이 너의 가장 좋은 백향목들을 찍어 내어, 불 속으로 집어 던질 것이다"(렘 22:7).

히브리 성서에는 백향목과 관련한 두 가지 중요한 문학적 궤도가 있습니다. 백향목은 가장 일반적인 자연의 이미지를 대표하며 아름다움과 힘을 상징합니다(시 29:4; 92:12; 아 4:5,8). 그것은 하나님의 장엄한 창조의 요약입니다. "주님께서 심으신 나무들과 레바논의 백향목들이 물을 양껏 마시니"(시 104:16) 비록 이 위엄조차도 창조주의 권능 앞에서는 무색해지지만 말입니다(시 29:5-9). 또한 백향목은 하나님의 돌보심의 대상인 이스라엘

---

* 오스만 튀르크 제국의 압둘하미드 2세 때 건설되어 다마스쿠스와 메디나를 이어주는 간선철도로, 연장 1,320Km에 이른다.[역주]

자신에 대한 은유입니다(호 14:5-7).

그러나 또한 백향목은 성서 안에서 독특한 정치적 함의를 담고 있습니다. 통일 왕국 이스라엘의 지역 패권을 잡기 위한 짧은 실험 중, 솔로몬 왕의 통치의 특징은 옛 길가메시의 통치 때와 마찬가지로 견고한 백향목에 대한 강한 욕망이었습니다. 열왕기상은 솔로몬이 예루살렘에 웅장한 첫 성전과 왕궁을 짓기 위해 필요한 백향목들을 어떻게 두로 왕 히람(Hiram)에게 요청했는지를 제법 상세하게 들려줍니다(왕상 5:6-10). 레바논에서 바다로 통나무를 가져와 뗏목으로 만들어 띄워 보내는 히람의 계획은 니느웨에서 발견된 사르곤 왕궁(기원전 700년경)의 소벽(frieze)을 만들 때와 같은 방법을 사용한 것으로 확인됩니다. 솔로몬이 맺은 조약, 곧 사치품을 수입하는 대신에 식량을 지원하기로 한 약속(왕상 5:20)은 왕가들 사이에서는 달콤한 거래였습니다. 그리고 벌채는 모두 징발된 노동자들에 의한 것이었습니다(왕상 5:13-15). 이것은 오늘날 막대한 돈을 받는 부당 이득자들의 손에 넘어간 시장을 떠받치고 있는 박봉의 노동자들의 근로로 유지되며, 또한 자연에게 엄청난 (그리고 계산할 수 없는) 환경 비용을 안기는 바나나나 커피, 아연이나 우라늄의 정치 경제와 다를 바가 없습니다. 따라서 우리는 솔로몬의 성전과 그의 왕가에게 대단히 중요했던 백향목은 피 묻은 나무였다고도 이야기할 수 있겠습니다.

정말 대단했습니다. 열왕기상 6-7장이 묘사하고 있는 성전과 "레바논 수풀 궁"은 "바닥에서부터 천장까지" 백향목 판자로 덮여 있으며, 수많은 백향목 기둥과 들보로 되어 있습니다. 백향목 무역은 솔로몬이 흉내 냈던 다른 고대 제국의 통치자들의 여러 습관 중 하나였습니다(아가 3장 7절에서 그는 백향목으로 만든 왕의 가마를 탄 채 용사들의 무리에 호위를 받는 무장武將으로 묘사됩니다). 그것은 이스라엘 예언자들의 경멸을 받은 왕들의 변절의 전형적인 모습이었습니다. 예언자들은 그 왕들을 이스라엘 왕국의 멸망의 원인으로 간주했습니다.

　백향목이 왕들의 교만의 표적이었음을 잘 알고 있었던 예언자들이 또한 이 나무를 제국 자신에 대한 은유로도 사용한다는 점은 모순적인 동시에 상당히 풍자적입니다. 시편 기자는 이집트를 뽑혀질 백향목으로 비유하고 있습니다(시 80:8-12). 아모스는 "백향목처럼 키가 크고 상수리나무처럼 강했던"(암 2:9) 아모리 족속의 몰락을 기뻐하고 있습니다. 이러한 수사적 전통은 에스겔 31장에서 만개합니다.

　　앗시리아는 한 때 레바논의 백향목이었다.
　　그 가지가 아름답고, 그 그늘도 숲의 그늘과 같았다.
　　그 나무의 키가 크고,
　　그 꼭대기는 구름 속으로 뻗어 있었다.

　　너의 큰 가지 속에서는
　　공중의 모든 새가 보금자리를 만들고,
　　가는 가지 밑에서는
　　들의 모든 짐승이 새끼를 낳고,
　　그 나무의 그늘 밑에서는
　　모든 큰 민족이 자리 잡고 살았다.

　　하나님의 동산에 있는 백향목들도 너에 비하면 아무것도 아니다.

　　그러므로 나 주 하나님이 말한다. 그 나무의 키가 커지고, 그 꼭대기가 구름 속으로 뻗치면서, 키가 커졌다고 해서, 그 나무의 마음이 교만해졌다. 그러므로 나는 그 나무를 민족들의 통치자에게 넘겨주고, 그는 그

나무가 저지른 악에 맞는 마땅한 벌을 내릴 것이다(겔 31:3-11).

후에 예수 자신도 그의 유명한 겨자씨의 비유에서 반제국주의적인 나무의 알레고리를 암시적으로 사용합니다.

'키가 크다'는 은유를 제국에 빗대는 경우는 바벨탑에 대한 오래된 이야기에서도 역시 암시됩니다. "자, 도시를 세우고, 그 안에 탑을 쌓고서, 탑 꼭대기가 하늘에 닿게 하여, 우리의 이름을 날리자"(창 11:4). 우리는 이 이야기 속에서 길가메시의 불멸의 이름을 남기기 위한 갈망의 반향을 분명히 듣게 되며 전형적인 제국주의적 도시계획을 보게 됩니다. 이 경고의 이야기는 메소포타미아의 지구라트(ziggurats)에 대한 은근한 패러디입니다. 왜냐하면 바벨(Babel)이라는 말은 바빌로니아어로는 '신들의 문', 히브리어로는 '이 사람들이 깊이 혼란에 빠졌다'는 뜻을 함축한 재치있는 말놀이이기 때문입니다. 이사야는 이러한 모티프를 바빌론 왕을 향한 조롱에서 전유합니다. "웬일이냐, 너, 아침의 아들, 새벽별아, 네가 하늘에서 떨어지다니! … 네가 평소에 늘 장담하더니 '내가 가장 높은 하늘로 올라가겠다. … 내가 저 구름 위에 올라가서, 가장 높으신 분과 같아지겠다' 하더니"(사 14:12-14).

스가랴의 애가는 제국들의 정복의 첫 번째 목표가 숲이었음을 인정합니다.

> 레바논아, 네 문을 열어라.
> 불이 네 백향목을 사를 것이다.
> 잣나무야, 통곡하여라. 백향목이 넘어지고,
> 큰 나무들이 찍힌다.
> 바산의 상수리나무들아, 통곡하여라.
> 무성한 삼림이 쓰러진다(슥 11:1-2).

그래서 예언자들은 그날이 오기를, 이사야가 표현한 것처럼 "나라들을 발 아래에 두었던" 제국의 힘이 야웨의 정의로 인해, 마치 그들이 베어냈던 고대의 백향목처럼 "잘려 나가는" 그날이 오기를 애타게 기다렸습니다.

> 그 날은 만군의 주님께서 준비하셨다.
> 모든 교만한 자와 거만한 자,
> 모든 오만한 자들이 낮아지는 날이다.
> 또 그 날은, 높이 치솟은 레바논의 모든 백향목과
> 바산의 모든 상수리나무와,
> 모든 높은 산과 모든 솟아오른 언덕과,
> 모든 높은 망대와 모든 튼튼한 성벽과,
> 다시스의 모든 배와, 탐스러운 모든 조각물이
> 다 낮아지는 날이다(사 2:12-16).

이러한 전통은 숲을 없애버린 아시리아를 특정하여 비판하고 있는 이사야의 놀라운 신탁에서 가장 잘 포착됩니다. 정황은 이렇습니다. 아시리아 왕 산헤립(Sennacherib)이 기원전 701년 이집트를, 689년 바빌로니아를 격파한 뒤, 이스라엘 왕 히스기야(Hezekiah)는 새로운 동맹을 맺고자 합니다. 그런데 이사야 37장(왕하 19:8-28과 비교)에서 예언자는 히스기야가 산헤립과의 동맹을 통해 정치적·군사적 안정을 찾지 말라며 경고합니다.

> 아시리아 왕을 두고, 주님께서 다음과 같이 말씀하셨습니다.
> "처녀 딸 시온이 너 산헤립을 경멸하고 비웃는다.
> 딸 예루살렘이 오히려 물러나는
> 너의 뒷모습을 보며, 머리를 흔든다.

네가 감히 누구를 모욕하고 멸시하였느냐?

네가 누구에게 큰소리를 쳤느냐?

이스라엘의 거룩하신 분께,

네가 감히 너의 눈을 부릅떴느냐?

네가 종들을 보내어서 나 주를 조롱하며 말하였다.

'내가 수많은 병거를 몰아,

높은 산 이 꼭대기에서 저 꼭대기까지,

레바논의 막다른 곳까지 깊숙이 들어가서,

키 큰 백향목과

아름다운 잣나무를 베어 버리고,

울창한 숲 속 깊숙히 들어가서,

그 끝간 데까지 들어갔고…'"(사 37:22-24).

병거들을 레바논 산에 끌고 올라가는 것은 마치 무거운 트랙터를 오랫동안 자라온 깊은 숲 속으로 몰고 가는 것과 같지만, 숲을 정복하고자 하는 제국의(혹은 기업의) 의지는 결국 그 일을 해내고야 맙니다. 이사야는 이 숲이 주로 군사적인 목표임을 이해하고 있습니다. 그리고 오늘날에도 전쟁은 궁극적으로 자원에 관한 것입니다. 이는 미국의 이라크 점령의 경우에서 분명히 드러납니다.

그러므로 이사야가 제국의 종말을 억압된 자들 뿐만 아니라 숲을 위한 구원으로 보는 것은 결코 이상한 것이 아닙니다.

"주님께서 너희에게서 고통과 불안을 없애 주시고, 강제노동에서 벗어나서 안식하게 하실 때에, 너희는 바빌론 왕을 조롱하는, 이런 노래를 부를 것이다.

웬일이냐, 폭군이 꼬꾸라지다니!

그의 분노가 그치다니!

주님께서 악한 통치자의 권세를 꺾으셨구나.

악한 통치자의 지팡이를 꺾으셨구나.

화를 내며 백성들을 억누르고,

또 억눌러 억압을 그칠 줄 모르더니,

정복한 민족들을 억압해도

막을 사람이 없더니,

마침내 온 세상이 안식과 평화를 누리게 되었구나.

모두들 기뻐하며 노래부른다.

향나무와 레바논의 백향목도

네가 망한 것을 보고 이르기를

'네가 엎어졌으니,

이제는 우리를 베러 올라올 자가 없겠구나'

하며 기뻐한다"(사 14:3-8).

나무들이 그들을 베어 넘어뜨린 왕들의 몰락을 찬양하며 노래한다니, 정말 놀라운 심상입니다! 이것은 생태정의를 향한 놀라운 찬가입니다. 또한 종말론적 구원은 수천 년의 개벌로 인해 '사막화된' 땅의 회복을 포함할 것입니다. "광야와 메마른 땅이 기뻐할 것"이니, 이는 "레바논의 영광과 갈멜과 샤론의 영화가" 나타날 것이기 때문입니다(사 35:1-2).

레바논의 까디샤(Qadisha) 계곡은 초기 기독교 시대부터 줄곧 수도원 공동체가 있는 곳이었습니다. 처음부터 이 공동체들은 그 옛날의 엔릴처럼 백향목 숲의 '수호자'를 자처했습니다. 그들 덕택으로, 그리고 오늘날 환경운동가들의 덕택으로, 마지막 남은 열두 임분(林分)의 백향목 숲이 1998

년 국제연합 교육과학문화기구(UNESCO) 세계문화유산에 등재되었습니다. 가장 유명한 임분은 '신의 백향목 숲'(Arz el Rab; Cedars of the Lord)이라는 이름을 가졌는데, 베이루트(Beirut)로부터 약 13Km 떨어져 있으며 레바논의 위대한 시인 칼릴 지브란(Kahlil Gibran)의 고향과 가깝습니다. 약 375그루의 백향목 중에는 2,000년 이상을 산 것도 있는데, 이들은 1마일 높이의 마크멜(Makmel) 산의 빙하 골짜기에 둘러쌓여 보호를 받고 있습니다. 살아남은 이 작은 숲은 약 5천 년 전부터 시작된 삼림 파괴를 증언하며, 동시에 창조세계의 연약함과 인내 그리고 신앙과 양심을 가진 사람들의 이를 지키기 위한 의무를 상기시켜주고 있습니다.[5]

길가메시와 훔바바의 신화적인 싸움, 그리고 삼림 파괴에 대한 예언자들의 일갈(一喝)은 모두 자연에 대한 제국적 정복, 그리고 자연과 더불어 공생하는 문화들에 대해 이야기합니다. 인류 문명의 물질적 성장에 대한 줄어들 줄 모르는 욕망을 만족시키기 위해, 이 전쟁은 지금까지의 모든 세대, 지구상의 모든 구석구석에서 반복되고 있습니다. 이는 지구상에서 가장 오래된 갈등이고 오늘날까지도 계속되고 있습니다. 그러나 지금은 강, 지하수, 산, 동토대(凍土帶, tundra), 오존층, 심지어 우리 자신의 유전자 구성에까지 영향을 미치고 있습니다. 셀 수 없이 많은 멸종위기종들과 멸종된 종들은 이 전쟁의 대가입니다. 그러나 자연을 파괴하는 것은 사실은 수메르인들이 그랬던 것처럼 우리 생명의 원천을 잡아먹는 것(carnibalizing)입니다. 에반 아이젠버그(Evan Eisenberg)는 그의 훌륭한 저서 《에덴의 생태》(The Ecology of Eden)에서 이렇게 이야기합니다. "문명은 야생에 의존합니다. 그러나 그 역은 성립하지 않습니다."[6]

그렇다면 예언자들의 이처럼 준엄한 생태정의의 전통이 우리에게 의미하는 것은 무엇이겠습니까? 줄리아 버터플라이 힐(Julia Butterfly Hill)이 1990년대 말 오래된 나무의 벌목을 저지하기 위해 캘리포니아 북부의 미국삼나무 위에서 2년 동안 점거농성을 벌일 때, 그녀는 교회의 도움에 의지하지 않았습니다. 사실 많은 기독교인들은 그녀가 비뚤어진 이상주의자라며 그녀를 묵살했습니다. 그러나 성서적 관점에서 볼 때 그녀는 예언자적 전통대로 정직하게 행동하고 있었고, 그것은 마치 설교를 시작하며 제가 언급했던 숲의 순교자들과 같은 것이었습니다. 숲의 순교자들은 헛된 죽음을 당하지 않았습니다. 치코 멘데스는 세계적으로 널리 알려졌고 곤경에 처한 우림에 세계의 이목을 집중시켰습니다. 필리핀에서는 지구구명운동(Earth Savers Movement: 필리핀의 환경운동단체)에서 매년 환경을 지킨 사람들에게 사투르 신부를 기념하는 상을 수여하고 있으며, 많은 가톨릭 신자들은 불법적 벌목에 대한 비폭력 저항에 적극적으로 동참하게 되었습니다. 도로시 스탕 수녀가 총격으로 사망하고 불과 일주일이 지난 뒤 브라질 대통령 루이스 다 실바(Luiz Da Silva)는 거대한 아마존 우림 보호구역을 두 군데 지정할 것을 명령함으로써 그 절규에 응답했습니다.

북아메리카에서도 이와 같은 투쟁은 진행 중입니다. 한 가지만 예를 들자면 1999년부터 캐나다 온타리오 주 그래시(Grassy) 협곡의 아니시나베(Anishnabe) 족은 그들의 조약상의 권리를 위반하는 벌목에 대한 정부의 승인을 막기 위해 주요 벌목 도로 두 군데에서 비폭력적인 통행 봉쇄를 계속하고 있습니다. 전통을 따른 전사들은 다른 캐나다 원주민들과 기독교평화주의자연합(Christian Peacemaker Teams)의 자원봉사자들의 도움을 받아 자신들의 몸으로 벌목 트럭 앞을 막고 있습니다.[7]

"나의 사랑은 백향목과 같으니, 내 사랑의 어느 일부라도 결코 지배하지는 않으리라."[8] 칼릴 지브란은 《눈물과 미소》(A Tear and a Smile)에서 이렇게 말했습니다. 숲을 착취하려는 자들과 지키려는 자들의 역사적인 투쟁은 계속됩니다. 정말로 생태적 의미에서 우리 세계의 운명은 바로 여기에 있습니다. 성서는 이 경쟁에서 나무들의 손을 들어줍니다. 교회가 반드시 회복시켜야 할 감추어진 전통이지요. 이제 백향목들이 우리에게 들려주려는 이야기에 귀를 기울입시다. 우리에게 들을 귀가 있다면 우리는 이사야가 말한 저항과 희망의 윤리를 체현하게 될 것입니다.

"가련하고 빈궁한 사람들이 물을 찾지 못할 때에…

내가 광야를 못으로 바꿀 것이며,

마른 땅을 샘 근원으로 만들겠다.

내가 광야에는 백향목과

아카시아와 화석류와 들올리브 나무를 심고,

사막에는 잣나무와

소나무와 회양목을 함께 심겠다.

사람들이 이것을 보고, 주님께서 이 일을 몸소 하셨다는 것을 알게 될

것이다"(이사야 41:17-20).

1. Jan Oosthoek, "The Role of Wood in World History," 2000(http://www.forth.stir.ac.uk/~kjwol/essay3.html 참조).
2. David Haslam, "The Cedars of Lebanon: An Engineer Looks at the Data," 1998(http://web.ukonline.co.uk/d.haslam/mccheyne/cedars.htm 참조).
3. *Gilgamesh*, translated by John Gardner and John Maier (New York: Vintage Books, 1984).
4. Benjamin Kasoff, "Cedars of Lebanon and Deforestation," 1995, Trade and Environmental Database (http://www.american.edu/projects/mandala/TED/cedar.htm).
5. Rania Masri, "The Cedars of Lebanon: Significance, Awareness and Management of the *Cedrus Libani* in Lebanon," November 1995, International Relief Fund(http://almashriq.hiof.no/lebanon/300/360/363/363.7/transcript.html).
6. Evan Eisenberg, *The Ecology of Eden* (New York: Random House, 1999).
7. 기독교평화주의자연합(Christian Peacemaker Teams)의 누리집에서 관련된 이야기를 참조하시오(http://www.cpt.org/canada/can_asub.php).
8. Kahlil Gibran, *A Tear and a Smile* (New York: Alfred Knopf, 1914).

# 땅아, 기뻐하고 즐거워하여라

## THE GLAD SOIL REJOICES

존 팔버그●

다음은 2003년 11월 23일 추수감사주일, 뉴욕 주 알바니 제일교회(the First Church in Albany, 미국개혁교회)에서 설교한 것입니다.

● 존 팔버그(John Paarlberg)는 호프 대학(Hope College)과 예일 신학대학교(Yale Divinity School)를 졸업했다. 뉴욕 주 알바니 제일교회 담임목사가 되기 전, 그는 네덜란드와 미시간 주 그리고 뉴욕 주 시라큐스 북부에서 교회를 섬겼고, 미국개혁교회 교단에서 사회 증언 및 예배 분야의 담당자로 일했다.

땅아, 두려워하지 말아라.
기뻐하고 즐거워하여라.
주님께서 큰 일을 하셨다.
들짐승들아, 두려워하지 말아라.
이제 광야에 풀이 무성할 것이다.
나무마다 열매를 맺고,
무화과나무와 포도나무도 저마다 열매를 맺을 것이다.

시온에 사는 사람들아,
주 너희의 하나님과 더불어 기뻐하고 즐거워하여라.
주님께서 너희를 변호하여 가을비를 내리셨다.
비를 흡족하게 내려주셨으니,
옛날처럼 가을비와 봄비를 내려 주셨다.
이제 타작 마당에는 곡식이 가득 쌓이고,
포도주와 올리브 기름을 짜는 틀마다 포도주와 기름이 넘칠 것이다.

메뚜기와 누리가 썰어 먹고
황충과 풀무치가 삼켜 버린

그 여러 해의 손해를,

내가 너희에게 보상해 주겠다.

그 엄청난 메뚜기 군대를 너희에게 보내어

공격하게 한 것은 바로 나다.

이제 너희가 마음껏 먹고, 배부를 것이다.

너희에게 놀라운 일을 한

주 너희의 하나님의 이름을 너희가 찬양할 것이다.

나의 백성이 다시는 수치를 당하지 않을 것이다.

이스라엘아, 이제 너희는 알게 될 것이다.

내가 너희 가운데 있다는 것과,

내가 주 너희의 하나님이라는 것과,

나 말고는 다른 신이 없다는 것을 깨닫게 될 것이다.

나의 백성이 다시는

수치를 당하지 않을 것이다"(요엘 2:21-27).


얼마 전 저는 한 회사로부터 컴퓨터 소프트웨어 구입을 권유 받은 적이 있습니다. 구입 권유의 일환으로 회사는 이렇게 광고하더군요. 그들의 제품이 어찌나 흥미진진한지, 다른 제품들은 비교하자면 "거의 바위 밑을 들여다보는 것만큼 재미가 없다"고 말입니다. 저는 기분이 나빴습니다. 언뜻 생각할 때에 바위 밑을 들여다보는 것도 꽤 흥미진진할 것 같았거든요. 사실 제가 생각하기에는 사람이 만든 그 어떤 발명품도, 그것이 방대한 용량의 소프트웨어일지라도, 혹은 수많은 부가적인 기능을 가진 발명품이라 할지라도, 하나님의 창조세계의 복잡함과 신비함에는 견줄 수 없습니다. 그러니 저는 오히려 바위 밑을 들여다보는 걸 더 즐거워합니다. 그래서 저는 제가 꽤 좋은 회사를 대신하고 있다고 생각합니다.

우리 모두는 찰스 다윈(Charles Darwin)이 《종의 기원》의 저자이자 진화론을 제시한 19세기의 과학자라는 것을 알고 있습니다. 하지만 다윈이 그의 인생 중 44년을, 때때로 지렁이를 연구하면서 보냈다는 사실도 알고 계십니까? 다윈은 지렁이에 매료됐습니다. 그는 지렁이들을 병에 담아 자신의 아파트에 두었습니다. 그와 몇몇 동시대 사람들은 1에이커의 땅에 평균적으로 53,767마리의 지렁이가 산다는 것을 계산해냈습니다. 그가 추산하기에 잉글랜드 곳곳에 있는 그 많은 지렁이들은 매년 1에이커의 땅에서 10톤의 흙을 삼켰다가 토해냈다고 합니다. 지렁이들은 얇은 층의 비옥한 토양을 만들어내는 것만이 아닙니다. 지렁이들은 쉬지 않고 토양을 뒤집어놓습니다. 지렁이들은 로마 유적의 잔해들을 파묻고 있습니다. 지렁이들은 스톤헨지(Stonehenge) 유적이 기울어지고 쓰러지게 하는 원인이 됩니다. 믿기 어려울 만큼 절제된 표현으로 다윈은 결론짓습니다. "지렁이들은 대부분의 사람들이 처음에 예상했던 것보다 훨씬 더, 세계사에서 중요한 역할을 해왔다."[1]

우리 발아래에 사는 생명체들 중에 지렁이만 우리를 매료시키는 것이 결코 아닙니다. 찰스 킹즐리(Charles Kingsley)는 자신이 초대하고자 하는 친구에게 이렇게 편지한 적이 있습니다. "날 즐겁게 해주려고 걱정하지 말게." 그는 말했습니다. "날 나무 울타리 안으로 밀어 넣게. 한 평 땅의 어머니 대지 안에서도 나는 자네와 함께 있는 시간 내내 나를 사로잡기에 충분한 신비로움을 만나게 될 걸세." 하지만 한 평 땅조차도 필요치 않습니다. 훨씬 좁은 땅에서도 우리는 할 수 있습니다. 애니 딜라드(Annie Dillard)는 기록합니다.

삼림 토양의 표면 1인치 안에서, 생물학자들은 평균적으로 1,356개체의 살아 있는 생명체들을 발견했습니다. … 그중에는 865마리의 진드기, 265마리의 톡토기, 22마리의 노래기, 29마리의 성충 딱정벌레, 그리고 그 밖의 12종류 다양한 생물들이 있습니다. … 현미경으로 그 수를 추산해본다면 20억 개의 박테리아와 수백만의 곰팡이류, 원생동물 그리고 해조류들로 그 수가 늘어날 것입니다. 겨우 찻숟가락으로 한 번 떠올린 흙에서 말입니다.[2]

이 생물들 말고도 우리를 매료시키는 것이 또 있습니다. 우리를 포함한 지구상의 다른 수많은 피조물의 생명을 유지해주는 생명체들이 있습니다. 하버드 대학교의 곤충학자 에드워드 윌슨(Edward Wilson)은 기록합니다.

세계의 토양들은 유기체들에 의해 만들어집니다. 나무뿌리들은 바위를 산산조각 내 기본적인 거름이 될 작은 돌과 자갈로 만듭니다. 그러나 토양은 조각난 바위 그 이상입니다. 토양은 나무들, 작은 동물들, 곰팡이류, 미생물들이 미묘한 균형에 따라 조합된 집합체들과 함께 완벽한 생태계를 이룹니다. 그리고 흙 속에 녹아든 성분, 혹은 작은 입자의 형태로 영양분들을 순환시킵니다. 건강한 토양은 말 그대로 숨 쉬고 움직입니다.[3]

"호흡 있는 모든 만물들은 주님을 찬양하여라", 시편의 시인은 말했습니다. 이는 우리 발아래 있는 흙도 그 나름의 방식으로 곤충들의 합창과 미생물들의 성가, 곰팡이들의 찬가로 그들을 만드신 하나님을 찬양하는 피조물들의 찬양대인 것입니다.

우리는 얼마나, 철저히 이 피조물들에 의존하고 있습니까! 피조물들은 우리 없이도 아주 잘 살아갈 수 있지만, 우리는 그것들이 없다면 죽고 말 것입니다. 어느 봄, 저는 제 아들과 정원을 파다가 흙 한 줌을 쥐어 들고 말했습니다. "데이비드, 보렴. 네 모든 것, 네 앞으로의 모든 것, 앞으로 네가 읽게 될 모든 책, 세상의 모든 음악, 예술, 너희 선생님들, 가족, 친구들, 그 모든 것이 여기에 의존하고 있단다."

개리 폴센(Gary Paulsen)은 이를 보다 생생하게 말합니다.

> 우리의 모든 것, 우리가 이뤄갈 그 모두가, 아인슈타인과 아기들, 사랑과 증오 그 모두가, 기쁨과 슬픔, 성(性)과 욕망, 호(好)와 불호(不好), 그 모두가, 두 뺨을 스치는 잔잔한 여름 산들바람과 첫눈 그 모두가, 반 고흐와 렘브란트, 모차르트와 말러, 토마스 제퍼슨과 링컨, 간디와 예수 그리스도 그 모두가, 클레오파트라와 구애(求愛), 부유함과 성취와 진보 그 모두가, 그 모두가, 그 모든 것 하나하나가 … 6인치 깊이의 흙 표면에 의존하고 있으며, 흙이 필요로 할 때 비가 내리고 흙이 필요로 하지 않을 때 비가 내리지 않는다는 사실에 의존하고 있습니다. 또한 앞으로도 그러할 것입니다. 모든 것, 그 하나하나 모든 것은 그것의 일부입니다.[4]

우리 발밑의 땅이 얼마나 놀랍고 감사한 선물인지요! 그리고 이 땅을 사랑하시고 돌보시는 하나님이 우리 하나님이라는 사실을 아는 것이 얼마나 좋은지요! "땅아, 두려워하지 말아라. 기뻐하고 즐거워하여라. 주님께서 큰 일을 하셨다!"

오늘, 특별히 이 추수감사절, 우리를 위해 주시는 하나님께 찬양과 감사를 드립니다. 우리는 창조주 안에서 기뻐하는 창조세계에, 그리고 창조세계 안에서 기뻐하시는 창조주께 감사를 돌립니다. "기뻐하고 즐거워하여라. 땅아, 들짐승들아, 두려워하지 말아라."

그러나 요엘(Joel)의 말 중에는 더 준엄하고 더 도전적인 말도 있습니다. 그리고 여러분이 귀 기울여 듣고 있었다면 알아챘을 수도 있습니다. 25절에서 하나님께서는 예언자를 통하여 말씀하십니다. "메뚜기와 누리가 썰어 먹고 황충과 풀무치가 삼켜 버린 그 여러 해의 손해를, 내가 너희에게 보상해 주겠다. 그 엄청난 메뚜기 군대를 너희에게 보내어 공격하게 한 것은 바로 나다." 요엘에 따르면, 하나님께서는 단지 비를 보내시고 땅과 동물들이 풍성하게만 하신 것이 아닙니다. 하나님께서는 곡식들을 망치는 메뚜기들도 보내셨습니다. 사실 요엘서의 첫 장은 정확히 말하자면 땅을 황폐케 한 메뚜기 재앙에 대한 생생한 묘사입니다. 그리고 요엘은 이것도 역시 하나님의 손으로부터 온 것으로 이해합니다. 요엘이 말하기를 이 재앙은 경고요, 회개를 향한 부르심입니다.

모든 것이 잘될 때, 흙과 곡식과 동물들이 기뻐할 때, 그분을 사랑의 창조주요 풍성한 공급자로 인정하는 것은 중요한 신앙의 한 표현입니다. 이 때에는 감사로 넘치는 마음을 갖는 것이 어렵지 않습니다. 하지만 또 다른 종류의 신앙이 있습니다. 비는 오지 않고 곡식은 시들고 슬픔 위에 또 슬픔이 찾아오는 곤경의 때에도 어쨌든 그 사건들 뒤에 하나님의 손길이 있다고 말할 수 있는 신앙입니다.

이것은 우리가 말하는 **섭리**가 의미하는 것의 일부입니다. 하이델베르크 교리문답은 이것을 다음과 같이 설명합니다. 하나님께서 '세상을 유지하시고 다스리시므로, 나뭇잎과 풀잎, 비와 가뭄, 풍년과 흉년, 먹을 것과 마실 것, 건강과 질병, 부와 가난 그리고 그 밖의 모든 것은 우연에 의한 것이 아니라, 하나님의 양육하시는 손길에 의한 것'임을 고백하는 믿음을 의미합니다.

개혁주의자들이 모든 사건과 상황까지도 하나님의 직접적인 의지에 의한 것이라 주장했는지는 확실치 않습니다. 다만 제가 보기에 하나님께서는 우리와 창조세계를 향한 사랑 안에서 모두에게 어느 정도의 자유를 주셨습니다. 어떤 일들은 우리 자신의 어리석음이나 무지함, 혹은 지나친 완고함 때문에 벌어집니다. 때로는 사고가 일어나기도 합니다. 그리고 우리가 아는 누군가가 치명적인 피해로 고통 받고 있을 때에 우리는 섭리의 교리 뒤에 숨어버리지 않도록 특별히 주의해야만 합니다. 때때로 우리는 너무 서둘러 이렇게 말할 수도 있습니다. "나는 이 일에는 분명 이유가 있으리라고 확신해." 아마도 그럴지도 모릅니다. 그렇지만 하나님의 의지에 의한 것이라고 하기에는 이 일이 너무 비극적이라는 것을, 그리고 그들과 함께 있어주며 (적어도 지금만이라도) 어떠한 답을 내놓으려 하지 않고 그저 그들의 고통과 상실감을 덜어주어야 한다는 것을 인정하는 것이 더 정직하고 어쩌면 더 배려하는 것입니다.

그러나 섭리의 교리는 다음과 같이 확증합니다. 창조세계를 향한 하나님의 목적은 궁극적으로 좌절되지 않으며, 하나님은 이 세계를 사랑으로 창조하시고 이 창조세계가 결실을 맺기를 바라시며, 또한 여러분과 저와 우리 발밑의 피조물들(심지어 메뚜기들까지도!)을 포함한 모든 피조물을 선과 기쁨을 위하여 만드셨습니다. 이것은 또한 요엘이 초대하는 신앙으로 우리에게 이것을 믿도록 요청합니다. 하나님께서는 흙과 동물들과 사람들이 두려움 없이 살며 자신들을 만드신 하나님 안에서 기뻐하기를 바라십니다. 이것은 비록 하나님께서 모든 아픔과 모든 상실을 원하시지 않는다 할지라도, 그럼에도 불구하고 우리는 하나님께서 그것들을 통하여 그리고 그것들로부터 당신의 목적을 이루어 가시며, 그리하여 비극의 헝클어진 실타래를 통해서 하나님은 선을 엮어나가신다는 것을 의미합니다.

이것은 다른 사람들에게 강요할 수 있는 신앙이 아닙니다. 우리 자신의 슬픔의 한복판에서 스스로 이 신앙을 확증하기 위해 노력합니다. 저는 다만 이 신앙이 가장 어두운 시간들 속에서도 하나님의 성도들을 유지시켜왔다는 것을, 그리고 그들을 유지시킬 뿐만 아니라, 감사와 기쁨이 넘치는 삶을 살 수 있도록 해주었다는 것을 압니다. 신앙은 선이 악보다 더 강하며, 사랑이 증오보다 강하고, 빛이 어두움보다 강하며, 궁극적으로 우리와 모든 창조세계를 향한 하나님의 선하신 목적이 승리한다는 것, 그리하여 결핍이나 슬픔이나 상실이나 괴로움의 한가운데에서도 어떤 것도, 결코 그 어떤 것도 하나님의 사랑에서 우리를 떼어놓을 수 없다는 것을 신뢰하는 것입니다.

기뻐하십시오, 땅이여. 당신을 만드신 하나님 안에서 기뻐하십시오. 두려워 마십시오, 들짐승들이여. 하나님께서 그대들을 채우실 것입니다. 감사를 드리십시오, 사람들이여. 하나님의 변치 않는 사랑이 여러분을 떠나지 않으실 것입니다.

1. Quoted in Scott McVay, "A Siamese Connexion with a Plurality of Other Mortals," *The Biophilia Hypothesis*, ed. Stephen Kellert and Edward O. Wilson (Washington, DC: Island Press; Covelo, CA: Shearwater Books, 1993), 13.
2. Quoted in Elizabeth Achtemeier, *Nature, God, and Pulpit* (Grand Rapids: Eerdmans, 1992), 27.
3. E. O. Wilson, *The Diversity of Life* (Cambridge, MA: Belkamp Press of Harvard University Press, 1992), 308.
4. Gary Paulsen, *Clabbered Dirt, Sweet Grass* (San Diego: Harcourt Brace, 1992), 23.

# 첫 번째이자 영원한 언약

## FIRST AND EVERLASTING COVENANT

래리 라스무센●

다음은 캐피탈 대학교(Capital University) 2003년도 학위 수여식에서 설교한 것입니다.

● 래리 라스무센(Larry Rasmussen)은 기독교 윤리학자이다. 최근 그는 인간의 힘의 지속 불가능한 사용으로 인한 지구의 고통에 대해 고민할 수 있도록 도덕적·신학적인 방향전환을 제공하는 작업에 몰두하고 있다. 그는 *Moral Fragments and Moral Community: A Proposal for Church in Society, Earth Community, Earth Ethics* (1997년 종교부문 Louis Grawemeyer 상 수상); *Dietrich Bonhoeffer: Reality and Resistance* 등 많은 저서와 논문의 저자이다.

하나님이 노아와 그의 아들들에게 말씀하셨다. "이제 내가 너희와 너희 뒤에 오는 자손에게 직접 언약을 세운다. 너희와 함께 있는 살아 숨쉬는 모든 생물, 곧 너와 함께 방주에서 나온 새와 집짐승과 모든 들짐승에게도, 내가 언약을 세운다"(창세기 9:8-10).

아름다운 세계, 여전히 우리의 노래로 표현할 수 없는 아름다운 세계가 서서히 파괴되고 있습니다. 그렇습니다. 우리의 훌륭한 일과 자연의 끈질긴 회복력 덕분에 자연세계의 일부는 회복 중에 있습니다. 그러나 전체적으로는 지구의 생명체계는 쇠퇴하고 있습니다. 토양 침식이 토양 형성을 초과하고 탄소 배출이 탄소 고정(carbon fixation)을 넘어서면서 전에 없던 극심한 폭풍과 이상 기후가 발생하고 있습니다. 종의 멸종은 종의 진화를 훨씬 넘어서며 결코 스스로를 생물 종들 가운데 한 종으로 생각해본 적이 없는 한 종족, 즉 우리 때문에 원양 어획이 어류의 번식을 초과하고 삼림 파괴가 삼림의 재생 속도를 넘어섭니다. 그뿐만 아니라 너무도 많은 곳에서 담수의 사용이 대수층(지하수를 품고 있는 지층)으로의 물 보충보다 더 많습니다. 그래서인지 국제연합의 이라크 사찰단장 한스 블릭스(Hans Blix)의 지적은 우리에게 놀랍지도 않습니다.

"제게는 환경 문제가 평화와 전쟁 문제보다 더 불길하게 다가옵니다. 우리는 국지적 갈등과 무력행사를 경험하겠지만, 제가 믿기로 더 이상 세계적 갈등은 일어나지 않을 것입니다. 그러나 환경 문제, 그것은 서서히 다가오는 위험입니다. 저는 어떠한 심각한 군사적 갈등보다도 지구 온난화가 더 걱정됩니다."[1]

우리는 이 서서히 다가오는, 그러나 불길한 붕괴를 '폭력'이라 부르지 않습니다. 우리가 그것을 실제로 느끼지 못하기 때문입니다. 우리는 자연의 나머지 부분과 친밀감이나 친족 의식(kinship), 이웃됨을 거의 느끼지 않습니다. 우리는 스스로가 자연의 뼈 중의 뼈요, 자연의 살 중의 살임을 생각지 못합니다만 그럼에도 그것은 사실입니다. 5분간만 숨을 참아보십시오. 아니면 일주일간 물 없이 지내보십시오. 혹은 음식을 먹지 않고, 오감의 삶을 그만둬 보십시오. . 그리고 여러분이 생명 공동체에 속해 있는 선한 동물인지 아닌지를 판단해보십시오.

그러나 예언자들은 지구의 붕괴를 '폭력'이라 불렀습니다. 그러므로 우리는 귀를 쫑긋 세우고 그들에게 귀 기울여야 합니다. 이사야를 묵상해봅시다.

땅이 사람 때문에 더럽혀진다.
사람이 율법을 어기고
법령을 거슬러서,
영원한 언약을 깨뜨렸기 때문이다.
그러므로 땅은 저주를 받고,
거기에서 사는 사람이 형벌을 받는다.
그러므로 땅의 주민들이 불에 타서,

살아 남는 자가 얼마 되지 않을 것이다.
새 포도주가 마르며,
포도나무가 시든다.
마음에 기쁨이 가득 찼던 사람들이
모두 탄식한다.

무너진 성읍은 황폐한 그대로 있고,
집들은 모두 닫혀 있으며,
들어가는 사람이 하나도 없을 것이다.
거리에서는 포도주를 찾아 아우성 치고,
모든 기쁨은 슬픔으로 바뀌고,
땅에서는 즐거움이 사라진다(이사야 24:5-7, 10-11).

여기에서 언약, 영원하다고 여겨진 언약은 첫 번째 언약이고, 이 언약이 깨지면 땅에서의 즐거움은 사라집니다. 포도나무가 시들고 마음에 기쁨이 가득 찼던 사람들이 탄식할 때에 우리의 삶은 생명 공동체의 나머지와 한데 묶이게 됩니다. 창조세계가 거의 파괴되어 생명을 실은 방주 한 척만이 살아남았을 때 노아에게 선포된 그 언약은, 하나님과 지구 사이의 언약이었습니다. 가인에서 라멕(Lamech)에 이르도록 인간의 폭력이 늘어남으로 인해 이 언약은 깨지고 맙니다. 폭력과 부정의는 하나님께서 첫 번째 창조를 후회하고 다시 시작하시도록 할 정도였습니다. 이것이 그 첫 번째 언약입니다.

하나님이 노아와 그의 아들들에게 말씀하셨다. "이제 내가 너희와 너희 뒤에 오는 자손에게 직접 언약을 세운다. 너희와 함께 있는 살아 숨쉬는

모든 생물, 곧 너와 함께 방주에서 나온 새와 집짐승과 모든 들짐승에게
도, 내가 언약을 세운다. … 내가, 너희 및 너희와 함께 있는 숨쉬는 모든
생물 사이에 대대로 세우는 언약의 표는, 바로 무지개이다. 내가 무지개
를 구름 속에 둘 터이니, 이것이 나와 땅 사이에 세우는 언약의 표가 될
것이다. … 무지개가 구름 사이에서 나타날 때마다, 내가 그것을 보고,
나 하나님이, 살아 숨쉬는 모든 것들 곧 땅 위에 있는 살과 피를 지닌 모
든 것과 세운 영원한 언약을 기억하겠다"(창세기 9:8-10, 12-13, 16).

평범한 교인들에게 이 첫 번째 언약이 누구와 맺어진 것인지를 물어보
십시오. 여러분은 아마 아브라함과 사라와 그 자손들이라는 대답을 듣게
될 것입니다. 우리는 이렇게 비약을 해버리는데, 그것은 우리의 생각에 언
약이란 언제나 하나님과 인간 사이, 혹은 인간들 사이에서 맺는 것으로 여
기기 때문입니다. 우리 기독교는 하나님과 인간 사이에서만 작동하는 축
으로 굴러갑니다. 우리의 예배당들은 모든 거룩한 땅을 건물 안으로 옮기
고, 모든 신성한 것을 표현하기 위하여 인공물을 사용합니다. 우리가 침착
하게 모든 땅을 진정으로 거룩한 땅으로, 또 모든 창조세계를 진정으로 거
룩한 것으로 존중할 때조차도 우리는 우리의 위치를 선한 청지기로, 즉 창
조세계에 대한 하나님의 대리자로, 위임된 지배의 위치에 서서 통치하는
관리자로 잘못 생각합니다. 청지기라는 개념은 노예해방 이전의 개념이기
때문에 우리에게 적절하지 않습니다. 예컨대 기독교인 노예 소유자는 그
가 소유한 노예의 선한 청지기였습니다. 오늘날 우리는 이 노예제도를 거
의 버렸지만 자연을 노예로 보는 제도를 버리지 못했습니다. 우리가 자연
을 우리의 마음대로 할 수 있는 살아 있는 소유물로 보며, 자신을 우리의
이익에 따라 자연을 좌지우지할 수 있는 청지기로 보는 자연의 노예제도
말입니다.

평범한 교인들에게 이번에는 첫 번째 명령이 무엇인지를 물어보십시오. 여러분은 아마도 정답을 듣기 어려울 것입니다. 정답은 "생육하고 번성하여라"입니다. 그런데 이 첫 번째 명령은 누구를 향한 것일까요? 바로 물고기와 새들입니다!

> 하나님이 커다란 바다 짐승들과 물에서 번성하는 움직이는 모든 생물을 그 종류대로 창조하시고, 날개 달린 모든 새를 그 종류대로 창조하셨다. 하나님 보시기에 좋았다. 하나님이 이것들에게 복을 베푸시면서 말씀하시기를 "생육하고 번성하여 여러 바닷물에 충만하여라. 새들도 땅 위에서 번성하여라" 하셨다. 저녁이 되고 아침이 되니, 닷샛날이 지났다 (창세기 1:21-23).

마찬가지로 우리는 창세기 2장에서 하나님께서 인간에게 땅의 피조물들을 주신 이유가 "맡아서 돌보게" 하시려는 것이라는 사실을 알아채지 못할 때가 너무도 많습니다. 여기서의 히브리어 단어 'bd의 의미는 '섬기다'입니다. 이것은 섬기러 오신 분인 예수께서 사용하셨고, 또 그분에 대해 사용되었던 헬라어와 같은 단어입니다. 인간은 본래 땅의 종이며, 이 두 번째 창조 이야기에서 *ha adam*('땅의 피조물' 혹은 '땅의 존재')을 규정하는 것은 *adamah*(흙)라는 말입니다. 아담은 다른 모든 피조물과 마찬가지로 흙으로부터 왔고, 아담과 모든 피조물은 바로 이 흙으로 돌아갈 것입니다. 우리는 흙입니다. 다른 피조물들과 같이 여러분은 흙으로부터 왔으며, 마찬가지로 여러분은 흙으로 돌아갈 것입니다. 여러분이 땅의 피조물인 인간, 곧 아담으로서 삶 속에서 해야 할 과업은 땅을 섬기며 지키고 맡아서 보호하는, 혹은 맡아서 돌보는 것입니다. '맡아서 돌보는' 것은 제가 지적한 바와 같이 첫 번째 명령이 아닙니다. 그러나 이것은 땅의 피조물인 인간에게 주어진 첫 번째 명령이며, 모세가 시내산에서 받은 명령보다 훨씬 오래전의 것입니다. 이 명령은 인류의 여명에 주어진 것이며 우리에게 주어진 태고의 소명이요 명령입니다. "동산을 맡아서 돌보라", "이 영원한 언약을 따르라", "땅의 모습을 다시 새롭게 하라" 이것이 우리가 여기 있는 이유입니다.

이번에는 평범한 교인들에게 아담 다음에 창조된 것이 누구인지를 물어보십시오. 이번에 여러분이 듣게 될 대답은 '이브'일 것입니다. 그 과정에 있어서는 맞는 말이지만, 창세기 2장에서는 하나님께서 땅의 피조물인 아담이 홀로 있는 것을 보시고 그를 위해 알맞은 짝을 만들어주시려고 모든 동물을 먼저 창조하셨습니다. 창세기 2장 18-20절을 읽고 스스로에게 물어보십시오. 여기에 담긴 논리는 무엇입니까? "들의 모든 짐승과 공중의 모든 새"는 아담에게 어울리는 짝이 될 수 있겠습니까? 그것들은 아담의 친구이자 짝이 될 수 있을 것입니다. 그들 역시 모두 *adamah*로부터 왔고 그리로 돌아갈 것이며, 각각 모두가 아담에게 생명을 주셨던 하나님의 동일한 숨을 받은 존재이기 때문입니다. 그들은 생명 공동체 안에서 한 가족입니다.

그러면 평범한 교인들에게 동산 한가운데에는 무슨 나무가 있었는지를 물어보십시오. 이번에 여러분이 듣게 될 대답은 '선과 악을 알게 하는 나무'일 것입니다. 그 나무가 온 관심을 받고 있는 것이죠. 그러나 그것은 틀린 대답입니다. 정답은 이렇습니다. "주 하나님은 보기에 아름답고 먹기에 좋은 열매를 맺는 온갖 나무를 땅에서 자라게 하시고, 동산 한가운데는 생명나무와 선과 악을 알게 하는 나무를 자라게 하셨다"(창 2:9). 생명나무는 동산의 중앙에, 세계의 축에 있습니다. 그곳에서 성서는 시작됩니다. 그리고 새 예루살렘의 새롭게 구원된 세계 안에, 그리곤 하나님의 보좌에서 흘러나오는 수정과 같이 빛나는 강물의 둑을 따라 심어져있는 똑같은 생명나무에서 성서는 끝을 맺습니다. 생명 나무는 계절마다 열매를 맺고, 그 나뭇잎은 "민족들을 치료하는 데에"(계 22:2) 쓰입니다.

그러나 계시록을 계속 읽어보십시오. 지나칠 정도로 질투심 많은 저자인 밧모 섬(Patmos)의 요한은, 누구든지 그의 예언에 조금이라도 가감을 하면 하나님께서 그를 데려가실 것이라고 말하며 계시록을 끝맺습니다. 최악의 경우 어떤 일이 일어날까요? 하데스(Hades), 스올(Sheol), 지옥입니까? 아닙니다. 오히려 하나님께서는 "생명나무와 그 거룩한 도성에서"(계 22:18) 그가 누릴 몫을 없애버리실 것입니다. 달리 말하면 그는 그에게 속한 것, 즉 몸과 영혼과 마음에 속한 것으로부터 잘려져서 분리되고 말 것입니다.

물론 이 친숙한 창조 이야기 안에는 다른 주제들도 있습니다. 우리는 하나님의 형상에 따라 창조되었습니다. 또한 인간에게도 생육하고 번성하라는 명령이 주어졌습니다. 그 명령은 또한 다스리고 정복하는 것이기도 합니다. 제 친구 한 명은 이렇게 말합니다. "우리는 생육하고 다스리라는 이 명령들을 극단적으로 수행해왔습니다. 이젠 그렇게 지나치게 하는 것을 그만 두어야 할 때입니다."

그런데 왜 우리는 다른 주제들은 강조하지 않고 이 주제만을 강조할까요? 왜 친족 의식에 대한 주제들은 배제하면서 우리를 자연과 분리하고 자연 위에 두는 주제들만 조직적으로 선택하는 것일까요? 이것은 종의 수준에서의 배타적 사고(apartheid)입니다. 즉, 우리는 스스로를 생명 공동체의 나머지 부분과 떨어져서 독립적으로 발전할 수 있는 종이라고 생각합니다.

제가 이것을 다르게 말해보겠습니다. 우리는 성서를 잘 알지 못하기 때문에 우리가 해서는 안 되는 배타적 방식으로 현실을 걸러냅니다. 이것은 옳을 수도 있지만, 그렇지 않을 수도 있습니다. 사실 우리는 우리의 삶의 전체 방식때문에 그렇게 합니다. 우리가 창세기의 절반을 편리하게 빠뜨리고 보기 때문에 대부분의 생명 시스템의 붕괴에 도달한 것이 아닙니다. 창세기 절반의 구절들이 우리의 삶의 방식의 목표에 들어맞지 않기 때문에 우리는 그것들을 빠뜨리고 보았습니다. 즉 우리의 삶의 방식이란 전체 생명공동체가―다른 사람들과 인간 세계 이상을 포함하는―회복과 재생을 위해 무엇이 필요한지조차 결코 묻지 않는 세계를 건설하려고 합니다.

물론 우리 모두가 이러한 행위에 똑같은 정도로 동참하고 있지는 않습니다. 환경 파괴의 약 70%는 자연에 대한 사람들의 개인적인 느낌이나 그들의 교육 및 지성과 관계가 없습니다. 그것은 부유한 국가들의 패턴과 시스템들, 즉 생활방식과 다른 곳에서 그들의 모방자들과 관계가 있습니다.

빌 맥키벤(Bill McKibben)은 우리 곁에 꼭 두어야 할 그림을 그립니다. 우리는 얼마나 큽니까? 맥키벤은 지구상에서 인간이 요구하는 크기의 의미를 묻습니다. 단순한 문제가 아니기에 그는 설명을 이어갑니다. 우리는 음식과 에너지, 물과 광물 들을 소비하는 정도가 매우 다른데, 그것은 시대를 걸쳐 다르게 나타납니다. 맥키벤이 인용하길 윌리엄 캐튼(William Catton)은 인간이 하루에 사용하는 에너지의 양을 계산해보았습니다. 수렵 및 채집 시대에 사용한 에너지의 양은 약 2,500칼로리 정도였고 그것도 전부 식량이었습니다. 참돌고래(common dolphin)의 일일 섭취량과 비슷한 수준입니다. 현대인은 하루에 31,000칼로리를 소비하며 대부분 화석 연료의 형태입니다. 둥근머리돌고래(pilot whale)의 섭취량과 비슷한 수준입니다. 그리고 미국인의 평균 소비량은 현대인의 6배입니다. 향유고래(sperm whale)의 섭취량과 맞먹는 수준이죠. 다시 말해 우리는 예전의 우리와는 달라져 있는 것이지요. 더 친절하지 않거나 불친절하게, 더 똑똑하지 않거나 어리석게 말입니다. 우리 시대의 자연은 호메로스 시대 이래로 좀 달라진 것 같습니다. 우리는 좀 더 커졌습니다. 우리는 같은 크기의 위를 가진 똑같은 종족으로 보이지만, 그렇지 않습니다. 우리 각자는 메이시 백화점의 추수감사 퍼레이드의 커다란 풍선을 끌고 다니며 계속해서 바람을 넣고 있는 것 같습니다. 이제 우리 각자는 농사지을 작은 땅과 고기를 얻을 작은 초원만 필요한 것이 아니라, 종이와 목재를 얻을 작은 숲, 작은 광산, 작은 유정이 필요합니다. 거인들은 큰 발을 갖고 있습니다. 밴쿠버의 몇몇 과학자는 거인의 발자취를 계산해보고 다음과 같은 발견을 했습니다. 밴쿠버 인근에는 100만 에이커의 땅에 170만 명이 살고 있지만, 거인들을 부양하려면 2,150만 에이커의 땅이 필요하다는 것입니다. 앨버타의 밀밭, 사우디아라비아와 쿠웨이트와 이라크의 유전, 멕시코의 토마토 농장. 우리 머리 위에 있는 이 풍선들은 우리가 어떻게 살 것인지를 선택하는 것에 따라 줄어들 수도 있고 늘어날 수도 있습니다.[2] 어떻게 살 것인가? 그것은 최초의 영원한 언약을 지키느냐 어기느냐의 문제입니다.

우리가 어떻게 살아야 하는가에 대해 말하는 기독교 신앙의 심오한 전통에 대해 알아봅시다. 창조세계에 대한 성례전적 이해는 모든 것, 이제는 흙(adamah)뿐만 아니라 공기와 물까지도 상품으로, 즉 마치 그것이 그 자체로 생명이나 가치가 없고 우리의 삶에 대한 어떤 요구가 없는 것처럼, 그것을 사고파는 재산으로 변질시키는 것을 전적으로 거부하는 삶으로의 방향 전환입니다. 기독교적 금욕주의는 두 번째 오래된 전통입니다. 이 전통은 지구를 격렬히 사랑하는 단순한 삶의 방식으로 물질적으로는 단순하고 영적으로는 풍요한 삶, 소비주의에 반대하는 엄격한 삶에 대해 예와 아니오를 말할 수 있도록 배우는 것입니다. 또 하나의 오래된 전통은 어떤 사람은 부유하게 하고 다른 사람은 가난하게 하며, 어떤 사람은 가진 것에 가진 것을 더하고 다른 사람은 생계를 결핍되게 하며, 어떤 사람은 좋은 포도주를 즐기고 다른 사람은 물도 마실 수 없게 하는 제도화된 습관들에 대한 예언자들의 변함없는 주목입니다. 요컨대, **어떻게 살 것인가?** 그것은 최초의 영원한 언약을 지키느냐 어기느냐의 핵심의 문제입니다.

친구 여러분, 이 희고 푸른 점, 우주라는 거대한 바다에 떠 있는 이 작고 작은 지구, 거대한 물 위에 굽이굽이 펼쳐져 있는 일곱 개의 대륙, 그것은 우리에게 속한 것이 아닙니다. 오히려 우리가, 다른 모든 것과 함께 거기에 속해 있고 그 생명 공동체에 속해 있습니다. 우리가 옳은 것으로 돌아올 때까지 숲과 바다, 공기와 물 그리고 그 속의 모든 종들은 다 시들어갈 것입니다. 그리고 생명의 망의 소중한 부분으로서 우리 스스로가 고통 받게 될 것입니다. 그것은 최초이자 영원한 언약, 곧 하나님과 모든 생물과 살아 있는 피조물들이 맺은 언약, 하나님과 이 땅 사이의 언약에 대한 오늘날의 경고장입니다. 생명, 모든 생명은 소중한 선물입니다. 그 생명을 맡아서 섬기십시오. 품으십시오. 아끼십시오. 그리고 진정으로 그 생명의 어머니가 되십시오.

1. "Hans Blix's Greatest Fear," *New York Times*, March 16, 2003.
2. Bill McKibben, "A Special Moment in History: The Future of Population," *Atlantic Monthly*, May 1998, 56-57.

# 동물들을 축복하며

## BLESSING THE ANIMALS

데이비드 로즈●

다음은 2006년 성 프란시스 축일에 시카고 소재 루터 신학교에 있는 어거스타나(Augustana) 채플에서 드린 '동물들을 위한 축복' 예배*의 설교입니다.

● 데이비드 로즈(David Rhoads)는 시카고 소재 루터 신학교(the Lutheran School of Theology)에서 신약학을 가르치고 있다. 그는 도널드 미치(Donald Michie)와 조안나 듀이(Joanna Dewey)와 함께 *Mark as Story: An Introduction to the Narrative of a Gospel*을 공동저술했고, *The Challenge of Diversity: The Witness of Paul and the Gospel*을 저술했으며, *From Every People and Nation: The Book of Revelation in Intercultural Perspective*를 편집했다.

* 매년 10월 4일은 성 프란시스 축일이다. 동물들을 위한 축복 예배는 모든 피조물을 형제와 자매로 여기며 사랑했던 아시시의 성 프란시스를 기념하면서 탄생한 관습으로, 이날이 되면 수많은 사람이 자신의 반려동물들을 이끌고 교회로 가며, 집례자는 사람들과 함께 온 동물들을 축복하는 성수를 뿌리고 축복의 기도를 해준다.[역주]

하나님이 말씀하시기를 "물은 생물을 번성하게 하고, 새들은 땅 위 하늘 창공으로 날아다녀라" 하셨다. 하나님이 커다란 바다 짐승들과 물에서 번성하는 움직이는 모든 생물을 그 종류대로 창조하시고, 날개 달린 모든 새를 그 종류대로 창조하셨다. 하나님 보시기에 좋았다. 하나님이 이것들에게 복을 베푸시면서 말씀하시기를 "생육하고 번성하여 여러 바닷물에 충만하여라. 새들도 땅 위에서 번성하여라" 하셨다.

하나님이 말씀하시기를 "땅은 생물을 그 종류대로 내어라. 집짐승과 기어다니는 것과 들짐승을 그 종류대로 내어라" 하시니, 그대로 되었다. 하나님이 들짐승을 그 종류대로, 집짐승도 그 종류대로, 들에 사는 모든 길짐승도 그 종류대로 만드셨다. 하나님 보시기에 좋았다(창세기 1:20-25).

또 예수께서 그들에게 말씀하셨다. "너희는 온 세상에 나가서, 만민에게 복음을 전파하여라"(마가복음 16:15).

그분의 십자가의 피로 평화를 이루셔서, 그분으로 말미암아 만물을, 곧 땅에 있는 것들이나 하늘에 있는 것들이나 다, 자기와 기꺼이 화해시켰습니다(골로새서 1:20).

우선 오늘 여기 모인 각양각색의 개와 고양이에게 이야기하고 싶구나. 또 인간 친구들과 오늘 여기에 함께 온 물고기, 흰담비, 햄스터, 앵무새, 뱀 들과도 이야기하고 싶단다. 너희는 여기에 너희 스스로를 위해 와 있고, 여기에 오지 않은 모든 동물들, 즉 소, 염소, 말, 코끼리, 벌, 퓨마, 악어, 복어, 장어, 또 곤충들을 대표해서 와 있단다. 너무 많아서 전부 이름을 불러줄 수가 없구나.

나는 너희 모든 피조물에게 좋은 소식을 알리고 싶어. 그것은 바로 하나님께서 너희를 사랑하신다는 거야. 하나님은 너희 스스로를 위해 사랑하시지, 너희가 인간들을 위해 해줄 수 있는 것들 때문에 사랑하시는 것이 아니란다. 너희는 너희 자체로 가치가 있어. 거룩한 책이 우리에게 말하기를, 하나님께서 너희, 곧 바다의 물고기와 하늘의 새, 땅의 모든 피조물을 창조하실 때, 하나님께서는 당신이 만드신 모든 것이 "보시기에 정말로 좋았단다!"(창 1:12, 18, 21, 25, 31).

하나님께서 너희를 창조하실 때 하나님은 너희를 축복하셨어. 하나님께서 너희에게 이렇게 말씀하셨지. "생육하고 번성하여 땅에 충만하여라"(창 1:28). 하나님께서는 너희를 큰 무리로, 또 아주 다양하게 창조하셨어. 하나님께서는 너희 모두가 살아남아서 땅 위에서 번성하기를 원하신단다.

하나님은 너희를 위해 세상을 창조하셨고, 그래서 너희는 살아가는 데 필요한 것들을 얻을 수 있단다. 시편 기자는 우리에게 다음과 같이 말한단다. 하나님은 나무들에 물을 주시기 위해 비를 만드셨고, 새들이 둥지를 짓도록 나무를 만드셨고, 소들이 뜯어먹도록 풀을 만드셨고, 산양이 숨을 수 있도록 바위를 만드셨다고(시 104:14-24). 하나님은 너희가 "때를 따라서 먹고" 또 "좋은 것으로 만족하기를" 바라신단다(시 104:27-28).

성경이 우리에게 말하기를, 홍수가 왔을 때 하나님께서는 노아의 방주를 통해 너희 각자를 구원하셨어. 그리고 하나님께서 너희 바다의 물고기와 하늘의 새들, 집짐승들과 땅 위의 모든 동물들과 약속하시기를 앞으로 영원히 너희를 지키시겠다고 하셨어(창 9:8-17). 하나님께서 최초의 '멸종위기종보호법'을 만드신 거지.

우리 인간들처럼 너희도 하나님을 찬양하도록 부름 받았단다. 언덕은 박수를 치고 들판은 하나님을 칭송하도록(시 148), 너희 소와 개와 고양이들은 너희 스스로의 존재로 하나님을 찬양하고 그로써 하나님을 높이도록 부름을 받았지. 선지자 요한은 하늘과 땅 위와 땅 아래와 바다에 있는 모든 피조물과, 또 그들 가운데 있는 만물이 이렇게 소리쳐 찬양하는 환상을 보았어. "보좌에 앉으신 분과 어린 양께서는 찬양과 존귀와 영광과 권능을 영원무궁 하도록 받으십시오."(계 5:13).

우리 인간 동물들(human animals)은 너희를 조직적으로 학대하고, 너희의 수를 줄여 너희를 파괴하고 도살하며, 몰아내고 돌보지 않고 방치하여, 우리의 안락함과 편의를 위해 너희를 상품과 같이 취급한 것을 고백해야 한단다. 우리는 너희를 하나님의 피조물로 보지 않았던 거야. 너희에게 적절한 존중과 호의를 보이지 못했던 거지. 하나님의 의지와는 반대로 우리는 너희가 생존하고 번성할 수 있도록 우리 스스로를 제한하지 않았어. 우리가 저지른 것들에 대해, 정말 미안하다!

오늘 여기 있는 너희는 정말 운이 좋은 녀석들이란다. 너희에게는 너희를 돌봐줄 인간 친구들이 있기 때문이지. 하지만 너무 많은 너희의 형제들이 멸종의 위기에 처해 있단다. 눈표범, 얼룩이리, 푸른바다거북, 콘도르, 주걱철갑상어, 참고래… 너무 많지. 우리 인간들이 너희 형제자매들을 너무 몰아내고 괴롭혀서 이제는 지구상에 다시는 존재하지 못하는 것들이 한둘이 아니란다.

우리가 이러한 식으로 너희를 감소시키고 파괴할 때, 우리는 너희의 생존 능력을 위태롭게 할 뿐만 아니라 너희의 하나님을 찬양하는 능력을 질식시키고 있어. 모든 피조물과 함께, 너희는 해산의 고통 속에서 신음하면서, 창조세계를 돌보며 너희가 번성하도록 준비하는 하나님의 자녀들이 나타나기를 기다리고 있잖니(롬 8:19-23).

이제 저는 여러분, 인간들에게 이야기하고 싶습니다. 여러분에게 또한 좋은 소식을 알리고 싶습니다. 하나님은 여러분을 사랑하십니다. 하나님은 여러분 스스로를 위해 여러분을 사랑하시며 여러분이 번성하기를 원하십니다. 하나님이 여러분을 만드실 때에도 보시기에 참 좋았습니다.

하나님이 또한 여러분에게 말씀하십니다. "생육하고 번성하여 땅에 충만하여라"(창 1:28). 그런데 우리는 이미 그렇게 되었습니다! 그러므로 우리는 이제 멈추어야 합니다. 왜냐하면 하나님께서 그렇게 말씀하신 것은 다른 피조물이 번성할 권리를 몰아내면서까지 그렇게 하라는 뜻이 아니기 때문입니다. 선진국에서, 우리는 침략하듯이 수많은 동물들의 땅을 빼앗고 보금자리를 파괴하고 그들을 집어삼키고 그들의 집과 이동경로를 침입해왔습니다. 우리는 우리의 한계를 배워야 합니다.

하나님은 우리 인간을 창조하시며 특별한 책임, 즉 다스리는(dominion) 책임을 주셨습니다(창 1:28). 이것은 다른 피조물들을 지배하거나(domination) 착취하라(exploitation)는 의미가 아닙니다. 오히려 우리는 하나님이 하셨던 것처럼 다른 피조물 안에서 기뻐하며 그들을 돌보아야 합니다. 창조세계를 향한 우리의 사랑은 창조세계의 올바른 사용을 위한 유일한 기초입니다. 우리는 모든 피조물에 대한 책임이 있고, 그들의 필요를 제공하며, 그들을 보존하기 위해 일해야 합니다.

우리는 우월감으로가 아니라 모든 피조물과의 연대 안에서 이 일을 해야 합니다. 우리는 함께 하기 위해, 다른 존재와 친구가 되기 위해, 또 함께 번성하기 위해 창조됐습니다. 모든 동물은 우리의 친척이며 형제자매입니다. 하나님께서는 우리와 다른 모든 동물과 함께 언약을 맺으셨습니다. 우리 인간 역시 동물, 즉 영장류의 포유동물이라는 사실을 인정하십시오.

예수께서도 포유동물이었습니다. 예수께서는 모든 억압받는 자들, 그리고 사회에 의해 상처받고 주변화된 자들을 돌보기 위해 사셨습니다. 그리고 지금 이 순간, 거기에는 인간뿐만이 아니라 대부분의 피조물이 포함됩니다. 예수께서는 하나님 자신과 창조세계의 '모든 만물'을 화해시키기 위해 돌아가셨습니다(골 1:20).

하나님의 사랑에 응답하여 우리는 모든 생명이 함께 번성할 수 있도록 자유롭게 행동할 수 있습니다. 여러분은 어떤 것도 증명할 필요가 없습니다. 여러분 스스로를 제한할 수 있습니다. 여러분은 다른 피조물이 생존하며 번성할 수 있도록 여러분의 생활방식을 단순화할 수 있습니다. 다른 피조물들에 대한 여러분의 행동을 깨닫고 그 행동을 줄일 수 있습니다. 멸종 위기에 처한 동물들을 위한 안전한 집과 서식지를 만들어갈 수 있도록 행동할 수 있습니다.


이제, 여러분 피조물 모두에게 이야기하고 싶습니다. 어느 날 밤, 저는 꿈속에서 환상(vision)을 보았습니다. 저는 성찬식을 하는 동안 대성당의 앞줄에 있었습니다. 저는 성찬대 앞의 첫 번째 사람에게 사제가 빵을 건네는 것을 보았습니다. 다시 보니 성찬대 앞의 다음 형상은 뱀이었습니다! 뱀은 바닥에서부터 몸을 꼬아 성찬대 위로 몸을 구부려 그리스도의 은혜를 얻기 위해 머리를 앞으로 쭉 뻗었습니다. 그 다음은 또 다른 누군가였습니다. 앞발을 성찬대 위에 놓고 그리스도의 은혜를 받기 위해 구부리고 있던 것은 너구리였습니다. 또 저는 새 한 마리가 성찬대의 구석에 앉아 빵 부스러기를 먹는 모습도 보았습니다.

꿈속에서 이 장면을 목격하고 난 뒤에 갑자기 대성당의 벽이 사라지더니 그 밖은 사방에 온갖 종류의 야생동물이 돌아다니는 잎이 빽빽한 정글이 되었습니다. 그 순간, 그것은 마치 분리의 장벽이 사라진 것처럼 보였고, 그곳은 하나님을 찬양하며 그리스도의 은혜를 칭송하는 모든 창조세계의 상처 없는 망이었습니다.

꿈에서 깨어난 그때부터 오늘에 이르기까지 저는 이와 같은 예배를 다시 생각해낼 수 없었습니다. 저는 지구 전체를 우리가 그 안에서 예배하는 성소로서 바라봅니다. 그리고 저는 하나님을 부르고 고백하며 감사하고 찬양하는 제 자신을 보며, 또한 스스로를 모든 생명과의 연대를 위해 바치는 제 자신을 봅니다. 그러한 저의 비전이 여러분의 비전이 되기를 바랍니다.

오늘 여기 여러분이 모인 것은 정말로 행운입니다. 여러분은 여러분 자신과 여러분의 친구들 간의 사랑과 돌봄과 충실함의 관계를 가지고 있습니다. 여러분은 인간과 다른 동물들이 맺어야 할 관계의 모범입니다. 인간과 모든 동물과의 관계의 모범으로서 이 관계가 세상에 널리 나타나기를 바랍니다. 우리가 우리의 집에서 우리의 친구 동물들을 돌보듯이 모든 동물을 돌볼 수 있기를 바랍니다.

# '부자병'의 치유:
## 예수와 부자, 그리고 영원한 생명

HEALING OUR "AFFLUENZA": Jesus, the Rich Man, and Eternal Life

바바라 로싱●

다음은 워싱턴 주 캐스케이드(Cascade) 산맥에 위치한 기독교 피정 기관인 홀든 빌리지(Holden Village)에서 설교한 것입니다.

● 바바라 로싱(Babara Rossing)은 시카고 소재 루터교 신학교의 신약학 교수이며, 계시록, 생태학 및 해방에 대해 관심을 갖고 연구하고 있다. 그녀는 생태 신학을 위한 성서적 자원에 관한 수많은 논문들의 저자이며, *The Choice between Two Cities: Whore, Bride and Empire in the Apocalypse*와 *The Rapture Exposed: The Message of Hope in the Book of Revelation* 등의 저서들이 있다.

예수께서 길을 떠나시는데, 한 사람이 달려와서, 그 앞에 무릎을 꿇고 그에게 물었다. "선하신 선생님, 내가 영원한 생명을 얻으려면, 무엇을 해야 합니까?" 예수께서 그에게 말씀하셨다. "어찌하여 너는 나를 선하다고 하느냐? 하나님 한 분밖에는 선한 분이 없다. 너는 계명을 알고 있을 것이다. '살인하지 말아라, 간음하지 말아라, 도둑질하지 말아라, 거짓으로 증언하지 말아라, 속여서 빼앗지 말아라, 네 부모를 공경하여라' 하지 않았느냐?" 그가 예수께 말하였다. "선생님, 나는 이 모든 것을 어려서부터 다 지켰습니다." 예수께서 그를 눈여겨보시고, 사랑스럽게 여기셨다. 그리고 그에게 말씀하셨다. "너에게는 한 가지 부족한 것이 있다. 가서, 네가 가진 것을 다 팔아서, 가난한 사람들에게 주어라. 그리하면, 네가 하늘에서 보화를 차지하게 될 것이다. 그리고, 와서, 나를 따라라." 그러나 그는 이 말씀 때문에, 울상을 짓고, 근심하면서 떠나갔다. 그에게는 재산이 많았기 때문이다.

예수께서 둘러보시고, 제자들에게 말씀하셨다. "재산을 가진 사람은, 하나님의 나라에 들어가기가 참으로 어렵다." 제자들은 그의 말씀에 놀랐다. 예수께서 다시 그들에게 말씀하셨다. "이 사람들아, 하나님의 나라에 들어가기는 참으로 어렵다. 부자가 하나님의 나라에 들어가는 것보다 낙타가 바늘귀로 지나가는 것이 더 쉽다." 제자들은 더욱 놀라서

"그렇다면, 누가 구원을 받을 수 있겠는가?" 하고 서로 말하였다. 예수께서 그들을 눈여겨보시고, 말씀하셨다. "사람에게는 불가능하나, 하나님께는 그렇지 않다. 하나님께는 모든 일이 가능하다."

베드로가 예수께 말씀드렸다. "보십시오, 우리는 모든 것을 버리고 선생님을 따라왔습니다." 예수께서 말씀하셨다. "내가 진정으로 너희에게 말한다. 나를 위하여, 또 복음을 위하여, 집이나 형제나 자매나 어머니나 아버지나 자녀나 논밭을 버린 사람은, 지금 이 세상에서는 박해도 받겠지만 집과 형제와 자매와 어머니와 자녀와 논밭을 백 배나 받을 것이고, 오는 세상에서는 영원한 생명을 받을 것이다. 그러나 첫째가 꼴찌가 되고 꼴찌가 첫째가 되는 사람이 많을 것이다"(마가복음 10:17-31).

여러분은 어디가 아프십니까? 베드로의 장모처럼 열이 나서 아프십니까? 바울의 '몸의 가시'처럼 당뇨나 에이즈, 중독 같은 만성 질환이 있습니까? 깨어진 관계로 인해 삶이 마비 상태입니까? 정신적이든 영적이든 혹은 육체적이든, 무서운 악령이 있어서 여러분을 놔주지 않습니까? 몇 년 전 저는 하이킹 도중 심각한 사고를 당해서 다리에 흉터가 남았습니다. 이 흉터는 지금껏 그날의 상처를 생각나게 하기도 하지만, 또한 치유의 손길로 제게 건강을 되돌려준 의료인들의 솜씨와 돌봄을 생각나게 하기도 합니다.

마가복음서의 앞부분은 질병들과 예수의 치유에 대한 참된 목록을 제시합니다. 많은 치유 이야기들의 첫머리는 익숙한 패턴을 따르고 있습니다. 예수께서 어떤 마을을 지나가시고, 환자나 환자의 보호자가 그에게 급히 와서 그 앞에 엎드려서 특정한 요청을 합니다. 여러분은 마가복음서의 치유 이야기 시작 부분에서 이러한 패턴을 보게 됩니다. "나를 깨끗하게 해주십시오"라고 부르짖으며 나병에 걸린 남자가 예수의 앞에 무릎 꿇어 요청합니다(막1:40). "내 딸을 살려 주십시오" 하는 말은 예수의 발 앞에 엎드린 야이로(Jairus)의 간청입니다(막5:23). 모든 탄원자는 낫게 해달라는 요청을 가지고 예수께 나옵니다.

마가복음서 10장에 나오는 예수를 찾아온 부자의 이야기 역시 전형적인 치유 이야기의 패턴을 따르고 있습니다. 이 부자의 질병과 이에 대한 예수의 처방은 우리와 오늘날 생태적 상황에 깨우침을 줄 수 있을 것입니다. 다른 탄원자들과 같이 마가복음서 10장의 이야기 속 남자는 길을 가시는 예수에게 달려 와서 "무릎을 꿇습니다." 여기에서 마가는 1장 40절의 나병에 걸린 남자의 이야기에서와 동일한 단어 *gonypeteo*를 사용합니다. 다른 탄원자들처럼 이 남자도 요청을 가지고 옵니다. "선하신 선생님, 내가 영원한 생명을 얻으려면, 무엇을 해야 합니까?" 그러나 여기에서 그의 요청은 마가복음서의 전형적인 치유 이야기의 패턴과는 다릅니다. 영원한 생명에 대한 요청을 가지고 온 이 남자는 치유를 요구하지도 않고 아파 보이지도 않습니다. 하지만 그는 정말로 아픈 것이 아닐까요? 그는 자신도 모르는 병에 걸린 것이 아닐까요?

잠시 화제를 바꿔서 한 의사의 진찰실로 들어가 봅시다. 한 여성이 허름한 병원복을 입고 탁자에 앉아 있습니다. 그녀는 의사가 나타나기를 기다리면서 초조하게 무릎 위의 지갑을 움켜쥐고 있습니다. 이 여성은 연속극 〈나의 모든 자녀들〉(All My Children)의 여배우 재키 오라이언(Jackie O'Ryan)입니다. 드라마에서 그녀는 음산한 음악이 흐르는 단막극 〈우리 시대의 삶〉(Lives of Our Days)의 주연입니다. 그녀가 자신의 금 장신구와 지갑을 만지작거리며 탁자에 앉아 있을 때, 의사가 심각한 소식을 가지고 걸어옵니다. "유감스럽게도 당신에게는 신체적으로 아무런 문제가 없습니다."

그녀가 묻습니다. "그렇다면 왜 저는 두려움, 교만함과 나태함을 느끼는 걸까요? 어떤 것도 더 이상 즐겁지 않아요. 옷도 집도 승진도 모든 게 말입니다. 선생님, 두려워요. 제게 약을 주실 수 있나요?"

"당신의 상태에 맞는 약은 없습니다. 안타깝게도 당신은 어플루엔자(affluenza)로 고생을 하고 있습니다."

"오, 하나님", 그녀가 반응합니다. "왜 저란 말이죠? 치명적인 건가요?"

"재앙이지요. 새로운 전염병입니다."

"치료제는 있나요?"

"아마도요."


몇 해 전 공영 텔레비전에서 방영되어 인기를 끌었던 존 더 그라프(John de Graaf)의 다큐멘터리 〈어플루엔자〉(Affluenza)는 이렇게 시작합니다. 이 재미있지만 직설적인 다큐멘터리에서 공영 라디오의 진행자 스캇 사이먼(Scott Simon)의 내레이션은 우리의 문화와 '더 많이'(more)를 위한 충족될 수 없는 욕구에 대해 폭로합니다. 제작자들은 이 욕구를 우리와 우리 세계를 병들게 하는 전염병으로 정의합니다. 이 프로그램은, 풍요를 뜻하는 말인 affluence와 유행성 독감을 뜻하는 말 influenza의 합성어인 어플루엔자(affluenza)를 "첫째, 아메리칸 드림을 끈질기게 좇다가 얻게 되는 스트레스와 과로, 낭비와 채무 등의 유행병; 둘째, 경제성장을 향한 지속 불가능한 중독"으로 정의합니다."

진찰대에 있는 이 여성과 달리, 오늘의 복음서 본문에 나오는 부자는 자신이 병에 걸린지를 모르고 있습니다. 그가 자신의 증상을 열거하지 않았지만 이 남성의 경우는 중증의 어플루엔자입니다. 가문으로부터 재산을 물려받았고 막대한 토지를 소유하고 있으면서도 그는 지금 **더 많이**(more) 원하고 있습니다. 그는 영원한 생명을 상속 받고 싶어 합니다. 그래서 요청할 것을 가지고 예수 앞에 무릎을 꿇은 것입니다.

예수께서는 그에게 평범한 처방을 주십니다. "너는 계명을 알고 있을 것이다. 살인하지 말아라, 간음하지 말아라, 도둑질하지 말아라, 거짓으로 증언하지 말아라, 속여서 빼앗지 말아라…."

잠깐만요! 마지막의 "속여서 빼앗는" 것에 대한 계명은 무엇입니까? 이것은 우리가 교리문답에서 배운 십계명의 목록에 없는 것입니다. 여기서 예수께서는 좀 더 익숙한 구약 성서의 '탐내지 말라'(covet)는 계명을 '속여서 빼앗는다'(defraud)는 말로 바꾸어 말씀하셨습니다. 예수께서는, 만약 부자가 그렇게 부유하다면 그 부는 틀림없이 가난한 사람을 속여서 빼앗은 결과임을 암시하고 계시는 게 아닐까요? 만일 그렇다면 이것은 매우 흥미로운 경제적 기지입니다.

그 부자는 이러한 변화를 눈치 채지는 못하고 있는 것 같습니다. 그는 자신 있게 예수 앞에서 그 자신이 하나님의 율법에 관한 한 건전한 모범이라고 단언합니다. "나는 이 모든 것을 어려서부터 다 지켰습니다." 의사가 문진표(흡연하십니까? 자외선 차단제 없이 외출하신 적이 있습니까? 안전벨트를 착용하지 않고 운전하신 적 있습니까?)를 다 끝냈을 때 우리가 그렇게 하듯이 그 부자는 깨끗한 건강 증명서를 예상하며 진찰대에 앉아 있습니다.

예수께서는 그를 보시고(헬라어를 번역하면 "그를 응시하시고"), 그를 사랑하십니다. 이것은 치유의 놀라운 순간입니다. 예수께서는 이 독선적인 남자의 아픔을 보시고 그의 커다란 결핍을 보실 수 있었지만, 예수께서 놀랍고 예기치 못할 만큼 우리를 사랑하시며 우리 영혼 깊은 곳까지 바라보시며 우리와 우리 세계를 무조건적으로 사랑하시는 것처럼 그를 여전히 사랑하십니다. 이 사랑의 바라봄이 그 부자를 치유하고 우리 한 사람 한 사람을 치유하는 것입니다.

마가복음서의 치유 이야기는 일반적으로 무언가를 하라는 명령으로 이어지고, 종종 그 명령은 헬라어 명령형인 *hypage*로 시작됩니다. '일어나라'(get up) 혹은 '가거라'(Go your way)라는 의미입니다. 이 부자는 의사가 상상할 수 없을 만큼 강력한 처방을 써주려고 한다는 것을 잘 모르고 있습니다. 예수께서 이 사람을 사랑하시기 때문에 이 남자가 예수를 따르도록, 즉 예수의 치유를 받아들이도록 사랑으로 초대하고 계십니다. 다시 말해 그가 가진 것들을 내놓고 가난한 사람들에게 돌려줌으로써 영원한 생명을 얻으라는 것입니다.

"너에게는 한 가지 부족한 것이 있다." 의사 예수는 진단의 결과를 내놓습니다.

"가거라." 예수께서는 병을 치료하는 과정을 마치실 때 수많은 사람들에게 사용하셨던 말과 똑같은 단어로 그에게 말씀하십니다. 나병에 걸린 남자(1:44), 중풍에 걸린 남자(2:9, 11), 거라사의 귀신 들린 남자(5:19), 혈루증 걸린 여자(5:34), 시로페니키아 여자(7:29), 그리고 눈먼 바디매오에게 (10:52) 그렇게 말씀하셨습니다. "가거라, 네가 가진 것을 다 팔아서, 가난한 사람들에게 주어라. 그리하면, 네가 하늘에서 보화를 차지하게 될 것이다." 나를 따라 오너라. 그리하면, 네가 건강해질 것이고, 영원히 살게 될 것이다.

예수께서는 부자를 공동체로, 새로운 삶의 방식으로 초대하십니다. 이 이야기의 비극은 이 부자가 이 약을 삼킬 수 없는 것입니다. 그는 치료를 받을 수 없습니다. 의사 예수가 그를 바라보고 사랑했음에도, 이 남자는 근심에 빠진 채 울며 **홀로** 떠나갑니다. 분명히 그의 병은 낫지 않을 것입니다. 그는 자신의 소유, 많은 부와 유산에 중독되었습니다. 그래서 어플루엔자로 아픈 것입니다. 그리고 그 중독 때문에 그는 영원한 생명을 상속 받을 기회를 놓치고 맙니다. 복음의 공동체에 들어갈 기회를 잃고 만 것입니다.

혹 우리도 아프지 않습니까? 유행병에 걸려 있지는 않습니까? 환경 저술가 빌 맥키벤(Bill McKibben)은 그렇다고 생각합니다. 그는 우리 문화의 더 많이(more)의 채울 수 없는 갈망을 질병으로 규정합니다. 질병의 은유는 제가 생각하기에 매우 유용한 표현입니다. 이 말은 우리의 삶의 방식이 우리 자신과 세계에 가져오는 건강의 위협을 직시하도록 도와주기 때문입니다.

마가복음서 10장의 이야기는 어떻게 마칩니까? 부자는 떠나가고 치료를 받을 수 없습니다. 그러나 어쩌면 그의 울음은 치유를 위한 희망이 될 수도 있습니다. 울음은 이를 가능케 합니다. 그것은 세계의 절규와 우리 자신의 변화를 향한 간절한 욕구를 향해 우리를 열어줄 수 있습니다.

저는 홀든 빌리지(Holden Village)에서 자신들의 이야기를 들려준 네 명의 가난한 온두라스 농부의 울음을 결코 잊지 못합니다. 이 농장 노동자들이 복음, 즉 영원한 생명 안에서 발견한 기쁨은 모두를 향한 증거였습니다. 수줍어하며 부드러운 목소리로, 그들은 비참하게 가난했던 어린 시절의 트라우마에 대해 털어놓았습니다. 그들은 열일곱 살이 될 때까지 신발을 신지 못했던 부끄러움, 점심때가 되어도 먹을 것이 없었던 부끄러움, 그리고 매일같이 '너는 아무것도 아니다'라는 말을 들어야 했던 부끄러움에 대해 이야기했습니다. 그중 한 사람인 호르헤(Jorge)는 열 살 때부터 열네 살이 될 때까지 한 부자의 노예로 살았습니다. 미겔(Miguel)은 초등학교의 교사가 되었지만 여전히 아주 가난했고, 그가 맡은 반의 가장 가난한 아이들에게 마음이 간다고 합니다. 그는 학교에 올 때 입을 바지 하나가 없는 자기 반 학생 한 명에 대해 이야기했고, 이 이야기는 나머지 세 사람의 심금을 크게 울렸으며 이들 모두 말없이 흐느꼈습니다. 미겔이 그 학생에 대해 묘사할 때마다 커다란 흰 손수건으로 눈물을 훔쳤습니다.

오늘의 복음서 본문이 제기하는 질문들 중의 하나는 이것입니다. 이 네 명의 가난한 농장 노동자, 바지가 없는 설움을 알고 심지어 자녀들이 아플 때 먹일 약조차 살 수 없는 그들의 울음은 복음서 이야기 안에서 자신의 소유를 내려놓지 못하는 부자의 울음과 어떻게 연결될 수 있을까요? 어플루엔자와 과소비로 인한 우리의 아픔은 어떻게 세계 도처의 빈곤한 사람들의 아픔과 연결될 수 있을까요? 또 그들의 울음은 브라질 신학자 레오나르도 보프(Leonardo Boff)가 "지구의 절규"라 부르는 그것과 어떻게 연결될 수 있을까요? 우리의 울음을 통해서 세계 치유를 발견하는 데 도움이 되는 그런 연결이 있을까요?

"가거라, 네가 가진 것을 다 팔아서, 가난한 사람들에게 주어라" 하고 처방을 내리면서, 의사 예수는 정말로 그 연결이 있다고 말하는 것 같습니다. 의사 예수는 그 시절이나 지금이나 세계의 빈부 격차를 영속화하며 동시에 지구의 미래를 위태롭게 하는 체제, 우리 모두를 병들게 만드는 체제가 부당하다고 진단하는 것 같습니다.

우리가 어플루엔자라는 병에서 벗어나지 못하는 한 우리는 영원한 생명을 상속 받을 수 없습니다. 그러나 희망은 있습니다. 사랑이 있습니다. 예수께서 우리 한 사람 한 사람을 사랑으로 바라보실 때 그는 진단만 하는 것이 아니라 영원한 생명의 선물을 제시하십니다. "나를 따르라." 예수께서는 그 부자에게 말씀하신 것과 같이 우리 한 사람 한 사람에게도 말씀하십니다.

"네 소유를 내려놓아라", 예수께서 말씀하십니다. 그들에게 다 주십시오. 여러분 자신을 벗어버리십시오! 여러분의 소유물들이 여러분을 죽이고 있습니다. 그것들이 여러분을 교만하게, 또 나태하게 만들고 있습니다. (우리가 언급한 드라마 속의 한 친구가 이야기한 말을 기억하십시오. "어떤 것도 더 이상 즐겁지 않아요. 옷도 승진도 차도 집도요.") 그 어느 때보다 우리의 큰 집들, 석유 기반의 경제, 중독과도 같은 소유의 축재, 이러한 것들이 우리의 지구를 병들게 하고 있습니다. 이러한 생활방식으로는 하나님께서 수백억 년 동안 만들어놓으신 지구의 자원들을 다 없애버리고 말 것입니다.

예수께서는 우리 생활방식의 규모를 줄이도록 초대하십니다. 리처드 하인버그(Richard Heinberg)가 탄소 후 세계(post carbon world)를 위한 삶의 방식으로 제시한 "힘의 축소"(power down)가 그것입니다. 더 늦기 전에, 우리가 속여서 빼앗은 것들을 가난한 사람들과 지구에 돌려주십시오. 대신 약속을 물려받으십시오. 영원한 생명을 물려받으십시오.

우리가 여기에 모일 때에 의사의 진찰대는 성찬대가 됩니다. 여기에서 의사 예수는 여러분에게 꼭 필요한 약을 주었습니다. 하나님과, 서로서로와, 그리고 모든 창조세계와의 친교 안에서 여러분을 위해 주신 그의 몸을 받아먹으십시오. 생명을 위하여, 치유를 위하여 주신 몸입니다. 이 성찬은 영원한 생명입니다!

이 이야기는 우리의 삶의 방식의 지속 불가능성을 경고하는 동시에 우리를 위한 하나님의 사랑의 깊이를 강조합니다. 부자는 '영원한 생명'의 상속을 요청하지만, 그는 영원한 생명을 그가 소유하거나 물려받을 수 있는 개인적인 것으로 잘못 이해하고 있습니다. 그는 영원한 생명이란 하나님과의 친교 그리고 우리 상호간의 친교 안에서의 삶이라는 사실을 깨닫지 못하고 있습니다.

부자가 떠난 뒤에 이야기는 제자들이 물음을 던지는 마지막 장면으로 전환됩니다. "그렇다면, 누가 구원을 받을 수 있겠습니까?" 26절의 헬라어 *sozo*는 이 이야기를 치유 이야기로 이해하게 하는 또 다른 단어입니다. '구하다' 혹은 '치유하다'라는 의미의 이 단어가 야이로의 딸 이야기에서 야이로가 요청하는 말에 등장합니다. "오셔서, 그 아이에게 손을 얹어 고쳐 주시고, 살려 주십시오"(5:23). 또 혈루증에 걸린 여인의 이야기에서도 그녀는 이렇게 말합니다. "내가 그의 옷에 손을 대기만 하여도 나을 터인데!"(5:28; 6:56과 10:26을 비교해보십시오). 눈먼 바디매오의 이야기에서도 예수께서 그에게 이렇게 말씀하십니다. "가거라. 네 믿음이 너를 구원하였다"(10:52).

"그렇다면, 누가 치유를 얻을 수 있겠습니까?" 못 믿겠다는 듯이 제자들이 묻습니다. 그들의 질문은 생활방식을 바꾸는 것, 특히 부자에게 있어서의 그 어려움을 가리키는 말입니다. "사람에게는 불가능하다", 예수께서 말씀하십니다. "그러나 하나님께는 그렇지 않다. 하나님께는 모든 일이 가능하다."

이것이 복음서가 말하는 약속이며 우리를 위한 희망과 치유의 메시지입니다. 하나님과 함께하면 모든 일이 가능합니다. 반세기 동안 대기 중 이산화탄소 양이 두 배가 되고, 해수면은 계속 상승하고 있으며, 만년설은 녹아내리고 있고, 생물의 멸종이 가속화되며, 빈부의 격차는 갈수록 커지고 있다고 하는 놀랄 만한 생태적 통계에 직면함에도 불구하고 우리의 지구와 우리 모두를 위한 희망을 주는 것은 세계를 향한 하나님의 치유하시는 사랑의 놀라운 회복의 힘입니다.

우리의 지구는 지구 온난화로 인해 병들어 있으며 우리를 향해 비명을 지르고 있습니다. 우리도 병들어 있고 이 세계도 병들어 있습니다. 이것은 시급한 유행병입니다. 그러나 죽음에 이르는 병은 아닐 수 있습니다. 예수께서 우리를 바라보시고 우리를 사랑하시기 때문입니다. 예수로 말미암아 모든 일은 가능하며, 우리의 어플루엔자도 고침을 받을 수 있습니다. 의사 예수께서 우리의 가장 깊은 상처를 치유해주십니다. "너희의 소유, 너희와 지구 모두를 병들게 하는 너희의 '더 많이'의 생활방식을 내려놓아라. 와서, 나를 따르라. 그리고 너의 자매와 형제와 모든 창조세계와의 친교를 통해 참된 보물을 찾아라. 와서, 치유를 받으라. 와서, 영원한 생명을 상속 받아라!"

# 생태정의의 성서적 비전

## THE BIBLICAL VISION OF ECO-JUSTICE

로즈마리 래드포드 류터<sup>●</sup>

다음은 2005년 4월 지구의 날에 퍼시픽 종교학부(the Pacific School of Religion)에서 설교한 것입니다.

● 로즈마리 래드포드 류터(Rosemary Radford Ruether)는 캘리포니아 주 버클리 소재 GTU(the Graduate Theological Union) 여성신학 명예석좌 교수(Carpenter Professor of Feminist Theology Emeritus)및 캘리포니아 주 클레어몬트 신학대학과 대학원의 초빙교수로 있다. 그녀는 여성 신학, 생태학과 사회정의에 관한 42권의 저서들과 그 밖의 수많은 논문을 저술 혹은 편집했다. 주저로 *Gaia and God: An Ecofeminism Theology of Earth Healing* (HarperSanFrancisco, 1992)[한글 번역본, 전현식 옮김, 《가이아와 하느님: 지구치유를 위한 생태 여성 신학》(이화여대출판부, 2001)], *Women Healing Earth: Third World Women on Feminism, Religion, and Ecology, Religious Feminism and the Future of the Planet, Integrating Ecofeminism, Globalization and World Religion, Christianity and Social System: Historical Constructions and Ethical Challenges* 등이 있다.

땅이 메마르며 시든다.

세상이 생기가 없고 시든다.

땅에서 높은 자리를 차지한 자들도 생기가 없다.

땅이 사람 때문에 더럽혀진다.

사람이 율법을 어기고 법령을 거슬러서,

영원한 언약을 깨뜨렸기 때문이다.

그러므로 땅은 저주를 받고,

거기에서 사는 사람이 형벌을 받는다.

그러므로 땅의 주민들이 불에 타서,

살아남는 자가 얼마 되지 않을 것이다(이사야 24:4-6).


나의 거룩한 산 모든 곳에서,

서로 해치거나 파괴하는 일이 없다.

물이 바다를 채우듯, 주님을 아는 지식이

땅에 가득하기 때문이다(이사야 11:9).


기업주들은 여전히 인정하지 않지만, 1970년대 이래로 서구의 산업 발전 양식은 지속가능하지 않다는 인식이 증가하고 있습니다. 세계의 천연 자원을 불공평하게 독점하고 있는 부유한 소수에 기초한 이런 산업발전체제는 빠르게 그 스스로의 기반을 고갈시키고 있습니다. 이런 형태의 산업화를 확장시키는 것은 다가오는 붕괴를 가속화시킬 것입니다. 우리에게는 천연 자원을 고려하면서 생산과 소비를 조직하는 완전히 새로운 방식, 즉 이 땅의 모든 사람들에게 좀 더 정의롭게 삶의 수단을 분배하고 후대에 물려줄 수 있도록 자원을 회복하는 방식으로 이를 사용하는 지혜가 필요합니다.

근대 산업 발전에 따른 생태적 위기의 심각성이 점점 분명해짐에 따라 신학 및 종교 사상가들 사이에서 이러한 위기에 응답하려는 노력이 나타나기 시작했습니다. 다양한 종교 체제가 땅에 대한 파괴적인 관계에 어느 정도 영향을 미칠까요? 세계의 종교들은 땅을 더욱 돌보도록 가르칠 수 있는 긍정적인 자원들을 어느 정도 가지고 있을까요? 이 점에서, 특별히 기독교는 서구 산업 국가들의 주요한 종교로서 많은 도전을 받고 있습니다.

1967년 과학사가인 린 화이트(Lynn White)는 "생태계 위기의 역사적 근원"(The Historical Roots of Our Ecological Crisis)이라는 제목의 글을 기고했습니다. 이 글에서 그는 창조세계에 대한 인간의 지배라는 성서적 교리가 서구 기독교인들의 자연에 대한 파괴적 관계의 주요 원인이라고 주장했습니다. 많은 사람이 이 글을 접했으며, 기독교 신학자들과 성서학자들 가운데도 자성의 움직임이 일어났습니다.

서구 종교사상들은 이런 도전에 대해 두 가지 중요한 반응을 보였습니다. 첫째, 히브리 성서학자들의 주된 반응으로, 그들은 "땅에 충만하여라. 땅을 정복하여라. 바다의 고기와 공중의 새와 땅 위에서 살아 움직이는 모든 생물을 다스려라"라는 창세기 1장 28절의 명령을 창조세계에 대한 인간의 파괴적인 지배를 허용한 것으로 잘못 해석해왔다고 항변합니다. 일반적으로 하나님과 자연의 관계 안에서 인간을 이해하게 되면, 히브리 성서는 하나님이 창조세계의 주인임을 가르쳐주고 있습니다. 우리 인간은 땅에 대해 우리가 원하는 대로 할 수 있는 자율적인 소유자가 아니라 주인이신 하나님으로부터 위임받은 땅의 관리인입니다. 땅과 우리의 관계는 하나님께 책임을 다하는 청지기적 관계이지 파괴적인 착취자가 아니라는 것입니다.

둘째 다른 종교 사상가들은 이러한 청지기 모델(stewardship model)을 거부합니다. 그들은 이 모델이 여전히 인간을 창조세계에 대한 지배자로 보고 있다고 주장합니다. 이 사상가들은 성서가 생태 영성과 윤리를 회복시키는데 별 도움이 되지 못한다고 생각합니다. 그들은 성서적 사고의 주된 영향이 인간을 자연의 일부가 아닌, 자연 밖에 그리고 자연 위에 위치시킨다고 하는 린 화이트의 견해에 동의합니다. 그들이 강조하는 것은 우리 인간이 이 지구에 늦게 도착한 존재라는 사실입니다. 인간은 지구에 단지 50만 년 정도 살았을 뿐이며, 45억 년 전까지 거슬러 올라가는 지구 역사의 시간표에서 극히 일부에 지나지 않습니다. 인간은 지구 역사의 대부분을 비지배적인 종으로 살아왔습니다. 물고기, 새, 뭍 위 짐승들은 우리보다 훨씬 오래 여기에서 살았습니다. 그들은 사이좋게 잘 살아왔고, 우리가 그들에 대한 지배력을 갖기 이전에 분명히 훨씬 더 잘 살았습니다.

이 저술가들은 모든 자연을 거룩한 것으로, 또 하나님의 영이 스며 있는 것으로 보는 자연세계에 대한 물활론적 관점(animist view)이 필요하다고 주장합니다. 우리는 지구에 대한 경외감을 회복하고 우리가 여러 종들 가운데 한 종으로서 이 안에서 살아간다고 하는 인식을 회복해야 합니다. 우리는 스스로를 자연과 구분하여 자신을 자연을 지배하라는 신적 명령을 받은 존재로 여기지 말고, 자연과의 상호성과 친교를 맺는 방법을 배워야 합니다. 이들에 의하면 이런 견해들이 성서 안에서 발견되지 않으므로 우리는 성서적 사고를 벗어나서 북미 원주민과 같은 토착민들의 종교적 세계관, 혹은 힌두교나 도교와 같은 아시아 종교들을 주목할 필요가 있습니다.

저는 이웃 종교의 생태적 가능성을 찾는 사람들에게 이의를 제기하지 않습니다. 그들이 다른 전통들과 참된 관계를 갖지 않고 단지 그들을 이용하는 것이 아니라 그들과 깊고 책임 있는 대화를 할 수 있다면 더욱 그렇습니다. 그러나 저는 성서적 전통 안에는 제가 '생태정의 윤리'(an eco-justice ethic)라고 부르는 생태적 영성과 윤리를 위한, 무시되어서는 안 될 귀중한 자원이 있다고 믿습니다. 또한 인류의 3분의 1에 가까운, 약 20억 기독교인들에게 '당신들의 종교는 문젯거리일 뿐, 해결책이 아니므로 폐기되어야 한다'고 주장함으로써 그들이 생태학에 관심을 갖게 되지는 않을 것이라는 것 또한 분명합니다. 기독교인들에게 생태적 위기에 대한 관심을 불러일으키려면 우리는 성서에 호소하는 언어로 말해야 합니다. 이것은 단순히 전략의 문제가 아니라 진리의 문제입니다. 사실, 성서는 우리가 회복할 수 있으며 또한 회복해야만 하는 심오한 생태적인 자원들을 가지고 있습니다. 성서가 자연에 적대적이라며 일축하는 사람들은 성서적 세계관과 19세기 독일의 성서해석을 혼동하고 있습니다. 독일 사상 안에서 우리는 자연을 역사와 대립시키고, 역사의 주인으로서의 하나님과 자연을 대립적인 것으로 보는 견해를 발견할 수 있습니다. 자연은 정적이며 영을 억누르는 것으로 매도되었으며, 반면 역사는 해방적이며 자연을 초월하는 것으로 여겨졌습니다. 그러나 자연과 역사의 이런 분열은 성서에서는 낯선 것입니다. 성서 안에서 우리는 하나님을 인간뿐만 아니라 별과 행성, 동물과 식물을 포함한 모든 세계의 창조자로 이해합니다. 하나님의 동일한 변함없는 사랑은 다음과 같은 하나님의 행위 안에서 나타납니다. "물 위에 땅을 펴 놓으신, … 큰 빛을 지으신, … 낮을 다스릴 해를 지으신, … 밤을 다스릴 달과 별을 지으신" 하나님에게서, 또한 "이스라엘을 그들(애굽인들) 가운데에서 … 강한 손과 펴신 팔로 이끌어내신, … 홍해를 두 동강으로 가르신, … 이스라엘을 그 가운데로 지나가게 하신, 바로와 그의 군대를 뒤흔들어서 홍해에 쓸어 버리신"(시 136:6-15) 하나님 안에서 그분의 변함없는 사랑이 드러납니다.

17세기 이래로 서구 과학 안에서 승리를 거둔 자연관은 인간 이외의 자연을 생기를 주는 영이 없는 죽어 있는 물질로 봅니다. 과학사가 캐롤린 머천트(Carolyn Merchant)는 자연에 대한 이런 태도의 변화를 '자연의 죽음'(the death of nature)이라 부릅니다. 그러나 이런 견해는 성서와 완전히 낯선 것이며, 근대까지도 일반적으로 기독교적 사상과 정말로 낯선 것이었습니다. 히브리 세계관과 기독교 세계관은 과학 혁명 전까지 자연이 살아 있으며 혼이나 영으로 가득 차 있다고 생각했습니다. 우리는 자연 안에서 살아 있는 영과 상호작용합니다. 자연은 본래적으로 하나님과 연결되어 있는 살아있는 피조물들의 공동체로서 하나님께 응답합니다.

하나님께서는 자신의 창조 사역 안에서 큰 기쁨을 누리시고, 창조세계는 찬양으로 하나님께 응답합니다. 하나님은 자신이 창조한 세계 안에서 즐거워하시며, 별, 산, 개울, 동물과 식물들은 이 즐거움을 하나님과의 관계 안에서 돌려드립니다. 하나님은 소나기 가운데 이 땅에 오셔서 고랑이 넘치도록 물을 주시고 잘 자라도록 축복하십니다. 이에 땅은 넘치는 풍성함과 기쁨으로 화답합니다. "언덕들도 즐거워… 목장마다 양 떼로 뒤덮이고, 골짜기마다 오곡이 가득하니, 기쁨의 함성이 터져 나오고, 즐거운 노랫소리 그치지 않습니다"(시 65:12-13).

히브리 성서의 세계는 예수의 고향인 나사렛과 마찬가지로 대부분 생계형 농부들의 작은 세계였습니다. 그들은 예리한 자연의 관찰자였고 자갈투성이에 물이 부족한 환경에서 자라나는 자연에 의지하던 사람들입니다. 또한 히브리 종교는 주기적으로 휴한지를 두고 땅의 과잉 개발을 막기 위해 정기적인 토지개혁을 실천하여 자연에 대한 돌봄의 윤리를 수립했습니다. 이 농경 법들은 안식일과 안식년, 희년의 순환에 관한 레위기의 법들에 담겨 있습니다.

이러한 생태정의의 성서적 비전을 살펴보면서 저는 특히 중요한 예언자적 사고방식에 주목하고자 합니다. 이런 사고는 인간들 사이의 부정의, 그리고 땅의 파괴와 맞물려 있습니다. 또한 그것은 구원의 희망에 대한 비전을 제시합니다. 이 비전 안에서, 인간의 정의로의 회심은 땅을 새롭게 하고 인간, 자연, 하나님 사이의 조화를 회복시킵니다. 이런 견해는 인간, 땅, 하나님 사이의 온전한 계약의 이해에 기초해 있습니다. 땅은 그 자체로 인간과 하나님 사이의 계약 관계에서 필수불가결한 부분입니다. 이러한 계약의 관점에서, 인간의 자연 이용과 남용에 대한 자연의 응답은 바로 윤리적 표지(sign)가 됩니다. 토양 침식과 가뭄, 수원의 고갈과 땅의 오염은 바로 인간이 서로에 대해, 그리고 자연에 대해 저지른 부정의한 삶의 방식에 대한 하나님의 심판입니다. 그러므로 시편 107편은 선언합니다. "주님께서는 강들을 사막으로 만드시며, 물이 솟는 샘들을 마른 땅이 되게 하시며, 그 곳에서 사는 사람들의 죄악 때문에, 옥토를 소금밭이 되게 하신다"(시 107:33-34). 이 본문은 고대 근동의 생태적 재해의 현실에 대한 종교적인 해석입니다. 이런 재해는 삼림 파괴와 지나친 관개가 땅의 사막화와 염류화(鹽類化, salinization)를 일으켰기 때문에 발생한 것입니다.

성서적 관점에서는 인간이 사회적 부정의와 전쟁으로 인해 하나님과 그리고 다른 사람들과의 계약을 위반했을 때 하나님, 인간, 자연 사이의 계약이 깨집니다. 사회 안에서 전쟁과 폭력 그리고 오염되고 척박하며 적대적인 자연의 모습은 모두 계약 위반의 표현들입니다. 이것들은 한 실재의 표현들로서 서로 연결되어 있습니다. 이사야 24장은 사회적 계약 위반과 폭력, 그리고 생태적 계약 위반과 폭력 사이의 관련성을 생생하게 묘사하고 있습니다.

땅이 완전히 텅 비며, 완전히 황무하게 될 것이다.

주님께서 그렇게 된다고 선언하셨기 때문이다.

땅이 메마르며 시든다.

세상이 생기가 없고 시든다.

땅에서 높은 자리를 차지한 자들도 생기가 없다.

땅이 사람 때문에 더럽혀진다.

사람이 율법을 어기고

법령을 거슬러서,

영원한 언약을 깨뜨렸기 때문이다.

그러므로 땅은 저주를 받고,

거기에서 사는 사람이 형벌을 받는다.

그러므로 땅의 주민들이 불에 타서,

살아 남는 자가 얼마 되지 않을 것이다.


무너진 성읍은 황폐한 그대로 있고,

집들은 모두 닫혀 있으며, 들어가는 사람이 하나도 없을 것이다.


성읍은 폐허가 된 채로 버려져 있고,

성문은 파괴되어 조각 난다(이사야 24:3-6, 10, 12).


그러나 사회와 자연의 황폐에서 드러나는 하나님의 심판은 예언자적 비전의 끝이 아닙니다. 인간이 하나님께로 돌아오면 창조의 계약은 회복되고 갱신됩니다. 사람들 사이의 정의로운 관계의 회복은 사회의 평화를 회복시키고 자연의 증오를 치유합니다. 또한 사람이 노예화되지 않으며 폭력이 극복되는 정의롭고 평화로운 사회가 평화롭고 조화로우며 풍성한 땅에서 만개합니다.

구원의 성서적 꿈은 하나님의 샬롬의 평화로운 왕국에서 번영하는 자연입니다. 물의 근원이 되살아나고 땅이 풍성하게 번영합니다. "광야와 메마른 땅이 기뻐하며, 사막이 백합화처럼 피어 즐거워할 것이다. 사막은 꽃이 무성하게 피어, 크게 기뻐하며, 즐겁게 소리칠 것이다"(사 35:1-2). 이러한 구원의 약속은 풍성한 소출을 포함합니다. "나무마다 열매를 맺고, 무화과나무와 포도나무도 저마다 열매를 맺을 것이다. … 주 너희의 하나님과 더불어 기뻐하고 즐거워하여라. 주님께서 너희를 변호하여 가을비를 내리셨다. … 이제 타작 마당에는 곡식이 가득 쌓이고, 포도주와 올리브 기름을 짜는 틀마다 포도주와 기름이 넘칠 것이다"(욜 2:22-24). "주님께서 하시는 말씀이다. 그 때가 되면, 농부는 곡식을 거두고서, 곧바로 땅을 갈아야 하고, 씨를 뿌리고서, 곧바로 포도를 밟아야 할 것이다. 산마다 단 포도주가 흘러 나와서 모든 언덕에 흘러 넘칠 것이다"(암 9:13).

사회정의 그리고 자연과의 조화는 하나님과 올바로 된 인간, 그리고 평화와 풍요로 가득한 땅을 반영합니다. 이사야는 구원의 미래에 대한 그의 비전에서 이렇게 말합니다. "나의 거룩한 산 모든 곳에서, 서로 해치거나 파괴하는 일이 없다. 물이 바다를 채우듯, 주님을 아는 지식이 땅에 가득하기 때문이다"(사 11:9). 자연과 사회를 하나로 묶는 이 구원의 비전은 예수께서 하나님의 뜻이 이 땅에서 이루어지는 하나님의 나라에 대해 기도할 때 간결하게 표현됩니다. 이 땅 위에 하나님 나라가 임할 때 모든 사람에게 일용할 양식이 주어질 것입니다. 사람을 빚을 진 노예로 만들고 이들을 다른 사람에게 넘기는 빚은 탕감될 것입니다. 다른 사람을 지배하고자 하는 유혹은 굴복될 것입니다. "오늘 우리에게 일용할 양식을 주시고, 우리가 우리에게 잘못한 사람을 용서하여 준 것같이 우리 죄를 용서하여 주시고, 우리를 시험에 빠지지 않게 하시고 악에서 구하소서." 성서의 하나님 나라는 하늘에서 이루어진 것 같이, 이 땅에서 이루어지는 생태정의입니다.

# 지구는 여러분의 이웃입니다

## THE EARTH IS YOUR NEIGHBOR

폴 샌트마이어●

다음은 오하이오 주 아크론(Akron)에 있는 역사적으로 중요한 트리니티 루터 교회(Trinity Lutheran Church)에서 부활절 기간 중에 성도들의 지구 기념 축제 (Earth Celebration Festival) 중 한 부분으로 설교한 것입니다.

● 폴 샌트마이어(H. Paul Santmire)는 역사학자이자, 생태 신학과 환경 윤리 분야의 목
회적인 학자이다. 이 분야에서 30년 이상 공헌하며 널리 알려진 그는 *Brother Earth:*
*Nature, God, and Ecology in a Time of Crisis, The Travail of Nature: The Ambiguous*
*Ecological Promise of Christian Theology, Nature Reborn: The Ecological and Cosmic*
*Promise of Christian Theology* 등을 저술했다.

나는 평화를 너희에게 남겨 준다. 나는 내 평화를 너희에게 준다(요한복음 14:27).

얼마 전 저는 도로를 따라 조깅을 하고 있었습니다. 엄밀히 말해 도로 위는 아니었죠. 점점 늙어가는 제 무릎이 걱정되어서 도로 가장자리에 있는 이웃집의 잘 깎아놓은 잔디 위로 달리고 있었습니다. 조깅을 하면서 저의 이웃들이 얼마나 친절했는지에 대한 즐거운 생각을 하게 되었습니다. 이런 일도 있었습니다. 제가 천천히 조깅을 하고 있었는데, 저는 늘 하던 대로 이웃들에게 손을 흔들었고 그 사람들도 제게 기쁘게 손을 흔들었는데, 제가 얼마나 천천히 뛰고 있었는지 사람들이 확실히 제 비틀거리는 걸음걸이를 보고는 이상하게 여기며 911(응급전화번호)을 불러야 할지를 고민했다는 것입니다.

그렇게 이웃이 된다는 것에 대한 즐거운 생각을 음미하고 있을 그때, 제가 뛰고 있는 옆 집 현관문이 열렸습니다. 한 남자가 나오더니 절 부릅니다. "잔디 위에서 뛰지 마시지요?" 여기까지만 이야기하죠.

분명히 그 목소리의 주인공은 자신이 그 잔디의 **주인**이라고 생각했을 것입니다. 그 사람은 분명 "땅과 그 안에 가득 찬 것이 모두 다 주님의 것"(시 24:1)이라는 사실을 알지 못하고 있었습니다. 또한 분명히, 그 사람은 **자기 것**이라 생각하는 그 잔디를 어느 누구와도 나누고 싶지 않았습니다. 특히 노쇠한 무릎으로 터벅터벅 걷고 있는 늙은 사람과는 당연히 아닙니다.

하지만 성서는 우리에게 이러한 것과는 완전히 다른 관점을 제공합니다. 여러분이 잘 아는 대로 성서는 진정으로 우리가 타자와 이웃이 되기를 원합니다. 물론 그것은 예수가 말한 두 번째 '큰 계명'입니다. 그러나 여러분이 미처 깨닫지 못하고 있는 것이 하나 있다면, 그것은 성서가 말하는 이웃 사랑이란 주님께서 우리에게 바라시는 대로 모든 피조물들, 즉 개와 고양이, 고래와 대머리독수리, 산과 들 모두를 사랑하는 것입니다. 어떤 길 잃은 개가 아까 그 남자의 잔디밭을 가로질러 뛰고 있다면 그 남자는 그 개에게도 소리치겠죠?

오늘, 우리가 하나님께서 만드신 좋은 지구의 모든 축복을 기념할 때 가장 중요한 것은 이것입니다, '**지구는 여러분의 이웃입니다.**' 이 주제는 오늘, 부활절 여섯 번째 주일을 위한 본문인 복음서의 말씀을 읽는 가운데 제 마음속에 떠올랐습니다. 예수께서 그의 제자들에게 말씀하셨습니다. "나는 평화를 너희에게 남겨 준다. 나는 내 평화를 너희에게 준다." 이제 저는 여러분들에게 우리의 모든 관계들에 대한 온전한 이해를 넘어서는 이런 평화의 적절성을 제시하고 싶습니다. 우리의 관계들 안에는 풀과 꽃, 개와 고양이, 고래와 대머리독수리, 산과 들, 그리고 다른 모든 것들이 포함됩니다. (여기서 저는 저에게 잔디 밖으로 나가라고 말한 그 남자에 대한 이웃사랑의 중요한 적절성 그리고 그 경험으로 인해 그 당시 약간 화가 났던 저에 있어서 이웃사랑의 적절성을 탐구하지는 않을 것입니다!) 성서를 통해 우리가 아는 하나님께서는 우리를 지구의 이웃으로 부르십니다. 그것이 바로 지금 우리가 곰곰이 생각해보기를 바라는 주제입니다.

이 점에서 기독교인들은 다른 사람들과 마찬가지로 그들이 설교한 것을 항상 실천하지 않았습니다. 그렇다고 기독교인들이 설교했어야 할 것을 항상 설교한 것도 아닙니다.

지배의 개념에 대해 말해봅시다. 지배는 수많은 주일학교 학생들이 배워왔던 개념이고, 지금도 어디선가 틀림없이 이런 것들을 배우는 학생들이 있을 것입니다. 맞습니다, 지구는 주님의 것이죠. 그러나 주님께서는 그것을 여러분과 저의 소유로 주셔서 우리가 결실을 맺도록 하시지 않습니까? 여러분은 이런 견해에 동의하며 성서를 인용할 수도 있습니다. 그리고 기독교인들은 종종 그렇게 하고 있습니다. 주님께서 아담과 이브에게 동산을 허락하시고 그들에게 "그것을 다스리며 지키게 하라고(till it and keep it)"(창 2:15) 하시지 않았습니까? 또 주님께서 아담과 이브에게 "생육하고 번성하여 땅에 충만하여라. 땅을 정복(subdue)하여라. 바다의 고기와 공중의 새와 땅 위에서 살아 움직이는 모든 생물을 다스려라(dominion)"(창 1:28) 라고 말씀하시지 않았습니까?

글쎄요, 예(yes) 이면서 아니오(no)입니다. "지구를 다스리고 지키다"(till the earth and keep it)라는 것은 그야말로 오역입니다. 히브리어 원문은 이렇게 번역되는 것이 더 좋습니다. "지구를 보살피고 보호하라"(care for the earth and protect it). 여기에서 'keep'이라는 단어는 사실은 매 주일 우리가 축복할 때 사용하는 히브리어 단어의 번역과 같은 뜻입니다. "주께서 여러분에게 복을 주시고 여러분을 지키십니다"(the Lord bless you and keep you). 이 말은 여러분을 **보호한다**(protect)는 말입니다. 그러므로 흙으로 된 피조물인 여러분을, 하나님께서 이 아름다운 동산인 지구에 데려다 놓으시고 이 지구를 보살피고 보호하도록 하신 것입니다. 결코 자신의 이기적 목적을 위하여 지구를 사용하고 착취하도록 하신 것이 아닙니다.

마찬가지로 창세기 1장에는 또 다른 지배에 관한 말, '정복'(subdue)이라는 말이 있습니다. 그렇습니다, 때때로 우리의 가족들, 더 큰 공동체, 그리고 세계 도처의 가난 한 자들을 위해서 먹을 것과 쉴 곳을 찾기 위해 지구로부터 생산성을 **쟁취**해내고, 그런 의미에서 지구를 정복하는 것이 필요합니다. 그러나 어떻게 정복하는가는 또 다른 문제입니다. 이웃됨의 방식으로일까요? 친절함의 방법으로일까요? 겸손한 돌봄의 정신으로일까요? 이제 평화에 관해 예수께서 우리에게 하신 말씀을 통해 그 문제를 다루어 보고자 합니다.

Ⅱ

저는 시트콤 〈사인펠드〉(Seinfeld)가 많은 점에서 매우 훌륭한 텔레비전 프로그램이라는 것을 알게 되었습니다. 그 출연진들이 한 가지 사건 이상에 대해 말할 때, 그것은 처음부턴 '아무것도 아닌 것'(nothing)에 대한 위대한 연극이었습니다. 그것은 분명히 가난한 자들이나 그런 문제에 직면한 다른 피조물들에 대한 돌봄이나 헌신을 다루는 거대한 쇼가 아니라 일상적인 평범한 것들에 대한 코미디였습니다.

놀랍게도 마지막 편에서 제리(Jerry)와 그 친구들은 그들에게 다가오는 평범한 일들을 다 겪고 난 뒤에 **감옥에서** 이야기를 마치게 됩니다. 혐의는 곤경에 처한 이웃에게 도움을 주지 않았다는 것입니다. 그들 넷은 가만히 서서 강도당하는 사람을 비웃고 있었습니다. 심지어 제리의 친구 크레머(Kramer)는 심지어 그 장면을 비디오로 찍기까지 했습니다! 결국 이 이야기는 그들 넷이 감옥 안에 앉아서 여전히 사소한 일들에 정신이 팔려서 떠들고 있는 장면으로 끝납니다. 어떤 이는 그들에게 **딱 어울리는** 감옥이라고 하더군요.

그러나 성서의 논리는 완전히 다릅니다. 그것은 전적으로 이웃이 되는 것, 즉 도움이 필요한 사람들을 향한 깊은 헌신의 이야기입니다. 선한 사마리아인의 이야기를 예로 들어봅시다. 이 비유에서 예수께서는 자신의 갈 길을 멈추고 강도 만난 사람에게 다가간 사마리아 사람을 칭찬하십니다. 이와 대조적으로 제사장과 레위 사람은 다른 길로 피하여 지나갔습니다. 그들은 곤경에 처한 사람에게 관심을 갖지 않았습니다.

그러나 이 이야기는 성서 이야기의 일부일 뿐입니다. 성서에 따르면, 도움이 필요한 사람들을 향한 깊은 헌신의 논리는 하나님으로부터 시작됩니다. 하나님은 끊임없이 자신을 헌신적으로 주시는 분이고, 끊임없이 도움이 필요한 사람들을 돕기 위해 찾아오시는 분입니다. 그리고 성서에 따르면 하나님께서 우리에게 주시는 최고의 선물은 그리스도 예수 안에 나타나신 **그 자신**입니다. 우리의 목자이신 하나님께서는 하나님의 유일한 아들의 인격 안에서 우리의 선한 목자가 되십니다.

참된 이웃이 된다는 것에 대한 성서의 논리를 더 찾아봅시다. 성서에 따르면 그리스도 자신은 여러분과 저의 경건한 삶을 위한 모범이 되십니다. 그래서 바울은 빌립보의 초기 기독교 공동체에 이렇게 편지합니다.

> 또한 여러분은 자기 일만 돌보지 말고,
> 서로 다른 사람들의 일도 돌보아 주십시오.
> 여러분 안에 이 마음을 품으십시오.
> 그것은 곧 그리스도 예수의 마음이기도 합니다.
> 그는 하나님의 모습을 지니셨으나,
> 하나님과 동등함을 당연하게 생각하지 않으시고,
> 오히려 자기를 비워서

종의 모습을 취하시고,

사람과 같이 되셨습니다.

그는 사람의 모양으로 나타나셔서,

자기를 낮추시고,

죽기까지 순종하셨으니,

곧 십자가에 죽기까지 하셨습니다(빌립보서 2:4-8).

그리스도 안에서 하나님 자신은 모든 선한 이웃들 중의 선한 이웃이고, 모든 선한 사마리아 사람들 중의 사마리아 사람입니다. 그리스도 안에서, 여러분과 저는 가서 이렇게 하라고, 즉 그리스도 예수의 마음, 진정한 이웃 됨의 마음, 참 친구됨의 마음을 품으라고 부르심을 받았습니다.

Ⅲ

성서에 따르면 바로 여기서 평화의 개념이 시작됩니다. 성서에서 평화는 전쟁을 끝내는 것을 말하기도 하지만, 우리의 역사를 어둡게 한 인간들 사이의 전쟁만을 이야기하는 것은 아닙니다. 성서가 말하는 평화는 자연에 대한 강간이라 불리는 것을 중단함을 의미하기도 합니다. 적절한 예로, 이러한 전쟁이 있습니다. 바로 거대한 경제세력이 아마존의 열대우림 지역에 사는 원주민들에 대해 지금도 자행하는 전쟁, 그리고 그것이 공개적으로 선언되지 않는 한 자연히 부전승으로 이어지는 열대우림 자체에 대한 전쟁입니다. 이러한 종류의 상황에 대해 성서는 분명히 말합니다. "너희가 더 이상 전쟁을 일으키지 않게 될 것이다."

그러나 평화의 성서적 비전은 단지 전쟁의 종결을 뜻하는 것만이 아닙니다. 주제를 좀 더 넓게 보아야 바르게 이해할 수 있습니다. 평화의 성서적 비전은 단지 죄로 가득 찬 인간이 전쟁을 더 이상 하지 않는 세계를 드러내는 것만이 아닙니다. 그것은 우리에게 다음과 같은 세계, 곧 많은 인간 공동체들이 자발적으로 평화를 위한 투쟁에 참여하는 그러한 세계를 보여줍니다. 성서가 말하는 평화는 '평화를 만들어내는 것'을 의미합니다. 평화란 버림받은 자들과 약한 자들을 찾아가서 그들을 돌봄으로써 하나님께서 그들이 있기를 원하시는 '올바른 적소'(the rightful niche)로 그들을 회복시키는 것입니다. 평화란 모든 피조물이 나름대로 번창하여 온전한 상태에 이를 수 있는 세계를 만들어가기 위해 많은 사람이 함께 일하는 것입니다. 이것은 창세기 1장의 증언을 통해 강력하게 전달되고 있습니다. 창세기 1장에서 창조주 하나님은 "참 좋았다"(창 1:31)라고 말씀하시는, 만물을 조화로운 전체로 보시는 분으로 묘사됩니다. 이런 점에서, 성서에서 창조주 하나님은 처음부터 창조세계가 자신의 평화로운 왕국이 되기를 원하십니다.

좀 더 구체적으로, 성서에서 하나님은 예수안에서 세상을 그토록 사랑하셨고 예수는 하나님의 평화로 우리에게 복을 주십니다. 우리의 선한 목자이시며 우리가 만나게 될 가장 좋고 가장 진실한 친구이신 예수께서 우리에게 다가오십니다. 그리고 우리를 불러 모으시고 가서 이렇게 하라고 말씀하십니다. "평화의 창조자가 되어라, 학대당한 자들을 회복시켜라, 타락한 자들을 용서해주어라, 병든 자를 치유하여라, 그리고 지구를 돌보아라."

저는 일전에 한 장의 사진을 보았습니다. 사진 속의 두 여성은 파카를 입고서 돌밭에 무릎을 꿇고서 그들의 손가락으로 조그만 흔적을 남기고 있습니다. 그들은 뉴햄프셔 주의 화이트 산맥의 수목 한계선(환경조건의 변화 때문에 수목의 생육이 불가능하게 되는 한계선[역주])보다 한참 위에 있습니다. 그들은 조심스럽게 로빈양지꽃(Robin's Cinquefoil)의 작은 새싹을 심고 있습니다. 그들이 하는 일은 아주 작은 일에 불과하지만 지금까지 멸종 위기에 처한 들꽃을 지켜내는 아주 성공적인 자원봉사활동입니다. 현재 식물종들의 여덟 개 중 하나는 멸종위기에 처해 있습니다. 성서적인 표현 방식을 따른다면 그들은 평화의 창조자가 되어가고 있습니다.

하나님께서는 모든 사람, 특히 그리스도로 말미암아 구원받았다는 것을 알고 있는 우리에게 가서 이렇게 하라고 말씀하십니다. "무릎을 꿇고 이 지구의 작은 것들을 돌보아라." 하나님께서 우리 기독교인들에게 이런 거룩한 소명을 주셨습니다. "내가 너희에게 살도록 한 지구동산을 돌보아라. 그리고 착취하거나 너희 마음 대로 하지 말고 보호하여라."

동물들에 대해선 어떻습니까? 특별히 우리 인간이 육식을 위해 도살하는 동물들에 대해서는 어떻습니까? 스물다섯 글자 이내로 줄인다면, "**당신은 빅맥 햄버거를 먹을 권리가 없습니다**(You have no right to your Big Mac)." 이것은 복음적 진리입니다. 하나님께서는 아담과 이브를 창조하시고 동물들과 화목하라고 하셨지, 그것들을 죽여서 먹으라고 하지 않으셨습니다. 결국 나중에 오직 은혜로 말미암아, 노아시대 이후 하나님께서는 사람이 고기를 먹도록 허락하셨습니다. 몇몇 학자들은 고기를 먹도록 허락한 하나님의 승인 배후에 있는 역사적 배경은 고기를 먹는 것만이 인간이 살아남을 수 있는 유일한 길이었던 극심한 기근의 시대였다고 제안합니다. 따라서 하나님은 생존을 목적으로 육식을 허락하신 것이지, 우리가 '우리의' 빅맥 햄버거를 먹을 권리가 있어서는 결코 아닙니다.

아마도 이 점에서 성서 안에서 가장 귀감이 되는 사람은 바로 노아일 것입니다. 노아 이야기의 핵심은 필요하다면 고기를 먹어도 된다는 하나님의 허락이 아닙니다. 그와 반대로 이 이야기는 좀 더 간절하게, 하나님께서 모든 피조물과 맺으신 평화의 영광스러운 무지개 언약을 우리에게 알리고자 하며, 모든 동물을 돌보고 대재난으로부터 그것들을 보호해낸 노아의 의로운 모범을 우리에게 보여주고자 합니다.

그러므로 서구 역사에서 분별없이 동물들을 착취하고 죽이는 것보다 오히려 그들을 보호하는 운동이 기독교인들 중에서 강력한 힘을 가지고 나타났다는 것은 우연이 아닙니다. 기독교인들은 성서의 증언자가 되어 특별히 노아의 모범을 진지하게 닮고자 했습니다. 예를 들어 성 프란시스(St. Francis)를 생각해보십시오. 그는 자신이 지구상의 모든 연약하고 상처 입기 쉬운 피조물들, 즉 어린 아이들뿐만 아니라 작은 새들, 무섭고 추방당한 나병환자들 뿐만 아니라 두려운 늑대들을 사랑하도록 부름받았다고 느꼈습니다.

여러 동물과 함께 있는 크리스마스의 구유 장면은 프란시스가 고안해낸 것입니다. 이는 아기 그리스도 안에 하나님의 평화로운 왕국의 도래를 자신의 방식으로 표현한 것입니다. 프란시스는 하나님의 거룩한 아기가 세상에 가져다준 구원과 사랑은 하나님의 모든 피조물을 향한 것이라고 굳게 믿었습니다.

역사적으로 동물들에 대한 인도적 처우를 위한 정치적 운동은 영국 감리교회의 수백 명의 순전한 신자들이 자기희생적인 사랑의 삶을 주장하면서부터 시작됐습니다. 그들은 자신들이 분명히 자기희생적 사랑을 위하여 예외 없이 부르심을 받았다고 생각했습니다. 프란시스와 같이 초기 감리교인들은 하나님의 자기희생적인 목자이시며 하나님으로부터 온 신실한 친구이신 그리스도께서 구원하신 피조물로서, 그들이 가서 모든 세계와 화목하고, 모든 피조물의 이웃이 되며, 그들의 몫인 평화의 보편적 무지개 약속을 실현하는 것이 당연하다고 믿었습니다.


IV


이 모든 것은 요한계시록에도 나타납니다. 요한복음의 성서일과와 함께 읽도록 되어 있는 요한계시록의 성서일과는 전체 이야기가 아니라 그 부분을 말하고 있습니다. 먼저 계시록 21장의 10절을 보면 예언자 요한이 이렇게 선포합니다. "나를 성령으로 휩싸서 크고 높은 산 위로 데리고 가서, 하나님께로부터 하늘에서 내려오는 거룩한 도성 예루살렘을 보여 주었습니다." 이어서 성서일과는 22절로 건너뛰는데, 이 구절은 당연히 우리 인간들이 대부분 듣고 싶어하는 것입니다. 왜냐하면 아마도 이것은 '우리'와 '우리' 구원에 관한 것이기 때문일 것입니다.

그러나 여러분이 계시록 21장을 거기까지만 읽는다면, 요한복음 3장 16절의 고전적인 표현인, 세상을 향한 하나님의 충만한 사랑을 이해할 수 없습니다. 여러분은 처음 1절부터 시작해야 합니다. 여기서 예언자 요한은 같은 산의 유리한 위치에서 이렇게 선포합니다. "나는 새 하늘과 새 땅을 보았습니다. 이전의 하늘과 이전의 땅이 사라지고, 바다도 없어졌습니다"(계 21:1).

요한의 선포를 이해하기 위해서는 이사야와 같은 환상가들, 즉 고대 예언자들의 선포를 많이 접해보아야 합니다. 우리는 프란시스와 함께 갓 태어난 평화의 왕 그리스도 주위에 모여 있는 동물들을 깊이 생각하는 성탄절기에 일반적으로 이사야의 말을 읽습니다.

> 이새의 줄기에서 한 싹이 나며
> 그 뿌리에서 한 가지가 자라서 열매를 맺는다.
> 주님의 영이 그에게 내려오신다.
> 지혜와 총명의 영, 모략과 권능의 영,
> 지식과 주님을 경외하게 하는 영이 그에게 내려오시니,
> 그는 주님을 경외하는 것을 즐거움으로 삼는다.
> 그는 눈에 보이는 대로만 재판하지 않으며,

귀에 들리는 대로만 판결하지 않는다.

가난한 사람들을 공의로 재판하고,

세상에서 억눌린 사람들을 바르게 논죄한다.


그 때에는, 이리가 어린 양과 함께 살며,

표범이 새끼 염소와 함께 누우며,

송아지와 새끼 사자와 살진 짐승이 함께 풀을 뜯고,

어린 아이가 그것들을 이끌고 다닌다.

암소와 곰이 서로 벗이 되며,

그것들의 새끼가 함께 눕고,

사자가 소처럼 풀을 먹는다.

젖먹는 아이가 독사의 구멍 곁에서 장난하고,

젖뗀 아이가 살무사의 굴에 손을 넣는다.

나의 거룩한 산 모든 곳에서,

서로 해치거나 파괴하는 일이 없다.

물이 바다를 채우듯,

주님을 아는 지식이 땅에 가득하기 때문이다(이사야 11:1-9).


바울(혹은 그의 가까운 제자)은 예언서의 환상들보다는 히브리 성서의 지혜 전승에 더 의지하여 동일한 확신으로 증거합니다. 골로새서에서 우리는 하나님께서 '**우주적 평화**'를 완성하기 위해 예수를 십자가로 보내셨음을 듣게 됩니다. "그분의 십자가의 피로 평화를 이루셔서, 그분으로 말미암아 **만물**을, 곧 땅에 있는 것들이나 하늘에 있는 것들이나 다, 자기와 기꺼이 화해시켰습니다"(골 1:20).

한 마디로 이것이 성서적 비전입니다. 하나님께서는 평화의 왕 예수를 보내셔서 세상에 평화를 주시고 '**모든 피조물**'에게 선의를 베푸셨습니다. 그리고 특별한 사람들, 모범이 될 사람들을 부르시고, 가서 이렇게 하라고 하셨습니다. "진실된 마음으로 모든 피조물과 이웃이 되어라, 인간으로서 할 수만 있다면 언제든지 모든 피조물과 평화를 이루는 평화의 중재자가 되어라. 그리하면 모든 창조세계가 번창하게 될 것이며, 그렇게 함으로써 그들의 창조자, 구원자이신 분께 영광을 돌리게 될 것이다."

선한 기독교인 친구 여러분, 가서 이렇게 하십시오. 당신의 돌봄이 경계를 모르게 하십시오. 모든 피조물과 평화를 이루게 하십시오. 그리스도 그분의 평화 안에서 지구가 여러분의 이웃임을 항상 기억하십시오.

# 지구를 향한 관심

## THE CARE OF THE EARTH

조셉 시틀러●

이 설교는 《지성인을 위한 설교》(Sermons to Intellectuals, ed. Franklin H. Littell, Macmillan, 1963)에 최초로 수록되었으며, 이후 시틀러의 책 《지구를 향한 관심과 대학 설교》(The Care of the Earth and Other University Sermons, Fortress, 1964)에 다시 실렸습니다. 이 설교는 창조세계 안에서 우리가 누리는 기쁨이 창조세계의 올바른 사용을 위한 기본적 토대가 되어야 한다는 관점을 제공해줍니다.

● 조셉 시틀러(Joseph Sittler, 1904-1987)는 메이우드 신학대학(Maywood Theological Seminary)과 시카고 대학 교수 및 시카고 소재 루터교 신학대학(the Lutheran School of Theology)의 상임 특임교수로 재직한 루터교 목사였다. 그는 왕성한 강연과 함께 The Ecology of Faith, Gravity and Grace, The Care of the Earth 등 많은 책들을 저술했다. 그의 환경에 관한 저술들을 참고하려면 Evocations of Grace (ed. Peter Bakken)을 보라.

웃시야 왕이 죽던 해에, 나는 높이 들린 보좌에 앉아 계시는 주님을 뵈었는데, 그의 옷자락이 성전에 가득 차 있었다. 그분 위로는 스랍들이 서 있었는데, 스랍들은 저마다 날개를 여섯 가지고 있었다. 둘로는 얼굴을 가리고, 둘로는 발을 가리고, 나머지 둘로는 날고 있었다. 그리고 그들은 큰소리로 노래를 부르며 화답하였다. "거룩하시다, 거룩하시다, 거룩하시다. 만군의 주님! 온 땅에 그의 영광이 가득하다"(이사야 6:1-3).

이 날은 주님이 구별해 주신 날, 우리 모두 이 날에 기뻐하고 즐거워하자(시편 118:24).

사람들이 향유해야 할 것을 사용하고, 사용해야 할 것을 향유하는 것이야말로 죄의 핵심이다(토마스 아퀴나스).

설교는 다양하고 때로는 낯선 방식으로 생각을 실현합니다. 설교를 작성하며 어떤 일이 있었는지를 말씀드리는 것이 이 설교의 주제에 대해 설명하는 데에 도움이 될 것 같습니다.

지난 해 4월, 저는 주간지 〈뉴요커〉(the New Yorker)지에서 리처드 윌버

(Richard Wilbur)의 시를 한 편 읽었습니다. 저는 시인의 말에 한 대 얻어맞은 것 같았고, 몇 가지 분명한 이유 때문에 이를 떨쳐낼 수가 없었습니다. 외면으로 드러나는 분명한 걱정들 아래, 우리 마음 깊숙한 곳 중심에는 들끓고 있는 근원적인 걱정이 있습니다. 어렴풋하기는 하지만 그것은 수그러들지도 않으며 떨쳐낼 수도 없습니다. 시인의 언어는 이 불분명한 불안을 사로잡아 그것을 멈춰 세우고 그것에 '머물 자리와 이름'을 부여합니다. 이 불안의 본질은 우리 모두에게 공통적이며, 또한 무겁습니다. 때로 시인은 우리가 어두운 음악과 언어를 가지고 있다면 우리 모두가 말하고 싶은 것들을 큰 울림이 있는 분명한 말로 이야기해줍니다. 이것이 시인이 갖는 독특한 역할입니다.

요지는 이렇습니다. 불안하고 격정적인 손 안에 모든 것을 파멸시킬 힘이 있습니다. 지구를 불태워버릴 수 있는 어떤 것이 정말로 존재하고 있습니다. 이것이 실제로 일어나지 않으리라는 법은 없습니다.

우리는 그것을 진정시킬 수 있는 진통제도, 그것으로부터 멀리 도망칠 힘도 가지고 있지 않습니다. 우리는 그것을 가지고 스키를 타러 갈 수도 있고, 버뮤다(Bermuda) 제도를 향해 달려가거나, 정신없는 일상으로 그것을 덮어버리거나, 그 위에 버번위스키를 부을 수도 있으며, 아니면 기도할 수도 있습니다. 각자의 전략이나 성향에 따라서 말입니다. 그러나 그것은 계속 따라와서 살아남아 다시 반응합니다.

시인은 추상적인 명제나 극적인 경고가 아니라 강력하고 소박한 대지의 형상을 통해 자신의 요지를 밝힙니다. 그 생각은 단일하고 단순하며 확고합니다. 즉, 인간의 자아는 지구의 지속성에 달려 있으며, 지구가 알고 기억하는 사실들이 우리 자아의 모체라는 것입니다.

꼭 와야만 한다면, 당신이 우리 도시의 거리에 올 때에는,

자명한 사실을 말하느라 미치광이의 눈이 되어,
우리의 몰락을 선포하기보다는
제발 자신들을 가련하게 여기라고 간청하면서,

모든 무기와 그 위력과 사정거리와
사람 마음을 급하게 하는 긴 숫자들은 한 마디도 말아다오.
둔하고 헤아릴 줄 모르는 우리 마음이 남을 터이니,
그 마음은 너무 낯선 것에는 두려워할 줄도 모른다.

인류의 종말이라는 말로 우리를 겁주지도 마라.
우리가 없는 이곳을 어찌 꿈꿀 수 있는가?
태양은 그냥 불덩이, 우리 주변의 나뭇잎들은 별 볼일 없고
돌은 그저 돌의 표면인 경우를?

세상 자체의 변화를 이야기하라.
우리는 꿈꾸지 못한 것을 상상할 수는 없어도,
꿈꾸던 구름이 어떻게 부서지고 포도덩굴이 서리를 맞아 검게 되고
경치가 어떻게 변화하는지를 우리의 쓰라린 경험을 통해 잘 안다. 우리
는 믿겠다,

당신이 말만 한다면,
흰꼬리사슴이 너무 수줍어서 캄캄한 그늘로 숨어버린다고,
종달새가 우리 눈이 닿는 곳을 피해버린다고,
소나무가 차가운 바위에 모질게 움켜쥐었던 뿌리를 놓아버린다고,
전설의 크산토스(Xanthus) 강처럼 모든 격류가 불타서

헤엄치던 송어들이 순식간에 나자빠진다고 해도 우리는 믿을 것이다.

돌고래의 둥근 도약(跳躍), 비둘기의 귀소(歸巢),
우리가 우리 자신을 비추어보고 말을 주고받을
이런 것들이 없다면 우리는 뭐가 되겠는가?

예언자여, 우리에게 물어보라,
그 살아 있는 혀가 모두 사라지고
그 거울이 흐려지고 깨어지고 나면
우리는 어떻게 우리의 본성을 이끌어낼 수 있겠냐고?
그 거울 속에서 우리는 사랑의 장미와
용기의 순결한 말(馬)을 이야기했고
그 속에서 노래하는 영혼의 여치가 허물을 벗는 것을 보았고
우리가 뜻하는, 뜻하고자 하는 바를 보았다.

우리에게 물어보라, 물어보라.
말 걸어도 대답 없는 장미와 더불어
우리 마음이 제대로 일을 할지를,
참나무의 청동빛 역사가 끝나면
고상하며 오래가는 존속이 있을 수 있을지를.[1]

    이 시구는 제가 막다른 벽 앞에 선 듯한 기분을 들게 했습니다. 그래서 저는 묻지 않을 수 없었습니다. "우리 서양의 종교 전통은 이 문제를 꿰뚫어볼 수 있는 무언가를 갖고 있는가? 이 곤경에서 구원할 수 있는 무언가를 갖고 있는가?"

벽에 기대어 고민한 끝에 저는 여러분이 두 가지 진술에 주의를 기울일 것을 요청하고자 합니다. 우리에게 깨달음을 주는 두 가지 심오하고 강력한 진술이 있습니다. 두 진술, 즉 사물의 '향유'(enjoyment: 즐거움, 기쁨)와 사물의 '사용'(use)의 결합은 우리에게 다음과 같은 명제를 제시합니다. "기쁨은 올바른 사용의 기초이다."

웨스트민스터 교리문답서에 있는 첫 번째 질문에 대한 유명한 대답에 그 첫 번째 진술이 등장합니다. 어느 누구도 이 답변이 순식간에 핵심에 다다른다는 것에, 또 다다른 핵심이 값지다는 것에 이의를 제기할 수 없을 것입니다! 교리문답은 먼저 이렇게 질문합니다. "인간의 가장 중요한 목적은 무엇인가?" 그 대답은 "하나님께 영광을 돌리고 그분을 영원히 향유하는 것!"입니다.

첫 번째 동사 '영광을 돌리다'는 기본적으로 지적인 용어가 아닙니다. 이 말은 하나님의 존재를 확증하거나 하나님의 본성을 서술하는 것과 관련되어 있지 않습니다. 이 동사는 미학적인 용어도 아닙니다. 하나님은 선하며 아름답다고 선언하는 것과 관련이 없으며, 하나님을 경배하는 것은 올바른 것이라고 제시하는 것도 아닙니다. 이 말은 우리를 권고하는 것, 즉 하나님께 대한 의무를 다하도록 훈계하는 말도 아닙니다.

'영광을 돌리다'라는 동사는 아주 전적으로 종교적인 말입니다! 이 동사는 명사 '영광'에서 유래하는데, 이 용어는 하나님이 누구시며 무엇을 소유하시고 원하시는지를 나타냅니다. 이 말은 거룩하신 분의 우선권, 형언할 수 없는 위엄, 주권과 자유를 선언합니다. 다시 말해 영광이란 하나님은 스스로 누구시며 무엇을 하시는지를 가리키는 말입니다. 여기에 응답해 우리가 이 말을 사용한다면 그 응답 역시 하나님의 영광으로부터 주어지고 생겨난다고 할 수 있습니다.

이사야가 6장은 이 동사에 담긴 하나님의 우선권과 적절한 사역이 무엇인지를 보여줍니다. 새로운 왕 웃시야(Uzziah)에 대한 기대로 가득 찼던 젊은 예언자는 그 왕의 죽음으로 망연자실합니다. 성전으로 간 그는 왕의 얼굴에 비친 하나님의 형언할 수 없는 능력의 영광을 환상으로 보게 됩니다.

영광은 거룩함(holy)이 발하는 빛입니다. 지구는 영광의 현장입니다. 그곳은 말로 다할 수 없는 영광으로 충만합니다. 하나님, 곧 거룩하신 분께서 그것을 만드셨기 때문입니다.

거룩함은 신비롭고 절대적인 개념입니다. 그것은 다른 범주 안에 포함될 수 없습니다. 그것이 곧 범주이기 때문입니다. 거룩함은 생각을 떠오르게도 하고 생각을 불러내어 요구합니다. 그러나 생각이 영광과 거룩함을 포함할 수 있다고 가정하는 것은 잘못된 이해입니다. 루돌프 오토(Rudolf Otto)가 그의 위대한 저작《거룩함의 의미》(The Idea of the Holy)에서 "두렵고 떨리면서도 매혹적인 신비"(mysterium tremendum et fascinosum)라고 말한 그 효력을 거룩함은 분명히 가지고 있습니다. 그러나 그 말에는 이미지를 만들어내는 데에 천재라고 할 수 있는 유대인들조차도 어찌 할 수 없는 파악할 수 없는 무언가가 있습니다.

거룩함은 기도를 요청합니다. 그러나 거룩함은 기도를 거룩함을 작동시키는 도구, 즉 인간이 거룩함을 마음대로 이용할 수 있는 장치로 이해하는 것을 거부합니다. 거룩함은 섬김을 요구하지만 어떠한 섬김도 거룩함에 대한 등가적인 응답이 될 수 없습니다. 이는 마치 인간이 사랑을 할 때 그 사랑하는 이를 섬기지만 그 섬김으로 사랑의 크기를 측량할 수는 없는 것과 같습니다.

그러므로 인간의 가장 중요한 목적은 하나님께 영광을 돌리는 것, 즉 하나님을 하나님 되게 하는 것, 왕 되신 하나님의 거룩한 유일성에 합당하도록 하나님의 살아 계심을 깨닫고 인정하는 것입니다. 물론 이것의 의미는 윤리적이고 심리학적이며 심지어 정치적인 함의를 품고 있습니다. 그러나 그 중심은 분명히 종교적입니다.

그런데 하나님과 인간에 관한 이 고결하고 엄중하며 절대적인 진술은 교리문답의 결론적인 말, "하나님을 영원히 향유하는 것"과 결합합니다. 한편으로 '하나님께 영광을 돌리며'(glorify)와, 다른 한편으로 '하나님을 향유하라'(enjoy)는 두 명령을 나란히 놓는 것은 우리 세대의 사람들에게 여러 가지 면에서 기이하게 다가옵니다. 스랍(sherap)들조차도 얼굴을 가리지 않고는 감히 거룩한 하나님 앞에 설 수 없기에, 하나님을 향유한다는 말은 어색하게 들립니다. 하나님의 존재를 가리키는 **거룩함**과 인간이 하나님 안에서 누리는 것을 나타내는 **향유**(기쁨)를 나란히 놓는 것은 우리를 놀라게 합니다. 하지만 이것은 기독교 신앙에 대한 현대 미국인들의 이해에 대해 많은 것을 말해줍니다. 선조들이 눈 하나 깜빡이지 않고 두 단어를 모아 병치시킨 데에 대해 놀라움을 느끼지만, 우리는 지금 어떻게 그럴 수 있었는지 알아낼 수 없습니다. 다만 우리는 그것을 관찰하고 그 의미를 추적할 따름입니다. 우리가 무언가를 놓치고 있었는지도 모르기 때문입니다. 거룩하신 분께 돌리는 영광과 엄숙함, 그리고 "하나님을 영원히 향유하는" 쾌활한 인간성이 낯설게만 보인다면 건물의 모습 안에서 우리의 교회들을 탓해 볼 수도 있을 것 같습니다. 지금도 많은 곳에서 충실히 따르듯이, 색조와 장식이 일체 없는 로마네스크와 고딕 양식 특유의 깨끗하고 그늘진 데 없는 미국 초기 건축양식의 기념비적인 우울함이 남아 있습니다. 전통적인 교회들은 이처럼 우리를 침울한 거룩함 속에 머물게 하는 엄숙함을 긍정하지만, 예컨대 바로크 교회의 즐거움 앞에서는 경악하며 무방비 상태입니다. 그러한 교회는 풍성하고 기쁨이 넘치며, 분명히 모차르트의 음악과 같이 생기발랄합니다. 뭉게구름 속에 부끄러운 줄 모르고 기쁨에 차서 뛰노는 장밋빛 천사들로 가득한 믿기 어려울 만큼 푸르른 하늘을 보는 것 같습니다.

저는 하나님에 의해 규정된 삶, 하나님의 영광을 위해 사는 삶의 진지함이 풍성한 즐거움과는 필연적으로 어울릴 수 없다고 결론짓지는 않을 것입니다. 다만 관조하고 내버려둘 것입니다. 가발을 쓴 옛 작곡가 바흐(Bach)가 쓴 가장 신나는 음악은 담배의 향유(비록 그는 담배를 피웠지만), 커피의 향유(그가 커피를 극찬하기는 했지만), 동료 음악가들의 독창성, 혹은 브란덴부르크 백작의 경박함에 대한 노래가 아니라, 바로 합창 전주곡, "주 안에 기쁨 있도다"(In Dir ist Freude)라는 사실을 상기해보는 것도 흥미로울 것 같습니다.

분명 토마스 아퀴나스는 장난스럽거나 피상적인 사람이 아니었습니다. 그는 추호도 기독교를 마음을 위로하는 비상용 탈출구, 흠집 난 인격을 치유하는 연고, 혹은 위험에 처한 사회의 사기를 진작시키는 것, 즉 오늘날의 모든 기형들로 생각하지 않았습니다. 오히려 그는 말합니다. "사람들이 향유해야 할 것을 사용하고, 사용해야 할 것을 향유하는 것이야말로 죄의 핵심이다." 사람들이 그렇게 하는 것이 '죄'라는 주장 이외에, 그리고 이 진술이 참일 경우 상황의 심각성 이외에, 그 진술은 과연 의미가 있을까요?

우리 모두에게 그것은 여러모로 의미가 있습니다. 토마스는 '사용과 향유의 심오한 변증법'을 이 명제로 응축했습니다. 이를 받아들이고 지키지 않는다면 우리 삶은 왜곡되고 피폐해지고 말 것입니다. 어떤 것을 사용한다는 것은 특정 목적을 위해 그것을 수단으로 만드는 것입니다. 사용해야만 하는 것들이 있습니다. 어떤 것을 향유한다는 것은 이에 대한 도구적 평가를 떠나 그 존재 자체를 허용하는 것입니다. 그렇게 향유해야만 할 것들이 있습니다.

작은 예를 하나 들겠습니다. 이 예시가 우리 안에서 커다랗게 꽃 피우기를 바랍니다. 포도주는 향유되어야 합니다. 사용되어서는 안 됩니다. 포도주는 인류의 역사 속에 오랫동안 자리 잡았습니다. 포도주는 웃는 얼굴로 우리에게 유익을 가져다주는 자연을, 다시 말해 "성숙케 하는 태양의 내밀한 친구(영국의 시인 존 키츠의 시 〈가을에게〉의 한 구절[역주])"를 상징합니다. 바로 이 때문에 포도주는 거의 언제 어디서나 축하를 나누기 위해 곁들이는 술로, 마음의 기쁨을 나타내는 표지입니다. 포도주는 향유되어야 합니다. 망상을 불러일으키기 위해, 혹은 어떤 사람이 진짜 사나이라는 일순간의 확신을 주어 결국은 거대함의 망상이나 경직된 소심함을 불러일으키는 데 사용되어서는 안 됩니다. 포도주가 향유되는 곳에서 진리에 은총이 더해지고, 사용되는 곳에서는 거짓이 조장되고 거짓에 마비됩니다.

구약성서의 시편에서 한 남자가 자연 한 가운데 서서 어떻게 하나님께 영광을 돌리고 그를 영원히 향유하기 위해 애썼는가를 살펴봅시다. 하나님은 "사람의 마음을 즐겁게 하는 포도주를 주시고, 얼굴에 윤기가 나게 하는 기름을 주셨습니다"(시 104:15). 그는 의기양양해 외칩니다. "이 날은 주님이 구별해 주신 날, 우리 모두 이 날에 기뻐하고 즐거워하자"(시 118:24). 도대체 왜입니까? 우리가 그날의 시간들을 사용할 수 있는 것 때문이 아니라, 오히려 태초의 땅 위 바로 거기에 그날들이 주어졌기 때문입니다. 그날들이 그저 선물로 주어졌다는 것은 설명할 수 없는 것입니다. 여기 모인 우리는 촉감과 빛, 형태와 움직임 그리고 수천 개의 언덕 위에 있는 소들에 민감해짐으로써 거기에 스며들 수 있습니다. 주님께서 당신의 영을 불어넣으시니, 그들이 존재합니다! 우리 모두 이날에 기뻐하고 즐거워합시다!

인간이 향유해야 할 것을 사용하는 것은 죄의 핵심입니다. 토마스가 말했듯이 인간이 사용해야 할 것을 향유하는 것 역시 죄의 핵심입니다. 자비(Charity)를 예로 들어봅시다. 자비는 하나님께서 인류를 어떻게 배려하시는지를 설명하는 포괄적인 개념입니다. 그 배려는 인류에 의해, 인류를 위해 사용되어야 합니다. 그것이 우리 주님께서 말씀하실 때에 언제나 '기쁨의 원천', 즉 인류는 거룩하신 분의 사랑을 받는다는 것으로부터 '기쁨의 현장', 즉 인류가 그 이웃들의 필요를 채워주어야 한다는 것으로 움직이는 이유입니다. "주여, 저희가 어디에서 당신을 뵈었습니까? 내가 감옥에 갇혔고, 굶주렸고, 추위에 떨었고, 헐벗었다." 여러분은 하나님께서 사용하라고 주신 자비를 향유한 것입니다.

우리의 동료 피조물들을 포함한 창조세계가 그안에 내재된 은혜로운 태초의 기쁨으로부터 벗어나 불경스럽게 사용될 때에, 창조세계의 풍성함은 심판으로 변합니다. 그 심판은 자연세계의 모든 것에 대한 정화와 질서의 의미를 지니며, 우리가 냇가에 버리는 오물에서부터 지구 밖으로 내던져버리는 우주 쓰레기까지 그렇습니다.

남용(abuse)은 은혜 없는 사용(use)입니다. 그것은 언제나 사용과 향유(enjoyment)가 이루는 대조가 실패했음을 의미합니다. 사물들이 그 자체 안에 있는 향유(기쁨)의 방식으로 사용되지 않을 때, 향유의 더럽혀진 잠재력은(거룩한 사물들이 그 보복으로 잔인하고 무딘 것이 되어 소심하게) 물러나서 우리에게 다음과 같은 것을 남깁니다. 아마도 이것은 우리에게 직접적인 긍정적인 파멸이 아니라 그보다 훨씬 나쁜, 향유없는 사용의 음산하고 섬뜩한 부정적인 파멸을 남길 것입니다. 이것은 은혜없는 것들로 넘쳐나고, 빛은 사라지고 '접촉'이란 그럴듯한 용어를 만들어내어 서로 바라보지 않고 노려보며, 심지어 서로 알지 못하고 간음하는 개인적 관계의 분주하지만 진리가 사라진 조작된 세계가 될 것입니다.

하나님은 유용합니다(useful). 그러나 하나님을 사용하기 위해 그분을 찾을 때에는 그렇지 않습니다. 《카라마조프가의 형제들》에 등장하는 이반(Ivan)은 이를 알고 있었습니다. 그리고 저자 도스토예프스키(Dostoevsky)가 극중 이반의 입을 빌려 "나는 하나님을 위해 하나님을 거부한다!"고 말했을 때, 이는 이반이 보았던 거룩하며 기쁨을 낳는 하나님이 실상은 가난한 소작농들을 겁주는 교회적 집단으로 변질되었음을 증언하기 위함이었습니다.

이 모든 것은 교수와 학생인 우리에게 의미하는 것이 있습니다. 우리는 대학을 새롭게 향유하고 사용할 수 있습니다. 생각해보십시오. 발견의 기초는 호기심입니다. 정신이 본성적으로 지니는 특유한 기쁨 이외에 호기심이란 무엇이겠습니까? 목적과 사용에 대한 즉각적인 기대 없이도, 순전한 호기심은 새로운 목적과 참신한 사용에 대해 상상하는 일을 대부분 수행합니다. 그러나 호기심은 사용과 향유의 낯선 대조를 통해 이런 일을 수행합니다. 베이컨은 "학문은 기쁨을 위한 것이다"라고 했습니다. 이것은 "하나님께 영광을 돌리고 그분을 영원히 향유한다"라는 말의 세속화된 대구입니다. 기쁨의 원천이 되시는 창조주와 대학 학문의 재료가 되는 창조 세계, 이 둘은 궁극적으로 여기에서 한데 묶입니다. 학문은 기쁨을 위한 것이라는 사실의 제도적 응결체로서 대학은 인간이 하나님께 영광을 돌리고 그분을 영원히 향유해야 한다는 문화의 개념이자 산물이라는 것은 중요한 의미를 지닙니다.

사용은 향유가 존중될 때에 축복이 됩니다. 경건은 심오한 실천입니다. 그것이 사용과 향유를 적절하게 관계시키기 때문입니다. 기쁨 안에서 성례전적으로 받아들여진 세계는 분별있게 사용되는 세계입니다. 사용만의 경제가 있습니다. 그것은 사용과 기쁨 모두를 파괴하게 됩니다. 그리고 기쁨의 경제가 있습니다. 이것은 지혜롭게 사용하고 기쁨을 고양시킵니다. 이런 비전은 분명히 깨끗하고 풍성한 지구에 대한 철저한 새로운 이해가 필요합니다. 그러나 그 기원에서부터 매우 종교적인 이런 삶의 비전은, 자연의 저주의 궤도에 들어선 지금, 인류가 태고의 고향을 더럽혀 별들 가운데 죽음과 더러움을 퍼뜨리고 있는 지금, 결코 불합리한 것이 아닙니다.

1. Richard Wilbur, "Advice to a Prophet," Advice to a Prophet and Other Poems (New York: Harcourt, Brace and World, 1961): 12-13.

# 땅에게 휴식을: 기원일에 대하여

## REST FOR THE LAND: Rogation Day

바바라 브라운 테일러●

몇 년 전, 저는 신학교 졸업반 시절에 견진 성례를 받았던 교회인 그리스도 성공회 교회(Christ Episcopal Church)에 초대를 받아, 교구 150주년 기념 설교를 하게 되었습니다. 성구들을 확인하기 위해 기도서를 펼쳤을 때, 제가 설교를 맡은 그 주일이 기원 주일(Rogation Sunday), 즉 교회력에 남아 풍년을 기원하는 추수 축제의 날임을 발견했습니다. 최근 도시를 떠나 그 어느 때보다도 땅과 가까이 살 수 있는 농촌으로 돌아온 뒤, 저는 땅의 안식일을 지킬 수 있는 전혀 새로운 방식에 대해 이야기하는 오경의 한 구절을 알게 되었습니다. 이 설교를 통해 저는 하나님의 말씀을 향한 저의 사랑과 땅을 향한 저의 사랑을 신실한 방식으로 하나되게 할 수 있었습니다.

● 바바라 브라운 테일러(Barbara Brown Taylor)는 성공회 사제이며, 조지아 주 북동부의 피드먼트 대학(Piedmont College)에서 종교학을 가르치고 있다. 그녀는 워싱턴 D.C.의 설교자 대학(College of Preachers)에서 헤이스팅스 강연(Hastings Lectures), 프린스턴 신학교 설교학의 도널드 맥클라우드 강연(Donald Macleod Lectures), 그리고 예일 대학교 설교학의 라이먼 비처 강연(Lyman Beecher Lectures)을 맡은 바 있다. 크리스천 센추리(Christian Century)지의 칼럼니스트이자 조지아 주 공영 라디오 방송의 해설자이기도 한 그녀는 *When God Is Silent*, *Speaking of Sin: The Lost Language of Salvation*, *Leaving Church: A Memoir of Faith*를 비롯한 열 권의 책을 저술했다.

주님께서 시내 산에서 모세에게 말씀하셨다. 너는 이스라엘 자손에게 말하여라. 그들에게 다음과 같이 일러라. 내가 너희에게 주기로 한 그 땅으로 너희가 들어가면, 나 주가 쉴 때에, 땅도 쉬게 하여야 한다. 여섯 해 동안은 너희가 너희 밭에 씨를 뿌려라. 여섯 해 동안은 너희가 포도원을 가꾸어 그 소출을 거두어라. 그러나 일곱째 해에는 나 주가 쉬므로, 땅도 반드시 쉬게 하여야 한다. 그 해에는, 밭에 씨를 뿌려도 안 되며, 포도원을 가꾸어도 안 된다. 거둘 때에, 떨어져 저절로 자란 것들은 거두지 말아야 하며, 너희가 가꾸지 않은 포도나무에서 저절로 열린 포도도 따서는 안 된다. 이것이 땅의 안식년이다. 땅을 이렇게 쉬게 해야만, 땅도 너희에게 먹거리를 내어 줄 것이다. 너뿐만 아니라, 남종과 여종과 품꾼과 너와 함께 사는 나그네에게도, 먹거리를 줄 것이다. 또한 너의 가축도, 너의 땅에서 사는 짐승까지도, 땅에서 나는 모든 것을 먹이로 얻게 될 것이다.

안식년을 일곱 번 세어라. 칠 년이 일곱 번이면, 안식년이 일곱 번 지나, 사십구 년이 끝난다. 일곱째 달 열흘날은 속죄일이니, 너희는 뿔나팔을 크게 불어라. 나팔을 불어, 너희가 사는 온 땅에 울려 퍼지게 하여라. 너희는 오십 년이 시작되는 이 해를 거룩한 해로 정하고, 전국의 모든 거민에게 자유를 선포하여라. 이 해는 너희가 희년으로 누릴 해이다.

이 해는 너희가 유산 곧 분배받은 땅으로 돌아가는 해이며, 저마다 가족에게로 돌아가는 해이다. 오십 년이 시작되는 해는, 너희가 희년으로 지켜야 하는 해이다. 희년에는 씨를 뿌리지 말고, 저절로 자란 것을 거두어서도 안 되며, 너희가 가꾸지 않은 포도나무에서 저절로 열린 포도도 따서는 안 된다. 그 해는 희년이다. 너희는 그 한 해를 거룩하게 보내야 한다. 너희는 밭에서 난 것을 먹게 될 것이다.

이렇게 희년이 되면, 너희는 저마다 유산 곧 분배받은 땅으로 돌아가야 한다. 너희가 저마다 제 이웃에게 무엇을 팔거나, 또는 이웃에게서 무엇을 살 때에는, 부당하게 이익을 남겨서는 안 된다. 네가 네 이웃에게서 밭을 사들일 때에는, 희년에서 몇 해가 지났는지를 계산하여야 한다. 파는 사람은, 앞으로 그 밭에서 몇 번이나 더 소출을 거둘 수 있는지, 그 햇수를 따져서 너에게 값을 매길 것이다. 소출을 거둘 햇수가 많으면, 너는 값을 더 치러야 한다. 희년까지 남은 햇수가 얼마 되지 않으면, 너는 값을 깎을 수 있다. 그가 너에게 실제로 파는 것은 거기에서 거둘 수 있는 수확의 횟수이기 때문이다. 너희는 서로 이웃에게서 부당하게 이익을 남기려고 해서는 안 된다. 너희는 하나님 두려운 줄을 알아야 한다. 나는 주 너희의 하나님이다(레위기 25:1-17).

여러분 중 어느 누구도 '기원'(祈願, rogation)이라는 말을 알아야 할 이유는 없으며, 또한 왜 그 말을 교회에서 사용하는지 알아야 할 이유도 없습니다. 이 말은 변호사나 대학원생 같은 사람들보다 농부들이 지구 안의 삶에 더욱 필요한 존재로 여겨지던 때에 생겨난 말입니다. 이 말은 아이들이 자라나면서 땅콩이 나무가 아니라 땅 속에서 난다는 것을 알게 되는 곳으로부터, 달걀이 자라서 생명이 되는 것을 막기 위해 스티로폼 상자에 담아 냉각을 시키기 전 둥지 안에서는 원래 따뜻했다는 사실을 알게 되는 곳으로 부터 생겨난 말입니다.

농촌 생활이 일반적이고 대부분의 교구 교회들이 무성한 초록과 빛나는 황금 들판을 마주보고 있던 때에, 기원일은 승천일을 앞둔 사흘 동안 신도들이 땅에서 풍성한 소출이 나기를 기원하는 특별한 기간이었습니다. 하나님께서 주시는 것에 감사하고 또 주시기를 간청하는 겁니다. 왜냐하면 그들은 들판에 베어둔 건초들이 갑작스런 폭풍에 순식간에 사라질 수 있으며, 혹은 구름처럼 몰려든 메뚜기 떼가 새로 자란 옥수수들을 밑동만 남긴 채로 먹어치울 수 있다는 것을 알았기 때문입니다.

도시에 살면서 대부분의 필요한 것들을 슈퍼마켓에서 구입하는 우리에게 이러한 위험들은 그다지 분명해 보이지 않습니다. 우리는 지난 3월 조지아와 사우스캐롤라이나 주에 늦서리가 내려 복숭아꽃이 거의 다 죽게 된 사실은 기억하지 못하고, 틀림없이 올해의 작고 딱딱한 복숭아에 대해 불만을 털어놓을 것입니다. 저의 남편 에드(Ed)는 저희 집 옆의 과수원에서 불을 지피느라 사흘 밤을 잠도 자지 못했습니다. 가장 추운 날이었던 셋째 날 밤에 밖을 내다봤더니, 제 남편은 나무를 태워 낸 따뜻한 연기를 꽃이 피는 나뭇가지로 불어넣고 있었습니다. 그이는 열을 낼 수 있는 것이라면 갖고 있는 것을 모두 꺼내뒀습니다. 그래서인지 어두워서 보이지도 않는 풀밭 위로 작은 불씨들이 이리저리 일렁이고 있었습니다. 그이는 체리나무 밑에는 콜맨(Coleman) 사의 유등을, 자두나무 밑에는 석유난로를, 그리고 그이가 서 있던 복숭아나무 아래에서는 포플러나무를 쪼개다가 밤새도록 진짜 모닥불을 피웠습니다.

그러니 이 기원일은 저와 제 이웃들에게는 중요한 날입니다. 저는 농부들과 관계를 맺으며 살고 있고, 한때는 농부이기도 했습니다. 점점 더 많은 농부들은 그들의 땅을 팔고 대신에 부동산 개발업자가 되고 있습니다. 그들은 더 이상 세금을 낼 여력이 없다고 이야기하고 있고, 이제는 저처럼 도시 사람들이 와서는 땅값을 올리고 있습니다. 농부들 중 어느 누구도 지역 시장마저 장악하고 있는 거대 농업 기업과 경쟁할 수는 없습니다. 이제 그들은 업자들에게 땅을 팔거나, 그곳에 휴양을 위한 별장을 마련하려는 수요의 증가에 발맞춰 스스로가 개발업자가 되고 있습니다.

날이 갈수록 포장되고 구획화되는 들판과 목초지가 늘어갑니다. 나무만큼이나 크게 자라 길게 늘어선 진달래 둑은 불도저에 밀려나가고, 드넓은 고목림은 제거되고 그 자리에 비닐로 만들어진 저렴한 집들이 생겨납니다. 표층의 흙이 전부 사라지면서 적토(red dirt)가 침식되어 우리의 개울과 강으로 흘러 들어갑니다. 거기에서 적토가 쌓여 송어가 더 이상 서식할 수 없게 됩니다. 제가 사는 곳에도 거의 흙으로 가득 찬 개울이 있습니다. 가보면 개울의 한가운데에서 설 수도 있고, 거기 쌓인 다져지지 않은 토사를 끝이 뾰족한 막대기로 찔러보면 1미터 깊이까지 들어갑니다. 제가 5년 전 이곳에 왔을 때에는 그 개울에서 큰푸른왜가리가 송어를 사냥하고 있었습니다. 그러나 지금은 송어도 왜가리도 사라지고 없습니다.

여러분이 다 아는 이야기이므로 더 이상 반복하지는 않겠습니다. 중요한 것은 지구가 곤경에 처해 있다는 것입니다. 그리고 그것은 많든 적든, 여러분의 경제적·정치적 견해에 의존해 있습니다. 그러나 여러분이 왼편에 속하든 오른편에 속하든, 부끄러움을 모르는 기업가이든 투쟁적인 삼림보호운동가이든, 위기는 바로 여러분이 여전히 땅을 자원으로 생각하고 있다는 것입니다. 한쪽은 보호해야 할 것으로, 다른 한쪽은 이득을 얻을 것으로 여기겠지요. 그러나 양쪽의 방식 모두 소유자의 권리나 소원을 뛰어넘지 못하는 무기력한 것입니다.

통속적인 생각에 따르면, 땅은 그것을 소유하고 있는 자의 수중에 있는 흙입니다. 소유주가 "구획이 있으라" 말하고 바라보면, 구획이 생깁니다.

또 소유주가 "무단출입 금지, 들어가지 마시오"라고 말하면, 그곳은 개인용 공원이 됩니다. 땅의 용도를 결정하는 것은 소유주의 의지이며, 땅을 돈의 가치로 환산해 생각하지 않는 소유주는 거의 드뭅니다.

이것이 모세의 율법 중 짧은 한 단편인 레위기 25장이 아주 흥미로운 이유입니다. 이 짧은 단편이 땅의 소유에 관한 우리의 모든 관념을 뒤집어 놓습니다. 하나님께서 모세를 통해 사람들에게 다음과 같이 말씀하십니다. 땅은 지금 여러분의 것이 아니며, 이전에도 결코 아니었습니다. 제가 알고 있는 한 여러분은 모두 소작농이며, 땅에서 6년 간 연이어 일할 수 있는 허가를 받은 것뿐입니다. 거기에서 무엇을 수확하든 그것은 여러분의 것입니다. 원한다면 가족을 위해 토마토 절임을 100병 담글 수도 있고, 시장에 내놓아 한 병에 1세겔(shekel)씩 팔 수도 있습니다. 그러나 일곱 번째 해에는 모든 것을 중지해야 합니다.

트랙터를 차고에 들여놓으십시오. 농기구들을 치워두십시오. 작업용 부츠는 기름을 쳐서 신발장에 넣어두십시오. 일곱째 해는 땅의 온전한 휴식을 위한 안식년이 되어야 하기 때문입니다. 그때는 씨를 뿌리거나, 가지 치기를 하거나, 곳간으로 무언가를 거두어들여서도 안 됩니다. 여러분의 땅에 들어온 낯선 동물들을 "쉬이!" 하고 쫓아내서도 안 됩니다. 지난해 떨어진 씨앗에서 밀이 자랐다면, 밀이 필요한 모두를 위해 자란 것입니다. 가지를 치지 않은 포도나무에 포도가 달렸다면, 굶주려 포도를 찾는 모든 것을 위해 주어진 것입니다. 과일을 훔쳐가서 여러분들이 총을 쏘아댔던 야생동물들도 그것을 먹을 수 있습니다.

일곱 번째 해 동안에는 그들 모두가 자유롭게 안식할 수 있습니다. **여러분도** 마찬가지입니다. 땅의 소유주와 종이, 쟁기질 하는 소와 야생 자칼 모두 말입니다. 여러분 모두가 각자의 역할에서 자유로워진 것입니다. 할 일 또한 면제받습니다. 여러분 모두는 야생의 무성한 들판과 포도원에서 다

같이 마음껏 먹이를 찾을 수 있습니다. 여러분이 멈추어서 생각한다면, 그곳은 땀 흘려 일하지 않고 시원한 저녁의 그 동산을 저와 함께 걸었던 그때를 떠올려 줄 것입니다.

안식일 자체와 마찬가지로, 이 안식의 해는 인간에게 하늘나라를 맛보는 기회가 됩니다. 더 이상 수고하지 않고, 더 이상 분투하지 않으며, 더 이상 가진 자와 갖지 못한 자의 구분이 없는 다가올 세상을 미리 보는 것입니다. 이를 통해 우리는 야생 동물들이 나란히 풀을 뜯는 나라, 이전에 고용되어 노역하던 자가 다시는 채찍으로 고통 받지 않게 되는 평화의 나라를 어렴풋이 보게 됩니다.

그것은 숲과 포도원과 들판이, 그것들에 대한 지배권을 행사해온 인간과 동등하게 하나님의 피조물로 존중 받는 곳으로서의 지구에 대한 비전이었고, 인간들에게 땅은 임시로 맡겨진 것일 뿐 한 번에 6년 이상을 맡을 수 없음을 상기시키는 것이었습니다. 하나님은 일곱 번째 해가 되면 땅이 성취하도록 인간이 물러서야 할 의무를 주었습니다. 땅은 안식의 명령을 따라야 했고, 어느 누구도 이에 간섭할 수 없었습니다.

물론, 우리는 간섭했습니다. 어떤 사람들은 안식년 동안 암시장을 통해 과일을 거래하며 부를 쌓았습니다. 다른 사람들은 머리를 탁 치며 시간이 흐르는 줄을 몰랐다고 핑계를 댑니다. "정말 일곱 번째 해가 다시 왔단 말이야? 벌써?" 레위기의 조금 더 뒷부분을 보면, 모세는 땅이 휴식을 취하도록 하지 않으면 어떤 일이 벌어질지에 대해 사람들에게 경고합니다. 모세가 말하기를 하나님께서는 그 땅을 황폐하게 하실 것이며 그 땅에 살고 있는 자들을 흩어버리실 것입니다. 그리고 그들이 포로로 잡혀가 있는 동안에, 그리고 그 땅이 폐허로 버려져 있는 동안에, 땅은 비로소 쉴 것이며 안식을 누릴 것입니다(레 26:34).

이는 분명 무서울 만큼 위협적인 이야기는 아니었습니다. 처음 천 년 간이 안식의 해는 잠시 지켜졌습니다만, 그 이후에는 거의 무시됐습니다. 제가 읽은 어떤 자료에 따르면, 이스라엘의 일부 급진적인 정통파는 여전히 이에 대해 우려하고 있지만, 그들 대부분은 매 칠 년마다 알고 지내던 이방인에게 그들의 땅을 가짜로 팔아 임차인으로서 그 땅을 경영하고, 안식년이 끝나면 그 땅을 다시 사서 돌려받는 식의 속임수를 써서 이 문제를 처리합니다.

여러분은 왜 그렇게 하는지 아시겠지요? 땅이나 뜰이나, 심지어는 화단이라 할지라도 그 땅이 일 년 동안 '허비되는' 것을 앉아서 지켜보고만 있을 사람은 거의 없기 때문이겠지요. 그런데 우리는 우리의 통제를 벗어난 것들에 대해 그러한 식으로 말합니다. 우리는 마치 그것들의 가치가 우리의 개입에 달려 있다는 듯이, 그것들이 "허비되었다"고 말합니다. 그리고 그들의 가치뿐만 아니라 우리의 가치에 대해서도 마찬가지입니다. 우리가 사는 세계에서, 편안히 앉아 일을 하지 않는 것에 급료를 주는 경우는 거의 없습니다. 잡초가 무성한 들판은 어느 누구에게도 존중 받을 수 없을 것입니다. 이러한 삶 안에서 여러분이 성공하기를 원한다면 (당신이 애쓰는 '영역'이 무엇이든 간에) 여러분은 씨를 뿌리고, 쟁기질을 하고, 비료를 주고, 가꾸어야 합니다. 뒤돌아서서는 안 되며, 매 해의 수확은 예년보다 많아야만 합니다. 땅과 사람은 바로 이것을 위해 존재하는 것입니다.

모세에 의하면 하나님은 사물들을 다르게 보십니다. 들판이 휴한지로 있을 때, 자줏빛의 나팔꽃들이 지난해의 옥수수 밭을 뒤덮고, 흰꼬리사슴이 포도원을 뒤덮은 산머루를 마음껏 먹을 때, 이 땅에 사는 사람들이 괭이 대신 밀짚모자를 손에 들고 그곳을 돌아다니다가, 불을 지펴 겨우 수확해 낸 서른 개의 복숭아보다 서리 속에서 살아남은 세 개의 복숭아가 훨씬 달다는 사실을 깨닫게 되었을 때, 하나님께서는 이를 "허비되었다"고 말씀하지 않으십니다. 하나님께서는 "안식일을 지킨다"고 말씀하시며, 사람들이 왜 이리도 이것을 거부하는지 의아해하십니다.

우리가 한동안 휴식을 취한다면 어떤 일이 벌어질 것이라고 생각하십니까? 그것이 무엇이든지간에, 우리는 오랫동안 그것에 대해 걱정해왔습니다. 그리고 우리의 두려움은 우리와 하나님의 사이, 우리 상호간의 사이, 그리고 우리와 지구(우리 때문에 안식을 빼앗겼지만 여전히 인내하고 용서하는)의 사이를 갈라놓고 말았습니다. 우리에게 먹을 것과 마실 것을 주는 이 땅, 숨 쉴 수 있는 맑은 공기를 주는 나무들, 아름다움으로 우리를 축복하는 모든 살아 있는 녹색의 것들은 '자원'이 아닙니다. 그들은 하나님 앞에서 스스로의 권리와 책임이 있는 동료 '피조물'입니다. 그들에게는 고유한 거룩한 임무가 있습니다. 우리는 그들이 그 임무를 수행할 수 있도록 해주어야 합니다.

저는 그런 일이 일어날 것이라 생각하지 않습니다. 200년 정도를 제외하고 그런 일은 없었습니다. 그러나 여전히 그것은 "너는 살인하지 말라", "안식일을 거룩하게 지키라"와 같은 주님의 말씀입니다. 때때로 저는 하나님께서 우리가 그것들을 지킬 수 있거나 지킬 것이다라고 정말로 기대하며 말씀하신 것이 아니라는 생각을 하곤 합니다. 그보다는 하나님께서는 이를 기록하게 하시려고, 그리하여 우리가 하나님이 누구이신지, 또 세계는 어떻게 돌아가는지를 알도록 하시려고 말씀하신 것이라고 생각합니다. 우리가 그 앎대로 살아가든지 아니든지 말입니다.

최소한 우리에게 주어진 그 앎은 지구가 우리 것이 아니라는 것입니다. 지구는 하나님 안에서 스스로의 존엄성, 거룩함 그리고 생명을 지니고 있습니다. 안식일의 도래는 하나님의 모든 피조물을 위한 것이며, 그 모든 피조물이 한 분이신 주님의 다스림 아래에서 서로의 친족의식을 깨닫게 되는 자리에 서게 하려는 것입니다. 우리 각자는 그 앎 안에서 규칙적으로 휴식하며, 그 휴식을 통해 우리가 누구이며 여기에서 무엇을 해야만 하는지에 대한 소중한 믿음을 깨닫게 됩니다.

　이 기원일 동안 여러분 한 사람 한 사람을 위해 기도합니다. 여러분의 이름을 크게 외치는 나무, 물줄기, 빗방울, 혹은 풀잎을 만나 성부와 성자와 성령 하나님의 이름으로 여러분 스스로를 그들에게 소개하시기를 기원합니다.

# 창조세계는 우리의 친족입니다: 아메리카 인디언의 관점에서

## CREATION AS KIN: An American Indian View

조지 팅커●

이 설교는 다양한 세계관과 문화적 경험들이 사람과 창조세계의 관계방식을 어떻게 형성하는지에 대해 되돌아볼 수 있는 기회를 우리에게 제공합니다. 여기에 제시된 통찰들은 많은 아메리카 인디언들이 갖고 있는 이해를 제시하고 있는데, 이런 이해는 인간이 창조세계와 어떻게 관계 맺어야 하는지에 대한 기독교적 관점에 도전을 주고, 또한 그 관점을 풍성하게 할 것입니다.

● 조지 팅커(George Tinker)는 오세이지(Osage) 종족의 일원이자 아메리카 인디언의 여러 가지 주장 및 운동을 하는 활동가이다. 1985년 이후 아일리프 신학대학원(Iliff School of Theology)의 아메리카 인디언 문화 및 종교전통 교수로 있다. 저서로는 *Missionary Conquest: The Gospel and Native American Cultural Genocide*, 공저로는 *Native American Theology*가 있다. 팅커는 미국 복음주의 루터 교회의 성직자이며, 아메리카 토착민들의 해방을 위한 학술 조직과 운동에 참여하고 있다.

하나님이 손수 만드신 모든 것을 보시니, 보시기에 참 좋았다(창세기 1:31).


　적은 한 무리의 사람들이 산허리까지 뒤덮은 반 미터 높이의 많은 눈 때문에 옷을 꽁꽁 싸매 입고서 아주 훌륭하고 커다란, 크리스마스트리로 적당해 보이는 나무 앞에 조용히 둘러서 있었습니다. 다양한 부족에서 온 아메리카 인디언들과 주로 인디언 교회에서 온 신자들 모두는 나무를 위하여 기도하고 있었습니다. 그 모습은 다른 대부분의 교회가 그들의 교회에 세울 크리스마스트리를 베기 위해 일 년에 한 차례 밖을 나선 모습과 같았습니다. 단지 다른 것은 그들의 기도에는 기독교적 기도와 인디언 부족의 전통적인 기도가 함께 섞여 있었습니다. 두 분의 목사님이 창조주와 나무의 생명에 바치기 위해 손에 담배*를 들고 있었습니다. 이것은 심지어 폭

---

* 담배와 담배묶음: 아메리카 인디언들은 전통적으로 정화와 속죄를 위해, 그리고 창조주께 드리는 기도를 위해 담배로 제를 지낸다. 나무를 베거나 동물이 죽었을 때, 집을 짓기 위해 돌을 옮겨올 때, 그것들의 혼을 달래기 위해서도 담배가 사용된다. 담배는 태워 향을 내기도 하지만, 염색된 천에 담아 묶기도 하는데 이를 담배묶음이라 한다. 담배묶음을 만드는 과정 자체가 일종의 예식이라 할 수 있다. 우정의 상징으로, 감사의 표시로, 또 조언을 얻을 때에 이 담배묶음을 건네기도 한다.[역주]

담배와 담배묶음

력적인 행위 안에서도 창조세계의 조화와 균형을 유지하기 위하여 사방으로 그리고 위 아래로 바쳐집니다. 어떤 사람은 헌물인 색색의 담배묶음(사진과 각주 참조)으로 나무줄기 주위를 둘러쌓습니다. 네 명의 남자가 북 주위에 둘러서서 전통적인 기도송을 부르자 사람들은 한 사람씩 나무로 다가가 손을 대고 기도했습니다. 어떤 사람들은 사과, 감사, 목적 및 약속의 말로 위로하여 나무에 실제로 이야기했습니다.

　문화적 가치의 진정한 의미는 이러한 모임을 통해 드러났습니다. 창조세계와 모든 '창조된 것'을 향한 이러한 태도는 아메리카 인디언들을 대부분의 미국 사람들과 유럽 사람들로부터 구별해줍니다. 그것은 세계의 많은 토착민들의 특징이며, 기독교로 개종된 토착 공동체에서도 보존되는 일련의 문화적 가치들을 표현합니다. 아마도 외부인은 인디언들의 이러한 태도를 경외(awe), 혹은 경이(wonder)로 묘사할 것입니다. 하지만 우리 아메리카 인디언들은 이것을 경외나 경이가 아니라 '존중'(respect)이라 부르기를 좋아합니다. 존중은 창조된 모든 것의 한 부분으로서 우리의 책임을 다하기 위하여, 또한 이 세상 모든 것의 조화와 균형, 상호의존성과 상호관계성을 유지하기 위하여 요구되는 적합한 태도입니다.

그러므로 아메리카 인디언의 문화적 컨텍스트에서 핵심이 되는 말은 바로 존중입니다. 이 경우에는 나무에 대한 존중이겠지요. 보다 더 중요한 것은 '호혜'(reciprocity)라는 기초적인 개념입니다. 기도와 담배 헌물은 우리가 이 나무를 베어 균형을 파괴했지만 그 균형을 유지하기 위하여 지구와 모든 창조세계에 무언가를 돌려주는 호혜적 행위입니다. 인디언 문화가 기독교인들에게, 특히 유럽과 북아메리카의 기독교인들에게 제기하는 질문은 바로 이것입니다. "근대로부터 시작되어 지금은 모든 창조세계를 멸종 위기에 빠뜨린 산업화·상업화된 세계에서, 나무와 돌과 동물과, 궁극적으로 다른 인류를 위한 존중이 어떻게 발견될 수 있는가?" "또한 우리는 어떠한 종류의 호혜에 동참하고 있으며, 동참할 것인가?" "삼림과 광산을 말끔히 도려내어 수 마일의 땅을 벌거벗겨버리고 있으면서, 무엇을 그 땅에 되돌려줄 것인가?"

### 원(The Circle)

아메리카 인디언들과 다른 토착민들은 아주 오랜 자부심을 가지고 있습니다. 그것은 그들이 유럽 사람들과 미국 사람들에게 세계에 관하여, 그리고 그 세계 안에 살아가는 인간들의 관계에 대해 가르쳐줄 게 많다는 것입니다. 그들은 자신들의 통찰의 영적인 토대에 대해 자부심을 느끼며, 그 토대가 모든 창조세계의 치유와 화해를 위한 원천이 될 수 있다고 확신합니다. 이제 제가 인디언의 관점에서 간단한 두 예를 말씀드리겠습니다.

제 인디언 선조들은 예수 그리스도의 복음을 알고 고백하기 훨씬 오래 전부터 창조주 하나님과 건강하고 책임적인 관계를 맺고 있었습니다. 그들이 창조주와 맺었던 관계는 각 부족들끼리 모여, 그들이 기도하는 가운데, 특별히 의식을 갖는 가운데 모닥불에 둘러앉아 나눴던 이야기 속에서 견고해졌습니다. 이 관계는 창조자인 절대적 타자(the Other)의 인식, 다시 말해 존재하는 모든 것 배후에 있는 창조적인 힘을 인식하면서 시작됐습니다. 선교사들이 오기 훨씬 전부터였지요. 이러한 관계 안에서 사람들은 서로를 전체 창조 안의 참여자로 바라보게 되고, 그들이 함께 하는 모든 것 안에서 전체 우주의 균형과 조화를 기념하게 되었습니다.

그들이 하는 모든 것 안에서, 저희 인디언 선조들은 창조주와 그들 자신을 포함한 모든 창조세계의 선함을 인정했습니다. 그것이 이야기들의 요점이고, 기도들의 핵심이며, 의식들의 목적이었습니다. 그들은 모든 창조된 우주의 특징인 균형과 조화에 대해 잘 알았습니다. 겨울과 여름은 서로 균형을 이룹니다. 사냥과 농사, 하늘과 땅, 더위와 추위, 해와 달, 암컷과 수컷, 여자와 남자도 마찬가지로 서로 간에 균형을 유지합니다. 우리의 선조들은 이 모든 것을 선한 것으로 여겼습니다. 마치 하나님께서 여섯째 날을 마무리하며 하셨던 것처럼 말입니다(창 1:31).

모든 아메리카 인디언의 영적 통찰과 인디언 신학이 창조로부터 시작된다면, 그것은 수많은 북아메리카 부족들 중에서도 인디언들의 기본적인 예전적인 태도에 이미 반영되어 있습니다. 우리는 대부분 원의 형태로 함께 모여 공동으로 기도를 합니다. 사실, 이 원은 부족들의 자기이해의 기본적 상징입니다. 이것은 우주 전체와 그 안의 일부인 우리를 의미합니다. 우리는 그 원 안에서 스스로를 동등한 참여자로 바라봅니다. 누구도 하나님의 창조세계 안에서 다른 것의 위나 아래에 있지 않습니다. 우리의 문화적 컨텍스트 안에서는 어떠한 위계서열도 없습니다. 심지어 종들(species) 사이의 위계도 없습니다. 바로 원에는 시작도 끝도 없기 때문입니다. 따라서 창조된 모든 것은 그들 각각의 방식으로 원의 온전함을 지키기 위해 함께 참여합니다. 그래서 인디언의 무리가 원을 이루어 기도할 때에, 기도는 원의 표현과 함께 이미 시작된다는 것을 모두 다 알고 있습니다. 아직 어떠한 말도 말해지지 않았고, 또 일부 의식에서는 어떠한 말도 필요 없습니다. 그러나 우리가 의도적으로 둘러선 이 육체적인 원 모양은 하나님의 창조세계의 온전함을 우리의 기도와 관심을 이미 표현하고 있는 것입니다. 이러한 맥락에서 인디언들은 기도할 때에 손을 잡지 않습니다. 그들이 손을 잡는다면 그것은 백인 선교사들의 영향 때문입니다. 손을 잡을 필요가 없는 것은, 원으로 서는 것만으로도 충분하며 이미 함께 하고 있다는 것을 모두 알기 때문입니다. 우리의 발밑에 굳게 놓여 있는 땅을 통해 우리가 떼려야 뗄 수 없도록 묶여 있기 때문이며, 그 땅이 결국은 우리 각자와 모든 창조 세계의 참 어머니이기 때문입니다.[1]

## 미타쿠예 오야신

라코타(Lakota) 족과 다코타(Dakota) 족* 사람들은 모든 기도에서 어떤한 구절을 사용하는데, 그 구절은 창조에 대한 아메리카 토착민들의 생각의 핵심을 적절히 표현해줍니다. **미타쿠예 오야신**(Mitakuye Oyasin)이라는 구절은 기독교에서의 **아멘**과 유사한 역할을 합니다. 그렇기 때문에 이 말은 모든 기도를 끝맺을 때 사용되며, 때로는 그 구절을 말하는 것만으로도 하나의 온전한 기도가 됩니다. 이 말은 보통 "나의 모든 관계들을 위해"(for all my relations)로 번역됩니다. 하지만 대부분의 다른 토착 상징어와 같이, 미타쿠예 오야신은 다양한 의미를 지니고 있습니다. 분명히, 누구든지 고모, 삼촌, 자녀들 그리고 조부모님과 같은 가까운 친족을 위해 기도합니다. 또한 '관계들'이란 동료 부족 구성원들, 크게는 모든 인디언들로 이해될 수

---

* 수(Sioux) 족 인디언의 한 부족.[역주]

있습니다. 동시에, 이 구절은 모든 인류, 모든 '두 다리로 서는 것'을 친족으로 포함시키며, 이 확장되는 원은 여기에서 멈추지 않습니다. 이 기도를 올리는 모든 라코타족은, 우리의 친족에는 반드시 '네 다리로 서는 것들'과 '날개 달린 것들', 그리고 어머니 지구 위에서 살아 움직이는 모든 것이 포함되어야 한다는 것을 잘 압니다. 라코타 족의 한 교사가 미타쿠예 오야신에 대한 더 나은 번역을 제안한 바 있습니다. "내 위와, 내 아래와, 내 주위에 있는 모든 것들을 위해", 이것이 미타쿠예 오야신, "나의 모든 관계들을 위해"의 의미입니다. 누구든지 이 구절을 통하여, 원으로 상징되는 상호관계성과 상호의존성 그리고 원의 온전함을 유지하기 위한 호혜와 존중의 중요성의 확장적인 이미지를 이해할 수 있을 것입니다.

창조세계로부터 신학을 시작하려는 아메리카 인디언들의 관심은 하나님의 모든 피조물의 선함과 내재적 가치를 인정하라는 요청입니다. 우리는 섬세하며 연약한 균형을 파괴하는 행위와, 우리의 모든 친족의 내재적 가치를 부정하는 행위를 악이자 죄로 경험합니다.[2]

1. 땅에 대한 아메리카 토착민의 관점을 더 보려면, 다음의 책을 참조하시오. John A. Grim, ed., *Indigenous Traditions and Ecology: The Interbeing of Cosmology and Community* (Cambridge, MA: Harvard University Press, 2001), Winona LaDuke, *All Our Relations: Native Struggles for Land and Life* (Cambridge, MA: South End Press, 1999).

2. 다양한 문화적 관점에서 생태학을 이해하려면 다음을 참조하시오. *Earth and Faith: A Book of Reflection for Action* (New York: Interfaith Partnership for the Environment, United Nations Environment Programme, 2001), Roger Gottlieb, ed., *This Sacred Earth: Religion, Nature, Environment* (New York: Routledge, 1996), David R. Kinsley, *Ecology and Religion: Ecological Spirituality in Cross-Cultural Perspective* (Englewood Cliffs, NJ: Prentice Hall, 1994), Mary Evelyn Tucker and John A. Grimm, eds., *Worldview and Ecology: Religion, Philosophy, and the Environment* (Maryknoll, NY: Orbis, 1994); Clara Sue Kidwell, Homer Noely, and George E. Tinker, *A Native American Theology* (Maryknoll, NY: Orbis, 2001), Jace Waver and Russell Means, eds., *Defending Mother Earth: Native American Perspectives on Environmental Justice* (Maryknoll, NY: Orbis, 1996).

## 부록

# 하나님의 지구는 거룩합니다:
## 미국교회와 사회를 향한 공개서한

하나님의 창조세계는 우리에게 불안한 소식을 전하고 있습니다. 지구 온난화는 위험한 수준에 이르렀고, 세계의 어장(漁場)은 90%나 감소했습니다. 해안 개발과 그로 인한 오염은 대양의 건강을 급격히 악화시켰습니다. 동식물들의 서식지가 사라지면서 수천 종의 생물이 멸종 위기에 처해 있습니다. 95%에 육박하는 미국의 삼림이 사라졌습니다. 미국 인구의 거의 절반은 국가가 정한 기준에 미치지 못하는 대기 속에 삽니다. 최근 몇 년간 심각한 위기가 발생해왔고, 그 위기는 우리 신학자들, 목회자들, 종교 지도자들이 새로운 위급함에 대해 말하고 행동할 것을 요청합니다.

우리는 "이 행성에 존재하는 생명들을 지키고, 모든 인류의 기본적인 필요를 채우며, 정의를 확장하도록"[1] 하나님의 창조세계인 지구와 관계를 맺어야 합니다. 수십 년이 넘도록, 빠르지 않지만 신실하게, 미국의 신앙 공동체는 생태와 정의 문제를 쟁점화하기 위해 노력해왔습니다. 우리의 신앙 집단은 풍성한 신학 관점들을 제공해왔고, 장기간에 걸친 사회적인 가르침의 렌즈에 비추어 도덕적 문제들을 다뤄왔으며, 우리의 교회 조직 안에서 다양한 정책들을 통과시켰습니다. 우리가 교회 안에서 수행한 노력들에 경의를 표하지만, 우리는 지구가 처한 환경 위기의 정도와 규모에 대해 종교적·도덕적·정치적으로 충분히 논의하는 데에 분명히 실패했습니다. 세계의 과학자들이 제공한 입증 가능한 증거들을 볼 때, 지구 붕괴의 규모와 속도에 대한 우리의 반응이 불충분했다는 것은 너무도 분명합니다.

생태계 파괴의 이런 길을 그대로 걷는 것은 단지 어리석을 뿐만 아니라 죄입니다. 종교계 지도자들 가운데 창조세계를 향한 관심을 이끌어왔던 그리스 정교회의 총대주교 바르톨로메오(Bartholomew) 1세의 말을 빌리자면, "자연세계를 향해 범행을 저지르는 것은 죄입니다. 인간이 다른 종들을 멸종에 이르게 하는 것, 하나님의 창조세계의 생물다양성을 파괴하는 것, 인간이 자연이 만들어낸 삼림을 모조리 벗겨내고 습지를 파괴함으로써 기후 변화를 야기해 지구의 보전을 해치는 것, 인간이 질병으로 다른 인간을 해치는 것, 인간이 독성 물질로 지구의 물, 땅, 공기, 생명을 더럽히는 것…이 모든 것이 죄입니다."[2] 우리는 창조주의 반대편에 선 파괴자가 되었습니다. 우리 손에 의해 지구는 위험에 처했습니다.

이것이 의미하는 것은 우리의 위기가 신학적 위기이기도 하다는 것입니다. 매일의 습관들을 지속하며 살 수 있다고 하는 거짓 복음에 우리는 귀 기울여왔습니다. 이 거짓 복음은 하나님께서 인간의 구원에만 관심을 가지시며, 우리의 소명은 우리 자신의 목적만을 위해 지구를 이용하고 착취하는 것이라고 말합니다. 이 거짓 복음은 아직도 자부심 강한 설교자를 찾아서, 대담한 정치 지도자들과 정책 입안자들을 사로잡아 그 복음의 지지자로 만들고자 하고 있습니다.

이러한 거짓 복음과 짝이 되는 세속적인 확신이 바로 인간이 지구의 주인이 될 수 있다는 생각입니다. 우리의 현대적인 삶의 방식은 이러한 지배 의식을 전제하고 있습니다. 그러나 우리를 깨우치는 진리는, 인간이 지구에 끼치는 영향의 심각하고 장기적인 결과에 대해 우리는 거의 알지 못하고 통제할 수도 없다는 것입니다. 우리는 이미 그 결과의 씨앗들을 많이 뿌려왔습니다. 우리가 뿌린 씨앗의 결실은 미래 세대의 인류가 생명 공동체의 다른 모든 존재들과 함께 거두게 될 것입니다.

우리가 반드시 내딛어야 할 첫 걸음은 하나님과 사람들 앞에서 우리 죄를 회개하는 것입니다. 우리의 사회적·생태적 죄를 회개하는 것은 미국의 시민들에게 부과된 특별한 책무를 인정하는 것입니다. 지구 인구의 5%에 불과하지만, 우리는 세계 탄소 배출량의 4분의 1을 배출하며, 천연 자원의 4분의 1을 소비합니다. 또한 국내외에서의 가증스러운 불평등을 영속화합니다. 우리는 지구 생명의 망의 소중한 일부입니다. 그러나 우리는 이 행성을 소유하지 않으며 회복을 위해 필요한 것들을 초월할 수도 없습니다. 그동안 우리는 하늘과 땅의 창조자를 향해 귀를 기울이지 않았습니다.

두 번째 걸음은 용기와 기쁨으로 새로운 여정을 함께 하는 것입니다. 하나님의 은혜로 만물은 새로워집니다. 우리는 하나님께서 창조하신 모든 것을 회복하고 성취하겠다고 하신 당신의 신실한 약속을 붙들고 하나님의 도움으로 지금과는 다른 길을 걸음으로, 그 새로움을 나눌 수 있습니다. 이를 위해 우리는 신앙을 확신하고, 몇 가지 기준을 제안하면서, 교회가 이 사명에 다시 전념할 것을 촉구합니다. 우리는 하나님의 거룩한 지구의 붕괴를 본격적으로 다루는 것이, 1960년대의 시민권 운동, 전 세계적으로 확산된 남녀평등 운동, 히로시마 이후 지금까지도 계속되고 있는 대량 살상 무기의 억제를 위한 노력들에 비교할 만한 이 시대의 도덕적인 과제임을 확신합니다.

## 생태적 신앙의 확인

우리는 하나님의 너그럽고 선한 창조세계의 일원으로서 경외와 감사로 가득 차 있습니다. 수많은 종들의 화려함과 신비, 우리의 공동의 피조성, 그리고 만물의 상호의존 안에서 우리는 기뻐합니다. 우리는 지구가 모든 것의 고향이며 본래적으로 선하게 창조되었다는 것을 믿습니다(창1장).

우리는 인류가 역사상 유례없는 빠른 속도로 종과 그 서식지를 파괴하면서, 생명의 망의 멋진 선물을 산산조각내고, 모든 생명의 복지를 위한 책임을 도외시하는 것을 탄식합니다.

우리는 창조세계에 생명을 불어넣으시는 성령을 믿으며, 그분이 우리 안에서 숨 쉬며, 우리가 지구의 생명 공동체를 번창시키는 일에 참여할 힘을 주심을 믿습니다. 우리는 하나님의 백성이 인간됨의 길을 걷도록 부름 받았음을 믿습니다. 그 길은 미래 세대를 위해 우리가 사회적으로 정의롭고 생태적으로 지속 가능한 공동체를 번성시키는 일임을 믿습니다. 또한 우리는 모든 창조세계를 완성하신다는 하나님의 약속을 믿으며, 모든 것의 화해(골1:15-20)를 기대하고 하나님의 약속을 따릅니다(벧후3:13).

우리는 이런 소명을 거부하고, 보호하고 강화하고 풍성하게 해야 할 생태계와 인류 공동체를 약탈하고 때로는 파괴하기 위하여, 하나님께서 주신 우리의 능력과 지식을 왜곡시켜왔음을 탄식합니다.

우리는 예수 그리스도 안에서 하나님께서 정의를 갈망하는 무한한 사랑으로 (인간을 포함한) 온 창조세계를 회복하며 구원하심을 믿습니다. 하나님의 성육신은 모든 창조세계가 영원으로 향하는 거룩한 창임을 확인합니다(요1:14). 십자가와 부활 안에서 우리는 하나님께서 삶의 가장 잔인하게 파괴된 자리에까지 들어가셔서 거기서 치유하며 해방하는 힘을 이끌어내셨음을 알게 됩니다. 이런 구원 행위는 "온 창조세계"(마가복음16:15)의 모든 일원 간의 올바른 관계를 회복합니다.

우리는 우리의 삶과 예배를 통해 이런 구원을 살아내고 선포하기보다는, 기후를 바꾸고 종들을 멸종시키며 생명을 유지시키는 지구의 능력을 위태롭게 함으로써, 지구를 그리고 힘과 특권의 가장자리에 있는 사람들을 남용하고 착취해왔음을 고백합니다.

우리는 창조된 세계가 거룩함을 믿습니다. 이것은 만물을 가득 채우시는 하나님의 권능의 계시와 만물을 가득 채우시는 은혜로운 현존을 믿는 것을 의미합니다. 창조세계의 이런 거룩한 특성은 절제와 나눔을 요구하고, 과도한 소비와 낭비에 대한 긴급한 해독제를 요청하며, 경제정의가 생태보존의 필수조건임을 상기시켜줍니다.

우리는 하나님께서 창조하신 모든 것을 회복하고 새롭게 하시며 완성하신다는 신실한 약속을 의지합니다. 우리는 이 땅의 그리스도의 몸인 교회가 "창조세계의 신음"(롬 8:22)과 "땅의 모습을 새롭게 하시는"(시 104:30) 하나님의 열망에 응답하는 날을 갈망하며 이를 위해 일합니다. 우리는 창조세계의 탄식과 신음이 사라지고, 정의가 평화와 함께 다스리며, 인류가 지구를 배반하는 것이 아니라 보살피며, 또한 모든 창조세계가 기쁨의 노래를 부를 그날을 기다립니다.

### 교회와 사회를 위한 안내 규범들

이런 확인은 또한 우리를 부르시는 도전을 의미합니다. 그 부르심은 동산을 "맡아서 돌보게"(창 2:15) 하신 하나님의 사랑과 정의의 반영, 즉 하나님의 도덕적 형상으로서 우리의 소명을 완수하는 것입니다. 이와 같은 명령과 우리 시대의 긴급한 문제들, 즉 멸종과 대중 빈곤으로부터 기후 변화와 건강을 잠식하는 오염에 이르는 수많은 문제들을 우리는 어떻게 응답해야 하겠습니까? 우리는 누구이며 무엇을 해야 합니까? 우리 개인의 삶, 신앙 공동체, 사회 조직, 직장, 정치제도 안에서 우리가 장려해야 할 도덕적으로 훌륭한 기준과 실천은 무엇일까요? 우리는 사회적·환경적 책임의 규범을 아래와 같이 확인합니다.

### 정의(Justice)

정의는 사회적·생태적으로 올바른 관계를 세워 지구 공동체의 모든 구성원이 번성하기 위해 필요한 조건들을 보장합니다. 인간 구성원들 사이에서, 정의는 필수적인 물질적 필요, 인간 존엄과 사회 참여를 위해 필요한 조건들을 충족시킬 것을 요구합니다. 지구적 상황에서 경제적 박탈과 생태적 훼손의 악순환이 계속되고 있습니다. 따라서 우리에게는 사회정의와 생태 보전을 통합하는 생태정의가 요청됩니다. 인간 복지의 필수조건 중 하나가 생태 보전이기 때문에 생태정의에 대한 추구는 또한 인간의 환경권의 발전을 의미합니다. 이런 도덕적 권리에는 수많은 오염물질로부터 토양과 대기 및 수질 보호, 생물다양성 보존, 창조세계의 풍성함을 공정하고 검소하게 이용하도록 보장하는 정부 활동이 포함됩니다.

### 지속 가능성(Sustainability)

지속 가능성은 현 세대와 미래 세대가 공평하게 지구의 수용능력 범위 내에서 지속적으로 살아가는 것을 의미합니다. 하나님의 언약은 인간과 모든 살아 있는 피조물뿐만 아니라 "모든 미래 세대를 위한"(창 9:8-17) 언약입니다. 지속 가능성에 대한 관심은 우리의 삶의 양식과 정책들이 가져오는 장기적인 영향에 대한 책임감을 갖게 합니다.

### 생명에 대한 책임(Bioresponsibility)

생명에 대한 책임은 하나님의 사랑을 받는 피조물이며 하나님의 현존과 지혜, 권능과 영광을 드러내는 존재인 모든 생명의 형태를 포함하도록 정의의 언약을 확장하는 것입니다. 우리는 창조세계의 가치를 결정하지도 선언하지도 않으며, 다른 모든 피조물은 우리의 필요와 욕망을 충족시키기 위한 수단이 될 수 없습니다. 모든 종은 그들만의 온전성을 가지고 있습니다. 그들은 지구의 풍성함을 "공평하게 나누어 가질" 자격이 있습니다. 공평한 나눔은 생물다양성을 허락하며 모든 생명이 인류 공동체와 함께 번성하게 합니다.

### 겸손(Humility)

겸손은 오만에 대한 해독제로서, 인간의 지식과 기술적 재능 그리고 도덕적 품성의 한계를 인식하는 것입니다. 우리는 창조세계의 주인이 아닙니다. 인간의 실수와 악의 능력을 인식하면서, 겸손은 하나님의 창조세계인 지구 전체의 선을 위해 인간을 억제합니다.

### 관용(Generosity)

관용은 창조세계를 위한 하나님의 목적과 풍성한 생명의 그리스도의 선물을 인정하여 공동의 선을 증진하고 지키기 위해 지구의 풍성함을 나누는 것입니다. 인간은 고립된 개인들의 단순한 결합이 아니라, 사회적·생태적으로 상호의존적인 존재들로 이뤄진 공동체입니다. 좋은 사회의 기준은 이미 많이 가진 자들에게 특권을 주는 것이 아니라, 창조세계의 가장 연약한 일원들에게 특권을 주는 것입니다. 본질적으로, 이러한 과업을 위해서 지역, 지방, 국가, 국제적 차원에서 좋은 정부가 필요합니다.

### 검소(Frugality)

검소함은 생태정의를 위해 생산과 소비의 경제를 억제하는 것입니다. 하나님의 영으로 가득 찬 살아 있는 생명들은 물질의 축적으로 온전함을 누릴 수 있다는 환상으로부터 우리를 해방시켜서, 우리를 하나님의 공의로운 목적에 이르게 합니다. 검소함은 절제, 만족, 자제를 함축합니다. 많은 이들이 이를 소박함이라 부릅니다. 이것은 지구의 풍성함의 세심한 보존, 포괄적인 재활용, 다른 종들에 대한 위해의 최소화, 물질적 효율성, 폐기물의 제거 그리고 상품의 내구성을 요구합니다. 이 유한한 행성에서 검소함은 사랑의 표현이며 정의와 지속 가능성을 위한 수단입니다. 검소함을 통해 모든 생명은 지구가 가진 것들을 아끼며 나누어 함께 번성할 수 있게 됩니다.

### 연대(Solidarity)

연대는 우리가 상호간의 복지를 위한 책임을 지닌 지구적 공동체로서 함께 묶여 있음을 인정하는 것입니다. 우리 시대의 사회 문제와 환경 문제는 지역, 지방, 국가, 국제의 모든 차원에서 협력을 통해 풀어가야 합니다. 연대는 국제적인 협력을 통해 지구적 공동선(the global common good)을 위해 헌신하는 것입니다.

### 연민(Compassion)

연민은 지구의 모든 구성원의 기쁨과 고통을 함께 나누며 이를 우리의 것으로 만드는 것입니다. 그리스도의 몸의 구성원은 연약하고 소외된 존재들에게서 그리스도의 얼굴을 봅니다. 타자의 필요를 채우는 폭넓은 돌봄과 세심한 섬김은 연민으로부터 흘러나옵니다.

## 행위로의 부름: 지구 치유와 정의롭고 지속 가능한 사회를 위하여

너무 오랫동안 우리 기독교인 형제자매들 그리고 선한 의지를 가진 많은 사람들은, 지구를 위한 돌봄과 정의를 관심의 변두리로 제쳐놓았습니다. 이것은 많은 문제들 중 '하나'를 선택하는 서로 경쟁하는 '대안적 프로그램'이 아닙니다. 지구 역사상 가장 위태로운 이 순간, 우리는 이 시대의 가장 중요한 도덕적 의무가 하나님의 창조세계인 지구를 돌보는 것임을 확신합니다.

세상 안에 하나님 백성이 모인 공동체로서 교회들은 우주 만물의 창조자, 유지자, 회복자이신 사랑의 하나님을 대표하도록 부름을 받습니다. 우리는 모든 존재와 행위를 통해 하나님을 예배하고 창조세계를 거룩한 존재로 대하도록 부름을 받습니다. 우리는 정치 지도자들이 이 행성의 미래를 지원하도록 만들어야 합니다. 우리는 이 시대의 거짓된 복음들을 거부하며 "하나님이 세상을 이처럼 사랑하셨다"(요한복음 3:16)는 참된 복음에 붙들려 살도록 부름을 받았습니다.

우리는 창조세계에 대한 관심이 교회 사역의 다른 모든 차원을 뒷받침하며 서로 얽혀 있음을 믿습니다. 우리는 하나님의 창조세계인 지구를 학대하는 것을 영속화하고 심지어 허용하면서도 '교회'임을 주장하는 것은 더 이상 받아들일 수 없는 것임을 확신합니다. 마찬가지로 기업가들과 정치 지도자들이 생명 유지 체계의 미래가 전혀 위태롭지 않다는 듯이 '여느 때와 다름없이' 하던 일을 계속하는 것을 받아들일 수 없습니다.

이제, 우리는 그리스도 안에 있는 우리 형제자매와 선한 의지를 가진 모든 사람에게, 우리와 함께 할 것을 긴급하게 요청합니다.


이해합시다

미합중국에서 살아가는 사람들로서, 세계 인구의 5%이면서 지구 전체 부의 25%를 소비하는 인류의 일원으로서, 우리의 책임을 이해합시다. 이해에 이르는 가장 확실한 방법 중 하나는 가장 연약한 존재들, 즉 우리의 과소비와 중독, 교만의 결과로 가장 직접적으로 고통당하는 이들에게 열심히 귀 기울이는 것임을 믿습니다. 온 지구가 치유를 기다리며 신음하며 울부짖고 있습니다. 더 늦기 전에 '우리의 영혼의 귀'를 깨워 이 소리에 귀 기울입시다.

## 통합합시다

이해를 '교회', '인간', '하나님의 자녀'와 같은 우리의 핵심적 신념 및 실천과 통합합시다. 이런 통합은 교회공동체의 선교적 선언, 평신도와 성직자 사역, 말씀 선포, 찬송가, 죄의 고백, 재정 관리와 헌금, 신학교육, 복음전도, 일상 업무, 성소의 사용 그리고 생명 공동체를 향한 열정적인 섬김 안에서 분명히 드러날 것입니다. 이렇게 통합된 증언과 함께, 우리는 인간의 소명과 교회의 삶이 되살아나며, 하나님의 번성하는 지구가 소생할 것을 기대합니다.

## 지지합시다

창조세계의 가장 연약한 구성원들(인간을 포함하여)을 위해 우리의 모든 지도자와 함께 담대하게 그들을 지지합시다. 존엄성을 부정당한 모든 이들을 위해, 그리고 자신의 목소리를 내지 못하는 생명 공동체의 모든 존재를 위해, 우리는 자기만족, 부정과 공포를 떨쳐버리고 지배권력에게 하나님의 진리를 외쳐야 합니다.

그리스도의 이름으로 그리고 그리스도의 영광을 위하여, 우리는 부서졌지만 희망 찬 마음으로 외칩니다. 하나님의 지구를 회복하는 일, 우리 시대의 가장 위대한 치유적 과업이자 도덕적 과제에 우리와 함께 해주십시오.

## 입안자들

• 네디 아스투디요(Neddy Astudillo) 목사: 남미 생태신학자, 미국장로교회(Prebyterian Church, U.S.A)

- 존 크리스브기스(John Chryssavgis) 신부: 그리스 정교회 미국 대교구(Greek Orthodox Archdiocese of America)
- 디터 헤셀(Dieter Hessel) 박사: '생태와 정의 및 신앙에 대한 에큐메니칼 프로그램' 책임자
- 토마스 호이트 Jr.(Thomas L. Hoyt Jr.) 주교: 미국기독교교회협의회 의장, 기독교감리교회(Christian Methodist Episcopal Church) 루이지애나 및 미시시피 교구 주교
- 캐롤 존스톤(Carol Johnston) 박사: 크리스천신학대학(Christian Theological Seminary) 신학 및 문화 부교수, 평생신학교육원 원장
- 타냐 마르코브다-바넷(Tanya Marcovna-Barnett): '지구목회' 프로그램 책임자
- 빌 맥키벤(Bill McKibben): 작가, 미들버리 대학(Middlebury College) 특임교수
- 신디아 모-로비다(Cynthia Moe-Lobeda) 박사: 시애틀 대학교(Seattle University) 신학 및 종교학 조교수
- 제임스 A. 내쉬(James A. Nash) 박사: 사회생태윤리학자, 은퇴함
- 래리 라스무센(Larry Rasmussen) 박사: 뉴욕 유니온 신학대학 사회윤리학 명예교수
- 폴 샌트마이어(Paul Santmire) 목사: 작가, 신학 강사, 미국 복음주의 루터 교회(Evangelical Lutheran Church in America)

## 공동서명

- 캐런 베이커-플레처(Karen Baker-Fletcher) 박사: 남감리교대학교 퍼킨스 신학대학(Perkins School of Theology, Southern Methodist University) 조교수
- 존 B. 캅 Jr.(John B. Cobb Jr.) 박사: 클레어몬트 신학대학 및 대학원(Claremont School of Theology and Claremont Graduate School) 명예교수

- 제이 맥다니엘(Jay McDaniel) 박사: 헨드릭스 대학(Hendrix College) 종교철학 스틸센터 소장
- 샐리 맥페이그(Sallie McFague) 박사: 밴더빌트 대학교 신학대학(Vanderbilt University Divinity School) 명예교수, 밴쿠버 신학대학(Vancouver School of Theology) 특임교수
- 도날드 E. 밀러(Donald E. Miller) 박사: 베다니 신학교(Bethany Theological Seminary, Richmond, Indiana) 기독교교육 및 윤리학 명예교수
- 바바라 R. 로싱(Barbara R. Rossing) 박사: 시카고 소재 루터교 신학대학 (Lutheran School of Theology at Chicago) 신약학 교수

* 이 선언문은 미국기독교교회협의회 생태정의국(局) 프로젝트였습니다.

---

1. American Baptist Churches, "American Baptist Policy Statement on Ecology: An Ecological Situational Anslysis," http://www.webofcreation.org/ Denomina- tionalStatements/americanbaptist.htm.
2. "Address of His All Holiness Patriarch Bartholomew at the Environmental Symposium, Saint Barbara Greek Orthodox Church, Santa Barbara, California, 8 November 1997," in *Cosmic Grace, Humble Prayer*, ed. John Chryssavgis (Grand Rapids: Eerdmans, 2003), 220-21.

기독교환경운동연대 부설 기관
# (사)한국교회환경연구소

사단법인 한국교회환경연구소는 산업화로 인한 공해가 사회문제로 떠오르던 1982년 '한국공해문제연구소'로 첫 발을 내딛었다. 1997년 기독교환경운동연대의 부설기관으로 자리를 잡고서 교회를 푸르게 가꾸고 세상을 아름답게 만드는 운동을 펼치기 위해 신학적 성찰을 토대로 연구에 임하고 있다. 또한, "나를 따르려면 자기를 버리고 자기 십자가를 날마다 지고 따르라"는 예수님의 말씀을 가슴 깊이 새김으로써 환경운동과 절제운동, 신앙운동을 통해 하나님께서 창조하신 세계를 온전하게 보존하고자 노력하고 있다. 그뿐만 아니라, 모든 세대에게 기독교 환경교육을 실시함으로써 하나님께서 사랑하신 창조세계 안에서 환경 친화적인 삶을 통해 녹색 그리스도인으로 살아갈 수 있도록 도모하고, 지금 세대는 물론 다음 세대까지 이러한 정신을 지속하기 위하여 기독교환경교육 교재 개발에도 힘쓰고 있다.
www.greenchrist.org / 02-711-8905

### 녹색교회 운동
• '녹색교회 21' 의제를 바탕으로 창조보전운동과 녹색그리스도인의 삶을 안내합니다.
• 녹색교회 선정 및 시상
• 녹색교회 10다짐 제정

### 환경주일 지키기
1984년부터 세계 환경의 날을 기념하며 6월 첫 주일을 환경주일로 지키며, 예배문, 설교문, 기도문과 포스터 및 전도지를 발간하고 있습니다.
• 행사 지원 : 사진전시회, 비디오상영, 창조신앙사경회, 환경특강, 환경정화 활동, 알뜰시장

### 생명밥상운동
제철에 나온 우리 농산물로 먹을 만큼의 밥상을 차리고 깨끗이 비움을 통해 우리 몸과 지구를 살리는 데 앞장섭니다.

- 국내산 유기농산물 애용 및 빈그릇 실천
- '몸과 마음을 살리는 생명밥상' 교재 보급
- 생명의 쌀 나눔 도농 교회 간 협약

## 지구온난화 억제 운동
- 햇빛발전소 등 재생에너지 이용확산
- $CO_2$저감 캠페인(대중교통, 전기절약 등) 및 교육
- 자원 재사용, 되살림 운동 전개 및 교육
- 재생지 연필, 볼펜, 공책 등 재생종이 사용 캠페인 전개
- '지구살리기 7년 프로젝트 – 착한 노래 만들기' 공연 진행

## 사막화 방지를 위한 '은총의 숲' 조성
몽골 울란바토르 대학교 농과대학 및 연세대학교 CT연구단과 함께 '바트슘베르' 지역에 양묘 및 식재, 푸른아시아와 함께 '바양노르' 지역에, 방풍림, 유실수 식재, Greensilkroad와 함께 '아르갈란트' 지역에 밀, 감자 농사 및 식재사업을 지원하고 있습니다(1그루 1만 원, 3년 관리비 포함).

## 환경교육 및 교재 개발
전 세대를 대상으로 자연과 가까운 곳에서 하나님의 창조섭리를 깨달을 수 있도록 교육하고, 교재 개발과 인재 양성을 위해 노력합니다.
- 환경통신강좌 실시(수시모집, 현재까지 3,000여 명 수강)
- 생태신학세미나 개최
- 기독교환경대학 및 '생태적 삶'을 위한 생활훈련 실시
- 생태기행, 생태캠프 운영 및 지원
- 지속가능한 세상을 여는 생활 속 환경교육

## 현안 대응 및 연대활동
- 창조보전을 위한 기도운동 : 매월 기도제목 제공
- 환경단체 및 종교환경단체와의 연대
- 생명의 강 살리기 기독교행동
- 기독교 사회선교연대회의 등 기독교단체와의 연대

**간행물 및 환경교육 자료 제작**

- 정기간행물 : 사무국 소식지 '녹색은총'(격월)

    생태달력 발간(연 1회)

- 영상 : '생명의 동산', '무엇을 어떻게 할 것인가', '새하늘 새땅' 등
- 단행본 :『녹색교회와 생명목회』,『녹색성서묵상: 창조세계의 돌봄』,『기후붕괴 시대, 아주 불편한 진실, 조금 불편한 삶』,『생태적 삶을 추구하는 영성』,『기후붕괴 시대, 생명을 살리는 교회 환경교육』,『하나님, 사람, 자연 그 창조의 숨결』,『자연과 인간의 아름다운 만남』,『녹색의 눈으로 읽는 성서』,『에덴동산을 꿈꾸는 교회』등등

**창조보전을 위한 씨앗을 심어주십시오!**

**회원이 되시면**

- 정기간행물을 무료로 받게 됩니다.
- 생태기행 및 교육 프로그램에 참여할 수 있습니다.
- 자료를 저렴하게 이용할 수 있습니다.

**회비 납부 안내**

- 개인회원 : 월 1구좌 1만원 이상
- 교회회원 : 월 1구좌 3만원 이상

**은행 계좌번호**

기업은행 001-090320-04-011 한국교회환경연구소

서울 종로구 자하문로 1나길 7-13 전화 02-711-8905

e-mail: kcei@chol.com

http://www.greenchrist.org

# 한국교회환경연구소 동연이 함께 펴낸 책

### 녹색교회와 생명목회: 생명을 담은 녹색교회 이야기

우리의 삶의 자리는 역사상 그 어느 때보다 녹색이 결여되었다. 이 책에서 소개하는 교회들은 애초부터 녹색교회라는 이름을 얻기 위해 온 교회의 성도들과 목회자가 땀을 쏟고 눈물을 흘렸다. 농촌과 도시, 숲속과 도심, 큰 교회와 작은 교회, 각자의 자리에서 온전한 교회가 되기 위해 걸었던 험하고 좁은 길이 살아 계신 성령의 인도하심을 따라 녹색교회라는 하나의 길로 모이게 된 것이다. 그래서 이 책을 성령이 함께하신 교회의 선교역사를 이야기하는 '녹색행전'으로, 성령이 인도하실 교회의 미래를 이야기하는 '녹색계시록'으로 읽을 수 있다.

### 녹색 성서 묵상: 창조세계의 돌봄

창세기의 첫 구절부터 요한계시록의 마지막 단락에 이르기까지, 성서에는 지구를 위한 강력한 메시지가 흐르고 있다. 그것은 희망과 갱신, 회복과 구속의 메시지이다. 이 책은 지속가능한 세계 안에서 인간됨의 의미가 무엇인지, 인간의 역할이 무엇인지 말해주는 좋은 자료가 될 것이다. 여기에는 60개가 넘는 묵상이 실려 있다. 이 묵상들은 《녹색성서》에서 녹색으로 칠해진 성서 구절들을 주제별로 묶은 것이다. 거기에 각 구절들에 대한 묵상과 기도를 덧붙였다. 이 묵상집을 통해 독자들은 지금 우리의 지구 행성이 직면하고 있는 중대한 문제들에 대해 깊이 사유하도록 초대받을 것이다.

## 기후붕괴 시대, 아주 불편한 진실 조금 불편한 삶

이제 기후 변화 시대를 지나 기후 붕괴 원년을 맞은 우리. 세계 도처에서 벌어지고 있는 기후 재앙은 강 건너 이야기가 아니라 우리가 매일 '오늘의 뉴스'로 보며 그 폐해를 몸으로 느끼는 절박한 현실이 되었다.

이 책은 기후 붕괴 시대에 대한 신학적 성찰과 실질적 대안을 함께 엮었다. 그리고 단지 논의에 그치는 것이 아니라, 이 땅을 사는 그리스도의 교회들로 하여금 그 문제를 인식하고 실천하기를 위한 구체적인 묵상, 성경공부, 설교 등의 실천적 프로그램을 제시하였다.

## 기후 붕괴 시대, 생명을 살리는 교회 환경교육

'생명을 살리는 환경교육'이라는 주제 아래 기독교교육연구원에서 발간하는 '교회교육'에 2009년 한 해 동안 연재된 원고를 모아 놓은 책이다. 이 책은 생명에게 가해지고 있는 폭력을, '내' 문제로 여기거나 가까운 '이웃이 내는 하나님의 자녀를 향한 소리'로 듣는, 녹색 그리스도인과 녹색교회에 대한 간절한 소망을 담고 있다. 아동부에서부터 장년부에 이르기까지 기독교 신앙에 기초한 환경교육을 실시하고 생활실천을 계획하고 있다면 이 책의 안내를 받으면 된다.

## 생태적 삶을 추구하는 영성

1998년 9월부터 두 달간에 걸쳐 〈생태적 삶을 추구하는 영성〉이라는 주제로 열린 세미나 내용을 모아 엮은 책이다. 〈현대 과학과 우주 생명〉, 〈자연, 인간, 종교〉, 〈대자연의 이치와 소우주로서의 인체〉, 〈동양사상과 생명적 사고〉 외 6편을 실었다. 장회익, 길희성, 이현주, 곽노순 등 우리 시대 영성 '멘토'들의 이야기를 통해, 참된 영성을 추구하는 삶의 길잡이가 되어준다.